JN234075

売買システム入門

WIZARD BOOK SERIES Vol.11

Beyond Technical Analysis

「相場金融工学の
考え方→作り方→評価法」

トゥーシャー・シャンデ
Tushar S. Chande, PhD

訳　鶴岡 直哉

How to Develop and Implement a
Winning Trading System

Pan Rolling

私のかけがえのない家族、
ビディャ、ラビ、アルーンに捧げる

**Beyond Technical Analysis:How to Develop and
Implement a Winning Trading System
by Tushar S. Chande**

All Rights Reserve. Authorized translation from the English language
edition published by John Wiley & Sons, Inc.

Copyright©1997 by Tushar S. Chande

This translation published by arrangement with John Wiley & Sons,Inc.
through The English Agency(Japan)Ltd.

CONTENTS

序文 ………7
謝辞 ………9

第1章 トレーディング・システムの開発と実行 ………11
序論 ………11
お決まりの告知 ………13
トレーディング・システムとは？ ………14
自由裁量トレーダー対メカニカル・システムトレーダーの比較 15
なぜトレーディング・システムが必要なのか？ ………17
堅牢なトレーディング・システム──トップス・コーラ ………19
トレーディング・システムの実行方法は？ ………20
勝者は？　敗者は？ ………21
テクニカル分析からの脱却 ………22

第2章 トレーディング・システムデザインの原則 ………23
序論 ………23
トレーディングに対する信条は？ ………24
6つの基本原則 ………27
ルール1：プラスの期待収益率 ………28
ルール2：限定したルール数 ………31
ルール3：堅牢なルール ………40
ルール4：複数枚数をトレードする ………47
ルール5：リスク管理、マネー・マネジメント、ポートフォリオ設計 ………51
ルール6：完全に機械化されたシステム ………59
要約 ………59

第3章 システムデザインの基礎 ………61
序論 ………61
マーケット・トレンドを判断する ………62
トレンドに従うべきか、従わないべきか？ 68
最適化すべきか、否か？ ………73

CONTENTS

　　ストップロス：問題解決か、新たな問題か？ ………79
　　システムデザインの段階でリスク管理について考慮しているか？ ………91
　　データ！　その取り扱いにご注意を！ ………96
　　仕掛けと仕切りの注文執行方法を決める ………99
　　シミュレーション結果の要約について理解する ………100
　　パフォーマンス要約に現れないこと ………104
　　リアリティーチェック ………106

第4章　**トレーディング・システム開発 ………109**
　序論 ………109
　トレンドフォロー・システムの背景にある考え方 ………110
　６５ＳＭＡ－３ＣＣトレンドフォロー・システム ………111
　　ストップロスの有効性 ………129
　　65SMA－3CCシステムにフィルターを設定する ………136
　　65SMA－3CCシステムに仕切りルールを追加する ………143
　チャネル・ブレイクアウト－プルバック・パターン ………146
　ＡＤＸバースト・トレンド追求システム ………161
　トレンド－アンチトレンド・トレーディング・システム ………168
　金－債券マーケット間システム ………178
　ボトムフィッシング・パターン ………190
　一大チャンスを見極める ………200
　要約 ………206

第5章　**トレーディング・システムのバリエーションを構築する ………209**
　序論 ………209
　トレイリングストップを追加した終値ベースのチャネルブレイクアウト・システム ……212
　ボラティリティーエグジットを追加した終値ベースのチャネルブレイクアウト ……216
　20ティックバリアを追加したチャネルブレイクアウト・システム ………221
　インサイドボラティリティーバリアを追加したチャネルブレイクアウト・システム ……226
　チャネルブレイクアウトのバリエーション・システムが持つ統計的意味 ……229
　２種類のＡＤＸバリエーション・システム ………234

　　　　プルバック・システム………239
　　　　長距離爆弾－パターンベース・システム………245
　　　　要約………251

第6章　資金残高曲線分析………253
　　　　序論………253
　　　　資金残高曲線の"滑らかさ"を測定する………254
　　　　仕切りルールとポートフォリオ戦略が資金残高曲線に及ぼす影響……261
　　　　月次資金残高曲線分析…………273
　　　　フィルターが資金残高曲線に及ぼす影響………281
　　　　要約………286

第7章　マネーマネジメントの概念………289
　　　　序論………289
　　　　破産の確率………290
　　　　相互作用──システムデザインとマネーマネジメント………295
　　　　ドローダウン予測………304
　　　　勝ち負けに対応してポジションサイズを変更する………309
　　　　要約………313

第8章　データスクランブル………315
　　　　序論………315
　　　　システムについて本当に知りたいこと………316
　　　　過去は序章にすぎない──無条件サンプリング………317
　　　　データスクランブル──必要となるすべての擬似データ………320
　　　　擬似データを使ってボラティリティー・システムを検証する………328
　　　　要約………332

第9章　トレーディング面でのシステム………333
　　　　序論………333
　　　　シミュレーションの問題点………334

CONTENTS

　　　ペーパートレーディング──賛成意見と反対意見 ………335
　　　自分のシステムを信頼しているか？ ………336
　　　時間は味方である ………338
　　　例外なし ………339
　　　完全なトレード追跡能力 ………340
　　　メジャートレンドに沿って仕掛けることが"保証される"方法 ………341
　　　スタートアップ ………342
　　　リスク管理 ………343
　　　プランは？ ………344
　　　どのようにコンプライアンスをモニターするのか？ ………345
　　　不安を打ち消せ！ ………346
　　　トレードに集中する ………346
　　　頭とハートでトレードする ………347
　　　要約 ………349

参考文献 ………350

訳者あとがき ………352

免責事項

　この本で紹介してある方法や技術、指標が利益を生む、あるいは損失につながることはない、と仮定してはなりません。過去の結果は必ずしも将来の結果を示したものではありません。
　この本の実例は、教育的な目的でのみ用いられるものであり、売買の注文を勧めるものではありません。
　以下の声明はNFA（NATIONAL FUTURES ASSOCIATION＝米国先物協会）の勧告によるものです。
　「仮定に基づいた、あるいは実験によって得られた成績は、固有の限界があります。実際の成績記録とは異なり、模擬的なものは実際の取引を示しているものではありません。また、取引は実際行われたわけではないので、流動性の不足にみられるようなある種の市場要因により、利益が上下に変動する可能性があります。実験売買プログラムは、一般に、過去の事実に基づく利益を元に設計されがちです。本書の記述によって引き起こされたと考えられるあらゆる不利益に関する抗議は、一切行われるべきではありません」

序文

　本書は先物取引や株取引に利用されるトレーディング・システムを開発・検証、そして実際に運用する方法について書かれている。トレーディング・システムの開発に始まり、実際のトレーディングに必要な一連の手順を定義づけて締めくくられている。本書はもっぱらトレーディング・システムに関して書かれているため、読者は少なくともテクニカル分析について何らかの知識を有している上、テクニカルトレーディング・システムの開発ソフトにも精通していることを前提としている。

　本書は大きく分けて２つのパートから構成されている。前半は開発と検証（過去データにおいてシステムがどのような結果を残したか）、そして基本的なルール、重要な問題、様々な新システムなどについての議論を中心に展開している。一方、後半はシステムが将来においてどのように機能していくかについて、特に純資産曲線、リスク管理、マネーマネジメントに焦点を絞りながら解説していく。ここでは、"データスクランブル"と呼ばれる新たな方法がキーとなる。これは、本当の意味でサンプル外検証を行うことが可能となる擬似データを無制限に作成する方法である。最終章では実際にトレーディング・システムを運用する段階で遭遇する実務上の問題に対するソリューションを提供することで、本書がカバーしている全内容をまとめている。

　本書は一般的に言われるテクニカル分析の範囲を超えている。分析とトレーディングの間に存在する溝を埋める役割を果たしている。トレーディング・システムを包括的に扱っている。さらに新しく刺激的なアイデアの数々、普遍的な原則、そして実際に機能するトレーディング・システムを開発するために不可欠な実践的ガイドラインを提供している。

謝辞

　まずこの原稿を２度にわたり読み返してくれたネルソン・フリーバーグ氏（ビデオ・DVD『ネルソン・フリーバーグのシステム売買 検証と構築』［パンローリング］の講師）に感謝したい。ネルソンの細部にわたる注意力、内容に関する突出した知識、矛盾に対する鋭い指摘、そして言語に対する愛着のおかげで、本書は計り知れないほどその質を向上させることができた。ネルソンは「フォーミュラー・リサーチ」という月刊のニュースレターを発行しているが、これは金融市場について真剣に学ぼうとする方には"絶対欠かせない"ものである。

　１冊の本を完成に導くためには優れた編集者が不可欠である。この意味でジョン・ワイリー＆サンズ社のパメラ・バン・ギーセン氏に感謝の意を表したい。彼女は常に連絡を取れるように計らってくれる上、快活で機知に富み、著者であればだれもが好きになってしまうような素晴らしい編集者である。

第1章
トレーディング・システムの開発と実行

"トレーディング・システムを開発するのに、トライアル・アンド・テラー（試し、そして恐怖を味わう）のプロセスを経ること以上に容易な方法などない"

序論

　優れたトレーディング・システムとは、それを実際に使用する人の個性に合ったシステムを指す。幸運にもそのようなシステムを見つける最も手っ取り早い方法は、トライアル・アンド・テラー（恐怖）のプロセスを経ることである。コンピューターが発達したおかげで、シミュレーション・ソフトを走らせるだけで、おびただしい数に及ぶバラ色のシナリオを描くことも可能になった。しかし、マーケットはシステム・デザインの弱点を的確に突いてくるだろう。マーケットは、心底信じていることは何かということに対する決断を迫る。そしてマーケットで生き残ることができれば、結果的にトレーディングに対する自分自身の信念を発見することになる。マーケットそのものが個性に合ったシステムへと導いてくれるのである。
　本書はそのような個性に合ったシステムを作成し、検証し、そして実行

に移す方法について解説していく。ここでは単にトレーディング・システムを開発するだけではなく、自ら"トレードを実行する"ための枠組みを作っていくことになる。このアプローチを取ることで、みなさんがマーケットで生き残り、そして成功する確率を高めることができるのである。

本書は創造的なシステム・デザイン、徹底した検証、賢明なマネー・マネジメント、慎重なリスク管理、そしてトレード執行に対する細心の注意といったことにもっぱらその焦点を当てている。これらの要素に焦点を絞ることで、本書がトレーディング・システムを主題として扱っている他の本とは一線を画している。本書の魅力のひとつは、内容のほとんどが独自の、または全く新しい題材を使っているということである。

本書は、それぞれ4つの章からなる2つのパートに分けられる。前半はトレーディング・システムのデザインについて割かれており、後半はトレーディング・システムを実際に利用してトレードする方法について書かれている。

前半で扱われているトピックは以下の通り。

1. トレーディング・システムをデザインする際の原則――この原則は6つの極めて重要なルールとしてまとめている。
2. システム・デザインの基礎――主要な10の問題点を挙げている。
3. 新たなトレーディング・システムの開発――新たに7つのシステムを紹介し、それらについて詳細に述べている。
4. トレーディング・システムのバリエーションを開発する――既存アイデアをもとにした8通りのバリエーションについて解説している。

この前半部分を読み終えると、実際にそれらのシステムを使ってトレードする方法についての疑問が浮かび上がってくるだろう。そこで後半部分は以下のような構成となっている。

5. 資金残高曲線分析――資金残高曲線の滑らかさに影響を与える要素について調べていく。

第1章　トレーディング・システムの開発と実行

6．マネー・マネジメントに関するアイデア──これがリスク管理の出発点となる。
7．データ・スクランブル──必要となる合成データをすべて提供する。
8．実際にトレードするためのシステム（ガイドライン）──実践的な問題に対する解決策を提示する。

本書を読み終わるころには、自分のアイデアをもとに、有効なトレーディング・システムを開発する方法を身につけているはずである。本書は決定論的トレーディング・システムの開発を目指している。要するに、すべてのルールを明確に検証することができるのである。本書では2つの単純だが重要な理由から、エクスパート・システム、ニューラルネット、ファジー理論などを利用したトレーディング・システムについては触れていない。①より多くのユーザーは他のどのようなシステムよりも決定論的なシステムについて理解し、また容易に利用することができる、②決定論的システムを検証するソフトはリーズナブルな価格で手に入れることができる──この2つが組み合わされることで、本書は多くの読者に読んでいただけるものになるのである。

お決まりの告知

本書を通じて、多くのトレーディング・システムがシステムをデザインする芸術的な方法例や検証例として解説されている。しかし、これは何らこれらのシステムを利用することを勧めるものではない。私は、これらのシステムが将来において利益を上げるとか、本書の中の損益計算結果が同じように実現されるなどとは決して言ってはいない。実際、本書の中の計算結果が寸分たりとも間違っていないということも何ら保証していないのである。私は読者の方々が第3章の"リアリティーチェック"を読むことを強く勧める。その項では、過去の事象をもとにシステムを開発することの限界について指摘している。読者は本書の中で紹介されている数々の例を、自分でトレーディング・システムを開発する際に役立てる一種のイン

スピレーションとしてとらえるべきである。先物取引には損失を被るリスクがあるということを決して忘れてはならない。

トレーディング・システムとは？

　トレーディング・システムとは、トレードを仕掛けたり仕切るための必要条件を定義するルールの集合体である。通常ほとんどのトレーディング・システムは、仕掛け、仕切り、リスク管理、マネー・マネジメントのルールといった多くのパーツが組み合わさってできている。

　トレーディング・システムのルール自体は暗黙のルールから明確なルール、単純なものから複雑なものまで多種多様である。最も単純なルールとしては、「夏にセーターを買う」または「彼女が売ったら買う」といったものまで考えられる。トレーディング・システムについて定義すると、「実行可能なもの」ということである。売買シグナルを出すことから注文執行、リスク管理といったトレーディングにおいて直面するすべての問題を考慮しているのが理想的である。「効果的なシステム・デザインとはどのようなものか？」ということを思い浮かべるためには、トレードについて全く知らない人が実際にそのシステムを利用してトレードすることができるようになるか考えることがひとつの有効な方法となる。

　一般的にすべてのトレーダーはシステムを利用している。大多数のトレーダーにとってシステムとはいろいろな形を取り得る。自由裁量、部分的に自由裁量を用いる方法、そして完全に機械化されたシステムなどである。システムによって利用するデータも5分足チャートや週足チャートなどと異なることも考えられる。また、システムは常に一定であるわけでも、簡単に検証することが可能なわけでもない。ルールには多くの例外が存在することもあるだろう。数多くの変数やパラメータを含んでいることもある。また、同じマーケットでも異なるパラメータの組み合わせを使用することも可能だし、マーケットごとにパラメータを変更することもできる。逆にすべてのマーケットで同一のパラメータを使用することもできる。

　普遍的で唯一のトレーディング・システムなどというものが存在しない

ということは、既に明らかだろう。トレーダーというものは、みんな自分の個性に合ったものにシステムを作り上げていくのである。しかし、次項で比較がなされているように、自由裁量トレーダーと100％メカニカルなシステムトレーダーに境界線を引くことはできる。

自由裁量トレーダー対メカニカル・システムトレーダーの比較

表1．1はトレーディングにおける両極端、すなわち自由裁量トレーダーと100％機械的にトレードするシステムトレーダーを比較したものである。自由裁量トレーダーは、ファンダメンタル・データ、テクニカル分析、ニュース、業界紙、月の満ち欠けといったものに至るまで、トレードに有効だと思われるものはすべて利用しようとする。このようなトレーダーにとっての限界とは、彼らの想像力の限界と言える。一方、システムトレーダーはどんなことがあっても、隷属的ともいえる従順さをもってメカニカル・システムに従うのである。彼らはどんな変化・例外・修正・適応といったものも受け入れず、システムをあるがままのものとして利用することだけに集中する。

表1.1　トレーディングスタイルの比較──裁量vsメカニカル

裁量トレーダー	100％メカニカルシステムトレーダー
主観的	客観的
数多くのルール	限られたルール
感情的	冷静
"カギ"となる指標がトレードごとに変化	"カギ"となる指標が不変
少数マーケット	多数マーケット

例外的に優れたトレーダーには自由裁量型のトレーダーが多い。恐らく彼らはすべてのメカニカル・システムトレーダーを上回る成績を残すことが可能かもしれない。彼ら自由裁量トレーダーの最も大きな武器は、各ト

レードを仕掛けるカギとなる変数を変幻自在に操れることであり、結果的にメカニカル・システムよりも巧妙に取引サイズを変えることができるのである。自由裁量トレーダーは、彼らがトレーディングに用いる変数の相対的な重要度をその都度変えることができるため、トレンドフォロー（順張り）とカウンタートレンド（逆張り）の2つの手法を容易に使い分けることができるのである。また、トレード機会に対する評価の変化に合わせて、5分間チャートから週足チャートへと分析の時間枠を即座に変更することもできる。

　自由裁量トレーダーは、価格以外のマーケット情報をよりうまく利用することができる。例えば、ニュースやファンダメンタル情報をもとにベット（掛け金）のサイズを変えることもできる。彼らは常にリスクの大きさを把握し、それに沿ってメカニカル・システムトレーダーよりもうまくポジション・サイズを変更することができる。自由裁量トレーダーにとっては、ときどき表れる"ホームラン"にその結果の如何がかかっているといえる。しかし、恐らく平均的なトレーダーにとっては、メカニカル・システムトレーダーを目指すことで成功する確率を最大化することになるであろう。

　メカニカル・システムトレーダーのゴールは、時間枠（例えば時間、日、週など）を決め、トレンドの状態を判断し、将来トレンドが発展していく方向を予測することである。そして予測したトレンドの方向にポジションを取り、損失をコントロールしながら利益を上げなければならない。ルールは明確、かつトレーディングにかかわるすべての面をカバーしている必要がある。例えば、ルールは仕掛けるポジションの大きさの決め方から、どのような注文方法を使うかまで明確に示されていなければならない。またマネーマネジメント・ストップ（損切りポイント）をどこに置くかを指示する必要もある。トレーダーは、トレードの実行に関してどんな曖昧さも残さず、"自動的"にトレードする必要がある。

　メカニカル・システムトレーダーは客観的で、比較的少ないルールを用い、損得にかかわらずトレードの結果に対して感情的にならないことが大切である。メカニカル・システムの最も顕著な特徴とは、そのルールが常

第1章　トレーディング・システムの開発と実行

に一定であるということである。システムはマーケットの状態にかかわらず、カギとなる変数を常に同じ方法で計算する。いくつかの指標はボラティリティの変化によってその分析（計算）期間が変わることもあるが、システム内のルール自体は一定で事前に分かっている。そのため、メカニカル・システムトレーダーは、背景にある出来事に合わせてルールを変更したり、より効果的にマーケット状況に合わせるためにポジション・サイズを変化させることもない。これは時と場合により、強みになったり弱みになったりする。システムトレーダーにとって最大の利点とは、自由裁量トレーダーより多くのマーケットをトレードすることができ、恐らく他の方法では実現できないリスク分散を図れる、ということである。

わずかに限られた裁量を用いてトレーディング・システムに個々の特色を出すことも可能である。例えば、ポジション・サイズを増やす基準を設定することもできる。ファンダメンタル情報を用いてもテクニカル情報を用いても構わない。明確でありさえすれば、常に一貫性を失わずにいられる。この議論の続きとして「なぜ、トレーディング・システムが必要なのか？」という疑問が生まれることは当然であり、次項でその問いに対する答えを明らかにしていく。

なぜトレーディング・システムが必要なのか？

トレーディング・システムを使う最も重要な理由は、「統計的優位性」を得ることである。この言葉は頻繁に用いられるが、単純にシステムを検証し、勝ちトレードと負けトレードすべて一緒に計算した1回当たりの平均損益がプラスになっているということを意味する。このトレード1回当たりの平均利益がそのシステムを使用するのに十分値すると判断すれば、すなわちトレードにかかわるコストやスリッページを差し引いても十分な利益が出ているのであれば、平均してそのシステムは他のシステムよりも良い成績を残す可能性が高いということである。このような基準に関しては本書の後半で詳細に解説していく。

統計的優位性は"破産の確率"と呼ばれるもうひとつの統計値と関連し

ている。この数値は小さければ小さいほど、ペーパー上ではあるが、マーケットで生き残り、成功する確率が高くなる。例えば、破産の確率が仮に1％だとすると、リスク管理に関する基準やシステムのパフォーマンスを測る他の基準を使っても、「そのシステムを用いて運用している取引口座がすぐに破綻してしまうようなことはない」といった結果を出すはずである。

こういった統計値に対して著者個人が最も懸念するのは、検証したシステムを何の例外も設けず、全く同じように使い続けることを前提としていることである。この前提は、現実にはかなり難しいことである。そのため実際の破産の確率は、現実に破産するまではリスクであるのだが、事前の計算結果よりも高くなる可能性がある。こうした懸念は残るものの、しっかりとした統計基準を満たすシステムを開発すべきである。なぜなら、そうすることで成功する確率が非常に高まるためである。もちろん何の保障もないのだが、少なくともオッズ（確率＝Odds、神のGodsとかけている）は自分についてくれるはずである。

トレーディング・システムを利用するもうひとつの理由としては、客観性を保つことにある。確固として客観性が備わっているのであれば、ニュースや極秘情報のたぐい、退屈などといったことに流されることはないだろう。仮にチャート・トレーダーであり、あるチャート・パターンの解釈の仕方に融通を利かせることがあるとしよう。過去を振り返ってチャート・パターンを定義することは簡単だが、現実にそれが形成されつつあるときにそのパターンを定義することはかなり難しい。このため分析すること自体が判断を麻痺させる可能性があり、実際に遂行できるトレード決定を下すことができなくなってしまうことも考えられる。客観的であることで、分析の呪縛から開放されるのである。

首尾一貫しているということも、トレーディング・システムを利用する重要な理由である。トレーディング・システムは、それを構成する限られたルールを常に同じように用いるため、通常あまり見られないような一貫性を保つことが保証される。客観性と一貫性には多くの共通点がある。一貫性は視野の狭さの象徴のように思われがちだが、天才的なトレーダーで

ない限り、明らかに有利な資質である。

　トレーディング・システムを利用するのは、他にも非常に重要な利点がある。それは分散効果である。特にモデル、マーケット、そして用いる時間枠の分散効果が期待できる。「次に大きな動きが表れるのはこのマーケットである」といったことはだれにも分からない。このため分散することで、そのような利益機会が現れたときにしっかりとそのマーケットに参加している可能性を高めることができるのである。

　要するに、トレーディング・システムを利用することで統計的優位性を得て、客観性と一貫性を保ちながら、モデル間やマーケット間の分散効果を実現することができるのである。システム自体のデザインが優れており、堅牢であるという前提が本項でのカギとなる。次項では堅牢なトレーディング・システムの例についてみていく。

堅牢なトレーディング・システム──トップス・コーラ

　多種多様なマーケットや時間枠の中で刻々と変化するマーケットの状態に耐え得るトレーディング・システムのことを堅牢であるという。堅牢なシステムであるということは、パフォーマンスがパラメータに使う数値に過度に依存しているようなシステム構造ではないということである。堅牢なシステムとは長い期間（およそ２年以上）を通して見る限り、パフォーマンスが最高、または最低になるようなものではない。堅牢なシステムはトレンドフォロー（トレンド追随型）システムであるケースが多く、損切りは素早く、利益は伸ばすといった特徴がある。これを"トップス・コーラ"（TOPS COLA）の哲学と呼ぶことにする。これは単純に"利食いはゆっくり"（Take Our Profits Slowly）と"損切りは一気に"（Cut Off Losses At once）の頭文字をつなげたものである。

　移動平均線のクロスオーバーシステムと、値動きレンジのブレイクアウトシステムが堅牢なシステムの例として挙げられる。どちらも有名であり、バリエーションが広く利用されている。この種のシステムの典型的なトレード期間は２０日以上となる。そこで筆者は、この種のシステムを"中期

システム"と位置づけている。それらのシステムはトレンドフォローの特質を備えているため、トレンドが現れるときには利益を上げることが可能だが、トレンドのない状態では損失を被ることになってしまう。この種のシステムの典型的な勝率は３５～４５％であり、トレード１回当たりの平均利益は２００ドルを超える。この種のシステムの詳細については後に触れる。

　ここで特筆すべきことは、堅牢なシステムであれば、長期間にわたり数多くのマーケットで一貫して利用すれば、総じて利益を出すことが可能であるということ。正確にトレードが執行される限り、そうしたシステムは中期トレンドに沿ってポジションを建て、損切りは素早く、利を伸ばすということが保証されている。こういったシステムのバリエーションは数限りなく存在し、トレンドフォロー・システムを利用する割合はプロの投資家の間でもかなりの部分を占めているとみられる。

　堅牢なシステムとは、マーケットの動向に対して予想をめぐらすものではなく、利用する変数やパラメータの数が限られ、マーケット動向に反応してパラメータの数値を変えるようなこともしない。それゆえ、システム内で利用される変数を少しいじった程度では、パフォーマンスが大幅に悪化するというようなこともない。そのようなシステムであればほとんどのポートフォリオにとって一考に値するであろうし、その信頼性も十分だろう。その上、そうしたシステムは実際に利用しやすい。

トレーディング・システムの実行方法は？

　まず信頼しているトレーディング・システムが必要である。十分検証することで、そのシステムに必要なリスク管理戦略を決めることが可能となる。リスク管理戦略とは、売買シグナルが現れた時点で何枚取引するのか、また１枚当たりのリスクをいくらに設定するのかということを明確にすることを指す。さらに、値洗い益が数日間にもわたり膨らみ続ける場合、当初設定したストップ（逆指値の仕切り注文）をどのように変更するのかということもリスク管理戦略に含まれる。

第1章　トレーディング・システムの開発と実行

　個々の取引口座の目的に沿ったマーケット数やマーケットの種類を明確にすることも、システムには不可欠である。また、まだ取引を始めていない口座に対して、いつ、どのように取引を始めるかということも明確に決めておく必要がある。

　トレードプランを立てることこそがシステムを実行に移す上で最重要点となる。統計的優位性を証明された仕掛け、仕切り、リスク管理のルールを明確にしたものがトレードプランである。自分の感情やトレード実行の精度、さらにプラン通りに実行できなかったこととその理由を記録しておくべきである。また、各ポジションが抱えるリスクと仕切り条件をモニターし続けることも大切である。

　最後に長期的な視野で物事を考えることが重要である。要するにたった1回だけトレードするのではなく、このプランに沿って今後100回トレードを行うといった考え方が必要だという意味である。そうすることで個々のトレード結果について一喜一憂しなくなり、忠実にトレードプランを実行に移すことに集中できる。この種の問題点やトレード実行に伴う問題点については第9章で詳細に説明する。

勝者は？　敗者は？

　トゥエルズ、ハーロウ、ストーンによる著書の中には、ブレアー・スチュアート氏が1930年代に8922口座を対象に行った調査についての記述がある。かなり昔に行われた調査ではあるが、恐怖、希望、欲に対する人間の心理自体は、その後これまで60年ほど経た現在でもほとんど変わっていない。そのためスチュアート氏の調査は真剣に検討してみる価値がある。

　スチュアート氏はその調査結果として、投機家によって犯される3つの過ちを指摘している。①投機家は利食いを急ぎ、損切りを遅らせる明確な傾向がある、②投機家は売りよりも買いを好む傾向があり、9年にわたる調査期間を通じ、価格はおおむね下落傾向にあったにもかかわらずである、③相場が弱いときに買い、強いときに売る傾向があり、これは投機家が値

動きよりも値位置を基準にトレードすることを示している。

　こうした結果を前述したトップス・コーラの哲学と比較してみるべきだろう。利を伸ばし、損切りを一気に行うことで、スチュアート氏の第一の指摘を回避することができる。2つ目として、トレンドフォロー型のトレーダーであれば、第2と第3の過ちも避けることが可能である。トレンドに追随する限り、中期のトレンドが現れるたびに買い、または売りのポジションをしっかりと建てるため、トレードが買いにばかり集中するということは避けられる。3つ目に、トレンドに追随するということは、値位置ではなく、値動きに沿ってトレードすることを意味する。

　必要となるすべてのことが細部にわたって考慮されたレードプランを用意することによって、このビジネスで成功する可能性が生まれるのである。可能な限り、正確かつ一貫してトレードプランを実行に移すことだけに努力とエネルギーの大半を費やすべきである。このように、このビジネスで勝者になるためには"テクニカル分析"から卒業し、トレード管理や系統立ったトレーディングという新たなレベルに踏み込んでいく必要がある。

テクニカル分析からの脱却

　テクニカルトレーダーに対するアドバイスとして一般的なものは、例外に満ちあふれたルールを組み合わせるということである。そのようなルールは事前に検証し、その観察結果を数値化することが難しい。トレーディングにおけるアート（芸術）の部分をトレーディング・システムとして具現化することで"テクニカル分析"から脱却し、システムを実行することにみなさんが持つ最高の能力を割いていただくことを願っている。トレーディングとは走りながら分析することに他ならない。したがって、本書の目的はトレーディング・システムの開発とそれを実行に移すことの橋渡しとなることである。

第2章
トレーディング・システムデザインの原則

"神（gods）が駄目なら勝算（odds）を味方につけなさい"

序論

　本章ではシステム・デザインの基本原則について解説していく。この原則を理解し、自分の嗜好に合わせていくように心がけることが大切である。
　まず、トレーディングに対する自分自身の信条を考えていただきたい。この信条こそが成功のカギを握っているのであり、トレーディング・システムの根幹をなすべきものである。読者は何かしらの信条を既にお持ちかもしれないが、その信条をもとにトレーディング・システムを構築していくことができる。トレーディングの根幹をなす信条のリストを基にトレーディング・システムを構築していけるのである。自分自身の信条が反映されていないシステムに従うことは容易なことではない、ということを頭にいれておくべきである。
　本章では、システム・デザインにおける最も重要な6つの原則を詳細にわたり説明していく。ここで特に詳細に論じていくのは、なぜ期待収益がプラスにならなければいけないか、なぜ堅牢で、しかもルールの数が限ら

れているシステムが必要なのかという点である。本章の後半では、複数枚数をトレードすることや、リスク管理、そしてポートフォリオを組成する方法といった、マネー・マネジメントの側面についてみていく。本当の困難は、システムの出す売買シグナル通りにトレードを実行していくことである。このため、なぜメカニカル・システムが必要なのかという点を論じて本章を締めくくることにする。

　本章を読み終えるころには、自分のトレーディングに対する信条をリストアップすることができるようになっていることだろう。またシステム・デザインの基本原則について説明することができ、その原則を生かすこともできるはずである。

トレーディングに対する信条は？

　トレーディングというものは自分の信条を反映する方法でしか実行できない。そのため、トレーディング・システムの核となるのは値動きに対する自分の信条ということになる。そこで初めてトレーディング・システムに自分の個性を反映させることができ、長い目でみて成功する確率を高めることが可能となる。値動きに対する信条（アイデア）が豊富であれば、各々のアイデアを反映したシステムを数多く開発することもできる。後述するように、複数システムを同時に走らせて運用することでリスク分散が図れ、資金残高のブレを軽減することができる。

　トレーディングに対する自分の信条を知るための最も容易な方法は、それをリストアップしてみることである。表2．1は最初の一歩を踏み出すための簡易版チェックリストである。

　表2．1に載っている以外でも多くの項目を挙げることができるだろう。例えば、ブレイクアウト・システムや移動平均線を用いた方法、さらにボラティリティ・システムなどに対する自分の信条を加えることもできるだろう。トレーディングに対する信条とは、自分の立場にも影響される。

　例えばマーケットメイカーで、かなり短い時間枠でのトレードを専門としている人もいるだろう。または大銀行の自己売買部門に所属し、為替取

第2章 トレーディング・システムデザインの原則

表2.1 トレーディング信条に関するチェックリスト

トレーディング決定に影響を及ぼす信条の数々	はい	いいえ
ファンダメンタル要因だけを基にトレードしたい	☐	☐
テクニカル分析だけを基にトレードしたい	☐	☐
トレンドに沿ってトレードしたい（時間枠は自分で決める）	☐	☐
トレンドとは逆にトレードしたい（時間枠は自分で決める）	☐	☐
押し目を買いたい（時間枠は自分で決める）	☐	☐
戻りを売りたい（時間枠は自分で決める）	☐	☐
必要に応じてできるだけ長く玉を維持したい（1～100日）	☐	☐
ポジションを維持する期間は短い方がよい（1～5日）	☐	☐
デイ・トレードのみで、すべての玉をその日のうちに仕切りたい	☐	☐
トレード株数・枚数を一定にしたい	☐	☐
トレード株数・枚数を変動させたい	☐	☐
トレードするマーケット・株の数を限定したい（1～5）	☐	☐
よく分散化されたポートフォリオを構築してトレードしたい		
（マーケット・銘柄数が10以上）	☐	☐
転換点を予測できるので、サイクルを利用したい	☐	☐
素早く行動できるので、プライスパターンを利用したい	☐	☐
プライスのオシレーター系指標を利用してトレードしたい	☐	☐
マーケットに参加している他のトレーダーの意見を参考にしたい	☐	☐
値動きに関する自分の分析だけを利用したい	☐	☐
日足データを使って分析したい	☐	☐
日中足データを使って分析したい	☐	☐
週足データを使って分析したい	☐	☐
システムを使ってトレードしたい	☐	☐
裁量や知性を使ってトレードしたい	☐	☐
トレードでは素早いアクションを数多くこなしたい	☐	☐
リスク管理の一貫としてストップオーダーを利用したい	☐	☐
日数の異なる移動平均線を用いたシステムを利用したい	☐	☐

引を行っているかもしれない。ある経済指標をひとつの材料として注目していることも考えられる。フロアトレーダーの経験があり、建玉明細報告（コミットメント・オブ・トレーダーズ）の発表に注目している人もいるかもしれない。かつて主要商社でコーヒー豆の買い付けを担当しており、イールド（反収）のデータをもとにコーヒーをトレードしたいと思っている人もいることだろう。このようにトレードに対する信条とは、トレーダーの数だけ存在すると言える。

　ひとつ注意しなければならないのは、自分の信条が一貫しているかどうかということである。例えば、素早く動くことを好むのであれば、週足を使ったり、できるだけ長くポジションを持つことなどはしないだろう。またファンダメンタル・データを分析に利用することもないだろう。このように、素早く動くことを好むのであれば、ティックデータなどの短期データを用い、サイクルやパターン、オシレーターを利用するデイ・トレーディングが適しているだろう。同様に、トレンドフォローの手法がお気に入りであれば、日足や週足データを利用して、5日以上はポジションを維持し、トレードごとに枚数を変え、よく分散されたポートフォリオを組むはずである。異なる信条をいくつか持っているのであれば、それらに一貫性があり、各々に合ったモデルを開発するということを確実に実行することが大切である。以下に例として、トレーディング・システムを構築する際に考えられる一貫性のある信条を挙げる。

1. トレンドに沿ってトレードしたい（5～50日）。
2. システムを使ってトレードしたい。
3. できるだけ長くポジションを維持したい（1～100日）。
4. 売買する株数や枚数をトレードごとに変化させたい。
5. リスク管理の一環としてストップオーダー（逆指値）を利用したい。

　最終的に自分の信条を5つまで絞っていく。このリストは定期的に見直し、修正してもよいだろう。トレーディング・システムを構築する際には、心の底から信じている、このような5つの信条を反映したものであるかど

第2章　トレーディング・システムデザインの原則

うかを確認することが重要である。次項ではこれ以外にシステムが従うべきルールについてみていく。

6つの基本原則

　トレーディングに対して強く抱いている信条を見つけられれば、次にその信条をもとにトレーディング・システムを構築することに移行できる。以下に掲げる6つの基本原則は、トレーディング・システムを構築する際に重要なポイントとなる。このリストを自分のトレーディング・システムデザインの第一歩として利用するべきである。経験と嗜好によってこのリストにはないルールを加えてもよいだろう。

1. トレーディング・システムの期待収益率はプラスでなければならない。これがプラスであれば将来的にも"利益を上げる確率が高い"。
2. トレーディング・システムに含まれるルール数は限られる必要がある。恐らく10個以下程度が妥当だろう。
3. トレーディング・システムのパラメータの数値は堅牢なものでなければならない。要するに様々な時間枠、多くの異なるマーケットで機能する必要がある。
4. トレーディング・システムは可能な限り複数枚数を取引することに対応していなければならない。
5. トレーディング・システムはリスク管理、マネー・マネジメント、ポートフォリオ・デザインといったことも備えている必要がある。
6. トレーディング・システムは完全に機械化される必要がある。

　ここには挙げられていないが、7番目のルールが存在する。それはトレーディング・システムをまとめている原則自体を信じる必要があるということである。トレーディング・システムが自分の信条を反映したものであっても、それが実際にマーケットで機能するためにはその他のルールも満たしている必要がある。例えば、デイ・トレーディングを行いたいのであ

れば、その短期デイ・トレーディング・システムは上記の6つの基本原則を満たしたものでなければならない。

　このリストは容易に修正することができる。例えば、3番目の原則として「トレーディング・システムは多くの異なるマーケットで機能する必要がある」ということが挙げられている。これを関連するマーケット、例えば通貨マーケットで機能する必要があると変更することもできる。このシステムは日本円、独マルク、英ポンド、スイス・フランといった通貨マーケットで機能する必要があるということである。これを小麦や大豆といった穀物マーケットでも同様に機能する必要があると定義する必要はない。一般的に、個別のマーケットに特化しているようなシステムはデザイン段階で失敗を犯している危険性が高い。上記の6基本原則を緩めるときには細心の注意が必要である。

　その他にも基本原則を修正する例として、システムは完全に機械化される必要があるという6番目のルールをみてみよう。例えばボラティリティ・ベースのルールを加え、売買シグナルにフィルターをかけたいと思う場合もあるだろう。このようにシステムの売買シグナルを無視する場合、できるだけのその条件を明確にしておく必要がある。こういった対応をとることで、例外的な状況に関しても過去データを用いてテストすることができ、システム・デザインの際に直接それらの例外的な状況に対応するルールを加えることが可能となる。

　要するに、これらの6原則は堅実なトレーディング・システムを構築する手助けとなるはずである。新たに原則を加えたり、既存原則を修正することで、システム・デザインに関して一貫したフレームワークを作り上げることもできる。次項ではこれらの原則に関して詳細に検証していく。

ルール1：プラスの期待収益率

　期待収益率がプラスのトレーディング・システムは、将来においても利益を計上できる可能性が高い。ここで言う"期待収益率"とは、それが勝ちトレードであろうと負けトレードであろうと、すべてのトレード結果を

第2章　トレーディング・システムデザインの原則

合算して計算されたトレード1回ごとの平均収益率をドルベース（金額ベース）で表わしたものを意味する。データは実際に行ったトレード結果、またはシミュレーション上の結果かもしれない。アナリストの中には、これを数字上の優位とか単純にマーケットにおける"優位性"と呼ぶ者もいる。

"アベレージトレード"と"期待収益率"は同じ意味で使われ、今後は同様に用いることにする。期待収益率は様々な表し方ができる。以下の計算式はすべて同じことを意味する。

期待収益率（ドル）＝アベレージトレード（ドル）
期待収益率（ドル）＝純利益（ドル）÷総トレード数
期待収益率（ドル）＝（勝率×平均利益）－（1－勝率）×（平均損失）

ドルベースでの期待収益率とは、トレード1回ごとに上げることができる利益のことを意味する。ドルベースでの純利益とは、ある期間を通じて得た総利益から同総損失を差し引いたものを指す。勝率とは全トレードに対する勝ちトレードの数を確率で表わしたもの、文字通り、勝つ確率のことである。あるトレードで負ける確率は（1－勝率）で表わされている。平均利益とは、すべての勝ちトレードの平均利益額のことを指す。同様に、平均損失はすべての負けトレードの平均損失額を意味する。

期待収益率が通算でプラスになる必要があるというのは、利益を計上できるトレーディング・システムを求めているということに他ならない。この期待収益率が仮にマイナスであれば、そのシステムは失敗を約束されたようなものであり、どんなマネー・マネジメント方法やリスク管理手法を使ったところで利益を上げることはできないことを意味する。

ここでアベレージトレードを見積もる上でシステムのシミュレーション結果を使うと仮定しよう。アベレージトレードを見積もる上でのデータが限られていることを頭に入れておく。異なるデータを用いてシミュレーションを行えば、アベレージトレードの期待値も変わってくるだろう。同じデータでも異なる期間のデータを用いれば、アベレージトレードもその期

間ごとに変化する。このため、トレーディング・システムのアベレージトレードとは"決定的で不変"の数字を意味するのではない。むしろ、アベレージトレードとは時とともに、またマーケットや使うデータの期間の取り方により変化する性質のものであるといえる。そのためこのアベレージトレードの期待値を計算する際には、できるだけ長期間にわたるデータを用いるべきである。

　アベレージトレードの期待値が不変ではないことから、この数値の許容範囲を決めておく必要がある。許容できる最低利益額は、トレードコストをカバーした上で、そのトレードを正当化できるだけの"リスク・プレミアム"を上回る必要がある。例えば２５０ドルといった利益額を設定し、その上でそのシステムを実際に使用するかどうかの判断を下すといったプロセスを考えるべきである。一般的にこのアベレージトレードの期待値は大きければ大きいほど、損益のブレに対する耐久性が高いといえる。

　このアベレージトレードは、リターンのブレに関する情報は何ひとつ含んでいない。システムの変動性、ボラティリティ、リスクといったものを測る上で、各トレードのリターンの標準偏差は優れた指標である。このようにアベレージトレードはリターン面での優位性を生かす上で考慮されるべきリスクについて完全に数値化しているわけではない。

　アベレージトレードの期待値は"破産の確率"とも関連している。統計理論を用いて、当初投下した資金がある一定の額まで減ってしまう確率を計算する方法がある。この計算を行うにはシステムの勝率、ペイオフレシオ、１トレード当たりの掛け金（投下資金）について事前に知っておく必要がある。ペイオフレシオとは、平均損失に対する平均利益の比率と定義できる。このペイオフレシオと勝率が上がるにつれ、破産の確率は逆に低下していく。破産の確率は１トレードごとの掛け金にも影響される。掛け金とは、各トレードに投下する資金を総資金に対する比率で表わしたものである。掛け金が小さければ小さいほど、破産の確率も低くなる。破産の確率の計算方法についてのは第７章でその詳細に触れる。

　以上を要約すると、システムはプラスの期待損益、つまりアベレージトレードがプラスであるということが必要不可欠となる。アベレージトレー

第2章　トレーディング・システムデザインの原則

ドの数字は一定ではなく、時とともに変わっていくものである。このためシステムを実際に使用するか否かの判断を下す際、"２５０ドル"といった基準額を決めておく必要がある。破産の確率に影響を及ぼすという点においても、アベレージトレードは重要である。長期間にわたりシミュレーションした結果、アベレージトレードがマイナスとなるようなシステムは避けるべきである。

　アベレージトレードはシステムのルールによって決まる。次項ではそのルールの数がどのようにシステム・デザインに影響を及ぼすかについて見ていく。

ルール２：限定したルール数

　本書は限られた数のルール、または変数を用いた決定論的なトレーディング・システムについて書かれている。この種のシステムは、化学実験のプロセスをコントロールするような仕事を行うために開発されたようなものと類似している。経験則によると、堅牢で信頼性の高い決定論的なシステムに含まれるルール数はできる限り少ないものである。

　よく知られた２種類のトレンドフォロー・システムについて考えてみよう。一般的には２本の移動平均線の交差を利用するシステムにはたった２つのルールしか存在しない。ひとつは短期の移動平均線が長期（中期）の移動平均線を上抜いたときに買うというもの。残るひとつはこの逆で、短期の移動平均線が長期の移動平均線を下抜いたときに売るといったものである。同様に、人気の高い２０本の日足によるブレイクアウト・システムには最も少なくて４つのルールが必要である。２つがエントリーに関するルールで、残る２つが仕切りに関するルールである。シミュレーション・ソフトを利用することで、これらのシステムを長期にわたり数多くのマーケットをトレードする限り、結果的に利益を上げることが確認されている。

　この種のシステムの対極に位置するのが、数百にも及ぶルールを含む"エキスパート・システム"と呼ばれるものである。市販されているシステムのひとつを例にとると、明らかに４００以上のルールを含んでいると

いうものがある。しかし、実際にトレードするための売買シグナルを出すために使われているルールはその中のたったひとつであることが分かっている。また、決定論的なシステムは、ルールの数が分からないようなニューラルネットを利用したシステムとも異なる。

実験計画法に関する統計理論によると、5～7つの"メイン"の変数を利用して、より複雑なプロセスをコントロールすることも可能である。このプロセスにおいて10以上にも及ぶ変数をもとに実験を行うことはまれで、20以上もの変数を利用して、十分に信頼性の高いプロセスを経ることはかなり難しい。また、4つ以上の変数を相互作用させるプロセスというのもあまり見かけない。このように、より多くの相互作用による効果というものは一般的には重要でない。ルールや変数の総数をできる限り少なくすることが目的なのである。

数多くのルールを使いシステムを構築する弊害は少なくない。まず挙げられるのが、ルールの数が増すことにより、ひとつひとつのルールの相対的な重要性は逆に低下するということである。2つ目に、ルールや変数の数が増加するのに伴い、"自由度"が減っていくということである。これは要するに、ルールや変数の数が増えるにつれ、正確な結論を得るために必要なデータ数も増加してしまうということを意味する。

3つ目の問題として、サンプルテストを行う段階での"カーブフィッティング"の危険性が挙げられる。例えばあるデータ群を与えられたとして、たった2つの変数を用いて単純な線形回帰分析を行うだけでも、そのデータに十分適合するような回帰直線を描いてしまう可能性はある。回帰分析に用いる変数が、例えば7つに増えるとすると、この回帰直線は元のデータにより適合することになる。このため、システム構築の段階でカーブフィッティングのわなに陥ってしまうと、対象データ群の単なる"あや"を見つけだして、二度と現れることがないようなパターンを摘出してしまう可能性がある。上記の単純な線形回帰分析ではシステム全体の自由度が2つ減少するが、後者の多項式による回帰では7つ減少することになる。

こうした考え方は以下に示すように、1995年12月限のS＆P500株価指数の終値に対する回帰直線の適応度の例を用いることで確認でき

第2章 トレーディング・システムデザインの原則

る。ここで用いたのは、1995年8月1日～同12月13日までの95日間にわたる終値のデータである。このデータを2つの異なる方法で回帰してみる。**図2.1**は単純な線形回帰、**図2.2**は5乗という、より高度な多項式により回帰している。より高度な項を加えた回帰直線は曲線に変わり、データ中に存在する"あや"より多くとらえる結果となった。

ここでは便宜上、日々の終値を1～95と数値化し、アルファベットの"D"で表現している。アルファベットの"C"の記号で表されている数値（C1のように）はすべて定数を意味する。予想終値とは、回帰直線をもとに導き出した予想終値のことを示す。

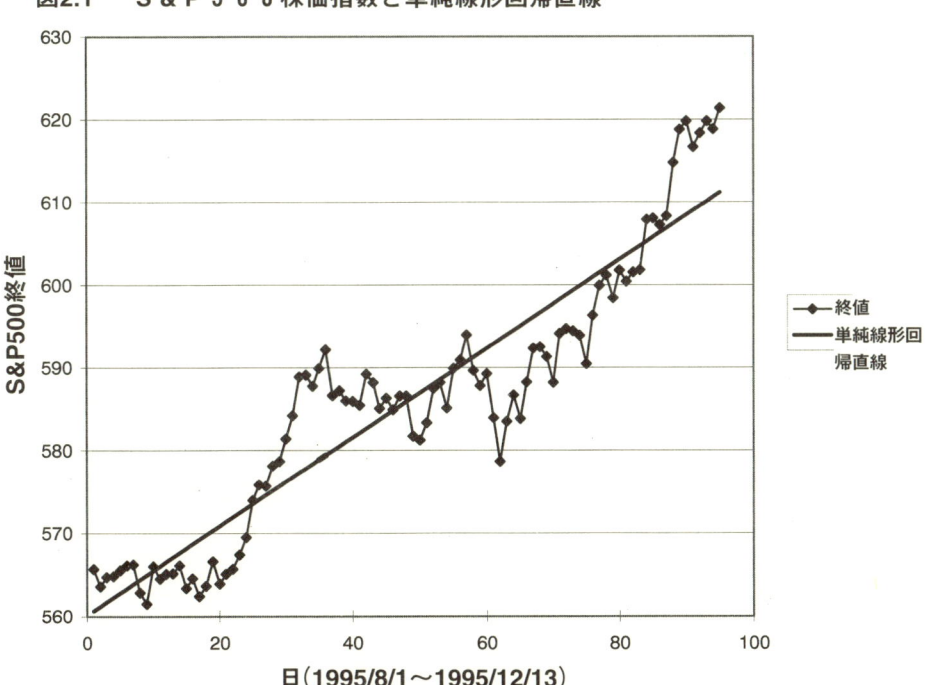

図2.1　S&P500株価指数と単純線形回帰直線

$$予想終値 = C_0 + (C_1 \times D) \qquad (図2.1)$$

$$予想終値 = C_0 + (C_1 \times D) + (C_2 \times D^2) + (C_3 \times D^3)$$
$$+ (C_4 \times D^4) + (C_5 \times D^5) \qquad (図2.2)$$

図2.2　S&P500株価指数と5重に線形回帰した曲線

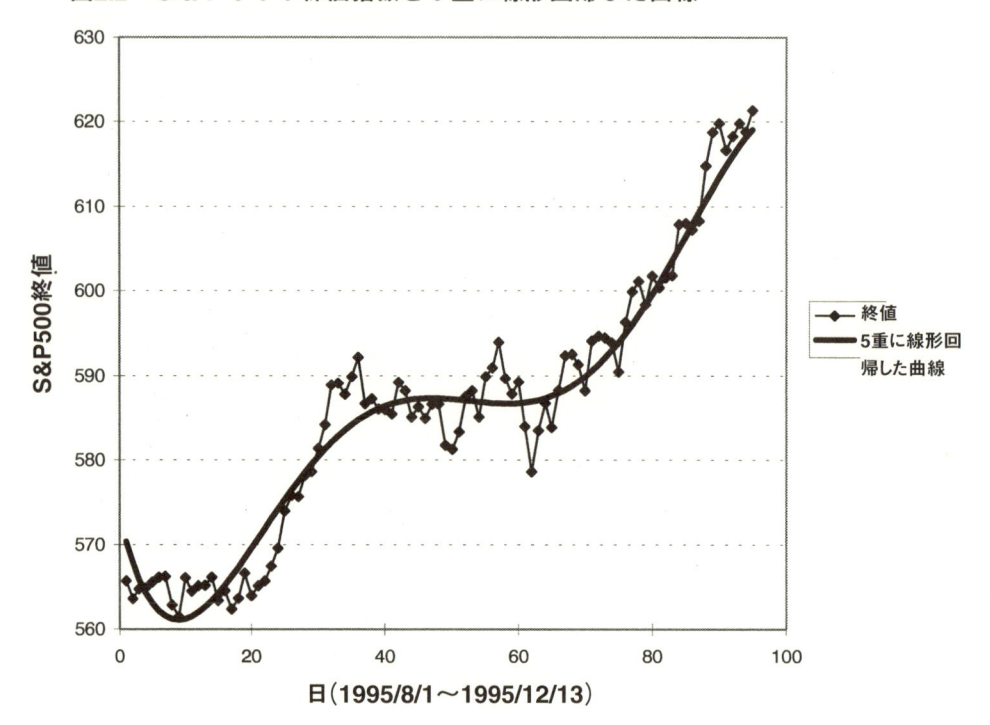

```
[グラフ: 横軸 日(1995/8/1～1995/12/13) 0～100、縦軸 S&P500終値 560～630、終値と5重に線形回帰した曲線]
```

　表2.2にはカーブフィッティングの持つ興味深い特徴が表れている。第1に、定数であるC_0の数値がどちらの式においてもほぼ同じだということ。これは、最もシンプルなモデルである定数C_0が、このデータ情報のかなりの部分を説明していることを暗示している。

　次に、定数の順番を表す数値が大きくなるに従って、定数の絶対値が減っていること。C_0はC_1より大きく、さらにC_1がC_2よりも大きな数値となっているように、順番が後にいくほど数値が小さくなる。そのため、多項式の中で後に現れる数値の相対的な貢献度は減る一方だということ。しかし、項を加えれば加えるほど直線（曲線）はスムーズになり、より忠実にデータに適合していることが、図2．1と図2．2からうかがえる。

第2章 トレーディング・システムデザインの原則

表2.2 線形回帰係数の比較

	C_0	C_1	C_2	C_3	C_4	C_5
方程式2.1	560.0865	0.537870				
方程式2.2	570.2379	−1.94509	0.131279	−0.00154	−0.00003	0.0000006

　この例は多くの示唆を与えてくれる。第1に、あるデータをもとにモデルを構築する場合、なるべくシンプルなものにするべきだということ。前述した例では、傾きと切片だけを持つシンプルな線形回帰でもデータに関して知るべき情報のすべてをとらえることができるのである。

　2番目に、より多くの項（ルール）を加えることにより、データに対する適応度が高まるということ。これは、より複雑なモデルを作ることによって、データの"あや"をより忠実に反映してしまうということを意味する。その種の"あや"が再度全く同じような形で現れる確率はかなり低い。

　3番目に、モデルを作成する目的は、テスト期間を通じて価格がどのように変動していったかを説明することにある。ここでは、データを用い直接線形回帰係数を計算する方法を利用した。このためモデルは使用するデータの性質に過度に影響されることになる。このようなプロセスを経て得た係数が、将来のデータを正確に説明している保証はどこにもない。これはオーバーフィッティングの結果開発されたシステムが、将来も過去のデータに対するのと同じような成績を残す可能性は低いということを意味する。

　別の例として移動平均線のクロスのバリエーションを紹介するが、この例でも使用するルールの数を限定する意味が理解できるだろう。一般的に2本の移動平均線の交差のシステムには2つのルールしかない。例えば、3日移動平均線が65日移動平均線を上抜いたときに買い、売りはこの逆といったものである。

図2.3　ルールを増やすことでトレード回数が減少した。データは10年間分のスイス・フランを使用（横軸の目盛りが線形でないことに注意）

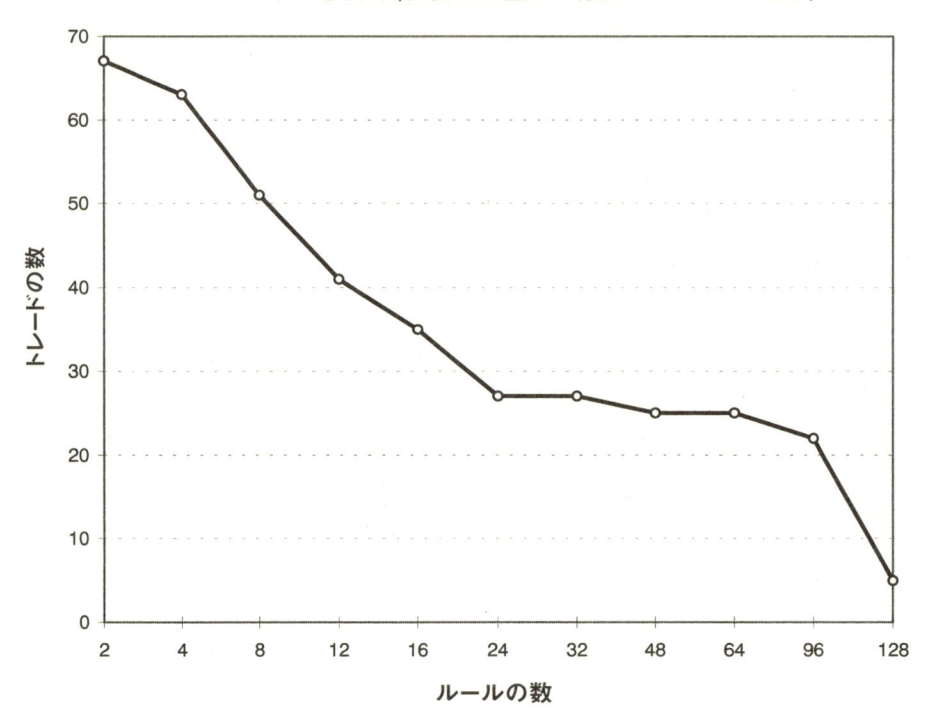

　次に２本以上の移動平均線を組み合わせるバリエーションについて考えてみよう。例えば、３日移動平均線と４日移動平均線の両方が６５日移動平均線を上抜いたら大引けで買うといったものである。この例では２本の"短期"移動平均線を使用するため、買い２、売り２で合計４つのルールが必要となる。"短期"の移動平均線の数をさらに増やしていけば、必要なルールの数は飛躍的に増加していく。例えば、３・４・５・６・７日と５本の移動平均線が６５日移動平均線を上抜いた場合に買うというシステムであれば、ルールの数は１０に達する。

　１９８５年１月１日から１９９４年１２月３１日までのつなぎ足を使用

第2章 トレーディング・システムデザインの原則

し、スイス・フランをトレードするシステムを構築すると仮定してみよう。その際ストップロスは使わず、スリッページと手数料を合わせて100ドル差し引くと設定する。ルール数を増加させる効果を見極めるために、2～128個までルールの数を増減させてみる。**図2．3**が示すように、ルールの数が増加するに従い、トレード数は減少していく。このことは、ルールの数を増やせば増やすほど、十分信頼の置ける結果を得るためにはより多くのデータが必要になることを示している。

図2.4　ルールを増やすことで利益はある程度増加した。データは1985年1月1日から1994年12月31日までのスイス・フラン10年分のつなぎ足を使用（横軸の目盛りが線形でないことに注意）

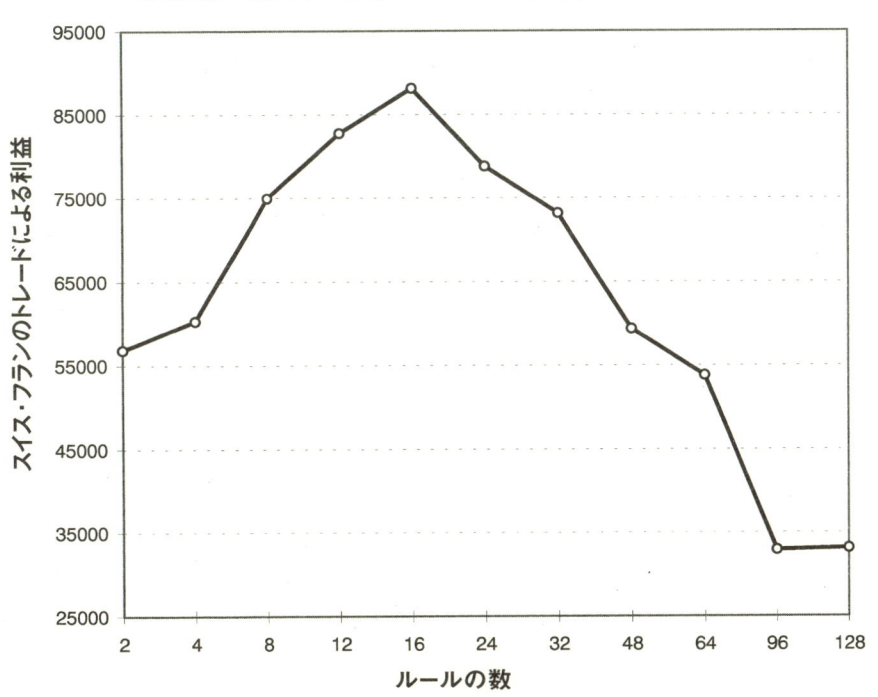

図２．４によると、ルールの数を増やすことによって、当初は利益を増加させることができることが分かる。これはルールを追加することによって、当初はその新たなルールがフィルターの働きをし、無駄なトレードを減らしてくれる効果があることを意味する。しかし、さらにルールを追加していくと、利益を損なうことにつながり、さらに資金残高曲線のブレを大きくしてしまう。こう考えると、いくつものルールを追加しないように注意することが要求される。

　前述したように、この例ではストップロスを使用していない。そにため、ルール数を増やすことで日中ベースの最大ドローダウンは拡大してしまう。仕掛けも仕切りも遅れてしまうためである。これは**図２．５**で確認することができる。

図2.5　さらにルールを加えると仕掛けと仕切りが遅れ、日中ベースでの最大ドローダウンが拡大する（横軸の目盛りが線形でないことに注意）

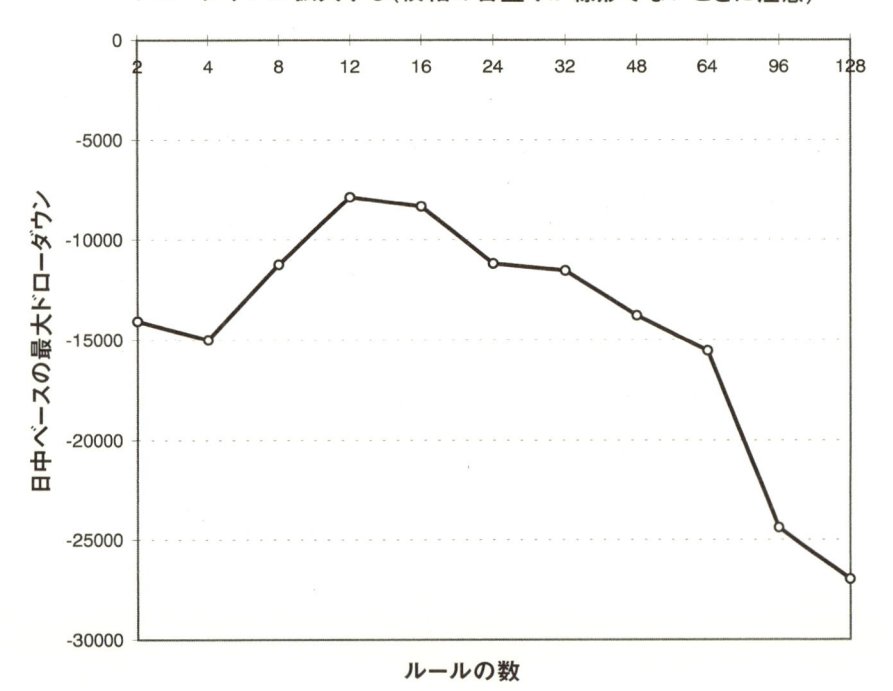

第2章 トレーディング・システムデザインの原則

　米30年物国債（Tボンド）の1975年1月1日から1995年6月30日までのデータを用いてシミュレーションしてみると、一般的なパターンが一貫して現れていることが分かる。**図2.6**が示すように、ルール数が増えるにつれ、利益の額は減っている。ある特定のパターンは用いるデータに大きく依存しているのである。他のマーケットのデータを使用してもルール数の増加が利益の減少を招いていることが確認できる。

図2.6　1975年1月1日～1995年6月30日までの米国債のデータを使用すると、ルールを増やすことで利益が減少した（横軸の目盛りが線形でないことに注意）

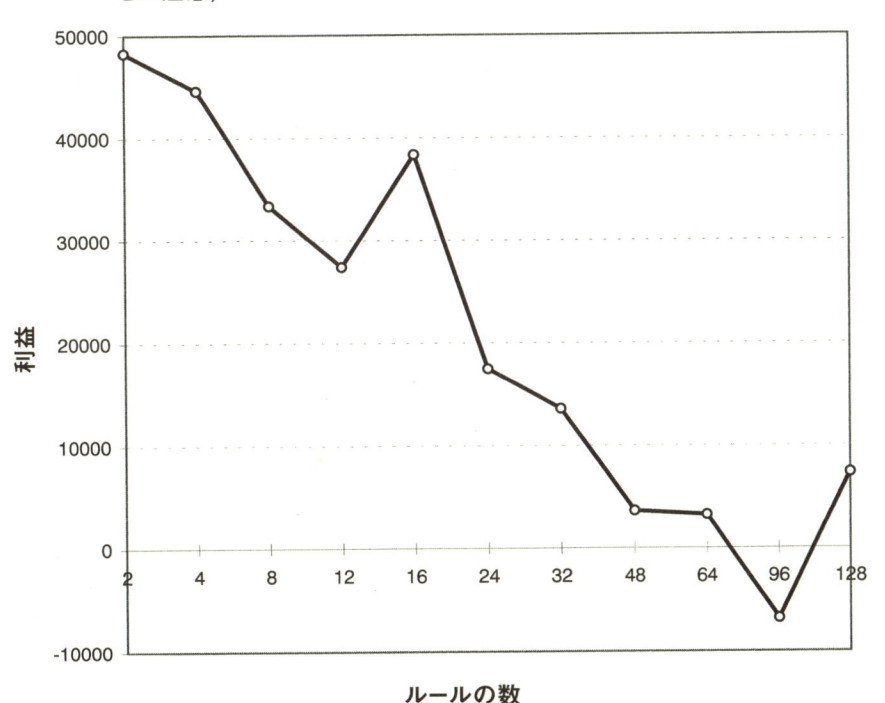

このように、単純にルール数を増やすことが利益を限りなく増加させることにはつながらない。より多くのデータが必要になるだけではなく、複雑化することでシステムのパフォーマンスを悪化させることにもつながりかねない。多くのルールを含む複雑なシステムは単に対象データの"あや"をとらえるだけの結果に終わってしまう。しかも、その種のパターンは、その後二度と現れることがないようなものであることが多い。このように、比較的シンプルなシステムの方が将来もよく機能する可能性が高いのである。

ルール3：堅牢なルール

　堅牢なトレーディングのルールとは、多様なマーケットの状況を切り抜けることができるルールのことを指す。堅牢なシステムは、パラメータの数値が少し変わった程度ではパフォーマンスに大きな影響が現れることはない。一般的に、堅牢なルールは異なる複数の期間、また多くのマーケットにおけるシミュレーションでも利益を計上できる。堅牢なルールはカーブフィッティングを避けるため、将来にわたっても機能する可能性が高いのである。

　堅牢でないパラメータを使う例として、買いポジションの仕掛けを遅らせる例について見てみよう。そのルールとは以下のようなものである。「３日と１２日の単純移動平均線の交差がＸ日前に現れ、安値がパラボリックよりも上に位置している場合、翌日に当日高値の１ポイント上に逆指値を置く」。ストップロスは１５００ドルに設定し、手数料とスリッページが合計１００ドルという条件で検証してみる。

　図２．７はＩＭＭ（シカゴ・マーカンタイル取引所の通貨部門）日本円先物の１９７６年８月２日～１９９５年６月３０日までのデータをもとに検証した結果である。ドルベースの利益額は何日仕掛けを遅らせるかによってかなり異なり、パラメータの設定次第で結果が大きく変動する可能性を示している。またこの程度の短期の移動平均線を利用するのに、１２日も仕掛けを遅らせることは相応しくない。このため、仕掛けを遅らせる日

第2章　トレーディング・システムデザインの原則

数が9日を過ぎた辺りから利益額を示す曲線も平行になり、実質的な意味が薄いことが分かる。このようにパラメータの数値をほんの少し変更するだけで結果が大きく異なってしまうという意味で、仕掛けを遅らせるというルールは堅牢なルールとは言えない。

図2.7　3日単純移動平均線と12日単純移動平均線の交差システムの利益額は、シグナルが現れてから実際にシグナルを実行するまでの日数の違いに大きく依存している

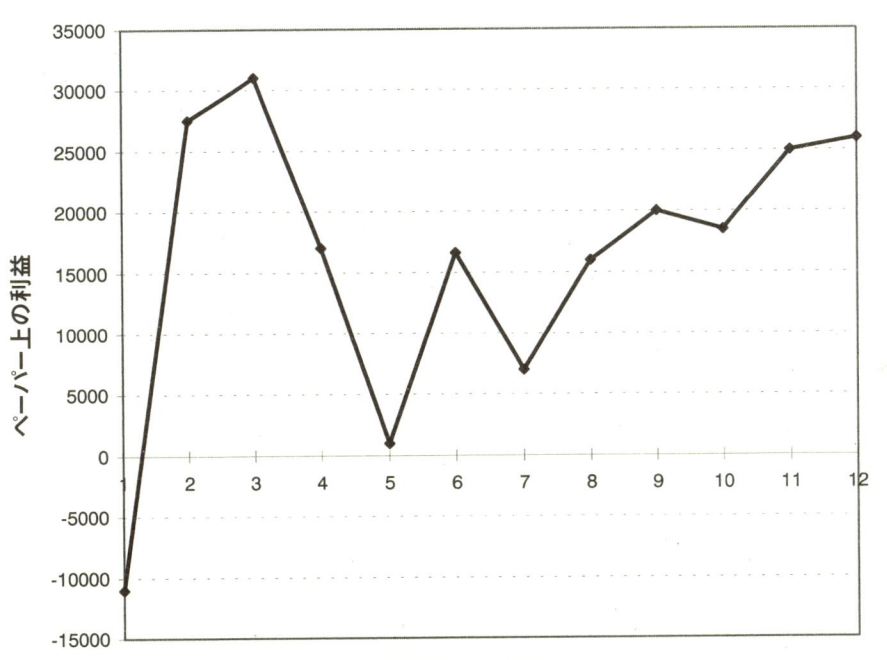

次に1995年8月限のニューヨーク原油の例（**図2.8**）をもとに、堅牢でないカーブフィッティングされたルールの影響について考えてみよう。マーケットは2月から3月にかけて狭いレンジの中で推移していたが、その後18ドル水準から上方向にブレイクアウトした。マーケットはすぐに上昇し、5月までには20ドル水準に達していた。6月中は値動きの荒い日が続き、7月までには17ドル水準に向かって下方向にブレイクアウトする結果となった。

このマーケットにおける特別なパターンを見つけ、カーブフィッティングされたシステムを構築するために、単にチャートを目で追って導き出したルールを以下に示す。

図2.8　カーブフィッティングされたシステムと1995年8月限原油先物

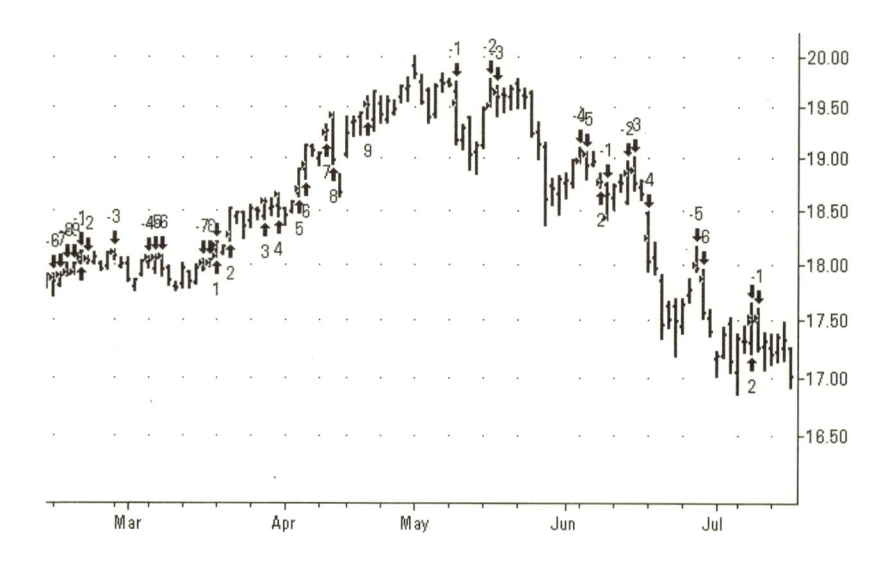

第2章　トレーディング・システムデザインの原則

　ルール1：過去50日の高値を更新したら、翌日、その高値から5ポイント上に逆指値を置いて買う（ブレイクアウト・ルール）

　ルール2：安値－2×（高値－安値）－5ポイントの位置を、翌日、逆指値で売る（下方向へのレンジ拡大ルール）

　ルール3：売り建ててから21日目に当たる場合、大引けで買い戻し（時間制限による仕切りルール）

　ルール4：ルール3が実行された場合、終値で2枚買う（カウンタートレンド・ルール）

　ルール5：売りポジションの場合、翌日、過去3日間の高値の1ポイント上を指値で売る（戻り売りルール）

　ルール1は過去50本分の日足を対象としているが、典型的なブレイクアウト・システムの仕掛けのルールである。

　ルール2はボラティリティの変化による売りのルール。前日のレンジの2倍の値幅を前日の安値から差し引き、さらにそこから5ポイント下がったところで売るというものである。このルールは特に狭いレンジでの取引が続いた後に適応される。中期の高値近辺で売られることによって下方向にレンジが拡大するような状況である。

　ルール3はポジションを維持する期間を制限することによる仕切りルールであり、8月限の動きを目で見た結果をもとに最適化したものである。ポジションを維持する期間を制限するのは、トレンドに沿った動きがX日間も続くような場合、反動としてそうした中期のトレンドとは逆の動きが現れる可能性が高いとの考え方が背景にある。

　ルール4は単純にルール3を拡大したものだが、売りポジションを仕切るだけでなく、終値で新たに2枚買い建てるというものである。

　ルール5は下向きのトレンドの中に現れる反騰場面で意識的に売りポジションを取るというものである。この場合、スリッページが大きくなることを避けるため、指値注文が用いられる。

　上記のルールをシミュレーションする条件として、最大で同時に9枚までトレードすると仮定していることに加え、ストップロスは1000ドルに設定している。

このシミュレーション結果は表2．3に要約されている。このシステムがカーブフィッティングされたものではないか、と真っ先に疑問が浮かぶのは勝ちトレード数の項目である。総トレードに対して実に87％（23トレード中20トレード）が利益になっている。2番目に疑わしいのは、勝ちトレードが14回も続いたということである。3番目は、13．49というとてつもなく大きなプロフィットファクター（＝総利益／総損失）が挙げられる。このような結果はカーブフィッティングされたシステムを短期間だけシミュレーションした場合によく見られるものである。このシステムによって出された個々の売買シグナルについては図2．8で確認することができる。

表2.3　カーブフィッティングされたシステムよる1995年8月限原油先物のトレード結果

NY軽質原油95年8月限　94/12/1～95/7/20			
純利益	12,990.00	値洗い損益	520.00
総利益	14,030.00	総損失	−1,040.00
総トレード数	23	勝率(%)	87
勝ちトレード数	20	負けトレード数	3
最大の勝ちトレード	1,370.00	最大の負けトレード	−860.00
平均利益	701.50	平均損失	−346.67
		1トレードの平均損益	564.78
最多連続勝ちトレード数	14	最多連続負けトレード数	2
勝ちトレード平均日数	20	負けトレードの平均日数	1
日中ベースの 　最大ドローダウン(MIDD)	−1,670.00		
プロフィットファクター	13.49	最大建玉枚数	9

第2章 トレーディング・システムデザインの原則

表2.4 カーブフィッティングされたシステムで長期にわたり原油をトレードしたテスト結果

全トレードの成績	89/1/3～95/6/30		
純利益	−107,870		
総トレード数	538	勝率(％)	32
勝ちトレード数	173	負けトレード数	365
最大の勝ちトレード	7,160	最大の負けトレード	−3,670
平均利益	983	平均損失	−761
		1トレードの平均損益	−200
最多連続勝ちトレード数	9	最多連続負けトレード数	48
勝ちトレード平均日数	12	負けトレードの平均日数	6
日中ベースの最大ドローダウン(MIDD)	−120,950		
プロフィットファクター	0.61	最大建玉枚数	9

　カーブフィッティングされたこのシステムを、１９８９年１月３日～１９９５年６月３０日の原油つなぎ足でシミュレーションしてみた。**表２．４**に示されているように、このシステムはペーパー上で１０万７８７０ドルの損失を被っているのも驚くに値しないだろう。勝率がたった３２％にとどまっていることに注意していただきたい。最大で連続４８回も負けが続く結果となっており、このシステムを引き続き利用するにはかなりの忍耐と信頼が必要であろう。また、プロフィットファクターが０．６１と**表２．３**で示された１３．４９から大幅に悪化していることにも注意すべきである。以上の結果を見る限り、カーブフィッティングされたシステムが長期にわたって利益を上げ続ける可能性は低いことが分かる。

　興味深いことに、このシステムにも長所はある。このシステムが多くのマーケットにおいて堅牢であるかどうか調べるために他の１２のマーケットでシミュレーションを行うと、期待以上の結果が出た（**表２．５**）。

表2.5　堅牢さのチェック：原油のカーブフィッティングシステムを利用して、他12のマーケットをテストした結果（テストデータには89年1月3日〜95年6月30日までのつなぎ足を使用。スリッページと手数料合計で100ドル差し引いている）

マーケット	ペーパー上の利益	平均損益
コーヒー	132,908	445
S&P500	145,545	547
綿花	84,925	284
米30年物国債	84,319	324
日本円	67,975	176
スイス・フラン	17,975	51
米10年物国債	13,538	48
金	−13,270	−33
銅	−22,167	−49
大豆	−41,656	−117
灯油	−45,868	−80
砂糖	−56,394	−136

　実際いくつかのマーケットではかなり良い結果が出ている。これは、①このルールの組み合わせは過去一度もこうしたマーケットでシミュレーションされたことがなく、単に1枚のチャートを見ることで作り上げたルールである、②売り買いのルールが非対称である——以上の二点を考慮すると驚くべき結果であったと言える。売り買いのルールが対称なトレーディング・システムとは、条件が売り買いで逆になること以外、同じルールを使っている。例えば、移動平均線の交差を利用したシステムでは上方向への交差で買い、下方向への交差で売るといったルールを利用している。

　このルールをより詳細に検討することで、しっかりとした原則に従っている部分があることが分かる。例えば、トレンドが上向きであり50本の足のブレイクアウトが連続して起こるような場合、買いポジションが9枚

第2章　トレーディング・システムデザインの原則

に達するまで1枚ずつ加えていくというルール。このルールでは強力な上昇トレンドが現れる局面では、マーケットに対するエクスポージャーを拡大することができる。売りのルールは中期の高値近辺で利益を確保する傾向が高い。下降トレンドの途中で現れる反騰場面に合わせて売ることで、中期トレンドの方向にエクスポージャーを拡大することができる。また、1000ドルという比較的小さなストップ幅を設定している。このため、このルールが単に視覚的に決めたものであっても、トレンドに従い、トレンドに沿ってポジションを増やし、利を伸ばし損切りを早く、という理に適った原則に沿ったルールとなっている。

　以上を要約すると、短期間のサンプルデータをもとに、カーブフィッティングシステムを開発するのは簡単だということである。ルールが堅牢でなければ、マーケットに現れる様々な局面に対処しながら利益を上げることは不可能である。ということは、長期間にわたり多くのマーケットで利益を上げ続けることは難しい。堅牢でないルールが将来においてもコンスタントに利益を上げるという可能性は低い。要するに、堅牢なトレーディング・システムを構築するよう努力すべきなのである。

ルール4：複数枚数をトレードする

　複数枚数をトレードすることでうまくいけばより大きな利益を上げることが可能となる。しかし逆にうまくいかなければ、それに伴うドローダウンもより大きなものとなってしまう。優れたリスク管理を実践することで利益がドローダウンを上回ることになると考えるだろう。しかし、複数枚数をトレードするために十分な資金を投下できる状態にあるということが必要不可欠な条件となる。複数枚数をトレードするというアプローチの恩恵を受けるためには、リスク管理のガイドラインが複数枚数をトレードすることに対応している必要がある。資金不足のために同時に複数枚数をトレードすることができないのであれば、資金が十分な額に達するまでこのアプローチを利用することは考えるべきではない。

　複数枚数をトレードすることによって、システム・デザインに非線型の

要素を加えることができる。これは、例えば同じ5枚ずつトレードするにしても、非線型ロジックを活用することで通常の線形ロジックをもとにトレードするよりも良い結果を得る可能性が現れることを意味する。線形ロジックはシグナルが現れるたびに1枚ずつトレードすることを指す。一方、非線型ロジックはボラティリティなどの価格ベースの基準を利用することを意味する。ボラティリティ・ベースのルールとは、ボラティリティが低いときにはトレード枚数を増やすといったものである。何週間も横ばいの動きが続く状況では、マーケットのボラティリティが低下している場合が多い。そうした横ばいの動きが終焉を迎え、力強いトレンドが現れるような状況では、こうした非線型ロジックを用いることで利益を大幅に増加させる効果が期待できる。

　この考え方は単純な例を使って説明できる。巨額な資金を運用しているため、リスク管理のガイドラインに沿って米10年物国債（Tノート）を最大15枚までトレードすることができると仮定しよう。例えば、各ポジションに対するリスクを運用資金の1％に抑えるという条件の下、ストップロスを1000ドルに設定することを考えてみよう。この条件で15枚トレードするためには、最低150万ドルの運用資金が必要となる。もちろん15枚分の証拠金額が資金管理のガイドライン内に収まっていることを想定した上でのことである。

　ここで5日と50日の移動平均線を用いた単純な交差システムについて考えてみよう。実際にトレードする日は交差が起こった翌日となる。今日の引け後に交差が起こった場合、翌日の寄り付きで売り買いを行うというルールである。1枚につき1000ドルのストップロスを設定し、スリッページと手数料は合わせて100ドルと仮定する。

　1枚ずつトレードするケースと最大で15枚までトレードするケースを比較してみよう。テスト期間は1989年1月3日～1995年6月30日までとし、データにはつなぎ足を使用する。**表2．6**は5日／50日移動平均線の交差システムに対する4種類のバリエーションを比較した結果である。"常時1枚"と記された列にはテスト期間を通じて常に1枚ずつトレードした結果を記している。2列目の"常時15枚"は常に15枚ト

第2章　トレーディング・システムデザインの原則

レードしたと計算した結果を示している。"変数＃１"の列は、最高１５枚まで連日ポジションを拡大していく方法をとっている。"変数＃２"は最高１５枚までトレードするが、同一日に一気に仕掛ける方法を採用している。ドル表示によるボラティリティは２０日間の平均の真の値幅の４倍に設定している。このボラティリティで１万５０００ドルを除した数をトレード枚数とする。"変数＃２"はこの計算方法でトレード枚数を決定しているが、常に１５枚以下にとどめるようになっている。

　上記の４戦略について純利益を基準に比較してみよう。トレード枚数を増やせば、それだけ利益が拡大することは何ら驚きに値しない。しかし**表２．６**の次の行に表わされているように、トレード枚数を増やせばそれだけ日中ベースでみた最大ドローダウンも大きくなっていることが分かる。この日中ベースの最大ドローダウンに対する純利益の比率は、複数枚数をトレードすることで得るものがあるか否かの判断をするのに役立つ。トレード枚数を変えない戦略の場合、この比率は３．４７である。この比率はトレード枚数を変化させる戦略では４．７または５．１へと上昇している。これはそれぞれ３９％、４７％改善しており、トレード枚数を複数にすることを考慮するのに十分な結果である。このように、ドローダウンの大きさを変えずに利益を拡大することも可能である。

　表２．６にあるように、一定して１５枚ずつトレードする戦略よりも、枚数を変化させる＃１の戦略の方が最大損失額は小さい。同様に、＃２戦略も一定して１５枚ずつトレードする戦略よりも、その最大損失額は小さい。この結果からも、複数枚数をトレードする意味が理解できるだろう。

　総トレード数に関しては、一定の＃１戦略、同じく一定の＃２戦略、さらに変数＃２戦略はすべて同じ日に建玉するため全く同じである。変数＃１戦略については、すべての建玉を同じ日に行うわけではないため、総トレード数は他の戦略に比べ多い。

　アベレージトレードに関してはすべての戦略で比較的高い数値を残しており、このシンプル・モデルが大きなトレンドをとらえていることを示している。このアベレージトレードについては、同一日にすべてのポジションを建玉する戦略の方が高い数値を残している。これは単にシステム・デ

ザインの違いによる。既に指摘したように、アベレージトレードを使ってシステムのボラティリティを測定することはできない。

　各トレードの標準偏差については、一気に建玉する戦略よりも1枚ずつ建玉する戦略の方が当然小さくなる。トレード枚数が増えるにつれ、各トレードの損益に対する標準偏差も大きくなる。表2．6で分かるように、トレード枚数をその都度変化させる2つの戦略よりも常に15枚トレードする戦略のボラティリティの方が高い（3万6721ドル）。これは、トレード枚数が一定しているよりも、状況に応じてトレード枚数を変化させる戦略の方がボラティリティを縮小できるということを示している。これはシステム・デザインの際に考慮すべき目標のひとつである。

表2.6　トレード枚数の違いによるパフォーマンス比較

項目	1枚ずつ	15枚ずつ	変動#1 最大15枚	変動#2 最大15枚
純利益	24,018.75	360,281	339,774	294,869
日中ベースの 　最大ドローダウン 　　(MIDD)	−6,918.75	−103,781	−66,650	−62,763
純利益／MIDD	3.47	3.47	5.10	4.70
最大の負けトレード	−1,100	−16,500	−1,350	−13,200
総トレード数	48	48	594	48
勝ちトレード数	15	15	215	15
1トレードの平均損益	500.39	7,506	572	6,143
トレードの標準偏差	2,448	36,721	5,836	25,506
平均損益／標準偏差	0.09	0.20	0.10	0.24
標準偏差(負けトレード)	340	5,092	364	3,362

第2章　トレーディング・システムデザインの原則

　平均収益を収益率の標準偏差で割ることによって、そのモデルのパフォーマンスの大枠が見て取れる。この数値が大きいほど、優れたシステムである。常に１枚ずつトレードする戦略の場合この数値は０．０９となり、変数＃２の戦略では０．２４へと改善されている。しかし、複数枚数をトレードすることで収益率のボラティリティが増大することを忘れるべきではない。

　表２．６の一番下の行には、ダウンサイドのボラティリティが示されている。ここでは勝ちトレードの利益額が増大するにつれてボラティリティも増大していることを証明している。常に１５枚トレードする戦略のダウンサイド・ボラティリティが最も高く、その後変数＃２戦略、変数＃１戦略と続いている。常に１枚ずつトレードする戦略と１枚ずつながら複数にわたり建玉していく変数＃１戦略との間に大きな違いは見られない。総トレード（勝ちトレードも含む）の標準偏差がダウンサイド・ボラティリティよりもかなり大きいことに注目する必要がある。これは、ボラティリティはすべて好ましくないものではなく、トレード枚数を増やすことによってダウンサイド以上にアップサイド・ボラティリティを増大することができることを示している。アップサイド・ボラティリティの増大は、ダウンサイド・ボラティリティが急激に増すことよりも対処しやすい。

　以上を要約すると、資金と自分のメンタルな部分が許す限り、複数枚数をトレードする戦略がもたらす恩恵について検討する価値はあると言える。

ルール５：リスク管理、マネー・マネジメント、ポートフォリオ設計

　文書化されているかいないかに限らず、目標パフォーマンスのガイドライン同様、目先投下できる資金量には限界があるということはだれにでも当てはまる事実である。パフォーマンスに関するガイドラインは、その取引口座の持続性に多大な影響を及ぼす。例えば、５カ月間で３０％の損失を出してしまったトレーディング・システムについて考えてみよう。その後そのトレーディング・システムが素晴らしいパフォーマンスを上げたとする。ある人は３０％の損失を出した時点でそのシステムをあきらめ、取

引口座を閉じてしまうかもしれない。しかし、そこであきらめなかった人たちは素晴らしいパフォーマンスの恩恵に預かれるかもしれない。マネー・マネジメントの方法次第では、口座を閉じる時期が尚早であったり、逆に遅すぎることにもなってしまう可能性がある。このように、マネー・マネジメントの関するガイドラインはトレーディングで成功する上で決定的な役割を果たす。

　目標パフォーマンスを設定し、取引口座に投下できる資金量に応じて、リスク管理を徹底し、マネー・マネジメントを詳細を練り上げ、ポートフォリオを設計することが必要条件となる。リスク管理とは事前に設定してある仕切りルールに乗っ取り、建玉をうまくコントロールする一連のプロセスのことを意味する。マネー・マネジメント・ルールは建玉枚数やポジションに対する許容リスクをどの程度にするかということを定めるルールである。ポートフォリオ設計の際に考慮すべき点は、なるべくスムーズな資金残高曲線を描くことである。

　表2．7は、マネー・マネジメント・ストップを全く用いない場合とストップ幅を2000ドルに設定した場合の比較結果である。ここで利用したのは"カン"と呼ばれるシステムである。終値ベースで4日続騰または続落した際にトレードするシステムで、オメガリサーチ社のシステムライタープラスを使用してプログラムを書いている。

　予想通り、1トレード当たりの最大損失額はとんでもない数値を示した。現実にはここまで損失が拡大する前に取引口座を閉じるだろう。もちろん、かなり洗練されていると考えられていた金融機関が数十億ドル規模の損失を出して新聞の一面を飾っていること自体、十分なリスク管理なしにトレーディングが行われることが少なくないことを示している。

　マネー・マネジメント・ストップを用いることで、最悪の結果を事前に予測することできる。スリッページを考慮しても、通常マネー・マネジメント・ストップを用いた方が、それを全く用いない場合よりも最大損失額は小さく抑えられる。リスク管理を改善することで、利益率も向上する可能性が高い。ストップロスを用いない場合、平均収益はマイナス5085ドルだが、ストップロスを用いることでマイナス424ドルまで損失額が

減少していることに注目していただきたい。リスク管理を行うことで最大ドローダウンの数値も改善される。この比較結果から得られる教訓は明らかである。リスク管理を正しく行うことで得ることは多い。

リスク管理としっかりとしたマネー・マネジメントを併用することで資金残高曲線のブレを少なくすることができ、取引口座の持続性を改善することが可能になる。マネー・マネジメントのガイドラインには、各トレードの許容リスクを総資金の何割にするかということを明らかにしておく必要がある。明確なガイドラインを作成することで、ストップロスの額を総資金に対する割合として明示できる。各トレードに対する許容リスクつまり"掛け金"は総資金の2％以内にするというのが一般的なルールである。

表2.7　マネー・マネジメント・ストップを加える効果

(1989年5月〜1995年6月　単位：ドル)

マーケット	ストップなし			2000ドルストップ		
	純利益	最大の 負けトレード	最大 ドローダウン	純利益	最大の 負けトレード	最大 ドローダウン
コーヒー	-4,206	-50,868	-24,149	33,776	-2,594	-13,970
銅	5,082	-3,542	-14,810	-5,455	-2,302	-20,430
綿花	4,370	-4,620	-14,585	7,580	-3,025	-13,800
原油	-14,350	-12,350	-20,760	-8,690	-2,870	-15,100
金	7,180	-2,250	-6,560	3,750	-2,340	-6,650
灯油	16,758	-4,174	-16,350	-378	-3,989	-16,334
日本円	-36,800	-6,550	-65,673	-23,675	-3,388	-50,300
砂糖	-9,770	-3,594	-14,428	-7,799	-2,194	-12,456
スイス・フラン	8,225	-7,613	-16,438	15,688	-2,663	-15,263
米10年物国債	-15,913	-4,413	-29,444	-8,788	-2,100	-21,881
米30年物国債	-16,506	-6,194	-28,969	-10,625	-2,100	-22,856
最低	-36,800	-50,868	-65,673	-23,675	-3,989	-50,300
最高	16,758	-2,250	-6,560	33,776	-2,100	-6,650
平均	-5,085	-9,652	-22,924	-424	-2,688	-19,004

この2％ルールでは、5万ドルの資金に対するストップロスは1000ドルに設定する。この1000ドルのことを"ハード・ドル・ストップ"と呼び、すべてのポジションに適用する。ポジションによっては1枚または複数の枚数を建玉することが考えられる。2枚のポジションを建てる場合には、仕掛けのポイントから500ドル離れたところにストップロスを設定し、そのポジションを守るのである。"掛け金"については第7章で詳細に解説している。

取引口座を閉鎖する最も多い理由として、アナリストに指摘されるのが"オーバートレード"である。例えば、コンスタントに総資金の2％以上リスクにさらしている場合、オーバートレードであると言える。建玉当初にマネー・マネジメント・ストップを設定しなければ、リスクは総資金の2％を大幅に超えてしまうことも考えられる。最悪の場合、取引口座の資金すべてをリスクにさらしてしまうことも考えられる。マーケット・コンディションが他に類を見ないほど素晴らしいものであれば、例えば総資金に対して5％というように、通常以上のリスクを取ることも正当化されるかもしれない（第4章参照）。しかし、常に2％以上の資金をリスクにさらすようであれば、資金残高のブレは予想を超えるほど大きなものになってしまう可能性もある。

もうひとつ、一般的なルールとして、月次収益率のブレが20％を超える状況がたびたび現れるような場合、オーバートレードしていると考えられる。繰り返しになるが、マーケットの条件次第では例外的な対応をすることも考えられる。

またリスク分散に関わる利点と欠点を考える必要がある。つまり、多くのマーケットを一度にトレードすることの利点と欠点である。多くのマーケットをトレードする最大の利点はマーケットに現れる大きな動きを見逃さないことである。逆に最大の欠点は多くのマーケットが同一または類似する要因に影響を受けることで、その時々でかなり相関性が高まることも考えられることである。このため相関性の高いマーケットを数多くトレードしても、ひとつのマーケットで複数枚数をトレードすることと何ら変わりがない。

第２章　トレーディング・システムデザインの原則

　例えば、スイス・フランと独マルクは強く相関しており、同時にトレードしてもどちらかのマーケットで複数枚数トレードすることと変わらない。ここでスイス・フランと独マルクについて詳細を見てみよう。シミュレーションに使用するデータはつなぎ足として、期間は１９８９年５月２６日〜１９９５年６月３０日まで。移動平均線の交差システムを使用し、ストップ幅を１５００ドル、スリッページと手数料は合わせて１００ドルとする。２本の移動平均線には７日と６５日を用いる。**図２．９**が示すように、２本の資金残高曲線は８３と高い相関係数を示している。例えば、スイス・フランと独マルクを１枚ずつトレードすると、累計利益は６万０６１９ドルとなるが、独マルクのみを２枚ずつトレードした結果は６万３８５０ドル、スイス・フランのみを２枚ずつトレードした結果は５万７３８８ドルの利益を計上した。

図2.9　資金残高曲線の比較――ドイツ・マルクとスイス・フラン
　　　（スイス・フランとドイツ・マルクの資金残高曲線は
　　　かなり強い相関関係にあり、相関係数は83％に達する）

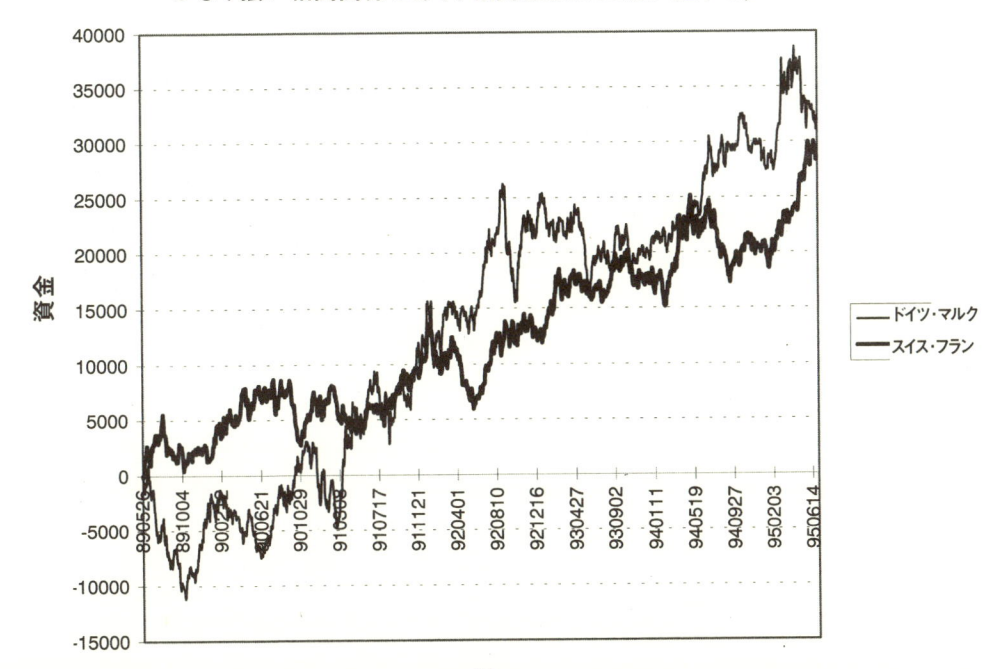

両方のマーケットを同時にトレードするケースとひとつのマーケットで2枚ずつトレードするケースには、ひとつ重要な違いがある。強い相関性を示したこれらのマーケットでも、時として負の相関性を示すことが考えられる。このため、独マルクとスイス・フランを同時にトレードした場合のドローダウンの大きさは、それぞれのマーケットを2枚ずつトレードした場合のドローダウンの中間に位置することが考えられるということである。このケースでは、スイス・フランと独マルクを同時にトレードするとドローダウンはマイナス1万0186ドルという結果となり、独マルクを2枚ずつトレードした場合のマイナス2万2375ドルとスイス・フランを2枚ずつトレードした場合のマイナス9950ドルの間に位置している。このように相関が高いマーケットを同時にトレードする利点は相対的に小さくなる。以上のことを考慮すると、ポートフォリオには相関性のない、または低いマーケットを組み合わせる方が良い。

　通常相関性の低いマーケットをポートフォリオに組み込む利点は、前述の移動平均線の交差システムを使用し、スイス・フラン、綿花、米10年物国債の3つのマーケットをトレードしてみると分かりやすい。ペーパー上の利益を見ると、スイス・フランを3枚ずつトレードした場合は8万6818ドル。対して3つのマーケットを同時にトレードした場合の累計利益は8万5683ドルとなった。**図2．10**にこれら2つのケースの資金残高曲線が描かれている。2つの資金残高曲線の滑らかさを比較するために線形回帰分析を利用し、日々の資金残高曲線の標準誤差を計算してみる。スイス・フランを3枚ずつトレードした場合の標準誤差は6238ドル。

　一方、スイス・フラン、綿花、米10年物国債の3つのマーケットをトレードした場合は4902ドルとなっており、実に21％低下している。このように、スイス・フランだけのポートフォリオに米10年物国債と綿花を加えることで、累計利益をほとんど変えずに資金残高曲線をより滑らかにすることができるのである。

第2章 トレーディング・システムデザインの原則

図2.10 資金残高曲線──スイス・フランの3倍 vs スイス・フラン＋米10年物国債＋綿花（米10年物国債と綿花を加えてポートフォリオを構築することで、スイス・フランを3枚ずつトレードするよりもスムーズな資金残高曲線を実現できる）

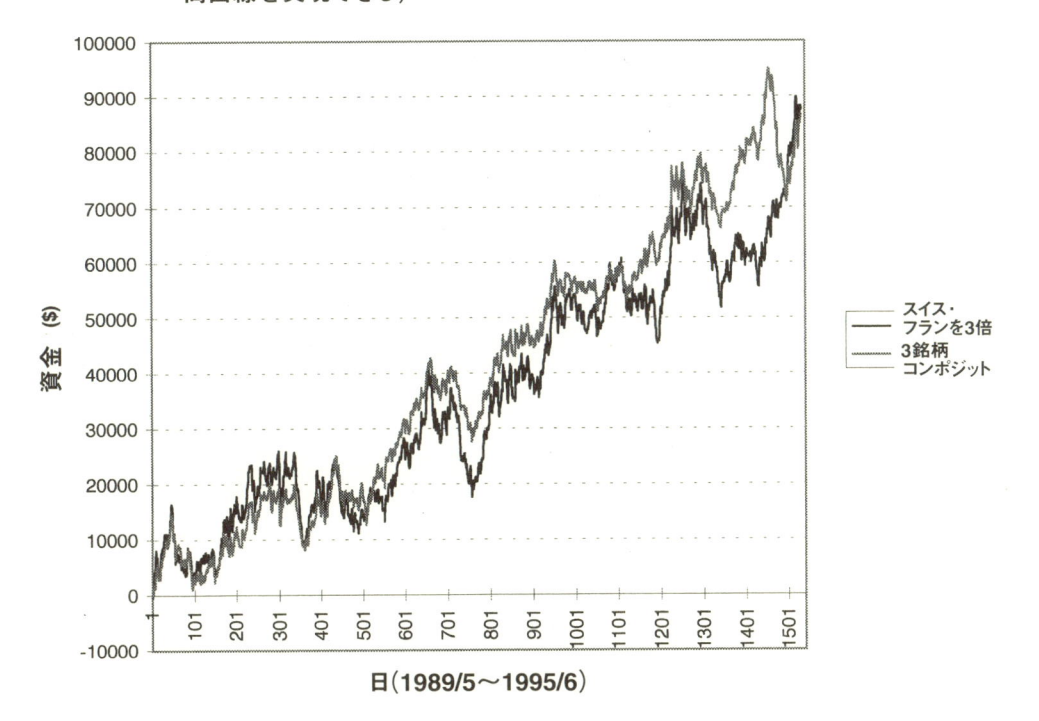

標準誤差の関連事項について**図2.11**に示されているが、ここに描かれているのは作為的に作った資金残高曲線である。この資金残高曲線の標準誤差は、その荒さから見て取れるように、2.25と高い数値を付けている。完全に滑らかな資金残高曲線の場合、標準誤差はゼロである。リスク分散とは単にトレードするマーケットを増やすことだけを意味するものではない。複数のトレーディング・システムを使用したり、複数の時間枠でトレードすることも含まれる。トレーディング・システムの場合でも相関性のない、または低いものを使用することが大切である。以上を要約す

ると、リスク管理、マネー・マネジメント、ポートフォリオ設計はトレーディング・システムを構築する上で重要な要因である。

図2.11 シミュレーション上で描いた"ジグザグ"な資金残高曲線
（人工的に考えたこの"ジグザグ"な資金残高曲線の標準誤差は2.25である。完全にスムーズな資金残高曲線はこの標準誤差が0になる。月次収益率の標準偏差は33%である）

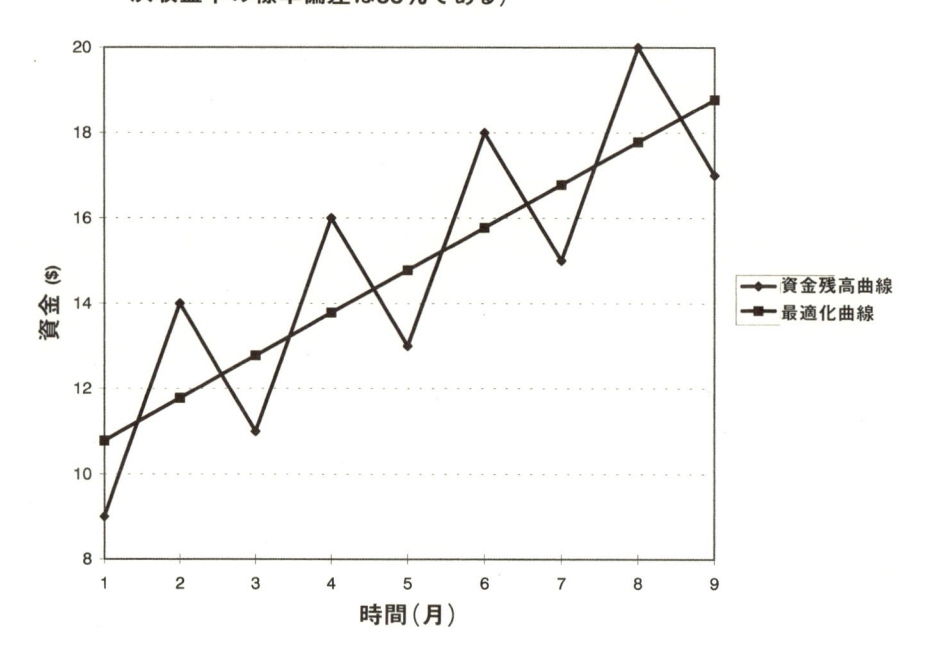

ルール6：完全に機械化されたシステム

　「システムはなぜ機械化される必要があるのか」という問いに対する最も単純な答えとしては、「自由裁量の場合、過去データを用いたシミュレーションができないから」というものが挙げられる。将来、マーケットでどのような状況に遭遇するか、自分がそれにどのように対応するのか、といったことを予測するのは不可能である。この前提をもとに、本書では完全に機械化されたシステムに焦点を絞っている。

　自由裁量でもどのように判断を下すかを定義できれば、ルールは定式化が可能であり、シミュレーションも行える。定式化のプロセスそのものがさらなるシミュレーションに対する興味深いアイデアを与えてくれるかもしれない。よってシステムは機械化することを勧める。

　機械化されたシステムを使用することで、トレーディングに関する決定にブレが生じにくくなる。機械化されたシステムが価格データを分析するプロセスは予測することが可能であり、判断の下し方も一定する。しかし、こうしたブレの少ない論理的な判断の下し方が常に利益につながるということを保証しているわけではない。また、トレーダー自身によって注文の執行方法が変わってしまうことも否定できない。

要約

　本章ではトレーディングに対する信念を固めるためのチェックリストを作成した。自分の信念に合ったシステムを構築するためには、トレーディングに関する信念を5つ以下にまとめることが重要である。

　また、本章ではシステム開発に関わる6原則についても見直した。期待収益がプラスのシステムは将来においても同じように利益を上げる可能性が高い。システムは複雑になればなるほどパフォーマンスを損なう傾向があるため、ルールの数は限定されるべきである。比較的シンプルなシステムの方が将来にわたってもうまく機能する可能性が高いのである。ルールが堅牢であれば、長期にわたり数多くのマーケットで利益を上げることが

できるのである。ポジションが正しい方向に向かった場合にはより多くの利益を上げることができるため、可能な限り複数枚数をトレードすべきである。リスク管理、マネー・マネジメント、ポートフォリオ設計はそのシステムの収益率を左右する最も大きな要因である。また、これらの要因次第でより滑らかな資金残高曲線を描くこともできる。最後に、客観的な判断を一貫して下し続けるためには、システムを機械化することが重要である。上記の6原則に従うことで、自分の信念に合った優れたトレーディング・システムを構築することが可能になる。

第3章
システムデザインの基礎

"最高のシステムとは即満足感を味合わせてくれるだけでなく、常に満足させてくれるものである"

序論

　本章では、システムデザインに関する多くの重要なポイントについて掘り下げていく。既にシステムデザインの原則については理解しており、さらに複雑な問題へと進む準備は整っているはずである。本章で解説しているポイントを理解した暁には、より強力なシステムを構築することができることだろう。

　まずこの質問から始めよう。マーケットには、トレンドが現れるのだろうか。トレンドに沿ってトレードするにしても、カウンタートレンドでトレードするにしても、「トレンドに従ってトレードするべきか？」という次に考えられる重要な質問に答えを出す必要がある。本章では、この質問に対する答えを出すために必要ないくつかの検証結果を示していく。その後、トレーディング・システムの最適化を行うか否かという質問に対する答えを探し出す。その際、過去データを用いて最適化を行った結果に基づき、

第3章 システムデザインの基礎

どの程度将来のパフォーマンスについて正確に予測できるか検証していく。

本章では、まずポジションを建てる時点でストップロスを設定することがパフォーマンス改善に役立つかどうかを検証し、トレーディングを通して直面する様々な種類のリスクについて考えていくことで、リスク管理に関する問題点を検討する。この種の問題は、システムデザインのプロセスにおける早い時点で考慮すべき問題である。その後シミュレーション用に利用できるデータについて解説し、つなぎ足を使用する場合との間に違いがあるようであればそれについても考察する。最後にシステムのパフォーマンスサマリーに掲載されるデータには現れないことについて解説していく。

本章を読み終えるころには、以下のことが可能となっているだろう。

1．マーケットトレンドについての判断基準について説明できる。
2．トレンドフォロー・システム、カウンタートレンド・システムのどちらを使うべきか判断できる。
3．最適化の利点と欠点について説明できる。
4．トレーディングで直面するリスクの種類について理解している。
5．シミュレーションに用いるデータの種類を選ぶことができる。
6．シミュレーションによるパフォーマンス・データを効果的に活用できる。
7．パフォーマンス・データには現れない内容を理解し掘り下げることができる。
8．システムデザイン自体のメリットを説明できる。

マーケット・トレンドを判断する

マーケットにトレンドが現れているかどうかを常に正確に判断することができれば、利益を計上できるトレード戦略を立てることは可能である。単純な言葉で表現すると、マーケットは2つの状態に大別できる。トレンドが現れているか、レンジを形成しているか、の2つの状態である。マーケットが一貫してある方向に動いている場合、トレンドが現れていると表

第3章　システムデザインの基礎

現する。マーケットが比較的狭いレンジを行ったり来たりしている状態をレンジを形成していると表現する。

　トレンドが現れているマーケットでは長期戦略が効果的であり、逆にレンジ内での動きが続いている場合には短期戦略が威力を発揮する可能性が高い。当然のことだが、トレンド形成時とレンジ内で推移する状態を明確に区別する境目というものは存在しない。時にマーケットはレンジを形成するかと思いきや一転してブレイクアウトし、トレンドを発展させていったり、またその逆となることもある。

　マーケットのトレンドを測る方法は数多く存在する。もちろん、どの方法にも一長一短があり、この一長一短により序論で触れた質問に対する答えが変わってくる。例えば、トレンドの強さを測定するテクニカル指標の中でも有名なのが、ワイルダーに開発されたアベレージ・ディレクショナル・ムーブメント（ＡＤＸ）と呼ばれるものである（参考文献欄参照）。このテクニカル指標はほとんどのチャートソフトに組み込まれている。ＡＤＸはマーケットのモメンタムを絶対値で表わし、二重に平滑したものである。通常、このＡＤＸが上昇しているとトレンドが表れていることを示す。ＡＤＸを計算する日数は自分で決める必要があるが、この日数が増えると指標の感度は鈍る。一般的には１４日を用いるが、１８日でもうまく機能する。同時に、ダマシを取り除くために２つの基準値を決める必要がある。ひとつ目の基準値としては一般的に２０が使われる。これは、１８日間ＡＤＸが上昇しながら２０を超えない限りトレンドが現れているとはみなさない、という基準値のことを指す。一方、２つ目の基準値としては、４０が挙げられるが、これはＡＤＸが４０を超えていき、その後再び４０を割り込んできたときはレンジを形成する可能性が高いということを指すものである。中でも特に強いトレンドが現れている場合、４０以上で起こる"フック"は一時的な調整を意味することが多い。その後トレンドは力強い第二段の上昇（下降）局面を迎え高値（安値）を切り上げていく（切り下げていく）可能性が高い。

　マーケットが広いレンジ内で推移するような場合、時にはＡＤＸが２０を上回ることもあるだろう。もうひとつの特徴的な動きとしては、マーケ

※参考文献：Ｊ・ウエルズ・ワイルダー・ジュニア著『ワイルダーのテクニカル分析入門』（パンローリング刊）

ットが一貫してある方向に向かっているにもかかわらず、ADXの数値自体が低下することもあるということ。要するにこの指標は完璧なものではないということである。ADXを利用する際、最も難しいのは二重に平滑されているということであり、それが価格と指標の数値の間に時間的なズレを生じさせてしまう。第5章では、ADX自体は絶対値よりもそのトレンドを使ってシステムデザインを行う方が有効であると結論付けている。

　マーケット・モメンタムにより忠実な指標であり、ADXよりもその反応が予測しやすいものにレンジアクション証明インデックス（RAVI）と呼ばれるものがある。レンジ内で推移する状態に焦点を絞ったこの指標は、当日の値動きが前日の値動き幅をどの程度上回っているかを見る点でADXとは異なっている。RAVIを計算するためには、まず13週単純移動平均を求める。13週を使う理由は四半期を表わすからである。ここでは日足データを使用するため、13週単純移動平均を終値ベースの65日単純移動平均に変換する。これが長期の移動平均となる。短期の移動平均は長期の10％に相当するものを選択するため6．5日となり、繰り上げて7日を使う。このように、7日と65日の単純移動平均を用いる。この日数は単に任意の数値である。次に7日単純移動平均（7－SMA）と65日単純移動平均（65－SMA）の差を％表示し、その絶対値を計算する。

　　ＲＡＶＩ＝絶対値｛１００×（７ＳＭＡ－６５ＳＭＡ）÷６５ＳＭＡ｝

　任意の基準値の3％とは、RAVIがこの数値より低い場合にマーケットはレンジ内で推移しており、これ以上の場合にはトレンドが現れていることを意味する。ユーロ・ドルのようなマーケットでは、この3％という数値は大きすぎるだろう。そのため1％より低い数値を用いるか、RAVIの65日単純移動平均といった相対値を使ってシミュレーションを行いたいと思うこともあるだろう。また、RAVIが3％を超え、さらに上昇し続けている場合のみ強力なトレンドを意味するといった条件を加えることも可能である。

第3章　システムデザインの基礎

　以下に挙げるＲＡＶＩの特徴には注意が必要である。①平滑は一度のみである、②７日移動平均は感度が鋭いため、実際の価格と指標の間のタイムラグが少ない、③それでもマーケットはＲＡＶＩの指標以上に早く動くことがあり、それは通貨市場での動きを見れば理解できる、④ゆっくりと上下動を繰り返すような状況では、ＲＡＶＩは３％以下ので推移し、レンジを形成する局面にあることを暗示する。

　図３．１は１８日ＡＤＸと３％水準にラインを引いたＲＡＶＩ（中段）を一緒に掲載し、比較したチャートである。基本的にこれらの指標には共通点が多いが、ＲＡＶＩはＡＤＸが二重平滑していることに比べ一度しか平滑されていない。このため、ＡＤＸよりも反応が早い。図３．２で確認できるように、ＲＡＶＩを１４日単純移動平均したものは１８日ＡＤＸと酷似している。このようにＡＤＸはモメンタムを二重平滑したものと酷似しており、マーケットの動きに遅れる傾向がある。

図3.1　レンジ内での動きを測るADX（下段）とRAVI（中段）の比較

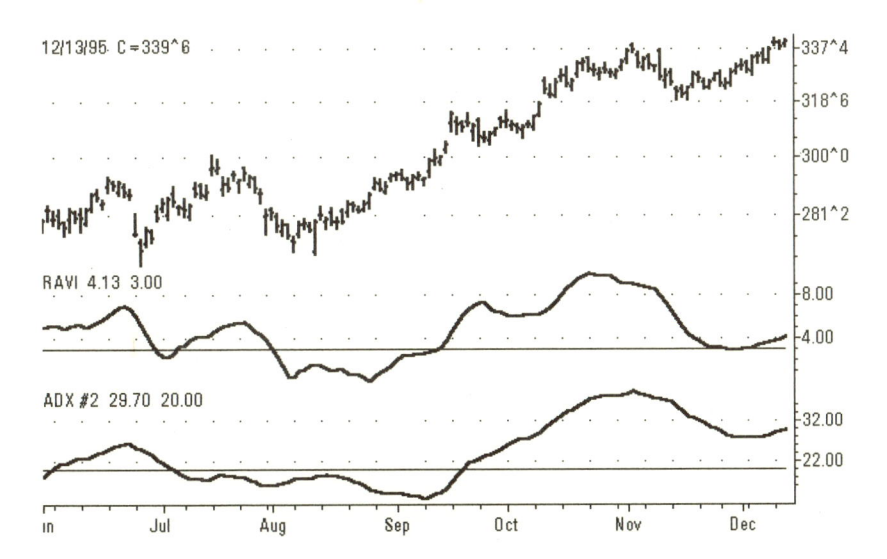

図3.2　二重平滑したRAVI（太線）と18日ADX（点線）を比較してみると、両者はかなり似通った動きをしている

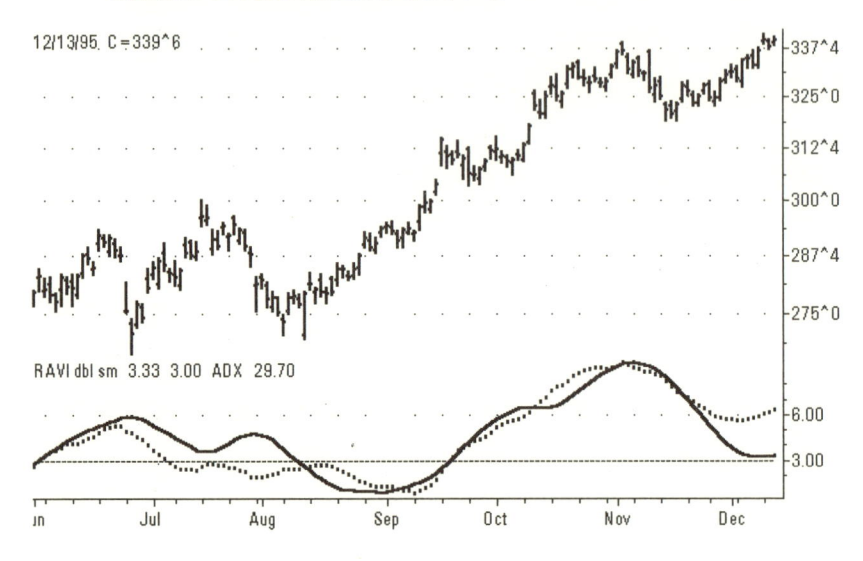

　これでADXとRAVIの比較は一段落ついた。次にこれらの指標を使用してトレンドが現れる頻度を測定してみる。ここでは1989年1月1日〜1995年6月30日までのつなぎ足データを用い、18日ADXが上昇しながら20を超え、RAVIも上昇を続けながら3％を上回ってくることをトレンド発生の条件とする。ADX、RAVIともに当日の数値が10日前の数値を上回っていれば上昇しているとみなす。これらの日数や基準として用いている数値は任意に決めている。

　表3．1の数値を見る限り、マーケットごとに違いはあるものの、全期間の20〜40％に相当する期間でマーケットにはトレンドが現れることが分かる。米10年物国債のようなマーケットでは、RAVIで示されるような強力なトレンドは現れていないが、これは単にトレンドの強さを測る基準値に3％という数値を用いていることが理由であると考えられる。コーヒーや砂糖などの"ソフト"部門にはトレンドが現れやすいことが分かる。

第3章　システムデザインの基礎

表3.1　ADXとRAVI指標でみた明確なトレンドが表れている日数の割合

マーケット （1986/1/1～1995/6/30）	日数の割合 ADX上昇 ADX＞20	日数の割合 RAVI上昇 RAVI＞3
コーヒー	30.2	43.3
銅	27.0	35.3
綿花	29.2	39.4
原油	30.2	39.9
ドイツ・マルク	32.6	25.7
金	25.0	15.8
日本円	27.7	20.6
大豆	30.1	23.9
S&P500	24.0	17.9
砂糖	31.3	41.7
スイス・フラン	30.7	28.9
米10年物国債	32.8	6.0
米30年物国債	37.5	16.0

　綿花・銅・原油などのファンダメンタル要因に左右されやすいマーケットでは、ＲＡＶＩが３５％以上と高い数値を付けるなど、強力なトレンドが現れやすい傾向が確認できる。Ｓ＆Ｐ５００株価指数や米３０年物国債などのより洗練されたマーケットでは、"ソフト"部門のような大きなトレンドが現れることは難しいことも分かる。金は１５．８と低い数値を付けており、長期にわたり横ばいの動きが続いていることを明確に示している。

　また、トレンドが続く平均日数はほとんどのマーケットで１５～１８日となっていることが、別の計算結果から分かる。トレンドが現れている期間のＲＡＶＩの数値は低いときで１、高いときには３０を超えている。この結果から分かるように、上記のマーケットにおけるトレンドの継続期間は、利益を計上するのに十分な時間を与えてくれる。この結果からも、トレンドが現れにくいと言われた１９９０年代でさえも、トレンドフォロー・システムが利益を上げる機会は十分あったということが理解できる。

　以上を要約すると、マーケットがレンジを形成しているのかトレンドが発生しているのかを判断するためにモメンタム・ベースの指標を利用する

ことができる。シミュレーション結果によると、トレンドは平均して１５～１８日間続く傾向がある。そのためシステムを構築する際にはトレンドフォロー・システムを検討してみる価値は十分ある。次項では長期間にわたりトレンドフォロー・システムを使用すべきかどうかについて検証していく。

トレンドに従うべきか、従わないべきか？

　大規模ヘッジャーや機関投資家でない限り、トレーディング・システムを構築する際には２種類の基本的な戦略のうち、どちらかひとつを選択することになる。トレンドフォロー型のトレーダーとなるか、カウンタートレンドのポジションを取るかの２つにひとつである。トレンドフォローであれば、典型的な例として中期のポジションを取ることが考えられる。対照的にカウンタートレンドの手法を採用する場合、その後のトレンドを予測して短期ポジションを取ることになるだろう。本項では両方の戦略について検証していくが、結果として長期的視野に立つ限り、トレンドフォロー戦略の方がカウンタートレンド戦略よりも利益を上げる可能性が高いことを証明することになる。

　表３．２は、オシレーター指標のひとつであるストキャスティクスを用いたカウンタートレンド・システムのシミュレーション結果である。シミュレーションにはオメガリサーチ社のソフトであるシステムライタープラスを使用している。ストキャスティクス・オシレーターはレンジ内での位置を示す指標であり、本日の終値が過去Ｘ日間のレンジのどの位置に相当するかを確認することができる。レンジ上限に近い位置で引けると、通常このオシレーターの数値は８０を超える。そしてその後、レンジ下限に向けての動きが現れる公算が高いと考えられる。同様にレンジ下限近辺で引けた場合、オシレーターは２０以下の数値を付ける。そしてその後、レンジ上限に向かって推移すると予測するのである。このＸ日間の高値と安値の"レンジ"は常に変化し続けるため、オシレーター指標はその後の値動きの大きさについては予測することができない。

第3章 システムデザインの基礎

　ここでは、俗にファストKとファストDの移動平均線を計算する日数に１０日を用いている。このファストKがファストDを上回った場合、寄り付きで買い、逆に下回った場合は寄り付きで売るといったシステムである。システムライタープラスのマニュアルには、この計算方法についての記述が掲載されている。

　シミュレーションには相関関係の低い７つのマーケットのつなぎ足を用いた。スリッページと手数料は合わせて１００ドルとし、ストップロスは１５００ドルに設定した。検証期間は１９８９年５月２６日～１９９５年６月３０日まで。この単純なシステムを７つのマーケットでシミュレーションすると、マイナスの結果となった。また負けトレードが続いたことが主因でドローダウンも大きい。総トレード回数が多く、比較的勝率が低いことにも注意するべきである。

表3.2　ストキャスティクスを使った逆張りシステムの結果

	ペーパー上の利益	トレード数	勝率	最大の勝ちトレード	最大の負けトレード	最多連続負けトレード	日中ベースの最大ドローダウン
コーヒー	1,837	276	32	27,065	−11,215	9	−44,931
綿花	−98,725	296	24	4,955	−2,800	14	−102,205
原油	−61,940	301	29	5,210	−7,850	17	−63,180
金	−29,830	256	29	2,630	−2,920	21	−31,150
日本円	−47,713	309	32	8,633	−2,762	9	−60,813
スイス・フラン	−55,350	285	32	9,175	−3,225	10	−63,513
米30年物国債	−49,313	310	28	4,400	−1,694	13	−61,469

表3.3 トレーディング・コストが逆張り戦略の利益率に及ぼす影響（単位：ドル）

マーケット	ペーパー上の利益 （スリッページと手数料を 合計100ドルに設定）	ペーパー上の利益 （スリッページと手数料は 考慮せず）
コーヒー	1,837	29,438
綿花	−98,725	−69,125
原油	−61,940	−31,840
金	−29,830	−4,230
日本円	−47,713	−16,813
スイス・フラン	−55,350	−26,850
米30年物国債	−49,313	−18,313

　この結果、特に暗示しているのは、仮にトレンドが現れる期間は短いとしても、そのトレンドが発生している状況で得られる利益の方がレンジ内で推移しているときに得られる利益よりもかなり大きいということである。トレンドが発生しているときの値動きがレンジを形成しているときの値動きの数倍に達するというのがその理由である。ここではディスカウント・ブローカーを利用することを前提としている。仮に手数料がかなり安く、無視できる程度のものであれば、トレード回数の多いカウンタートレンドのシステムでも違った結果になるかもしれない。**表３．３**はスリッページと手数料を考慮する場合と全く考慮しない場合を比較した結果である。両者の利益率には相当大きな違いがある。ストキャスティクス・オシレーター・システムは、手数料が低下することで劇的にパフォーマンスが改善されている。この結果が示すように、高い手数料を支払わなければならないようだと、カウンタートレンド戦略は魅力的な戦略とはならない。

　カウンタートレンド戦略は数多く存在する。**表３．４**はこの点を確認するために、他のトレード戦略を使ってシミュレーションした結果である。移動平均の交差（ＭＡＸＯ）システムは単純なトレンドフォロー戦略のひとつであるが、カウンタートレンド戦略としても利用することができる。

第3章　システムデザインの基礎

表3.4　5日と20日の移動平均線の交差を利用したトレーディング・システム比較（検証期間は89年5月〜95年6月　単位：ドル）

	アンチトレンド・トレーディング 移動平均線の交差		トレンドフォロー 移動平均線交差	
	ペーパー上の利益（スリッページと手数料合計で100ドルに設定）	日中ベースの最大ドローダウン	ペーパー利益（スリッページと手数料合計で100ドルに設定）	日中ベースの最大ドローダウン
コーヒー	−42,719	−59,344	59,241	−17,216
綿花	−14,670	−36,895	−6,845	−18,010
原油	2,580	−21,500	−30,730	−35,460
金	−12,740	−21,780	−8,560	−12,950
日本円	−34,650	−58,540	−9,025	−22,738
スイス・フラン	−7,812	−45,688	−23,500	−40,175
米30年物国債	−28,119	−33,019	−9,643	−23,568
平均	−19,733	−39,538	−4,152	−24,302

　例えば、短期の移動平均が長期の移動平均を上抜いたときに売るといったカウンタートレンド戦略が考えられる。もちろんこの"上方"への交差は通常のトレンドフォロー戦略では買い場とみなされる。

　ここでは、短期と中期の移動平均を計算するのに5日と20日をそれぞれ任意に選んでいる。シミュレーション期間は、1989年5月26日〜1995年6月30日までで、スリッページと手数料は合計で100ドルとし、ストップロスは1500ドルに設定した。カウンタートレンド戦略は平均するとマイナスの結果となり、日中ベースで見たドローダウンもかなり大きい。一方、トレンドフォロー戦略の場合、平均損失の額は79％低下し、ドローダウンも39％縮小するなど、どちらの項目でもカウンタートレンド戦略より良い結果を残した。

　表3．5には別の組み合わせを使ったケースについて掲載している。7日と50日の移動平均の交差システムをトレンドフォロー戦略とカウンタートレンド戦略の両方で用いている。シミュレーションの条件とシミュレーション期間は前回と同様である。

表3.5　7日と50日の単純移動平均線の交差システムのパフォーマンス比較
（検証期間は89年5月〜95年6月　単位：ドル）

	アンチトレンド・トレーディング 移動平均線の交差		トレンドフォロー 移動平均線交差	
	ペーパー上の利益（スリッページと手数料合計で100ドルに設定）	日中ベースの最大ドローダウン	ペーパー利益（スリッページと手数料合計で100ドルに設定）	日中ベースの最大ドローダウン
コーヒー	−22,716	−68,534	38,689	−27,615
綿花	−44,375	−52,275	23,155	−9,795
原油	−43,440	−47,570	20,430	−5,020
金	−14,540	−20,980	4,560	−5,730
日本円	−39,663	−71,225	23,662	−23,075
スイス・フラン	−49,325	−70,800	32,988	−13,163
米30年物国債	−34,606	−36,756	18,131	−14,619
平均	−37,658	−49,934	20,488	−11,900

　カウンタートレンド戦略では、この7日／50日単純移動平均の組み合わせもマイナスの結果となった。一方、トレンドフォロー戦略ではプラスを実現している上、7つすべてのマーケットで利益を上げることに成功している。またトレンドフォロー戦略のドローダウンはカウンタートレンド戦略のドローダウンに比べ5分の1程度にとどまっている。このように利益率、ドローダウンともにトレンドフォロー戦略の方が優れた結果を残した。

　このシミュレーション結果が示すように、一般的なポジション・トレーダー（片張りトレーダー）にとってトレンドフォローはより良い戦略と言えるだろう。しかし、手数料が低くスリッページが小さいのであれば、カウンタートレンド戦略も魅力的な戦略となり得る可能性がある。

　本章で紹介するシミュレーションは任意の数値を用いて行っているが、過去データを用いてより良いパフォーマンスを上げる組み合わせを探し出すこともできる。最適化とは過去データを用いて"ベスト"なパフォーマンスを実現するパラメータの数値を探し出すプロセスを指す。次項では最

第3章 システムデザインの基礎

適化がシステムデザインにおいて優れた手法であるかどうかについて検証していく。

最適化すべきか、否か？

　コンピューターを使えば、過去データを用いてシステム内のパラメータの"最適"な数値を見つけるのは簡単なことである。その結果は本当に驚くべきものとなるだろう。利益を最大化するためのパラメータの組み合わせを事前に知ることが可能であることの意味を想像してみよう。そこに困難が待ち受けているのである。運の悪いことに過去データに対して最も効果的だったパラメータが、将来においても同じように優れたパフォーマンスを残すことはほとんどあり得ないのである。

　ここでは"最適化"という言葉をより広い意味でとらえ、トレーディング・システムのパラメータの数値を決定するプロセスに影響を及ぼすすべてのことを含む。既に見てきたように、カーブフィッティングされたシステムには困難がつきまとう。また、広い範囲にわたる数値や多くのマーケットをシミュレーションし、最も気に入った数値を選ぶといった一段低いレベルで最適化を行うことも考えられる。しかし、この問題の本質はどの数値が最適かということではない。本心からそのシステムを信頼し、何の疑いもなく使い続けられるかどうかが問題なのである。最適化を行う最も大きな効果は、そのシステムに対する自分の信頼度が増すということかもしれない。

　システムの最適化に伴う問題点は、過去のパターンは二度と同じ形で将来に現れることがないということである。マーケット間の関係についても同じことが言える。過去データを調べることで多くの関係が見いだされるだろうが、何かが原因となり、ある事が起こるという関係にも時間の隔たりがあり、その影響が及ぼす相対的な大きさも異なる。

　それ以外の問題についても解決する必要がある。例えば、トレーディング・システムのパラメータの数値を最適化するために、使用するデータ期間を選ばなければならない。すぐに分かるように、選択したパラメータの

数値はシミュレーションを行った期間に依存するものである。また将来において、どの程度の頻度で最適化を行うかも決める必要がある。その上で最適化を行った結果得た数値がうまく機能している期間を見極める必要もある。

　例えば、パラメータの数値を最適化するために３年分のデータを用い、３カ月後に再び最適化を行うと決めたとする。そこで考えられる解決法は、３カ月後に最適化を行う際に直近３年間のデータを用いるというものである。これはニューラルネットを利用することと同じである。再び最適化を行うのであれば、前回最適化を行った結果として得た数値はどうするのか。既に建てているポジションについてはどう対処するのかといったことについても、ルールを決めておく必要がある。

　また、システムのパラメータに用いる数値はすべてのマーケットで同じものを使うのか、ということも検討する必要がある。同じ数値を使わなければ、マーケットごとに最適な数値を見つけなければならない。その際、トレードするすべてのマーケットに対して再び最適化を行うプログラムを常に更新しておく必要がある。こうした努力のすべてが実りあるものなのだろうか。決定論的検証を行った結果によると、最適なパラメータの数値を見つけようとする試みはすべて実りのないものとなる。

　ドイツ・マルクを用いた実際のシミュレーション結果について見てみよう。ロールオーバーを行うのは納会前月の２１日とする。便宜上トレード枚数は１枚に固定し、スリッページと手数料に１００ドル、ストップロスは１５００ドルに設定する。使用するシステムは移動平均の交差システムのバリエーションだが、交差時にトレードするのではなく、交差の後に５日ブレイクアウトが起こった時点でトレードする。要するに、短期移動平均が中長期移動平均を上回り、さらに５日高値をブレイクアウトした時点で買いポジションを建てるのである。仕掛けてから２０日後の終値で仕切るという単純な仕切りルールも加える。このシステムの中であいまいな部分が移動平均の日数だが、これについては最適化することが可能である。

　計算を簡素化するために短期の移動平均線については、一定して終値の３日間平均を使う。長期線は２０～５０日の間とし、この期間で５日ずつ

第3章　システムデザインの基礎

増加していくように設定する。シミュレーション期間は1983年11月14日～1989年11月21日。様々な組み合わせモデルの3、6、9、12カ月後のパフォーマンス結果を掲載している。**表3．6**と**表3．7**が示すように、あるモデルが将来どのようなパフォーマンスを残すかを予測することは不可能である。各モデルのパフォーマンスの相対的なランクは時期によって異なり、何のパターンも見つけられなかった。

　次に最適化に用いるデータが実際にトレードする時期と近い場合、最適化の結果はより正確になるという仮定について検証してみる。**表3．8**と**表3．9**が示しているように、ここでもあるモデルのシミュレーション直後の期間におけるパフォーマンスは予測不可能であるという結果が出ている。最適化されたモデルとマーケットに働く力の間に明確な因果関係が認められないことを考えれば、この結果も当然である。単に過去データにモデルを合わせただけのことであり、マーケットを動かすすべてのファンダメンタル要因や心理的な要因を把握したわけではない。そう考えれば、過去に基づいて未来を予測する能力の乏しさは驚くに値しないといえる。

表3.6　過去のパフォーマンス・データは将来のパフォーマンスを予測するものではない

単純移動平均線の計算する長さ（日数）	最適化後の利益（ドル）	1990年の3カ月利益（ドル）	1990年の6カ月利益（ドル）	1990年の9カ月利益（ドル）	1990年の12カ月利益（ドル）
20	31,238	−2,200	−1,538	1,863	650
25	28,275	−2,475	−3,112	−488	−2,300
30	24,175	338	−300	2,325	2,113
35	18,088	338	63	2,175	1,963
40	15,475	338	−525	2,625	4,000
45	7,950	338	−4,363	2,038	3,600
50	7,013	338	−4,363	−1,800	−238

表3.7 過去の相対比較データは将来の相対的な順位を予測するものではない

単純移動平均線の 計算する長さ （日数）	最適化後の 相対順位	1990年の 3カ月相対順位	1990年の 6カ月相対順位	1990年の 9カ月相対順位	1990年の 12カ月相対順位
20	1	6	4	5	5
25	2	7	6	6	7
30	3	1	2	2	3
35	4	1	1	3	4
40	5	1	3	1	1
45	6	1	6	4	2
50	7	1	6	7	6

表3.8 最適化する期間を実際の検証期間に近づけても将来のパフォーマンスを予測することはできない

単純移動平均線の 計算する長さ （日数）	最適化後の 利益 （ドル）	1990年の 3カ月利益 （ドル）	1990年の 6カ月利益 （ドル）	1990年の 9カ月利益 （ドル）	1990年の 12カ月利益 （ドル）
20	3,525	−1,625	−1,000	2,650	2,438
25	5,225	−1,900	−2,575	400	−413
30	4,250	5,338	4,713	7,688	8,475
35	513	5,338	4,713	7,213	8,000
40	63	5,338	4,437	6,213	8,813
45	−2,800	5,338	3,138	4,913	7,638
50	−1,525	5,338	913	2,688	5,413

第3章 システムデザインの基礎

表3.9 直近（88年11月〜89年11月）の相対順位は
　　　将来の相対順位を予測するものではない

単純移動平均線の最適化後の計算する長さ（日数）	相対順位	1990年の3カ月相対順位	1990年の6カ月相対順位	1990年の9カ月相対順位	1990年の12カ月相対順位
20	2	6	6	6	6
25	1	7	7	7	7
30	3	1	1	1	2
35	4	1	1	2	3
40	5	1	3	3	1
45	7	1	4	4	4
50	6	1	5	5	5

表3.10 ひとつのマーケットでのみ最適化を施したデータは
　　　他のマーケットでのパフォーマンスを予測するものではない

移動平均線を計算する長さ（日数）	ドイツ・マルク 88/1〜89/11 利益（ドル）	日本円 90/11〜95/7 利益（ドル）	金 90/11〜95/7 利益（ドル）	コーヒー 90/11〜95/7 利益（ドル）	灯油 90/11〜95/7 利益（ドル）
20	3,525	8,188	−16,190	30,956	−26,771
25	5,225	7,838	−15,370	29,206	−21,938
30	4,250	8,938	−13,920	40,781	−21,230
35	513	7,013	−10,860	−5,013	−18,028
40	63	3,963	−11,400	−6,343	−14,316
45	−2,800	3,250	−7,940	6,188	−18,873
50	−1,525	11,245	−8,310	6,625	−13,773

この議論を一歩進めてみよう。ここでは原因と結果の間に存在する因果関係は何もつかんでいないため、あるマーケットで最適化された数値が他のマーケットをトレードする際に役立つことはほとんど、もしくは全くないといえる。実際、**表3．10**が示すように、あるシステムをひとつのマーケット（この場合ドイツ・マルク）で最適化することによって、他のマーケットでのパフォーマンスが改善することはほとんどない。

　最適化を行うことで、どんな場合にも多くの恩恵に与かれる可能性を秘めている。こうした恩恵のひとつ目としては、システムが利益を上げることが期待できないマーケットの状況というものが分かるようになることである。システムを構成するルールがどんなものであれ、損失を被る状況というものは必ず存在する。これはシグナルを出しながらも、その後マーケットが逆に動いてしまうようなことが起こるからである。

　2番目としては、モデルの背景にある大まかなアイデアについて実証検分を行うことができるということである。例えば、あるモデルはトレンドが現れているとき、またはレンジ内で推移しているときに利益を上げることが可能かどうかを検証することもできる。システムを構築する際、ある状況下では利益を計上できるということを前提にしているはずである。最適化を行うことによって、広い意味での自分の考えが正当なものかどうかを証明することができる。

　3番目に、ストップロスを設定する効果について理解することができる。潜在的な利益の大部分をとらえるためには、どの程度のストップ幅が妥当なのかということを数値化することができる。例えば、ストップをかなり離れた位置に設定すれば、トレードがうまくいかなかったときの損失額は比較的大きくなる。逆にストップを設定する位置が仕掛けのポイントに近すぎると、ストップに引っかかる頻度が多くなる。この場合、トレード1回当たりの損失額は小さいが、損失を被る頻度が高く、その損失をトータルとして見たドローダウンの大きさは、ストップ幅を大きく取るケースを上回ることも考えられる。

　最適化を行う最大の利点は、あるトレーディング・システムに対する信頼を深めてくれることである。最終的にはトレードプランに沿って、シス

第3章　システムデザインの基礎

テムを実行していくことがより重要になってくる。そのため、どんなものであれ、検証を行うことによって、そのシステムのパフォーマンスについてより良く理解することができ、利益の上げ方と損失の被り方というシステムの特徴について安心できるようになる。その結果、実際のトレーディングでも自信を持ってそのシステムを使うことができるのである。

本項の主旨は、過去データを用いてシミュレーションした結果程度のパフォーマンスを将来引き続き上げることができると考えるのは間違っているということである。ということは、まだ見ぬ将来に対処するためには、どのようにリスクをコントロールするかという問題が浮かび上がってくる。次項ではリスク管理の考え方について解説していく。

ストップロス：問題解決か、新たな問題か？

仕掛ける時点でストップロスを設定することが問題を解決することになり得るか、逆に何の解決策にもならないかということに対する明確な答えは出ていない。このため、ストップロスを設定するのはアート（芸術）の域の問題だとみなすトレーダーが多い。この問いに対する答えは各自の経験に依存する。ストップロスが価格を引き寄せる磁石のような働きをすることはよく見受けられる。ストップポイントまで到達しながら、その後、すぐに反転して、再びそれまでのトレンドに沿った動きを開始するように感じられる。そのため仕掛けた時点でストップロスを設定するということは忍耐の強さを試すようなものである。それでもストップロスの設定は、トレードにかかわるリスクを管理する上で必要不可欠な要素である。本項では、ストップロスの設定の仕方に関するいくつかの一般的な問題点について解説していく。具体例については、本章以降の章で紹介していく。

実際にストップロスを使用する場合、マネー・マネジメント・ルールに沿っている必要があるが、システムデザインのプロセスから導かれた上、マーケット・ボラティリティーを考慮に入れて設定されることが大切である。一例として、まず総資金の2％をストップロスに設定し、トレードごとの最大逆行幅（MAE）と勝ちトレードで経験した最大値洗い損の分布

を利用して、そのシステムに用いる金額ベースのストップ幅を決めるといった方法がある。そしてトレード枚数を決める前にこのＭＡＥをマーケット・ボラティリティーを測る何かしらの基準に関連させる必要がある。これでストップロスがマネー・マネジメント、ＭＡＥ、ボラティリティーという３つの基準をクリアしたものとなる。

　もうひとつの問題としては、ストップロスの注文をブローカーに出すのかどうかということが挙げられる。トレーダーの多くはどこで手仕舞うかということを事前にしっかりと決めているのだが、実際にマーケットに注文を出しておくことは少ない。リアルタイムでマーケットの動きを追いながら、必要に応じて手仕舞いの注文を出すのである。これは"裁量ストップロス"と呼ばれることがある。自分をしっかりと規律することができ、判断力に優れていれば、この裁量ストップロスはうまく機能してくれるだろう。しかし、常にマーケットの動きを把握できる状況にない場合、事前にブローカーにストップロスの注文を出しておく方が賢明である。

　トレーディング・システムをシミュレーションする段階ではストップロスの幅をどの程度に設定すべきだろうか。それは使用するデータの種類やシステムデザイン自体の特性に左右される。問題はストップ幅を小さく取るか、大きく取るかである。一般的に１枚当たりのストップ幅が５００ドル以下の場合、ストップ幅は小さいと考えられる。逆に大きなストップ幅の場合、最大で５０００ドルに達することもあり得る。

　ここで、日足データのみ利用できる状況にあると仮定しよう。この場合、日中の値動きについては把握しきれないため、ストップ幅を小さく設定すると正確にシミュレーションすることが難しくなってしまう。債券の場合、１日の典型的な値幅は１０００ドル程度であると考えてみよう。この状況で１００ドルのストップ幅をシミュレーションしたいとする。ほとんどのシミュレーション・ソフトは日中の値動きについて正確に判断することはできないため、仕掛けた当日にストップに引っかかってしまう。もちろん日中のデータが手に入るのであれば、１００ドルといった小さなストップ幅でもより正確にテストすることは可能である。以上のように、かなり小さなストップ幅を使って正確にシミュレーションしたいのであれば、日中

第3章　システムデザインの基礎

のデータが必要になってくる。

　システムには大きく分けて2つの種類が存在する。ひとつは自己修正型で、残るひとつは自己修正を行わないシステムである。自己修正型のシステムは売り買い両方のルールを備えている。その種のシステムは売りポジションを維持していてもいつか必ず買いシグナルが現れる。そのためストップロスを設定しなくても、維持しているポジションと逆のシグナルが出ることで損失は限られる。もちろん損失の大きさはマーケットのボラティリティーに左右され、1枚当たり1万ドルといった大きな損失を被ることも十分考えられる。

　自己修正型ではないシステムは買い、または売りのみのルールしか含んでいない。この種のシステムは、上昇トレンドがどんどん発展していくような状況でも売りシグナルを出したままということが起こり得る。これでは無制限に損失が膨らんでしまうことも考えられ、仕掛ける時点でストップロスを設定することが絶対に必要である。売り買いどちらかのルールしか含まないシステムであっても、仕切りルールを加えることで自己修正型のシステムと同じ機能を持つことになる。仕切りルールとは事前に設定したポイントでポジションを仕切ることによって、売り買いどちらか一方だけのシステムでも損失を制限することができる。例えば、買いルールだけのシステムでも、直近14日の安値で仕切るというルールを加えることで自己修正型のシステムとなり得る。

　自己修正型のシステムをシミュレーションする際、ストップロスを使用しないことで、仕掛けるルールの有効性について肌で感じられるようになる。しかし、自己修正型のシステムでなければ、ストップロスを使用することが不可欠である。それでも依然、ストップ幅をどの程度に設定するかという問題が残る。例えば、日々の値幅の10日間平均を3倍し、その分だけ仕掛けるポイントから離れたところにストップロスを設定するというように、ストップ幅を比較的大きく取ることも良いアイデアのひとつだろう。こうすることでシミュレーション結果には、ストップロスを使用する影響以上に仕掛けのルールの影響が色濃く反映されることになる。小さなストップを好む場合、日中のデータを用意するか、ストップ幅を直近の

日々の値幅以上に設定する必要がある。

　ストップ幅を決める際、使用するデータによってその決定が大きく左右される。横ばいの動きが続くようなマーケットのデータが多ければ、ストップを小さく取ると損失が続いてしまうだろう。この場合、トレード１回当たりの損失額は限られるとしても、それが重なることで総損失額はかなり膨らんでしまうことが考えられる。レンジを形成するような状況では、ストップを大きく設定するので損失が続くことを避けられる。トレンドが現れている状況では、ストップロスの大きさによって結果を大きく左右されるようなことはない。このためトレンドが発展しているマーケットではストップを小さく取るのが効果的であり、驚くような結果を残すことも十分考えられる。

　１５００ドル～５０００ドルと比較的大きくストップを設定するとうまく機能しやすい。ストップ設定は比較的"大きい"のであれば、その大きさの違いはあまり問題にならない。逆にストップが"小さい"と、設定幅を少し変えるだけでパフォーマンス結果を大きく変えてしまう可能性がある。このため本書で解説しているシミュレーションでは日足データを使用し、ストップロスを１０００ドル～５０００ドルに設定している。

　本書の議論の焦点がストップ幅には直接影響されないことも多い。しかし、時にはその特性によりストップ設定を大きくする必要があるシステムも現れてくる。そのような場合には、より大きなストップ幅を設定する理由を明確にしていく。ただ、本書におけるストップ設定が気に入らないのであれば、最終的には自分の好みに合わせてシミュレーションし直しても問題ない。

　この議論の論点を明確にするために実際のシミュレーション結果について見ていこう。ここで使用するシステムは一般的な２０日終値のチャネル・ブレイクアウト（ＣＨＢＯＣ）である。このシステムは、当日終値が過去２０日間の高値を上抜いた時点で買うといったもの。売りはこの逆で、当日安値が過去２０日間の安値を割り込んだ時点で売る。ここではボラティリティーが高く、大きなトレンドを描くことで知られるコーヒーでシミュレーションしてみる。ストップロスはゼロから８０００ドルまでの間を

第3章 システムデザインの基礎

５００ドルずつ変化するように設定し、スリッページと手数料は合わせて１００ドルとする。

ここで少しストップロスをゼロに設定するということの意味を考えてみよう。このシステムは大引けで売り買いを実行するため、ストップロスをゼロにする場合、そのポジションを持ち続けるためには、仕掛けた当日の大引けから上昇し続けることが要求される。これは仕掛けてすぐに利が乗ることを意味し、ストップの設定方法の中で最も厳しいものである。ストップ幅を大きくするに従い、利益が増加していく様子を確認していただきたい（図３．３）。

図3.3　20日CHOBCとストップロスの関係（ストップロスを拡大することで利益は順調に増加していくが、さらに拡大すると利益の伸びはなくなっていく）

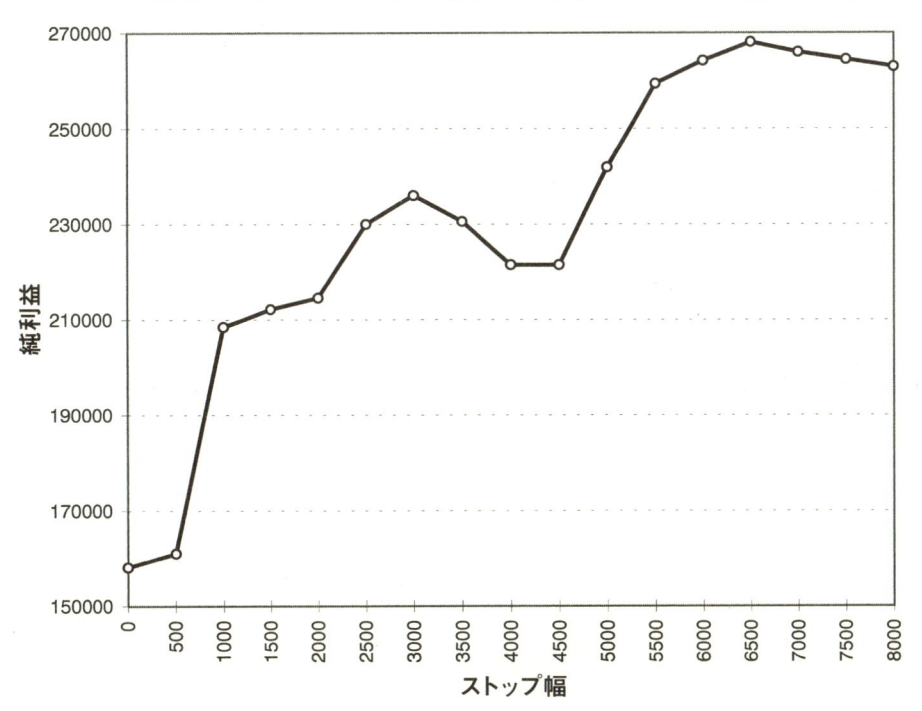

ストップロスをゼロに設定すると、たった20回（434回中）のトレードで驚くべきことに15万8103ドルもの利益を上げていることが分かる。これは「最良のトレードは仕掛けた直後から利が乗る」といった格言を裏付ける結果である。また、本当に"ビッグトレード"となるのは、せいぜい5％程度だということも確認できる。以上を踏まえると、"ビッグトレード"を逃さないように日夜努力することが重要になってくる。

　ストップ幅を小さく設定することで、全くストップを使用しない場合と比べてもドローダウンが大きくなってしまうことが**図3．4**に示されている。ストップ幅を拡大するに従い、損失は縮小し、利益に近づくようになる。最終的にはストップ幅が大きくなりすぎて効果がほとんどなくなってしまい、日中の最大のドローダウン（MIDD）は安定する。

図3.4　20日CHBOCをコーヒーで検証した場合のMIDDの変化
　　（ストップロスの幅を拡大するにつれ、
　　MIDDも当初こそ拡大していくが、その後は拡大が止まる）

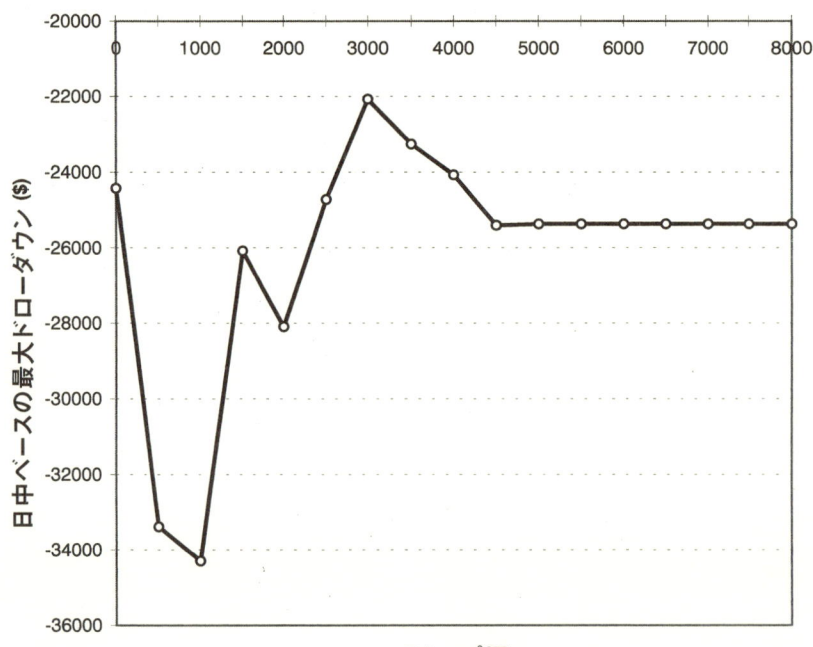

第3章　システムデザインの基礎

図3.5　20日CHBOCをコーヒーで検証した場合のトレード数（ストップロスの幅を拡大するにつれ、トレード数は減少し、徐々に滑らかになる）

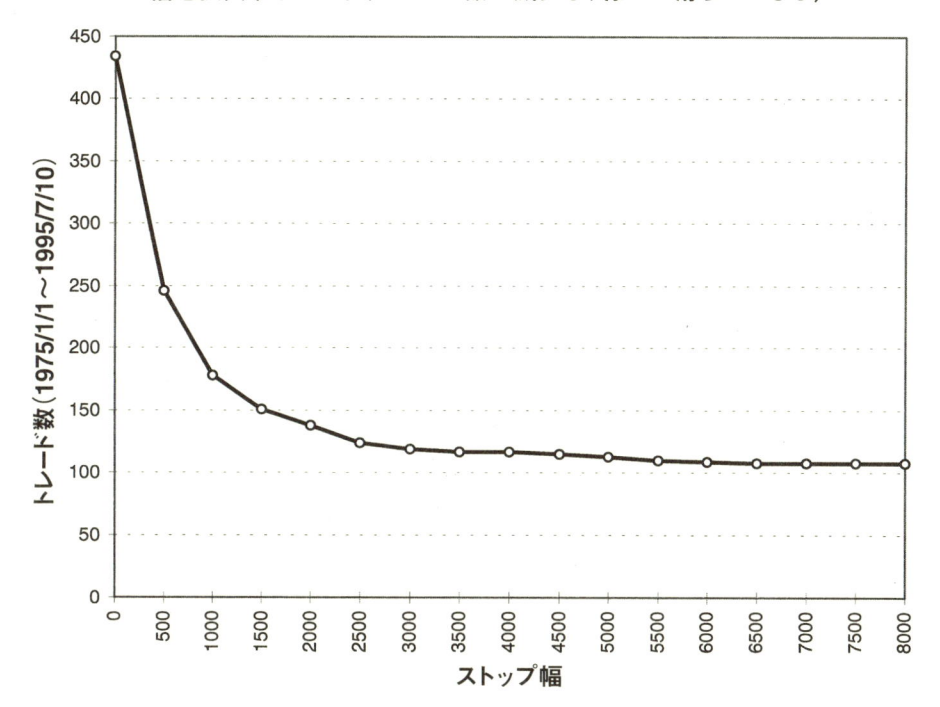

　ストップ幅を大きくするに従って、ストップに引っかかり、損切りを余儀なくされるトレード数は減少する（**図３．５**）。そのため、ＣＨＢＯＣによる総トレード数は減少する。しかし、ストップ幅が大きくなりすぎると（３０００ドル以上など）ほとんど効果がなくなり、トレード数の減少も止まる。

　ストップ幅をゼロに設定すると、利益を確保できるのは総トレードの５％ほどである。ストップの効果がなくなるまで大きくし続けると、勝率は急速に改善していく（**図３．６**）。ストップを大きくすることで、より多くのトレードが気まぐれなマーケットの動きを回避することができ、利益につながる。

図3.6　20日CHBOCをコーヒーで検証した場合の勝率の変化（ストップロスの幅を拡大するにつれ、勝率は上がり、徐々に滑らかになる）

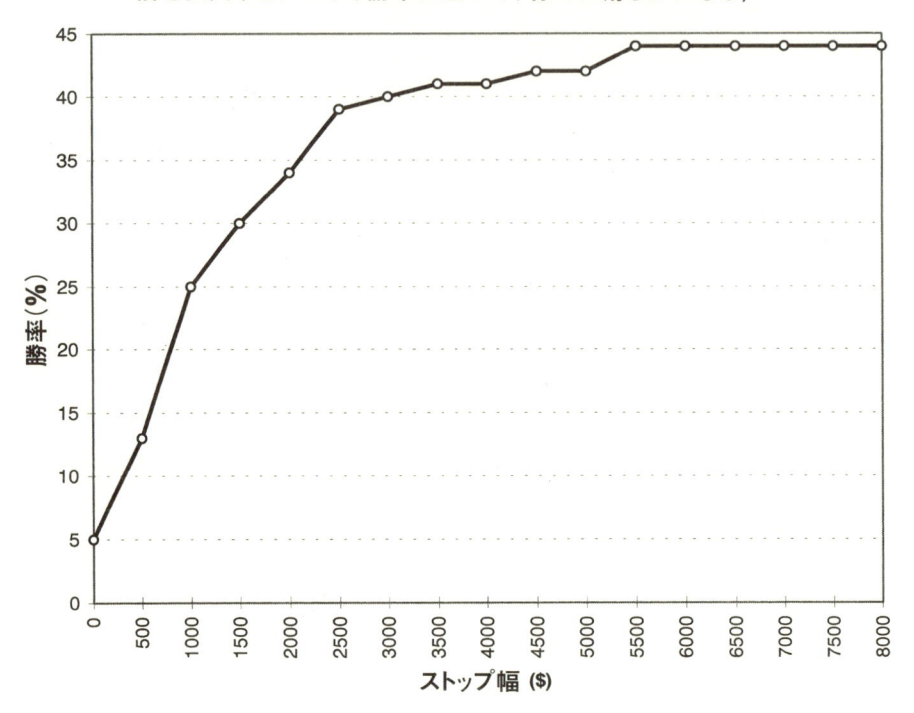

　予想はついただろうが、ストップ幅を大きくするに従い、1トレード当たりの最大損失は拡大する（**図3．7**）。これはストップをゼロに設定すると、ほんの少しでもマーケットが逆に動いて寄り付いただけで損失につながってしまうことを考えれば納得できるだろう。逆にストップ幅を大きくするに従い、結果的に損失を被ることになるトレードでも、より長くポジションを維持することができる。

　過去20年間のコーヒーの動きを見ると、10日間レンジの平均値は最大で約5025ドルだった。10日間レンジの平均値の平均は1015ドルで、標準偏差が641ドル。累積分布図（**図3．8**）に示されているように、ストップ幅を3000ドルに設定すると、過去20年間にわたるコ

第3章 システムデザインの基礎

ーヒーの10日間レンジの98.3％をカバーしてしまう。

　そう考えると3000ドルというのは、ストップ幅としては大きすぎるだろう。**図3．3**から**図3．7**が示すように、ストップ幅が3000ドルを超えてくると、パフォーマンスの改善度は鈍ってくる。このため3000ドルを超えるストップ幅は"かなり大きい"とみなすことができるだろう。逆に10日間レンジの20％もカバーできない500ドルではストップ幅として"小さい"とみなして差し支えないだろう。

図3.7　20日CHBOCをコーヒーで検証した場合の最大損失の変化
（ストップ幅を拡大するにつれ、最大損失も拡大する）

図3.8　コーヒーで検証した場合の日々の値幅の10日間平均の累積頻度分布（ストップロスを3000ドル以上にすることで、トレーディングレンジの98.3％をカバーできる）

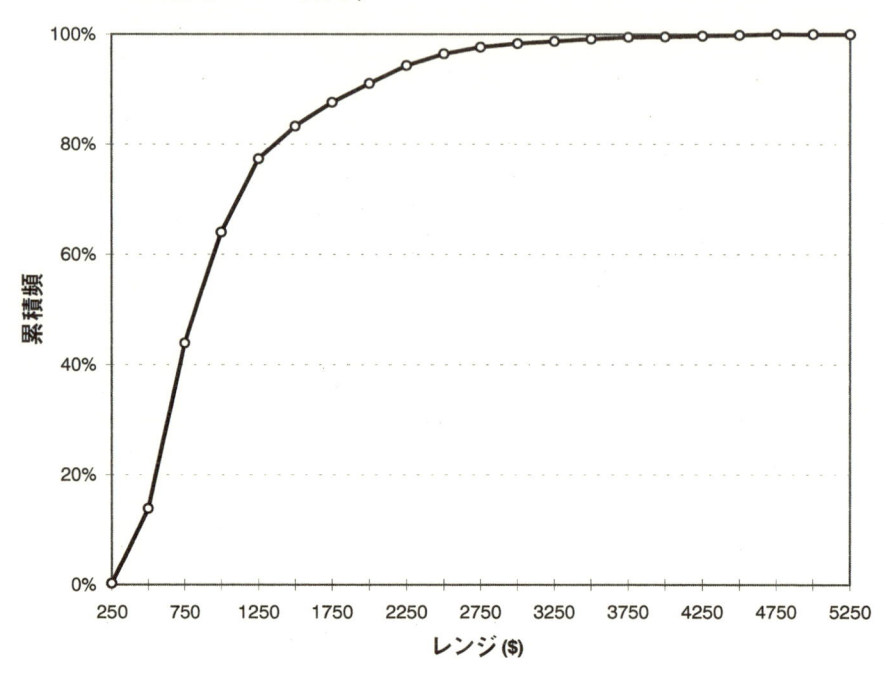

　累積頻度分布のデータを用い、マーケット・ボラティリティーに合わせてストップ幅を決めることもできる。任意に選んだストップ幅は大きかったり小さかったりする。この分析方法は、すべてのトレードに同額のストップ幅を用いることを前提に行っている。トレードごとにストップ幅を変えるのであれば、この分析はほとんど役に立たない。マーケットが横ばいの動きを続けている状況では、設定したストップがヒットされる頻度が高いということについては既に確認済みである。そう考えると、何かしらの方法でトレンドの強さを測り、それに合わせてストップ幅を変えることが必要になる。

　トレーダーの多くは小さな損失を繰り返すことに問題はないが、大きな

第3章　システムデザインの基礎

損失を被ることには拒否反応を示す。最大ドローダウンはストップ幅を拡大するに従って減少する（**図3．4**参照）。このため、ストップを設定する際には長期展望を持つ必要がある。システム設計の段階で一定にすると決めるのであれば、ストップは大きく設定しておく。トレードごとにストップを変えられれば、ストップを設定する芸術をマスターしたと言えるだろう。

　表3．11はシミュレーション結果だが、ストップがヒットされ、損切りを余儀なくされるリスクは仕掛けた当初が最も大きいことが分かる。この表にはストップロスを使用しない、１５００ドルに設定、ストップを変動させる、といった３種類のストップ設定でシミュレーションした場合、負けトレードの平均日数に及ぼす影響についての分析結果が示されている。使用したシステムは２０日のＣＨＢＯＣで、ストップロス以外の仕切りルールはなく、スリッページと手数料は合計で１００ドルとしている。テスト期間は１９８９年５月２６日からの６年間、データはつなぎ足を使用。

　表3．11のデータによると、１５００ドルのストップを設定することで負けトレードの平均日数は２８日から１７日と約４０％短縮されている。これは、ストップがヒットされ損切りを余儀なくされるリスクは仕掛けた当初が最も高いということを裏付ける結果となった。勝ちトレードの平均日数は負けトレードの平均日数の２倍から３倍の長さになるのが典型的である。

　表3．11をより詳しく見てみると、金、砂糖、大豆などのマーケットではストップを設定しても、負けトレードの平均日数はそれ程短縮しないことが分かる。これは、これらのマーケットのボラティリティーが通貨や債券のように大きくないことを意味している。また、**表3．11**には負けトレードの平均日数が１０～１１日になるような、おおよそのストップ幅も計算されている。Ｓ＆Ｐ５００とコーヒーがボラティリティーの高いベスト２だが、その後に綿花、スイス・フラン、米長期国債と続いている。逆に比較的ボラティリティーが低いマーケットとしては、金、砂糖、原油といったものが挙げられる。このように、ストップを設定する際にマーケット・ボラティリティーを考慮するのは効果的である。

第3章 システムデザインの基礎

表3.11 マネー・マネジメント・ストップが負けトレードの平均日数に及ぼす影響

マーケット	負けトレードの平均日数（−1500ストップ）	負けトレードの平均日数（ストップ設定なし）	負けトレードの平均日数を10〜11日にするのに必要なストップ幅（変動ストップ）（ドル）
コーヒー	92	6	1,600
銅	21	28	500
綿花	14	20	1,250
原油	23	27	500
ドイツ・マルク	16	27	1,000
金	28	31	400
灯油	27	37	700
日本円	13	26	1,000
大豆	24	27	500
S&P500	7	26	2,000
砂糖	32	32	500
スイス・フラン	13	27	1,250
米10年物国債	23	35	850
米30年物国債	12	27	1,250

　本項を要約すると、自己修正型のシステムにはストップ設定をルーズにすることで、そのシステムのパフォーマンスについてより良く理解することができる。ストップが"小さすぎる"と、その設定を少し変えただけでも長期パフォーマンスには大きく影響してくる。逆にストップが"大きすぎる"と、ストップを変えても影響はほとんどない。仕掛けたときに設定するストップを大きくするに従い、利益は増加し、よりゆっくりと変化していく。これはボラティリティーがある基準を超えてしまうと、ストップ幅を拡大してもほとんど効果がなくなることを意味する。

　ストップを大きく取るもうひとつの理由としては、日々の値幅以下のストップは正確にシミュレーションすることができないことが挙げられる。

第3章 システムデザインの基礎

ストップを設定する際にはマネー・マネジメントのガイドライン、システムの最大ドローダウン、マーケット・ボラティリティーといったものに適合することが理想的である。ストップの設定方法には様々なものがあるが、一度その方法を決めた後は一貫してその方法を守るべきである。

システムデザインの段階でリスク管理について考慮しているか？

　トレーディング・システムを構築する際、最終目標は下落リスクをコントロールすることだということを頭に入れておく必要がある。リスクがいろいろな色彩を帯びたものだということをすぐに悟ることだろう。本項ではトレーディング・システムをポートフォリオ運用の観点から見る上で、リスクとして把握しておくべきいくつかの点について簡単に触れていく。

　ポートフォリオ全体のボラティリティーをコントロールし、利益を守るための方法としては、トレイリング・ストップを活用することが一般的である。トレイリング・ストップとは、単純に最大値含み益から一定幅落ち込んだ時点で手仕舞うというものである。マーケットが反転したり、ボラティリティーが高まったときにこの逆指値の仕切り注文（ストップオーダー）が実行され、利益を確保することができる。トレンドの変化に対応するのに時間を要する長期のシステムを使用する場合、こうしたトレイリング・ストップは資金残高曲線をスムーズにする効果を発揮する。

　マーケット間の相関により、重要なリスク要因が生まれる。相関のあるマーケットが大雑把にではあるが、同じような動きを見せることについてはご存知だろう。スイス・フランとドイツ・マルクといった通貨市場間の相関関係は好例である（図２．１０参照）。これらのマーケットは米ドルに対して同じような動きをすることが多い。第２章で見たように、相関性の高いマーケットを同じポートフォリオ内でトレードしても、ひとつのマーケットで複数枚数トレードするのと変わらない。このような場合、予想外または説明のつかないような出来事が起こったときに被るリスクが膨らむ公算が高い。

　流動性が欠如していることで、注文をうまく執行できないリスクもある。

例えば、商いの薄いマーケットではスリッページが大きくなりがちである。スリッページの影響によって利益を減らしてしまい、損失を増やすことになる。流動性の乏しいマーケットではシミュレーション段階でスリッページや手数料を正確に反映することが難しく、潜在的な利益率を過大評価してしまう可能性がある。

クリスマスや新年など、大型の休日の時期などには、流動性の欠如が特別な問題を引き起こすこともある。薄商いの際には、最も優れたリスク管理を備えていても、慌てさせるような大きな動きが現れることもしばしばある（図3．9）。こうした動きがメジャートレンドを変えてしまうことはないが、トレーディング・システムをシミュレーションしている段階でこの種の状況をモデルの中に含んでおくことはかなり難しい。

図3.9　1994年末の流動性の乏しさが原因で、英ポンドのボラティリティーが上昇する様子は明白

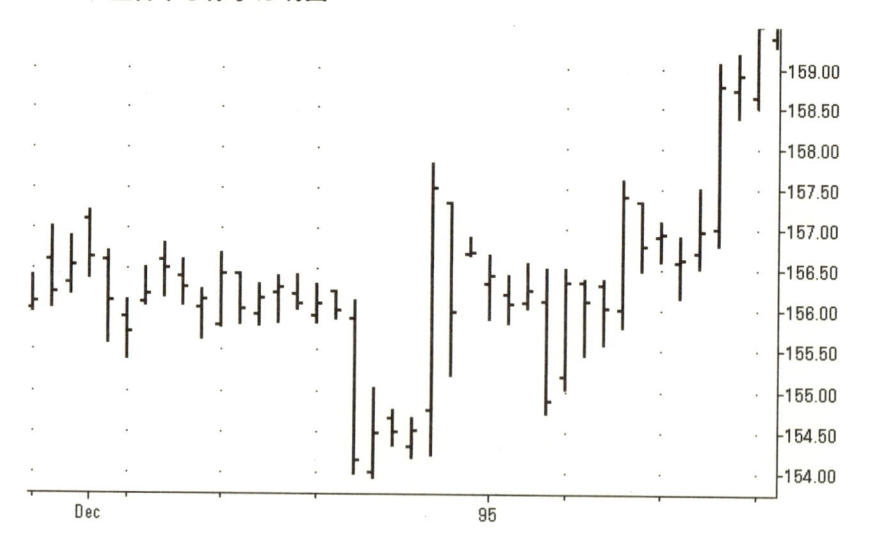

第3章 システムデザインの基礎

　グローバルにトレードすることで、新たなポートフォリオ・リスクが浮かび上がる。米国でマーケットがクローズしている間に海外で何か重要な出来事が起こった場合、海外市場で大きな動きが現れる。こうした状況は特にスイス・フラン、円、ドイツ・マルクなどの通貨市場、または原油などのエネルギー市場や金、銀などの貴金属市場などに現れやすい。海外市場でパニック的な動きが現れ、これを反映する形で大きくギャップを開けて寄り付き、ストップがヒットされ、極端に大きなスリッページを被ることも考えられる。このように大きくギャップを空けて寄り付くことで、利益が期待を下回ってしまうということも理解できるだろう。さらに悪いことに、大引けではストップがヒットされない水準まで値を戻す可能性もある。このようにグローバル・マーケットで四六時中トレードすることに伴う新たなポートフォリオ・リスクというものが存在する。

図3.10　夜間に海外マーケットで大きな動きが見られたことによって現れた巨大なギャップ（チャート中央に楕円で記されている終値－始値の巨大なギャップに注目）

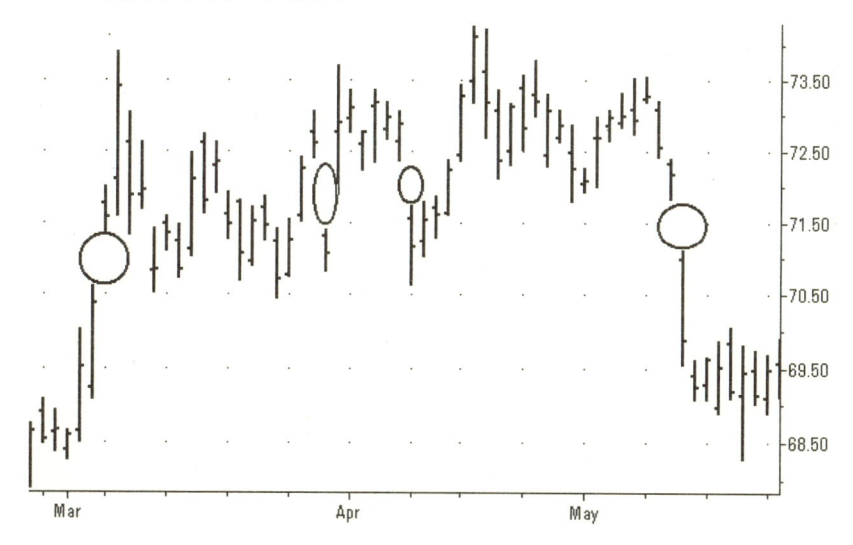

１９９５年のドイツ・マルク市場には、ボラティリティーが高い期間に大きなギャップがいくつも現れた（**図３．１０**）。夜間の海外市場が大幅に動いたことで大きなギャップが現れたわけだが、こういった状況をシミュレーションに反映することは難しい。円で示されたひとつ目のギャップの大きさは２１１２．５０ドルに相当し、売りポジションを持っている場合、大きな損失になる。

　１９９５年３月後半に現れた楕円表示されている２番目のギャップはアイランド・リバーサルを形成しており、１枚当たり約１３００ドルという大きなギャップに相当する。５月に現れた円で表示されているギャップは約１５００ドルに相当する。

　こういった状況では、売買シグナルが１日ずれるだけで結果は大きく違ってくることが考えられる。

図3.11　大引けで売るという注文の場合、マーケットのボラティリティーによって2400ドルのスリッページを被ることになってしまう

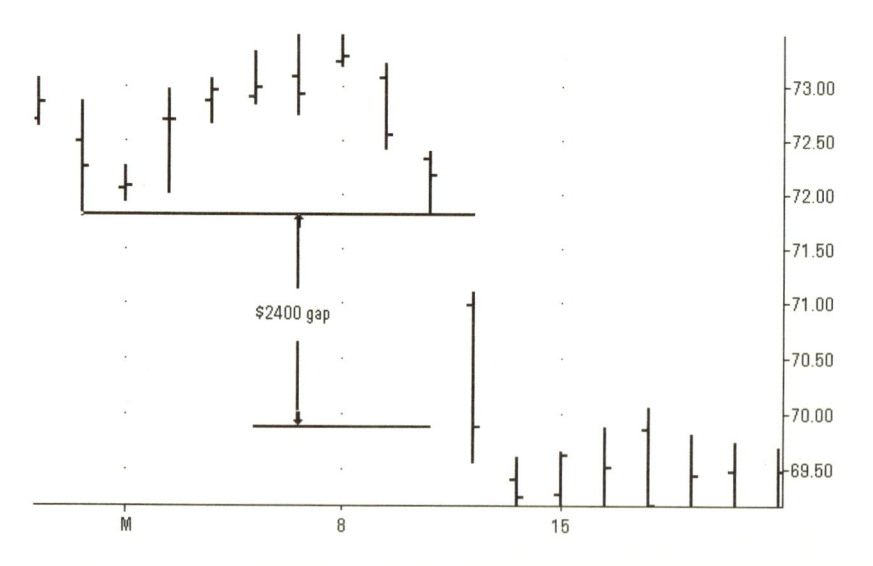

第3章　システムデザインの基礎

　ドイツ・マルクは日中の値動きも大きく、大引けで仕掛けることは難しい。例えば、システム上、正しい日に正しい売買シグナルが発せられた場合でも、逆指値（ストップオーダー）ではなく大引けで仕掛けたために大きな損失を被るということも考えられる。仮に７１．８０で売るというストップオーダーがあり、これが大引けのみで有効と仮定する。この場合には、実際に注文が執行されるのは２４００ドルものスリッページを被った後となり、ほとんどのトレーダーにとっては到底受け入れられるものではない（**図３．１１**）。

　ある種のデータを使う場合、隠れたリスクが存在することもある。週足データを用いてトレーディング・システムを構築することを考えてみよう。金曜日の大引けでシグナルが発生し、火曜日の寄り付きで買うという時間差の注文執行方法を考えてみる。週足データの場合、日々のギャップは反映されないため、実際のトレードで被るスリッページを過小評価することにつながる。潜在的な問題のひとつとして、ある週に売買シグナルを出し、翌週にトレードを執行するというシステムについて考えてみよう。売買シグナルを出す週にマーケットが大きく動いてしまい、翌週に仕掛ける時点では既に利益の大部分を逃してしまっているという状況も十分あり得る。

　システムを使用する場合、時間によるリスクというものも発生する。例えば、システムに売買シグナルが現れた後、すぐにマーケットが大きく動き始めることが最も理想的である。新たにブレイクアウトのシグナルが出たにもかかわらず、すぐに値動きが止まってしまうことを考えてみよう。横ばいの動きが続く場合、ストップがヒットされ損切りを余儀なくされるリスクはかなり高い。このように含み損を出している状況では、仕掛けて５日以内に仕切るといったルールが必要かもしれない。

　特別な例としては、ロールオーバーする時期にかなり近い時点で新たに売買シグナルが現れることが挙げられる。納会間際の限月に売買シグナルが出たにもかかわらず、その次の限月に対しては売買シグナルが現れないといったことも十分起こり得る。このような状況では売買シグナルをシステムの指示通り実行し、即または数日のうちにロールオーバーするか、次限月に売買シグナルが現れるまで待つかどうかについて決めておく必要が

ある。

　つなぎ足を用いてシミュレーションを行う場合、ロールオーバーに伴うコストの増加と利益率の低下ということを見逃しがちである。またロールオーバーを行う際にどのように新たなストップロスを設定するかという問題にも答えを見つけておく必要がある。実際のトレードではストップがヒットされているにもかかわらず、つなぎ足を利用していると同じポジションを持っている場合でもストップを無邪気にすり抜けるといったことが起こり得るのである。

　本項ではすべてのリスクについて触れたわけではないが、システムデザインの一連のプロセスにおいて、早い段階からリスク・コントロールについて考慮しておく必要がある理由について強調している。

データ！　その取り扱いにご注意を！

　トレーディング・システムをシミュレーションする際、使用するデータについては様々な選択肢がある。その選択いかんでシミュレーション結果に大きな違いが現れるため、使用データの選択には細心の注意が必要である。

　正確さ、カバーする範囲の深さ、そしてレポーティングの規定などに違いがあるため、データベンダー（情報提供会社）を選ぶ際にも細心の注意が必要である。例えば、データベンダーが変われば、始値も変わってしまう。他にエラーの修正方法についての規約も異なるため、"クリーン"なデータを蓄積しているデータベンダーを選ぶべきである。

　先物市場でのシミュレーションを行う際には、つなぎ足かロールオーバー処理を施した限月データを使うことになる。現物の指数とは異なり、先物のデータは連続しているわけではないため、休眠限月・活発限月・納会限月という順序を経ることになる。このため実際には人工的なデータになってしまうが、つなぎ足を作るためにある一定の方法で限月を組み合わせる必要がある。この組み合わせの方法については2種類の方法が考えられる。値動きの幅については無視し価格や価格水準を維持する方法か、逆に

第3章 システムデザインの基礎

値動き幅を維持することを重視し価格水準については無視する方法である。シミュレーションには値動き幅を維持する後者の方が適している。データの種類によって、結果として現れる数値自体は若干異なる。

　使用するシミュレーション・ソフトに問題がなければ、ロールオーバー修正を施した限月データを使用した方が良いだろう。ただのつなぎ足を利用してもロールオーバー修正済みデータと近い結果を出すが、トレード数を少なく見積もり、結果的にスリッページと手数料を過小評価してしまう。またロールオーバーする際にストップを設定することの難しさについても過小評価してしまう。例えば、ロールオーバーの後に実際にはストップがヒットされて損切りを余儀なくされるかもしれないのに、つなぎ足を用いたシミュレーションではポジションを持ち続けているとみなしてしまう問題などが挙げられる。

　データの種類以外にも、使用するデータ期間を選ぶ必要がある。様々なマーケット状況においてシステムの有効性を試せるという理由から、一般的にはデータ期間は長ければ長いほど良いと考えられている。また統計的な意味もある。統計的な意味を持つためには最低３０回のトレード結果を見る必要があり、それを達成するのに十分なデータ期間が必要になる。より多くのサンプルがあれば、母集団の平均的な性質に対してより正確な評価が下せるという考え方が背景にある。そしてこれらの平均的特質（アベレージトレードなど）を利用して、そのシステムの将来の有効性について予測することが可能となる。

　３０回という数字自体は大きな数字と感じられないかもしれないが、トレンドフォロー・システムを週足データでシミュレーションする場合は、３０回のトレード結果を得ることは難しいかもしれない。恐らく３０回という数字はシミュレーションに用いたデータの影響を取り除くためには少なすぎるだろう。できれば１００回以上のトレード結果を集計できる状況が好ましく、これは複数のマーケットや複数の時間枠でシミュレーションすることで達成することができる。サンプルを増やすためにデータを加工する方法については以下の章で解説する。

　ここでの論点は使用するデータが異なれば得る結果も異なるということ

である。加えて、現実には加工データをトレードすることはできないため、シミュレーションで得た結果と同等の結果を達成できるか確信することはできない。ここで5日と50日の移動平均線の交差システムを使用したシミュレーション結果について見ていこう。ストップロスは1500ドルに設定し、スリッページと手数料合計で100ドルと仮定する。

表3．12はテックツール社のソフト「コンティヌアス・コントラクター」を使用して作成された、スイス・フランのいくつかの種類のデータをもとに行った検証結果である。同じ期間を通して、実際の限月データを納会前月の21日にロールオーバー修正したデータを用いた結果をモデル・パフォーマンスとして掲載している。この数字を注意深く見ていくことで、使用するデータの種類によって結果が大幅に変わってくることが理解できる。

仕掛けと仕切りのルールが全く同じであるにもかかわらず、トレード数が異なっていることに注意しよう。限月別データの場合、111回トレードしているが、これはつなぎ足を使用した場合の平均トレード数を約37％も上回っている。これはロールオーバーに伴うトレード数の増加が主な理由である。

表3.12 つなぎ足の作成方法の違いによる検証結果の比較

データ形式	利益(ドル)	日中ベースの最大DD(ドル)	トレード数	勝率(％)	利益／損失比率
リアルデータのロールオーバー	17,963	−21,663	111	40	1.80
修正つなぎ足形式 38／13	18,450	−24,813	79	31	2.74
修正つなぎ足形式 49／25	20,413	−22,137	77	31	2.89
修正つなぎ足形式 55／25	20,350	−21,115	86	34	2.42
修正つなぎ足形式 56／25	10,625	−27,800	91	31	2.43
修正つなぎ足形式 60／25	39,862	−18,363	70	35	3.12

また実際の限月データを用いると、平均利益と平均損失の比率は最も小さい（1．80）。これはロールオーバーすることで、勝ちトレードの利益が減少してしまうことが原因である。トレンドが長期に発展する場合、つなぎ足を用いると全くロールオーバーをしないようにみなされる。このようにポジションを維持する期間が長引けば長引くほど、つなぎ足を使用した際の利益は大きくなる。つなぎ足を用いることでトレード数を過少評価する一方、平均利益／平均損失の比率やポジションを維持する期間については過大評価する結果となってしまう。

仕掛けと仕切りの注文執行方法を決める

　仕掛け、または仕切り注文の執行方法には基本的に３つの選択肢がある。成り行き、逆指値、指値の３種類である。これら３つの方法の裏にはそれぞれ独自の考え方がある。ひとつ目は、自分に有利な値段で注文を成立させる必要があるという考え方であるが、これは指値やストップリミット注文（条件付き指値）を利用することを意味する。２つ目は、トレードを確実に成立させるという考え方で、成り行きや逆指値を利用することを意味する。３つ目は、仕切りは成り行きで成立させるべきだが、仕掛けには逆指値や指値を利用するという考え方である。

　寄り付きのみ、大引けのみというように成立時間に条件を設けて成り行き注文を出す方法は、仕掛けるときや仕切るときも優れた方法のひとつといえる。トレーダーの多くは寄り付きで注文を出すことを好み、大引けで慌てて注文を出すことは避ける傾向がある。また、逆指値を使って注文する場合、マーケットが逆指値ポイントを飛び超えて寄り付いてしまうとスリッページが拡大してしまう。

　シミュレーション用ソフトと現実にトレードする際の条件には開きがあることを認識しておく必要がある。シミュレーション・ソフトでは注文が成立しているのに、現実にはマーケット特有の状況によって注文が成立しない可能性もある。例えば、日足データを用いてシミュレーションを行う場合、日中にマーケットで急激な動きが現れても、それ自体は考慮されな

い。こうした場合にはシミュレーション・ソフトでは注文が成立したことになっても、現実に成立するかしないかは分からない。シミュレーション・ソフトがどのように特定の注文方法を処理するかについてしっかりと把握しておく必要がある。

　もうひとつ重要な点は、売買シグナルが発生する日（日付）と実際に注文を執行する日の違いについてである。シグナルを出す日と注文を執行する日が同一日であることも考えられる。単純な移動平均線の交差システムを使用していると仮定してみよう。この場合、当日ある値段を超えて引けると売買シグナルが出るということは事前に計算しておくことができる。そのため、大引けのみ有効の逆指値Ｘで買い（または売り）といった注文を出すことも考えられる。この他にも引け後にシグナルを出し、翌日に注文を執行する方法も考えられる。シンプルさから後者の方が好ましい上、寄り付きで仕掛けるため、システムのパフォーマンスを測る上でより信頼性が高い方法であると言える。

シミュレーション結果の要約について理解する

　以後テクニカル分析を利用したプログラムのシミュレーション結果に対する詳細な内容について説明していくが、部分的にオメガリサーチ社のトレードステーションというソフトのレポートを利用する。シミュレーション結果の要約は、過去データを用いてシミュレーションを行った結果、どういった成績を残したかを知る上で重要な役割を果たす。

　表３．１３の要約は６５日単純移動平均線と３日連続引けを組み合わせたトレンドフォロー・システム（６５ＳＭＡ－３ＣＣ）を英ポンドのつなぎ足を用いてシミュレーションした結果である。６５日移動平均線と３日連続引けのシステムの詳細については次章で触れる。このシミュレーション結果は売り買いすべてのトレード結果を含んでいる。トレードステーションは同じ内容について売り買い別々に見ることも可能である。

　シミュレーション結果は５つのブロックに分けられている。１番上のブロックは利益率に関する要約である。２番目にはトレード数と勝率などに

ついて要約されており、3番目は平均値に関するもの。4番目はトレードの維持期間などについてであり、最後の5番目のブロックにはドローダウン、プロフィットファクター、利益率といったことに関する重要な情報を載せている。

表3.13 65SMA-3CCシステムを用いた典型的なパフォーマンス・サマリー

英ポンド 38／13－日足　1975/2/13～1995/7/10 全トレードの成績			
純利益	155,675.00	値洗い損益	-1,212.50
総利益	266,918.75	総損失	-111,243.75
総トレード数	71	勝率(%)	45
勝ちトレード数	32	負けトレード数	39
最大の勝ちトレード	40,768.75	最大の負けトレード	-7,993.75
勝ちトレードの平均利益	8,341.21	負けトレードの平均損失	-2,852.40
平均利益／平均損失	2.92	1トレード平均損益	2,192.61
最多連続勝ちトレード数	6	最多連続負けトレード数	7
勝ちトレード平均日数	123	負けトレードの平均日数	29
日中ベースの最大ドローダウン	-27,881.25		
プロフィットファクター	2.40	最大建玉枚数	1
必要資金額	30,881.25	必要資金額に対するリターン(%)	504

　総利益から総損失を差し引くことで純利益が得られる。総利益とはすべての勝ちトレードの利益を合計したものを指す。同様に、総損失はすべての負けトレードの損失を合計した数値である。オープントレードの利益・

損失とは、シミュレーション終了時に維持されているポジションの含み損益を意味する。純利益は他の計算結果にも影響を及ぼすという点で重要な数値である。5番目のブロックにあるプロフィットファクターとは、単純に総利益を総損失で除した数値を絶対値で表したものである。トレーディング・システムデザインでは、このプロフィットファクターが1を超えることが強く求められる。これはシミュレーション期間を通じて総利益が総損失を上回ったということを意味するからである。

トレード回数についてのブロックには総トレード数に加え、勝ちトレード数・負けトレード数と分類した数字も載っている。勝率はシステムのルールやシミュレーションに用いたデータに左右され、破産の確率にも影響を及ぼす。一般的には勝率が高ければ高いほど優れている。トレンドフォロー・システムの場合、30～50％という勝率を残すのが一般的である。実際に勝率が60％を超えることはまれであり、70％を超えるような場合は特筆に価する。

平均値のブロックは、前述した2つのブロックの数値を利用し、平均値を出しているだけである。最大利益と最大損失がここで新たに現れた数字である。これらの数値はテストデータ、システムの売買ルール、リスク管理の方法などに左右さるものである。ストップロスを使わなければ、マーケットのボラティリティーが高いときにはかなり大きな損失を被る可能性がある。また、例外的に大きなトレンドが現れたときには利益も大きくなる。最大利益が純利益の50％を超えるような場合には気をつけるべきである。この場合、その利益分を純利益から差し引くことでそのシステムの本当の潜在能力を評価することができるだろう。

平均利益は単に総利益を勝ちトレード数で割った数値である。この平均利益と平均損失の比率は破産の確率を計算する上で役立つ。これはペイオフ比率と呼ばれ、テストデータ、システムのルール、トレードを維持する期間などの影響を受ける。典型的なトレンドフォロー・システムの場合、この数値は2を超える。

3番目のブロックに示されているアベレージトレードは、このパフォーマンス結果の中で最も重要な数値のひとつである。これは単純に純利益を

第3章 システムデザインの基礎

総トレード数で除した数値であり、大きければ大きいほど理想的である。アベレージトレードがマイナスであったり、２００ドルを下回る場合、他のマーケットや異なる時間枠でシミュレーションしない限りそのシステムは使用すべきではない。この数値はシステムの持つ統計的優位性を示すものである。

トレードの維持期間に関するブロックでは勝ちトレード、負けトレードそれぞれの平均維持期間（勝ちトレードにおける平均足数が平均勝ちトレード期間に相当する）を掲載している。この数値は１を超えている必要があり、トレンドフォロー・システムであれば５を超えることもある。勝ちトレードを維持する平均日数に何の抵抗もないか自問するべきである。その平均日数の２倍の期間にわたりポジションを維持するだけの自己規律が自分に備わっているだろうか。辛抱強さが足りなければ、それは難しいだろう。その結果、素晴らしいトレード機会を逃すことになるかもしれない。

同様に、勝ちトレードを維持する平均日数が自分の時間枠に合ったものか考える必要がある。トレード維持期間が長すぎたり短すぎたりするときには、まずより長い期間のデータを用いてテストを行い、その後より多くのマーケットでも試してみるべきである。そこでまだその数値に違和感があるようであれば、システムを変更することを考えるべきである。

シミュレーションに用いるテスト期間いかんで最大連続勝ち数と最大連続負け数も変わってくる。最大連続負け数はドローダウンに大きな影響を及ぼす。どのような状況でシステムが大きな損失を被るかを理解するためにも、負けトレードが連続して現れる状況を慎重に検証すべきである。

大雑把な考え方として、最大連続負け数の２倍程度の負け数が続いても耐えられるかどうか考えておくべきである。こうすることで、深刻なドローダウンを避けるために、マネー・マネジメントのガイドラインをどのように設定すべきかが分かってくる。また負けトレードの平均日数に示される期間にわたり損失を抱え続けられるかどうかについてもよく考えておく必要がある。

最後のブロックには日中ベースの最大ドローダウンが掲載されている。この数値の２倍のドローダウンに耐えられるかどうか確認しておくべきだ

ろう。必要投下資金と証拠金に対するリターンを表す2つの数値については、それほど役に立たない。前述したプロフィットファクターについては1以上であることが求められる。

パフォーマンス要約に現れないこと

　以下に示すようにパフォーマンス結果の要約には現れないが、重要な情報というものが存在する。これらの要素に関して注意深く調べたいと思うこともあるだろう。ひとつはリカバリーファクター（ＲＦ）と呼ばれる数値である。ＲＦは日中ベースの最大ドローダウンに対する純利益の比率を絶対値で表したものであり、ドローダウンの谷からどれだけ回復してきたかを示す数値である。

　表３．１３のＲＦは約５．６（１５５６７５÷２７８８１）となっている。この数値は２を超えることが求められ、大きければ大きいほど良い。ＲＦは、長期の期待利益がドローダウンといった逆境を上回るだけの潜在能力がそのシステムに備わっているかどうかを示してくれる。

　利用価値の高いもうひとつの数値としては、修正総利益が上げられる。これは総利益から最大利益を差し引いた数値である。システムにペナルティーを課そうと、同じように最大損失を差し引いてはいけない。論理的には、最大利益を手にしたような期間が再び現れると期待すべきではないが、最大損失を被ったような期間は再び現れる可能性が高いと考えるべきだ、ということが根拠になっている。そこでプロフィットファクターを計算し直し、それでも１を上回っているかどうかを調べることが大切である。**表３．１３**にあるデータの場合、修正総利益は１５万５６７５－４万７６６９＝１１万４９０６ドルとなる。したがって修正プロフィットファクターは１１万４９０６÷１１万１２４４＝１．０３となり、修正前の２．４０から大きく低下している。このようにより現実的な見方に立てば、このシステムの期待利益は小さいことが分かる。

　またパフォーマンス要約では各トレードのヒストグラム（分布）については何も分からない。恐らく各トレードのデータを表計算ソフトにダウン

第3章　システムデザインの基礎

ロードし、最大含み益や最大含み損といった数値を調べる必要があるかもしれない。これらについては第4章の65SMA-3CCシステムのところで解説していく。

　シミュレーション結果のブレについてもパフォーマンス要約では触れられていない。すべてのトレードに対する利益や損失の標準偏差も掲載されていない。変動性は重要な要素のひとつであり、必要であれば表計算ソフトを用いて計算すべきだろう。この変動性によってリターンのボラティリティーを予測することが可能になる。

　シミュレーション結果をパフォーマンス要約の数値を通して見ても、ある典型的なトレードが時間の推移とともにどのように発展していくかということに関しては何も分からない。例えば、ポジションを取ってから日次ベースで平均利益や最大利益や最大損失の推移を把握することはできない。仕掛け日や仕掛けた10日後に何が起こったかについては分からない。シャンデとクロールの『ニュー・テクニカルトレーダー』（参考文献の欄参照）の中で議論されている典型的なトレードテンプレートは、典型的なトレードが時間の推移とともにどのように発展していくかを理解する上で役立つ。

　加えて、パフォーマンス要約ではスリッページによる影響が実際どの程度になるかということが分からない。トレードステーションでは注文執行に関して現実的でない可能性がある方法を採用している。スリッページはシミュレーション結果よりも拡大すると考えるのが無難である。場合によっては実際に注文が執行できない状況でもトレードステーションでは注文が執行されたことになってしまう。仮にこのトレードが大きな利益を上げるとすれば、システムの利益率を過大評価することにつながってしまう。

　以上のように、多くのトレードの平均値を取ることで、少数のトレード結果がパフォーマンス全体に大きな影響を及ぼすことがなくなる。このようにシステム・パフォーマンスを評価する際には平均値を利用するべきである。

　パフォーマンス要約では何カ月連続で利益を上げることに成功したということも把握できない。例えば、6カ月の時間枠で見た場合、利益を計上

した期間が5年間でどれだけあったかということを知るのは有益である。この時間枠は自分の好みに合わせて設定して構わない。この数値を計算することでドローダウンから抜け出すのに要する時間を把握できるようになり、システムに対する自分のメンタル面での対処法について有益な情報を得ることができる。

ここで認識すべき最も重要なことは、パフォーマンス要約は将来そのシステムがどのようになるかについては何も明らかにしていないことである。シミュレーション結果は用いたデータのみに依存しているのである。システムをより良く理解するためには表面に現れない部分について検証することが必要となる。

システムルールがどのように機能しているかを理解するためには、各トレードについてチャート上で確認するのが理想的である。こうすることでトレーディングに対する自分の考えを強化することになり、そのシステムがうまく機能しているときも、逆に機能しないときにも気持ちを落ち着かせることができるようになる。また、負けトレードについて調べることでシステムロジックの間違った部分が表面化することもたびたびある。将来、繰り返しマーケットに現れる可能性が高い状況でこのルールはうまく機能したのであり、継続して使うべきだということを自分に言い聞かせる必要がある。各トレードを詳細に調べることで仕掛けや仕切りのときに裁量を用いる能力を強化できるかもしれない。

リアリティーチェック

本項に対して、先に進んでいく前に発する警告文のような感じを持つかもしれない。シミュレーション結果は実際に、そのような結果を将来も変わらず得ることができるということを意味するわけではない。トレーディング・システム構築は後ろ向きに行うものであり、後講釈的なものであることを理解しておく必要がある。過去のマーケットの動きを知った上でシステムを構築するため、後講釈であるとのとらえ方は正しい。どんなトレーディング・システムを構築したり最適化を施しても、それは過去のマー

第3章 システムデザインの基礎

ケットの動きに対する自分の考え方を反映したものである。カーブフィッティングのワナから逃れるための知識があっても、システム構築には後講釈的な側面があり、それを完全に取り除くことは非常に困難だということを理解すべきである。

　また過去の値動きパターンが全く同じ形で繰り返されるとは限らないということも理解する必要がある。このため将来の結果を正確に予測することは不可能であり、システムがシミュレーション結果と同じように利益を上げたり損失を被るとは限らない。マーケットの動きもトレーダーの反応の仕方も予測できるものではないため、過去の結果が将来の結果を保障するものではないという結論に達するのも難しくはないだろう。

　シミュレーションにはもうひとつ問題が存在する。トレーディング・システムのシミュレーションによるトレードは仮定の上でのことであり、実際にマーケットで実行しているわけではなく、現実のトレーディングというものを反映しているわけではない。マーケットの流動性やスリッページ、不利な価格で注文が成立してしまうこと、夜間に行うトレード、素早く値段が動いてしまうような現実を正確に反映しているわけではない。シミュレーションではすべてのシグナルが単純化された前提のもとで毎回同じように執行されるように設定されているため、トレーダーの本当の心理状態を映しているわけでもない。

　トレーディング・システムを構成する要素の中ではトレーダー自身が最も予測不可能なものかもしれない。システムのシミュレーションは何ら心理面での影響を受けることなく行われるが、実際にトレーディングする場面でシステムが発する売買シグナルを一貫して執行し続けられるかどうかの保証はどこにもない。このため、最大のスリッページはマーケットが原因で起こるのではなく、システムのシグナル通りに注文を執行しないことで起こる可能性があるのである。

　第8章のデータスクランブルで触れるが、負けトレードが連続して現れたり、巨大な損失を被るようなマーケットに遭遇することは十分考えられることである。ある出来事が起こる確率が小さいからといって、それが全く起こらないということを意味するわけではない。典型的なトレーディン

グ・システムのトレード分布を調べてみると、"太い"尻尾を持っている傾向がある。これは単に、マーケットが異常な状態に陥る確率が正規分布における期待数よりもかなり多いということを意味する。このため、シミュレーション結果は実際のマーケットリスクを過小評価してしまうことがよくある。

　以上のように、トレーディング・システムを構築する際、シミュレーション結果がそのシステムの将来を正確に予測するものではないということを頭の中にとどめておくことが大切である。一般的には、すべてのシミュレーション結果について疑問視するような思慮深さを持つべきである。

第4章
トレーディング・システム開発

"卵がふ化する前に鶏の数を数えるものではない"

序論

　トレーディング・システムは、それを構築する者がマーケットに対して抱いている洞察力を超えるものにはなり得ない。最近のソフトを利用すれば、想像力の範囲にあるシステムであれば事実上どのようなものも、構築、検証することが可能である。前章では、システム構築の基本原則について解説した。本章では、それらの基本原則を実際のシステム構築の場においてどのように適用するかということを示すために、いくつか全く新しい種類のシステムを開発し、さらにそれらのシステムを検証していく。

1. シンプルなトレンドフォロー・システム——65SMA-3CCシステム
2. 買いシグナルのみのパターン認識システム——CB-PBシステム
3. トレンドを追求する、トレンドの強さを測るシステム——ADXバーストシステム

第4章　トレーディング・システム開発

4．自動モード変換システム──トレンド・アンチトレンド・システム
5．相関性のあるマーケット間システム──金・債券システム
6．底探りシステム──ボトムフィッシング・パターン
7．枚数追加システム──絶好機会システム

　本章で紹介するこれらのシステムはすべて異なる哲学を背景に構築されたものである。65SMA-3CCシステムについて最も深く掘り下げて調べていくが、他のシステムに対しても同じ原則を適用することができる。システムのシミュレーション結果はすべてつなぎ足を用いたものである。

　本章の内容は何もここで紹介するシステムを推奨するようなものではない。これらのシステム結果は仮想のトレード結果にすぎないという限界がある。自分のトレードスタイルに合ったシステムを開発するために必要なアート（芸術）の面について例を示し、解説していくだけである。

トレンドフォロー・システムの背景にある考え方

　単純なトレンドフォロー・システムの背景にある基本的な考え方は、以下のようなものである。

1．マーケットはゆっくりと上昇したり下降したりするものであり、トレンドは長期にわたって発展する。
2．終値が移動平均線を超えることはトレンドの転換を意味する。
3．大きくトレンドに逆行するような動きはマーケットに現れない。
4．実際の値段が中期の移動平均線から大幅に離れることはない。
5．マーケットが上下動を繰り返すことはまれで、それが大きな損失につながることはない。
6．大幅な動きは数週間から数カ月も続く。
7．マーケットでは大部分の期間においてトレンドが見られる。

　だが現実的には、

1．マーケットはそのほとんどの期間においてレンジ内での上下動を繰

り返すため、多大な損失を被ることが多い。
2．トレンドの転換を確認するまでに利益のかなりの部分を掃き出してしまうため、資金のブレが大きい。
3．大きな利益を期待できる約5％のトレードを逃さないために比較的"ルーズ"なストップ設定が必要となる。
4．これらのシステムはたびたびマーケットが強いときに買い、弱いときに売るというトレード法を取るため、短期ではあるがトレンドとは逆の激しい値動きに遭遇し損切りを余儀なくされる可能性がある。

単純なトレンドフォロー・システムの長所は、
1．大きなトレンドに沿って仕掛けることが保証されている。
2．複数のマーケットで利益を上げることに加え、6カ月から5年というさまざまな時間枠で見ても利益を計上することが可能である。
3．これらのシステムは大抵"堅牢（ローバスト）"である。
4．これらのシステムはしっかり定義されたリスク管理の変数を備えている。

65SMA－3CCトレンドフォロー・システム

　本項では値動きについてなるべく前提条件を少なくし、単純で最適化を施さないトレンドフォロー・システムを公式化することと、検証方法について解説していく。このシステムはトレンドを測定するために65日間の終値ベースの単純移動平均線を用いているが、この65という数字は任意に選んだものである。65日という日数は単に13週SMA（13×5＝65）に相当し、1年の4分の1すなわち四半期を意味する。これは中期の移動平均線であり、マーケットのメジャートレンドをコンスタントにフォローするものである。

　図4．1に示されているように、トレンドが上向きの状況では、マーケットは65日SMAの上で推移しており、逆も同様である。横ばいの動きが続く状況ではこのSMAも横ばいに推移し、マーケットはSMAを挟ん

で変動する。このシステムがマーケットに現れたトレンドをとらえ、それに追随していることは明らかである（図4．2参照）。

　トレンドが上向きに転換したことを確認する方法は数多く存在する。一般的な方法としては１０日のような短い期間の移動平均線を短期線と決め、この線がより長期の移動平均線を上回ったり下回ったりした時点でトレンドが変換したとみなすことが挙げられる。短期の移動平均線を利用する場合、その日数が結果をかなり大きく左右することになる。もうひとつの欠点としては、マーケットは短期線の動き以上に早く推移することが多く、注文を執行するのが遅れてしまう可能性があるということである。

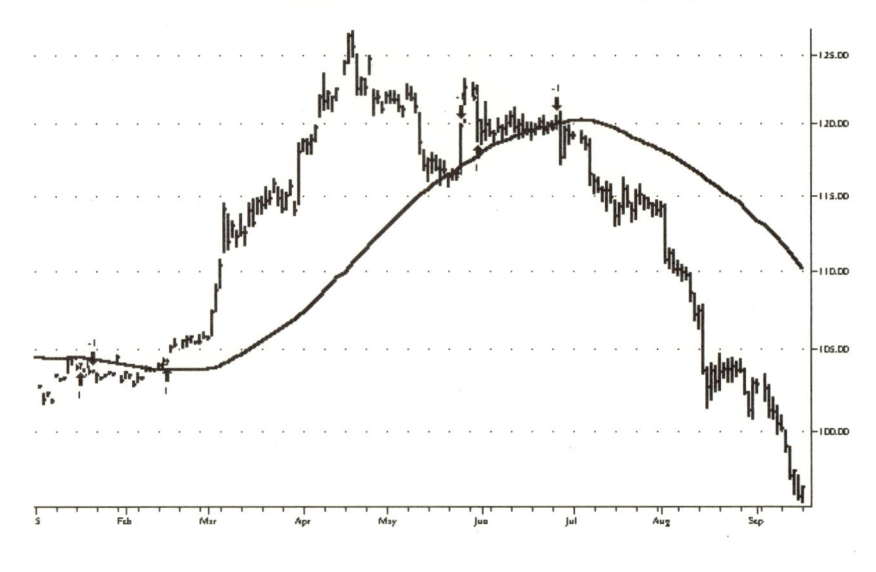

図4.1　日本円1995年9月限にプロットされた65日SMAとシグナル

　このため、６５ＳＭＡ－３ＣＣシステムでは、トレンドの転換を確認するために６５日間単純移動平均線（６５ＳＭＡ）より上や下で３日連続して引ける（３ＣＣ）ことを条件とする。例えば、終値が３日連続で６５日

間単純移動平均線を上回った場合、上昇トレンドに転換したとみなすといった具合である。同様に、終値が3日連続で65SMAを下回った場合に下降トレンドに転換したと考える。繰り返しになるが、この終値が"3日連続"でという部分は任意のものであり、10日連続でもそれ以外のどんな数字を用いても構わない。トレンド転換を確認するためのこのフィルターの日数によって結果が変わってくるのは明白である。

　シグナルがダマシに終わることを恐れるのであれば（図4.3参照）、連続大引けの日数がトレード数を減らすフィルターの役割を果たすことになる。値動きの早いマーケットでは、連続大引けの日数を長く設定することで仕掛けが遅れてしまう（図4.4参照）。一方、マーケットの動きが緩やかな場合、連続大引けの日数を短くすることでダマシが多くなってしまう。このように、トレンドの転換を確認するのに要する日数決定にはトレードオフが付きまとう。

図4.2　65SMA-3CCシステムは1995年S&P500株価指数に現れた上昇トレンドで買いポジションを維持し続けた

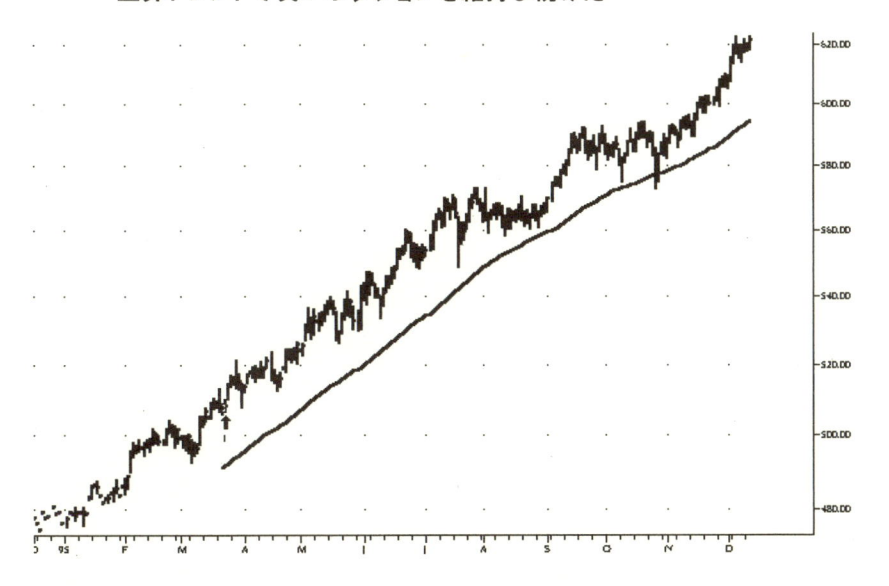

図4.3　英ポンド1995年12月限の場合、65SMA-3CCシステムは横ばいの動きに直面し、損失が続いた

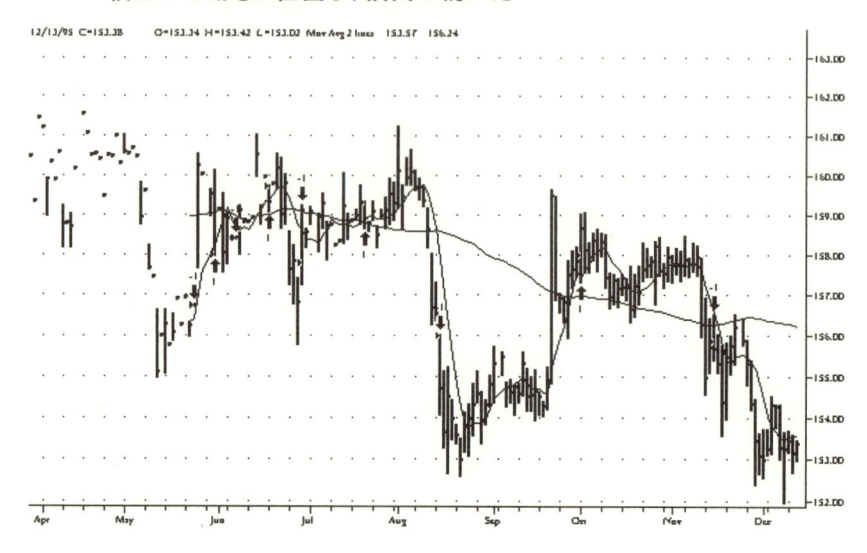

　トレンドの転換を確認しても、どのように仕掛けるかという問題が残る。システムの発するシグナル通りに注文を出し、確実に成立させるためには翌日の寄り付きで仕掛けるべきである。例えば、当日夕方の大引け時点で３日連続引けという条件をクリアした場合、翌日の寄り付きで成り行きで買うべきである。そうすることで翌日のオープニングレンジ内で注文が成立することになる。買い注文の場合はオープニングレンジの上限近辺で、そして売り注文の場合はオープニングレンジの下限近辺で注文が成立する可能性が高い。しかし、このスリッページは許容すべきことであり、スリッページと手数料用に割り当てている１００ドルの範囲内のことであると考えるべきである。この仕掛け法を使用する最大効果は、仕掛けのシグナルをひとつも取り除くことなく、その条件が最初に現れた時点でポジションを建てることが確実になることである。

第4章 トレーディング・システム開発

図4.4 65SMA-3CCシステムは特に手仕舞い戦略を備えていないことから、上下動を繰り返した原油1995年12月限のようなマーケットではトレード数が増加しながらも利益は少額にとどまった

　実際どのように仕掛けるかということについては多くの選択肢がある。例えば、６５ＳＭＡを３日連続で上回った、または下回った時点で仕掛けるという方法が考えられる。２つ目の選択肢としては、翌日の逆指値（ストップオーダー）として当日高値または安値を超えたところかその近辺に設定するという方法である。この仕掛け法は、すべてのシグナルを注文につなげるわけではなく、シグナルを選別するフィルターの役割を果たす効果も持つことになる。この仕掛け法は価格が６５ＳＭＡを一時的にクロスするような状況に対処できるという意味で有効である。

　３つ目の選択肢は、システムにシグナルが現れてからＸ日仕掛けをを遅らせ、そこで直近ｎ日の高値もしくは安値近辺を超えたところで実際に仕掛けるという方法である。これも優れた利益機会を選別するためにシグナルをフィルターにかける方法のひとつである。仕掛ける際に指値注文を使

う場合、実際に注文が成立しないことは多く、しかもわずか数ティックの差が原因となることもあり得る。こういった事態を避け、新たに現れたトレンドに沿って確実にポジションを建てるために翌日の寄り付きで仕掛けるべきである。

　解説を進める前に６５ＳＭＡ－３ＣＣの仕掛ける方法がランダムな方法と比べて有効だと言い切れるかをチェックする重要な検証を行ってみよう。ルボーとルーカス（詳細は参考文献の欄参照）のアプローチ法に従い、この仕掛ける方法にｎ日後の大引けで仕切るという条件を加えて検証してみよう。ストップロスは使用せず、スリッページと手数料もないものと仮定する。

　検証を簡素化するために、買いシグナルの結果についてだけ掲載する。勝率は一貫して５５％以上となる必要がある。ここでは買いシグナルのみとなっているが、２１のマーケットを１９７５年１月１日から１９９５年６月１０日の期間にわたって検証している。使用するデータはつなぎ足である。２１すべてのマーケットが１９７５年１月１日の時点で取引されていたわけではないため、データは可能限り古いものを用いて検証している。

　表４．１にあるように、平均すると買いシグナルの５５％が利益を出すという結果となった。これは６５ＳＭＡ－３ＣＣの建玉モデルがランダムな建玉方法よりも優れていることを暗示している。売りの場合でも結果は同様であり、このモデルの仕掛ける方法は堅牢であると、ある程度確信してもよいだろう。そこで次に、このモデルに自分の哲学を反映したリスク管理法と仕切りルールを組み合わせることが必要となる。

　ここで、この最適化されていないシステムについてまとめておこう。実際に仕掛けるのはシグナルが発生した日の翌日の寄り付きとなる。この時点で仕切りのシグナルについて何も言及されていないことにお気付きだろうが、それは売りの仕掛けのシグナルが買いポジションの仕切りと一致していることを意味する。逆の場合も同様である。現実には、１枚買いポジションを持っているときに２枚売りを出すことで、都合１枚の売りとなる。逆の場合も同様の考え方である。

　※参考文献：チャールズ・ルボー＆デビット・ルーカス著『マーケットのテクニカル秘録』（パンローリング刊）

第4章　トレーディング・システム開発

表4.1 1975年1月1日～1995年7月10日までの期間で入手可能な21のマーケットデータをすべて使用し、65SMA-3CCシステムの買いの仕掛けのランダム性を検証した。手仕舞いはn日後の大引けで行った

マーケット	5日	10日	15日	20日	30日	50日
英ポンド	55	59	60	58	60	60
コーヒー	54	57	56	54	50	51
銅	51	49	50	52	50	46
トウモロコシ	53	55	56	57	59	55
綿花	60	61	62	63	64	60
原油	54	53	53	56	58	45
ドイツ・マルク	59	59	60	58	59	63
ユーロドル	59	59	61	62	63	62
金	54	55	54	49	53	47
灯油	53	55	58	56	51	51
日本円	55	53	60	61	59	69
生豚	57	57	59	57	55	59
オレンジジュース	53	52	52	55	55	45
銀	48	50	45	46	44	46
大豆	52	47	51	52	53	51
S&P500	54	59	58	62	58	69
砂糖	56	56	55	58	57	52
スイス・フラン	56	56	59	58	63	61
米１０年物国債	57	59	59	58	58	56
米３０年物国債	55	52	56	50	50	46
小麦	52	52	51	51	51	51
平均	54.62	55	55.95	55.86	55.71	54.52

　ここから先の検証においては、売り買い同じ種類のシグナルが続くことを避けるために条件を加えている。これでストップロスや仕切りルールの効果を検証するときに同じ条件で比較することが可能になる。この種の条件は現実のトレーディングにおいては不要である。

　この時点でまだ定義されていないことをまとめてみよう。リスク管理方法の一環としてストップロスを使用するかについては何も明確になってい

ない。また建玉枚数を決めるマネーマネジメントのルールも定義されていない。検証を簡素化するという観点から、リスク管理の一環としてストップロスは使用せず、1枚ずつトレードすることに決める。これは何もリスク管理の一環としてのストップロスを使用しないことを推奨するものではない。ただ論点を明確にするためにストップロスを使わないで検証するだけのことである。リスク管理をどのようにするかということと、マネーマネジメントの効果については後ほど解説していく。

65SMA-3CCシステムは、強力なトレンドが現れているときに全利益の稼ぎ出すシステムである。逆に横ばいの動きが続いたりトレンドが現れない状況では、損失が膨らむことになる。勝率は20～50％程度。ここではこのモデルを23のマーケット、20年間のつなぎ足データを使用して検証した。上場してから20年を経過していないマーケットに関しては、上場来のデータを使用している。またスリッページと手数料は従来通り合計100ドルに設定した。このような厳格な条件の基で、最適化を施していないこのシステムを数多くのマーケットの長期データを基に検証している。検証結果は**表4．2**に要約されている。

このシンプルで最適化を施していないトレンドフォロー・システムを検証した結果は勇気づけられるものである。それぞれのマーケットで1枚ずつトレードした結果として138万6747ドルの利益を計上し、23に上る幅広いマーケットのうち19のマーケットで利益を上げることに成功している。サンプルに含まれるトレード数は2400回に上り、この検証結果はかなり重要な意味を持つと考えられる。勝率はトレンドフォロー・システムにしては典型的な約34％であった。

平均利益と平均損失の比率は2400回のトレードに対して3．3と素晴らしい結果を残した。この数値は破産の確率を計算する際に必要となり、2．0以上であることが望まれる。3．0以上になるとかなり素晴らしい数値である。平均損益はスリッページと手数料控除後で558ドルと魅力的な数値であり、一般的に要求される250ドルを大きく上回っている。マーケットごとの平均利益は6万0293ドルと、最大ドローダウンの平均値である－2万2014ドルの約2．74倍となった。

第4章 トレーディング・システム開発

表4.2　65SMA-3CCトレンドフォロー・システムの検証結果

マーケット	期間	ペーパー上の利益	総トレード数	勝率	平均利益／平均損失	1トレードの平均損益	日中ベースの最大DD
英ポンド	7/75–7/95	125,344	105	34	3.72	1,193	−25,431
カナダ・ドル	6/77–7/95	−12,750	125	25	2.32	−102	−21,030
ココア	5/80–7/95	−15,370	101	28	1.80	−153	−2,219
コーヒー	5/75–7/95	239,096	120	30	5.83	1,993	−36,956
銅	12/88–7/95	−7,890	49	34	1.48	−161	−17,355
トウモロコシ	5/75–7/95	26,081	106	38	2.98	246	−4,331
綿花	5/75–7/95	112,490	110	38	4.26	1,023	−8,730
原油	8/83–7/95	17,570	74	35	2.58	238	−11,690
ドイツ・マルク	7/75–7/95	68,575	102	38	2.90	673	−13,250
ユーロドル	6/82–7/95	34,175	60	25	3.16	569	−7,150
金	5/75–7/95	53,770	121	33	3.44	444	−28,440
灯油	7/79–7/95	56,198	103	32	3.89	545	−18,021
日本円	12/76–7/95	143,425	87	47	3.80	1,649	−12,963
生豚	5/75–7/95	31,971	120	42	2.49	266	−5,863
オレンジジュース	5/75–7/95	13,018	120	27	3.05	109	−27,950
銀	5/75–7/95	197,305	144	37	6.87	1,370	−51,040
大豆	5/75–7/95	62,406	114	38	2.86	547	−21,768
S&P500	9/82–7/95	−7,260	101	24	3.13	−72	−97,470
砂糖	5/75–7/95	49,493	113	37	3.75	438	−10,806
スイス・フラン	7/75–7/95	108,475	100	40	3.28	1,086	−11,638
米10年物国債	9/82–7/95	34,219	85	29	3.66	402	−13,743
米30年物国債	1/78–7/95	50,143	102	35	2.62	491	−38,819
小麦	5/75–7/95	6,263	138	28	2.78	45	−19,663
合計		1,386,747	2,400				
平均		60,293.3	104	34	3.3	558	−22,014
標準偏差		66,698.1	22	6	1.17	583	20,342

これはシステムがドローダウンから堅実に回復し、損失が続く最悪な状況からうまく回復できる傾向を示している。

以上の検証結果についてまとめると、単純なトレンドフォローのアプローチは多くの前提条件や最適化を必要としなくとも、長期にわたり数多くのマーケットでうまく機能するのである。

また検証結果からこのシステムの弱点も浮き彫りされている。マーケットごとの平均利益は標準偏差の９０％に相当する。これは利益率がマーケットごとに大きく異なることを意味している。また日中ベースの最大ドローダウンは標準偏差の１０８％に相当し、マーケット間で大きく異なることを暗示している。また１トレード平均損益の標準偏差の数値を見ても、期間ごとやマーケット間で大きく異なっていることが分かる。さらにこのシステムの弱点としては、勝ちトレード数が比較的少ないということが挙げられる。以上のように、このシステムはパフォーマンスが期間やマーケットによってかなり大きくブレるという基本的な弱点がある、と要約することができる。

長所と欠点を合わせ考えてみても、このシステムは長期的に見れば多くのマーケットで利益を上げる確率が高いシステムだということができる。しかしシミュレーション結果に大きなブレがあることを考えると、このシステムを使用する際は保守的なアプローチを取る必要があるだろう。ドローダウンを許容できるだけの十分な資金が必要になる。

一見しただけでは分からないことを調べ、シミュレーション結果を深く分析することで、この６５ＳＭＡ－３ＣＣシステムの詳細な部分が見えてくる。２４００すべてのトレードについて、その利益または損失の大きさごとにまとめたヒストグラムがある（**図４．５**、**図４．６**参照）。巨額の損失よりも巨額の利益を上げた回数の方が多く、損失額が限られる負けトレードが数多く存在していることが分かる。このシミュレーションではストップロスを使用していないことを思い出していただきたい。大多数のトレードは－３０００～２０００ドルの範囲内にあり、最も頻度が高いのは０近辺である。５０００ドル以上の損失を出したトレードはほとんどなく、５０００ドル以上の利益を上げたトレード数の方が多いため、差し引きで

第4章　トレーディング・システム開発

もプラスとなっている。ストップロスを初期設定することで、このヒストグラムの損失部分を一掃することができる。

このように、利益の大部分は比較的限られた数のトレードによるものだということが明らかだろう。**図4.6**には、全トレードの12.5％に相当するトレードが3000ドル以上の利益を上げていることが示されている。利食いを急いですぐに手仕舞うようであれば、トレンドフォロー・システムをいらいらしながらも使用する価値があるものにしている、非常に数少ない大きな利益を上げられるトレードを逃してしまうことになりかねない。

図4.5　65SMA-3CCの全2400トレードのヒストグラム
　　　　　（65SMA-3CCシステムのトレード頻度分布）

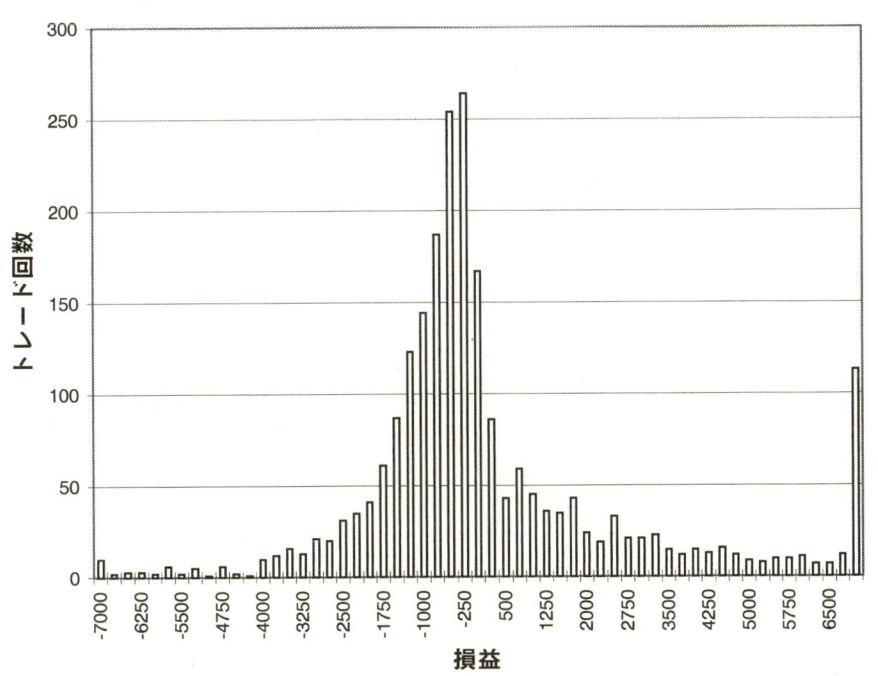

図4.6　65SMA-3CCシステムのヒストグラムは損益が狭いレンジに集中している。大きな利益を計上するトレードの少なさに注目（65SMA-3CCシステムの各トレード損益分布：2400トレード）

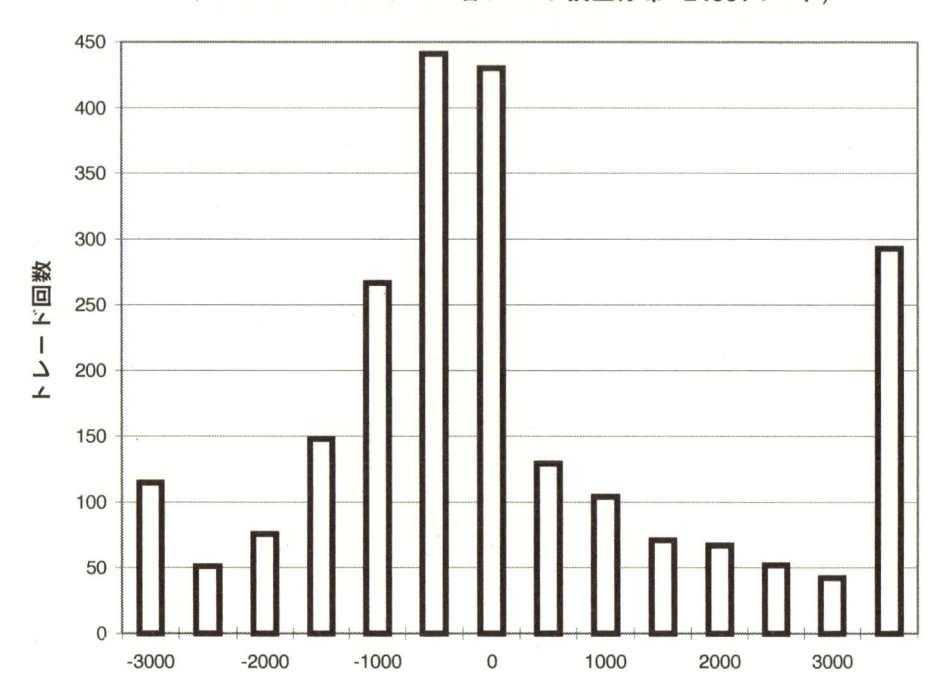

　多くのパフォーマンス評価基準は正規分布という、統計における標準的な分布を前提にしている。例えば、球形ベアリングの直径を測定する場合、正規分布を前提に行っている。正規分布とはある出来事が起こる相対度数の確率分布が釣鐘型の分布を描いていることを指す。基準化した正規分布とは、平均＝０、標準偏差＝１の正規分布の特別な例である。６５ＳＭＡ－３ＣＣシステムによるトレードの分布を正規分布と比較するためには、まずサンプルサイズを正規化する必要がある。比較結果を**図４．７**に示している。

　６５ＳＭＡ－３ＣＣシステムの確率分布曲線は、正規分布に比べピークが鋭い。ここではサンプルデータに合致する正規分布を作成するためにマ

第4章　トレーディング・システム開発

イクロソフト社の表計算ソフトエクセル5．0を使用し、繰り返し数値を計算している。このサンプルデータに合致した正規曲線は、**図4．8**に示されているように平均が－0．16で標準偏差は0．18である。サンプルデータに合致した正規分布と比較すると、65SMA－3CCのデータは"太い"尻尾を持っていることが分かる。これは単純に"大きな"トレードが出現する確率が正規分布で期待される以上に多いことを意味している。一般的に巨額な利益や損失が正規分布で期待される以上に現れることがこのチャートで確認できる。

**図4.7　65SMA-3CCシステムのトレード分布は
　　　　　一般的な正規分布よりもピークが鋭く集中している
　　　　　（65SMA-3CCシステムのトレード分布と一般的な正規分布の比較）**

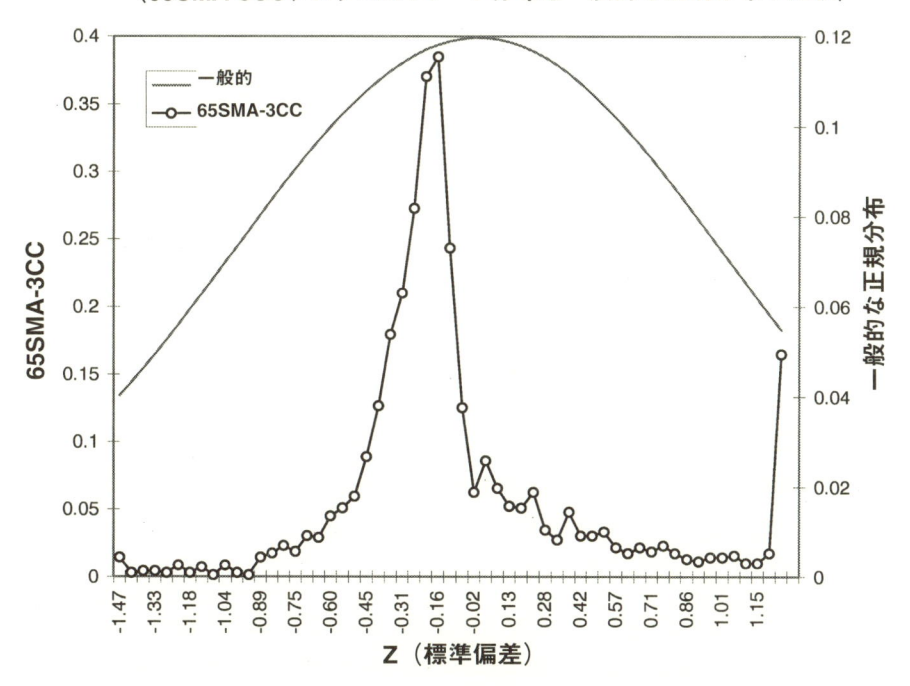

図4.8　適合した正規分布によると、65SMA-3CCシステムのトレード分布は"肥大した"尻尾を持ち、少額な利益を計上するようなトレードの数は急激に減っていく（65SMA-3CCシステムのトレード分布と修正正規分布）

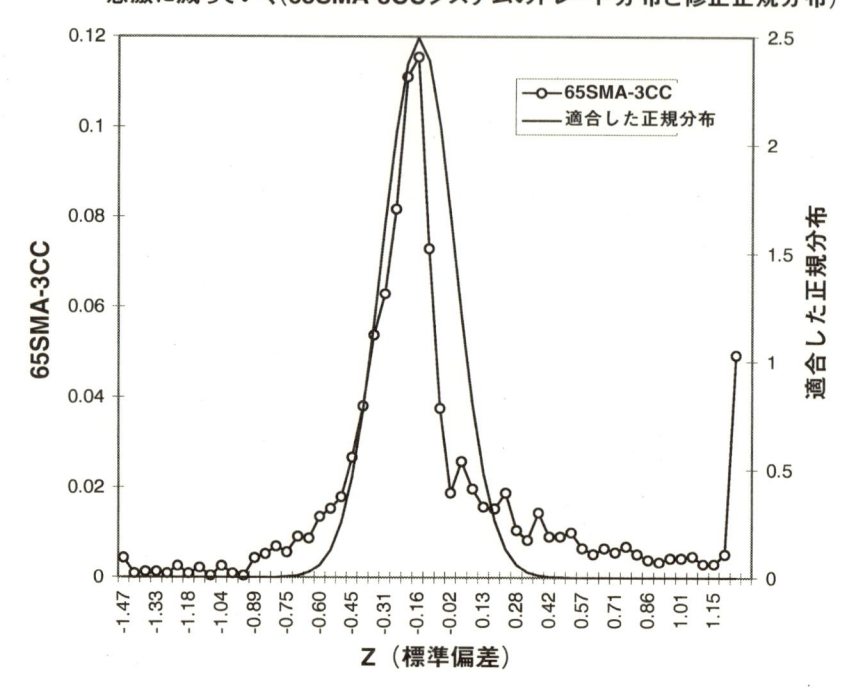

　負けトレードに関していうと、修正済みの正規分布曲線はサンプル分布曲線にうまくフィットしているが、利益幅の限られた勝ちトレードに関しては両者の間にかなり大きな開きがある。これは、トレンドフォロー・システムでは利益額の少ない勝ちトレードは限られることを暗示している。利益が限られるのは広いレンジ内で推移するような状況であり、そうした状況はそれほど多くない。ピークより左側の部分で正規分布曲線がデータにうまくフィットしていることで分かるように、横ばいの動きが続くような状況では小さな損失を被る可能性の方が高い。

　図4．6の右端の大きなスパイク（突起した数値）は4％以上の巨額な利益を上げたトレードを示しており、これらがトレンドフォロー・システ

ムを価値あるアプローチにしているのである。この分布図を見る限り、こうした巨額な利益を計上するトレードは簡単に見逃してしまう恐れがあり、実際に見逃してしまうとポートフォリオ全体のパフォーマンスは急激に悪化してしまう。こう考えると、このような損益分布を持つシステムを構築することが求められることが分かる。そうすることでそのシステムのパフォーマンスについての理解が深まる。

負けトレードについてより詳細に見ていくことで、６５ＳＭＡ－３ＣＣシステムのもうひとつの弱点が明らかになってくる。図４．９は１５６５すべての負けトレードに対する最大含み益の分布図であり、最大順行幅（ＭＦＥ）と呼ばれるものである。ここで一目瞭然の弱点は、仕切りルールを備えていないため、最大含み益が３０００ドル以上に達したトレードの多くが結果的に負けトレードに転じてしまうことである。

図4.9　65SMA-3CCシステムを20年以上にわたり23のマーケットで検証した結果として現れた1565に上る負けトレードの最大値含み益を表わしたヒストグラム

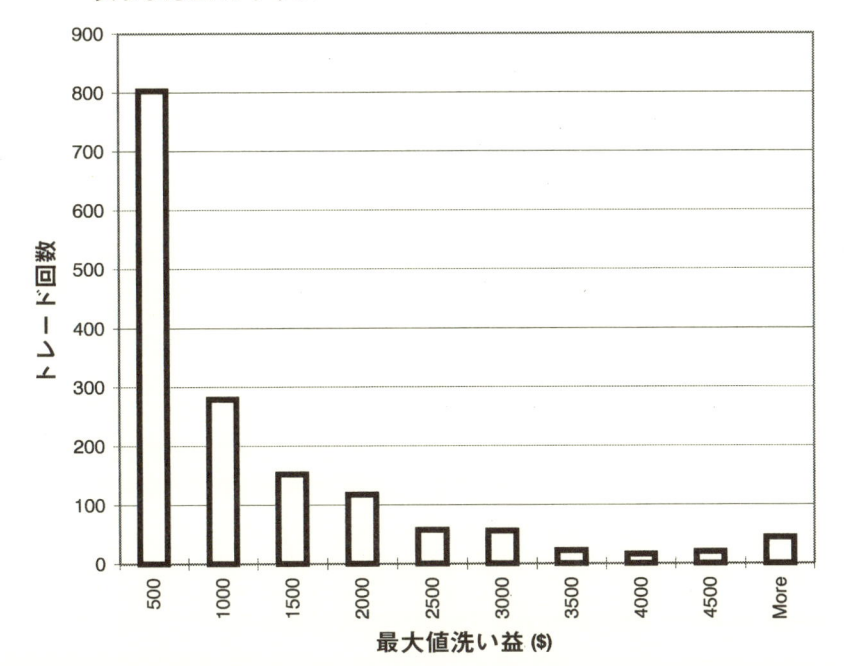

しかし、たった４％のトレードが巨額な利益をもたらすことを考えると、仕切りの戦略に関しては注意深く決める必要がある。ここで細心の注意を払わないと、結果的に負けトレードになるようなトレードがもたらす限られた利益を確保することができるかもしれないが、逆に本当に巨額な利益をもたらしてくれるトレードを逃してしまうことになりかねない。このＭＦＥに関する情報は、トントンを確保するためのトレイリング・ストップの設定方法を決めるときに役立つ。例えば、２０００ドルの含み益を達成した時点で当初設定した損切り注文を取り下げ、新たにトントンを確保する地点に逆指値の仕切り注文を出すことでかなりの数の負けトレードを損益ゼロのトレードに変えることができる。

またこのＭＦＥは大きなポジションを徐々に縮小していくときの利益目標額を決定する際にも役立つ。例えば１０枚のポジションを持っていると仮定してみよう。この場合、５００ドル、１０００ドル、２０００ドル、３０００ドルと利益目標を設定し、１枚当たりの含み益がその金額に達した時点でポジションを徐々に減らしていくという方法が考えられる。ジョン・スイーニー氏（詳細については参考図書の欄を参照）の方法に従い、すべての勝ちトレードに当たる７７７トレードの最大ドローダウンについて分析を続けていこう。ここでのドローダウンの数値は日中ベースを採用している。これらのトレードはある程度の含み損を経験するものの、結果的には利益を計上しているたぐいのものである。このヒストグラム（**図４．１０**）は興味深い点を浮かび上がらせている。約５００（６４％）のトレードが建玉直後に含み益を計上し始め、最大含み損は２５０ドル以下にとどまっている。その他の１００トレードに関しても最大ドローダウン（引かされ幅）は５００ドル以下に収まっている。

以上のように勝ちトレードの約７７％は５００ドル以下の含み損しか経験していない。１７５０ドル以上も含み損を出しながら結果的に利益を計上するようなトレードはかなり少ない。これはストップロスを１０００ドルに初期設定することで、勝ちトレードの約８８％を実現できることを指し示している。これがマネーマネジメントの一環としてストップロスを設定するポイントを機械的に決める現実的な方法である。

第4章　トレーディング・システム開発

**図4.10　65SMA-3CCシステムの777の勝ちトレードに関する分析：
最終的に利益を計上したトレードが被った最大含み損**

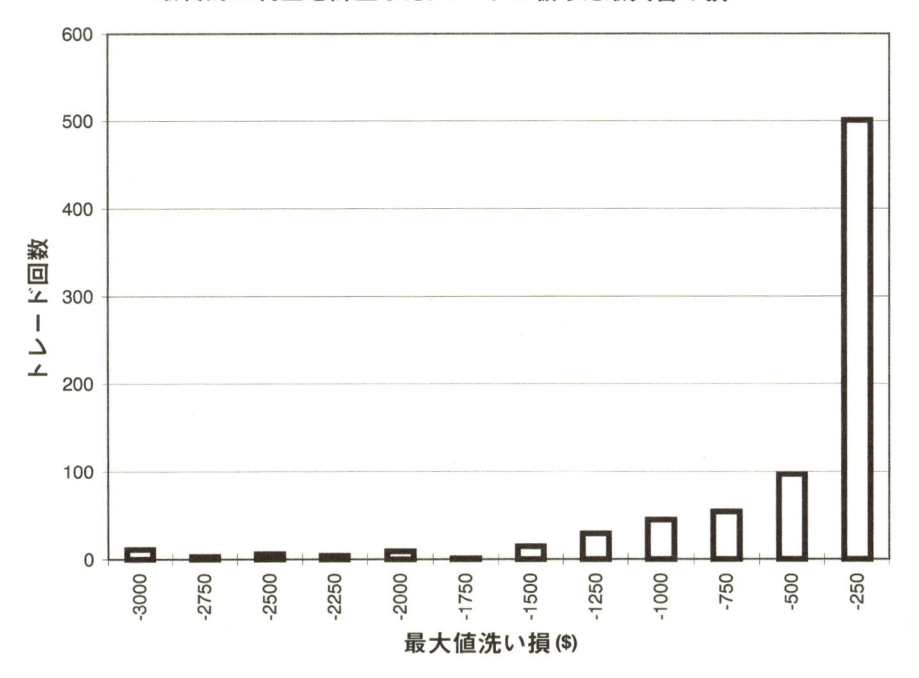

[棒グラフ：横軸「最大値洗い損($)」（-3000～-250）、縦軸「トレード回数」（0～600）]

　この情報を累積度数チャートとして用いることで、ある利益目標を達成したトレード数を計算することもできる（図4．11参照）。この種のチャートは、例えば500ドルといった含み益を達成したトレードの割合を示してくれる。例えば、1000ドルの利益目標を達成したトレードの比率は50％というように結果を示してくれる。

　本項を要約すると、過去20年間のデータを使用し、23のマーケットでシミュレーションした結果、65SMA－3CCシステムは堅牢なシステムであり、トレンドがある状況では利益を計上することが可能なシステムであることが分かった。ここではストップロスを設定せずにシミュレーションを行ったため、3000ドル以上の損失を被ったトレードもいくつかあった。ただしMAEのところで解説したように、1000ドルのスト

ップロス設定を行うことで、こうしたトレードをなくすように努めることができる。より詳細に分析してみると、含み益を達成しながら結局損失に終わってしまうトレードがあることも分かった。この種のトレードはなるべく減らしたいものである。また５０００ドルを超えるような巨額な利益を上げるトレードは総トレードに対して４％程度の確率でしか現れないため、決して見逃さないような仕切りルールを見つける必要がある。

図4.11 65SMA-3CCシステムの勝ちトレードの最大値洗い益の累積頻度。X軸（横軸）の目盛りは線形（一定）でないことに注意

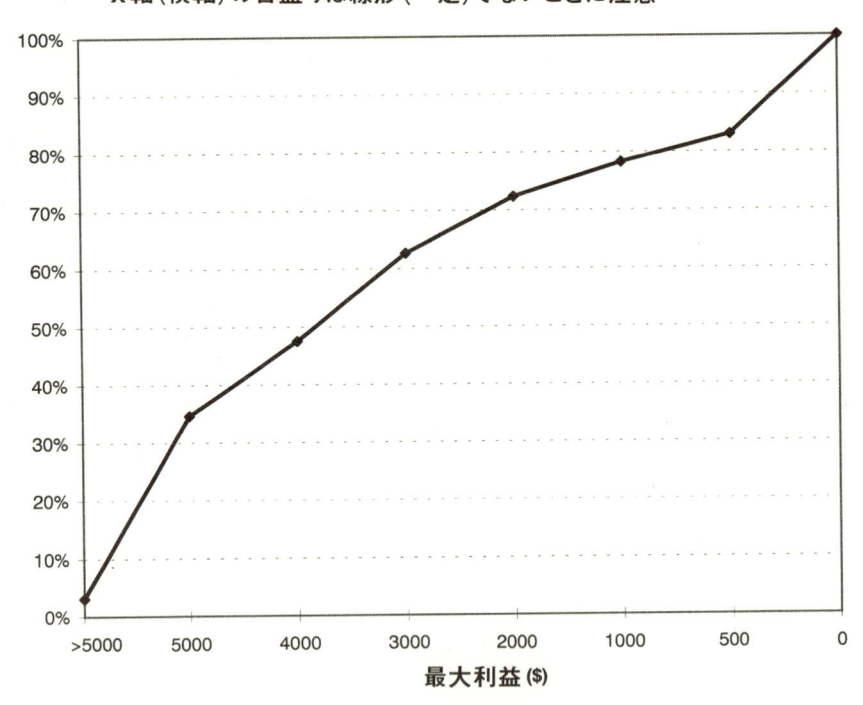

ストップロスの有効性

　ここまで行ってきた65SMA-3CCシステムの検証結果が期待に沿うものであったため、さらに検証を続けていくことにする。まず、このシステムにマネーマネジメント・ストップのルールを加えてみよう。MAEを詳細に検討した結果、1000ドルまたは最大で1750ドルのストップロスを設定することですべての勝ちトレードをとらえることが可能であることが分かっている。

　しかし、ストップロスを設定する有効性を検証する前に、このモデルを形式化するため必要な別の条件を加えるべきである。シミュレーションのストップ幅が"小さすぎる"と、最初のシグナルが現れた直後に損切りを余儀なくされることも考えられる。そうすると、その後も大きなトレンドをとらえるトレードが現れるまで、最初に仕掛けたトレードと同じ方向、つまり最初に売りならば次も売りのシグナル、最初に買いならば買いのシグナルが続くことで損切りが続く結果となってしまうことも考えられる。これでは当初考えていたシミュレーションとは異なる意図を持ってしまうことになる。ここで行いたいのは、ストップロスを使用しなかった最初のシミュレーションと全く同じトレードについて検証することである。この目的を達成するためには、同じシグナルが続くことを避けるためのルールを設定し、最初のシグナルで損切りを余儀なくされた後に再び同じ方向のトレードが続かないようにすることである。このルールを用いることで、仮にストップロスに引っ掛かり損切りを余儀なくされた場合でも、逆方向の売買シグナルが現れるまで様子見していることができる。もちろん現実のトレーディングに際して、このようなルールを使う必要はない。

　ストップロスを初期設定することで2つの効果が期待できる。①大きな損失を被る可能性のあるトレードを早めに仕切るため、日中ベースで見た最大ドローダウンを縮小することができる、②逆に利益を出す可能性があるトレードを早めに仕切ってしまう恐れがあるため、勝ちトレード数やペーパー上の総利益を減少させてしまう——こうした予測が現実となるか検証結果が教えてくれることになる。

第4章 トレーディング・システム開発

表4.3 65SMA-3CCシステムに1000ドルのマネーマネジメント・ストップを設定した効果

マーケット	ペーパー上の利益	勝ちトレード	1トレードの平均損益	日中ベースの最大DD
英ポンド	121,325	28	1155	−18,100
カナダ・ドル	−8,490	32	−68	−17,080
ココア	−9,670	29	−96	−17,110
コーヒー	203,719	23	1698	−24,953
銅	478	17	10	−9,175
トウモロコシ	26,525	41	250	−4,175
綿花	99,695	39	906	−7,810
原油	8,290	24	113	−10,410
ドイツ・マルク	69,100	34	677	−6,675
ユーロドル	17,875	21	298	−5,225
金	36,850	37	305	−36,960
灯油	16,760	24	163	−22,328
日本円	106,388	33	1222	−12,963
生豚	29,970	50	250	−5,609
オレンジジュース	20,435	32	170	−22,188
銀	143,165	29	994	−47,710
大豆	47,281	38	415	−23,806
S&P500	29,975	14	297	−47,295
砂糖	32,044	34	283	−8,582
スイス・フラン	55,638	27	556	−14,975
米10年物国債	30,407	22	358	−8,606
米30年物国債	2,706	22	26	−22,700
小麦	8,338	39	60	−18,331
合計	1,088,804	689		
平均	47,339	30	436	−17,946
標準偏差	53,800	9	465	12,301

　表4．3にこのシミュレーション結果が掲載されている。これを**表4．2**の結果と比較してみよう。シミュレーション期間やテストしたマーケッ

第4章　トレーディング・システム開発

トは全く同じである。１０００ドルのストップロスを設定することで、ペーパー上の総利益は１３８万６７４７ドルから１０８万８８０４ドルと、２１．５％減少している。同様に勝ちトレード数も８１０回から６８９回へと１７．６％減少する結果となった。予想通り、平均最大ドローダウンとその標準偏差は縮小しており、ストップロスを設定することで資金のブレを小さくする効果が確認できた。ドローダウンは１８．５％、標準偏差は４０％減少させることに成功している。このように厳格にストップロスを設定することでドローダウンを縮小し、システムのパフォーマンスのブレを滑らかにするという好ましい効果を確認することができた。それに伴い総利益は減少している。

図4.12　勝ちトレード数に対するマネーマネジメントの効果。ストップ幅を狭めることにつれ、勝ちトレード数は減少していく。
図中の上線はドイツ・マルク、下線は米30年物国債

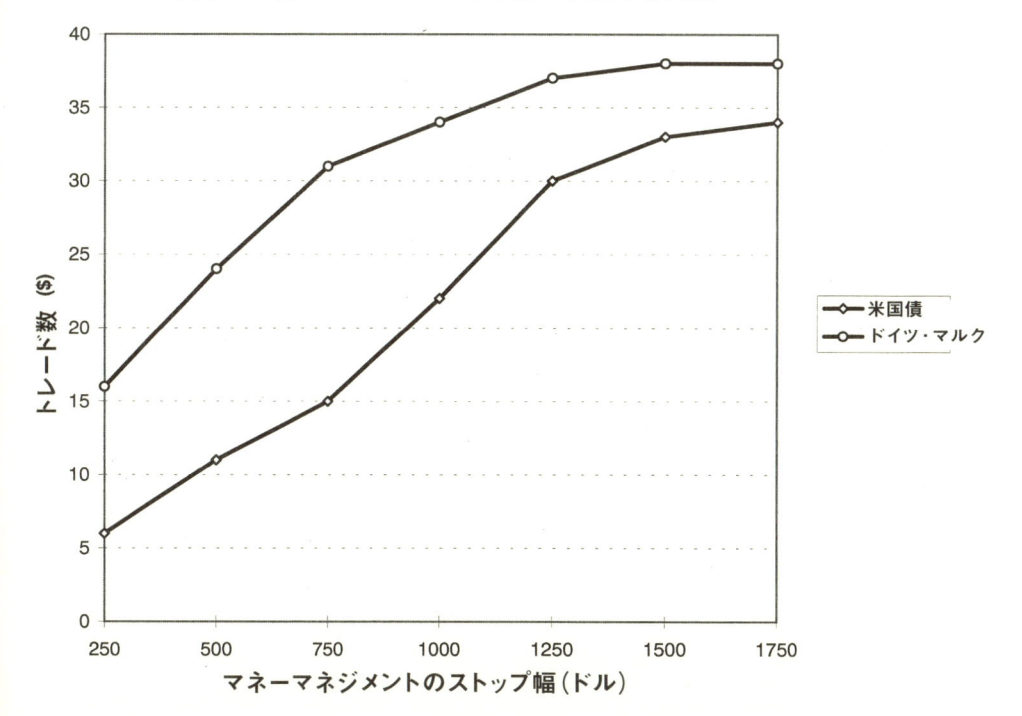

前述したＭＦＥの考え方から、ここではストップロスを１０００ドルに設定した。これを５００ドルにすると、総利益、ドローダウン、ボラティリティーのすべてにおいて、さらに大きく減少するという検証結果が出ている。

同様のテストを米３０年物国債やドイツ・マルクでも行うことで、ストップロスの効果についてより深く理解することができる。７７７回に上る勝ちトレードをすべて分析してみると、ドローダウンが１７５０ドルを超えてしまうと、ほとんどのトレードが結果的に損失を被ることになっている。そこでストップロスを２５０ドルから１７５０ドルの間に設定し、勝ちトレード数に及ぼす影響についてテストしてみよう。ストップロスを大きくするにつれ勝ちトレード数は増加し、安定してくる（図４．１２参照）。これはストップロスを設定することでフィルターとしての効果が発揮され、ストップ幅を拡大することでより多くのトレードが存続できることを意味している。最終的にはフィルターが大きくなりすぎて、ストップロスは何の効果もなくなってしまう。この結果勝ちトレード数は一定することになる。

ここまではマーケットのボラティリティーについては何も考慮せずに、ドルベースでストップロスを設定してきた。しかし、例えばコーヒーをトレードする際に１０００ドルのストップ幅では小さすぎる可能性が高く、コーンの場合は逆に大きすぎる可能性がある。このように、あるマーケットではストップロスが**図４．１２**の左端にあるような働きをしてくれる可能性もあるが、逆に他のマーケットでは同じドルベースのストップ幅が図右端のような結果をもたらしかねない。

しかし、ボラティリティーを考慮したマネーマネジメント・ストップを設定することで、この問題は回避することができる。ここではボラティリティーを測定する物差しとして、日足の真の値幅の１５日単純移動平均線の倍数を用い検証してみる。使用データは**表４．２**同様、米３０年物国債のつなぎ足とする。ボラティリティー・ベースのストップロスは、日足の真の値幅の０．２５～３．０倍に設定する。

図４．１３に示されるように、平均ボラティリティーの１．２５倍以下

のストップ幅では小さすぎる。これが２．００以上になってくると、ペーパー上の利益が増加する一方、ドローダウンも拡大してくる。ドローダウンが最も小さくなるのは１．５０倍。これは、ストップ幅が大きすぎたり小さすぎたりしないバランスのとれたポイントが存在することを意味する。ポークベリーでも同じような結果が確認できる（図４．１４参照）。

図4.13 ボラティリティーベースのストップを利用した際の利益とドローダウンの変化。マネーマネジメント・ストップの幅を拡大するにつれ、利益（上線）も増加し、さらに拡大していくとストップ幅が広がりすぎ、利益額は頭打ちになる。下線は日中ベースのドローダウンを表わす。データは米30年物国債

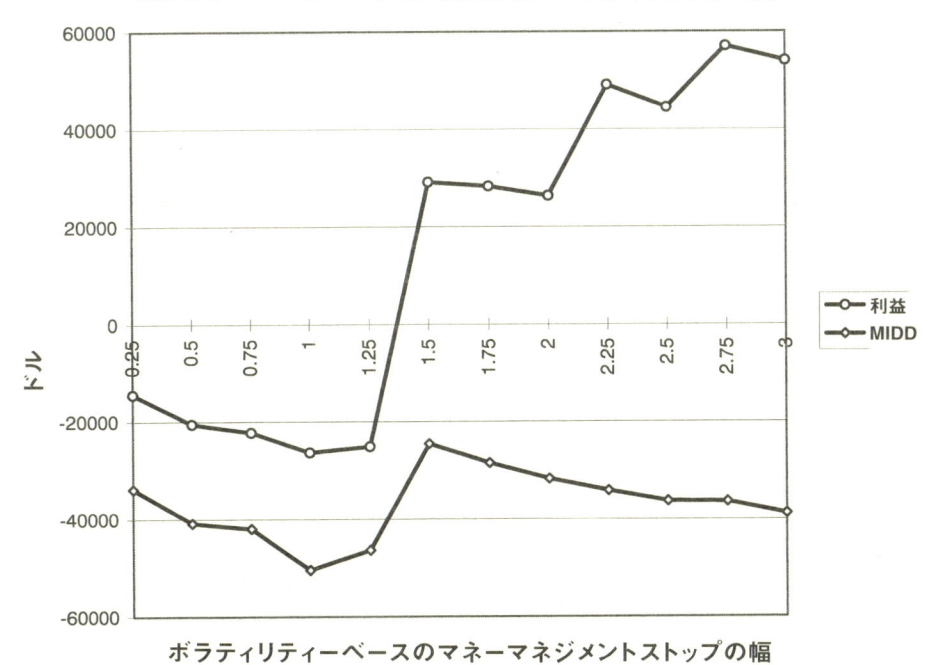

図4.14 マネーマネジメント・ストップ（MMS）のファンクションとしての利益額と日中の最大ドローダウン。MMSが拡大するにつれ、利益（上線）も増加する。下線は日中ベースのドローダウンを表わす。データは生豚

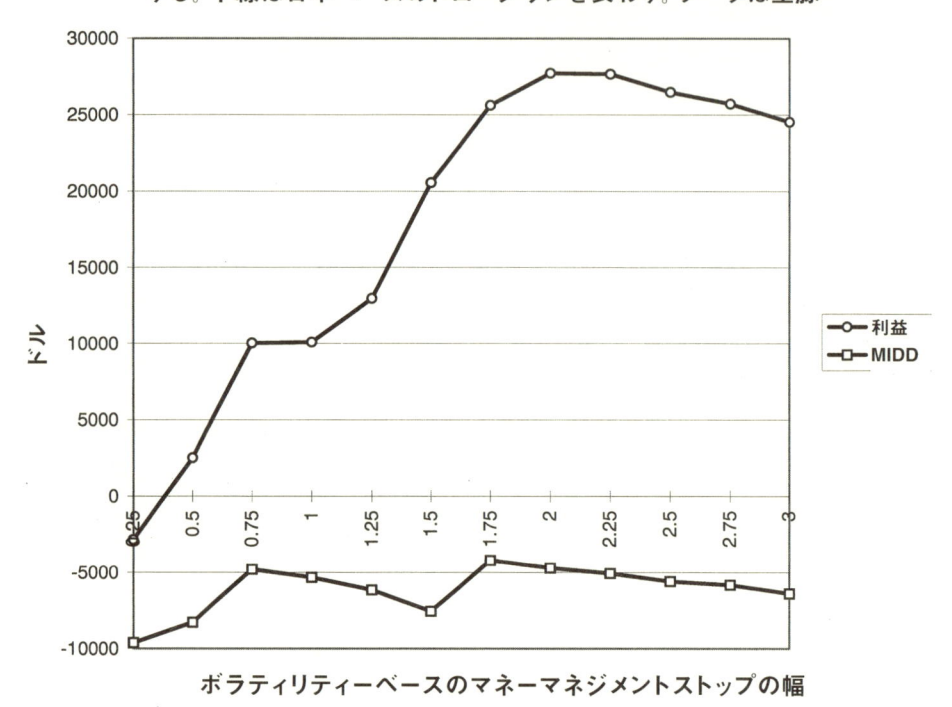

[グラフ: 横軸「ボラティリティーベースのマネーマネジメントストップの幅」(0.25〜3)、縦軸「ドル」。利益（○）とMIDD（□）の2本の折れ線]

　予想されたことだろうが、マネーマネジメント・ストップを拡大すると、トレード１回当たりの最大損失額も拡大することになる。これはストップポイントが仕掛けた価格から離れることになるためである。表４．１と同じ期間をシミュレーションしてみると、砂糖でこのことがよく分かる（図４．１５参照）。他のシミュレーション結果（掲載していない）では、ストップを設定することにで最大利益額に及ぶ影響はわずかだということが分かる。これは、巨額の利益を上げるトレードは大抵仕掛けた当初から含

み益を積み重ねていく傾向があるからである。ボラティリティー・ベースのストップロスでも金額ベースのストップロスでも結果は同じようなものとなる可能性が高い。

また金額ベースでストップロスを設定する場合はマーケットごとにその幅を変える必要があるかもしれないが、ボラティリティー・ベースのストップロスであればすべてのマーケットで同じ設定方法を使用するのも可能だろう。ここでひとつ明確にしておく必要があることは、ボラティリティー・ベースのストップを使用する場合、そのボラティリティーに伴う実際のストップ金額は時間とともに変化するため、それがリスク管理全体から見た金額ベースのストップを超えることがないようにする必要がある。

図4.15 65SMA-3CCシステムで砂糖をトレードすると、ボラティリティー・ベースのMMSが拡大するにつれ最大損失額も増加する

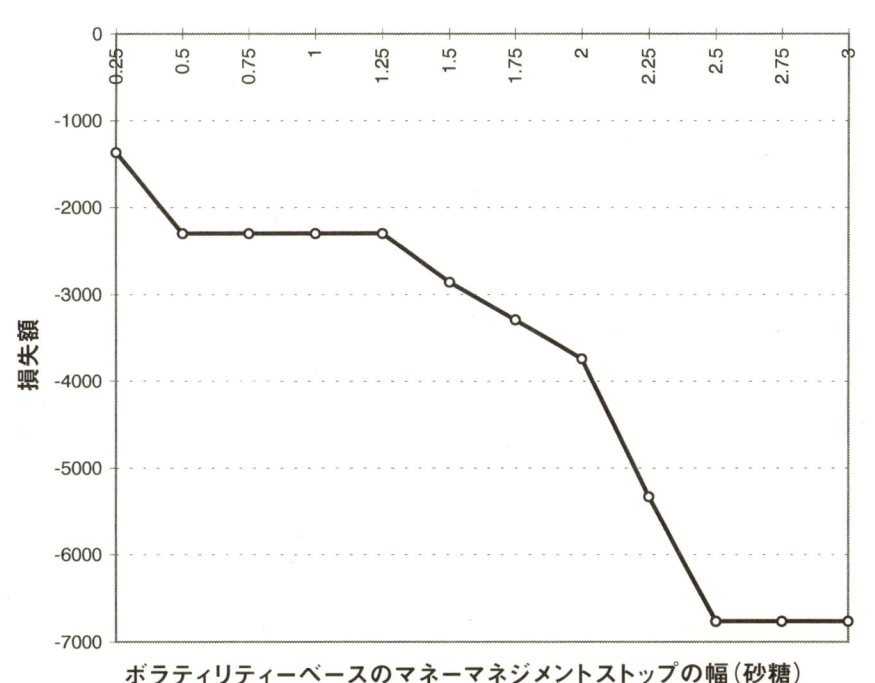

マネーマネジメント・ストップの設定値を検証する際には、限界があることも理解しておくことが大切である。通常、ストップ幅は日足の値幅以上に設定されている必要がある。ストップ幅が日足の値幅より小さいと、シミュレーション・ソフトは日中ベースではそのストップに引っかかったのかどうかを判断することができないからである。日中のデータ（ティックデータのようなもの）が手に入らない限り、例えば２５０ドルというようなストップ幅を日足データでシミュレーションすることは不可能である。

　本項を要約すると、リスク管理の点から考えると、マネーマネジメント・ストップを初期設定することは有効である。これは最大損失額や最大ドローダウンを縮小させる効果があるためである。しかし、一方で利食いが早すぎることもあるため、長期的視野に立つと総利益は減少することになってしまう。ストップロスの設定方法は金額ベースでもボラティリティー・ベースでも構わないが、しっかりとしたガイドラインに従うことが重要である。

６５ＳＭＡ－３ＣＣシステムにフィルターを設定する

　ここまではシステムが出す売買シグナルを何のフィルターも使わずに注文につなげる方法を採用してきた。前述した通り、マーケットが方向性を見せずに行ったり来たりの動きをしている状況では“ダマシ”が数多く見られる。フィルターとは単純に仕掛けのシグナルを洗練する条件設定のことを意味する。システムデザイン上、このシステムは常にマーケットでポジションを維持している。特別な仕切りルールを備えていないため、買いシグナルがそのまま売りポジションの仕切りにつながることになる。逆の場合も同様である。この段階では、フィルターを用いる目的を方向性に欠ける状況で現れる売買シグナルを減少させることに限定する。

　フィルターには様々なアイデアを利用することが可能である。ここでは前述したレンジアクション・ベリフィケーション・インデックス（ＲＡＶＩ）を利用したモメンタム・ベースのフィルターを使用する。ＲＡＶＩは終値ベースで見た７日と６５日の単純移動平均線の差を絶対値で表したも

第4章 トレーディング・システム開発

のである。このインデックスでは、マーケットに方向性が現れないときには短期移動平均線（7日）と長期移動平均線（65日）が接近しているということを意味する。逆にマーケットにトレンドが現れている場合は両者に大きな違いが生まれる。

　トレンドの現れているマーケットとトレンドの現れていないマーケットを見極める方法として、ワイルダーのADX（アベレージ・ディレクショナル・インデックス）を利用することもできる。特にADXが下降していたり、20以下の数値を付けていたり、またはこの両方の条件を満たす場合には、マーケットは方向性に欠ける状況にあったり、そういった状況に入りつつあると判断する。X日間の高安の値幅や他のモメンタム・オシレーターを利用することでマーケットの状況を判断することもできる。RAVIを含めどんな指標を利用するにしても、常に完璧に機能する指標は存在しないということを理解しておくことが大切である。

　まず、方向性に欠けるマーケットでの65SMA－3CCシステムのパフォーマンスについて手短に振り返ってみよう。確固たる方向性が見られず狭いレンジで推移し始めると、長期移動平均線（65日）は平らになってくる。そしてマーケットはこの移動平均線を挟んで推移し始める。そのため65SMAより上もしくは下で3日連続で引けたのに従って、売り買いのシグナルが交錯する可能性がある。

　ある意味、仕掛けのシグナルが価格から大きく乖離していない分だけ、これは自己修正プロセスを行っているという考え方もできる。そのため負けトレードが連続しても、損失の額は比較的限定される。広いレンジで価格が鋭く素早く変動するような状況を考えてみよう。そのような動きは米債券市場でよく見られる。このような状況ではすぐに仕切りを余儀なくされ、大きな損失を被る恐れがある。素早くレンジを拡大してしまうような上下動がマーケットに現れるのがその理由だが、このような状況は65SMA－3CCシステムにとって最悪なシナリオといえる。このような動きが現れる例について続けて考えてみよう。

　図4．16のチャートは1994年9月限の米30年物国債だが、これは現在では周知の事実となったベアマーケットの後に現れた方向性に欠け

る局面を迎えた時のものである。このシステムが発した6つの"ダマシ"のシグナルに注目していただきたい。マーケットは広いレンジを形成しながら移動平均線を挟んで推移しているため、システムの性格上売買シグナルがダマシに終わるのも仕方がない。これは基本原則をよく描写している好例である。どんな条件を定義することができたとしても、マーケットはいつもダマシを生じさせるものである。

図4.16 65SMA-3CCシステムで米30年物国債をトレードすると、ベアマーケットの後の横ばい局面で仕掛けのシグナルがいくつか現れている。図中の円で囲まれた個所では、この広いレンジを形成する場面で売り買い3シグナルずつで合計6つのシグナルが出ていることが分かる

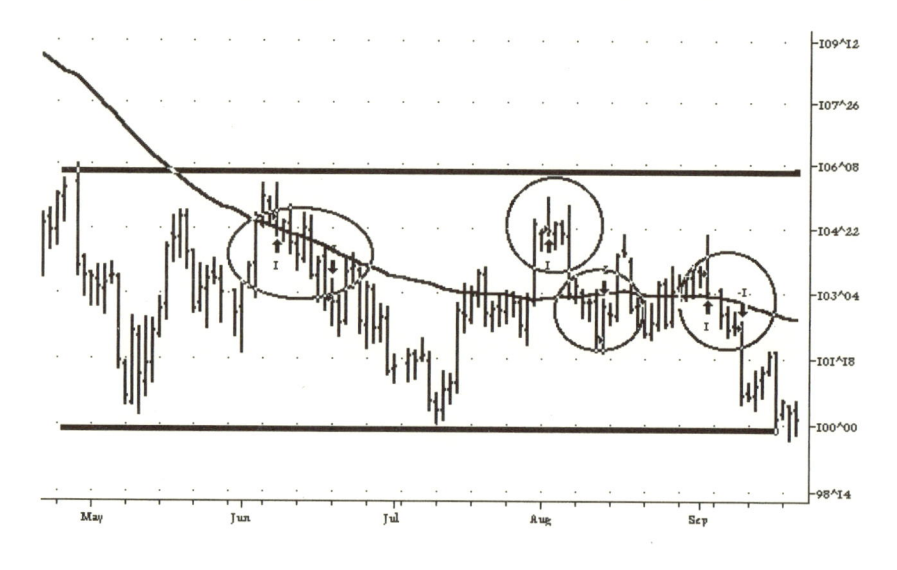

図4.17は同じシステムにフィルターを加えた場合の検証結果である。このレンジ内で出した売買シグナルが2つに減少している。このチャートでは価格の下にRAVIがプロットされているが、これでRAVIが1以

上のときにシグナルが現れていることが確認できるだろう。**図4．17**以前の段階で既に売りポジションを持っているため、最初に現れるシグナルは買いである。フィルターを利用することで、ＲＡＶＩが１以上の場合だけ買いシグナルが出ており、ここで３日連続６５ＳＭＡを上回って引けたことを確認している。

　この買いシグナルが出てすぐに狭いレンジを形成し始め、ＲＡＶＩが１を割り込んできた。その結果、後に売り、買いと続くはずのシグナルが削除されている。同様に６月に現れるはずだった買いと売りのシグナルもキャンセルされている。最後の売りシグナルはＲＡＶＩが１を上回り、６５ＳＭＡを３日連続で割り込んで引けたために実際のシグナルとして現れる結果となっている。このようにＲＡＶＩの数値を利用して、ダマシに終わる売買シグナルをフィルターすることも可能である。

図4.17 RAVIフィルターを1に設定してみると、この広いレンジを形成する局面で現われた6つのシグナルのうち4つまでを除去することができる。残りの2つのシグナルはRAVIが1以上のときに表れていることに注意

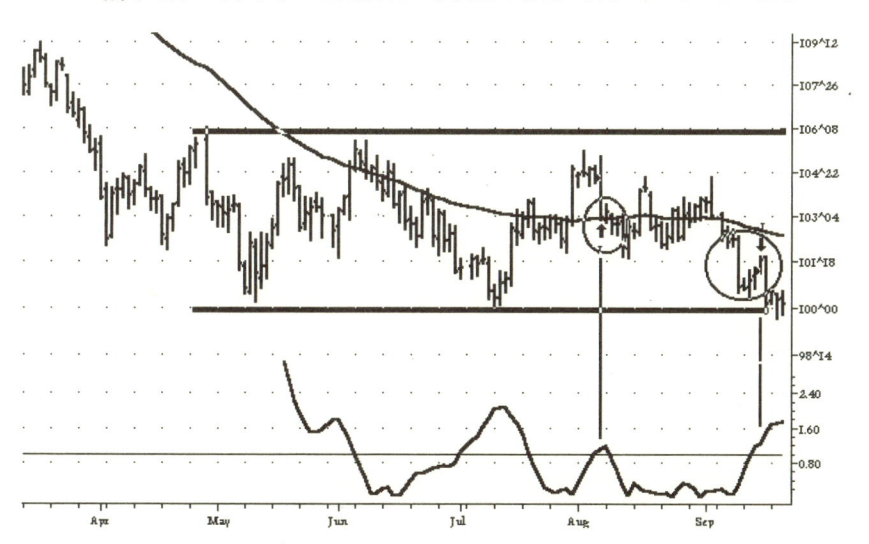

図4.18 RAVIフィルターの設定数値を1.5に引き上げることで、さらにトレード数を減らすことができる

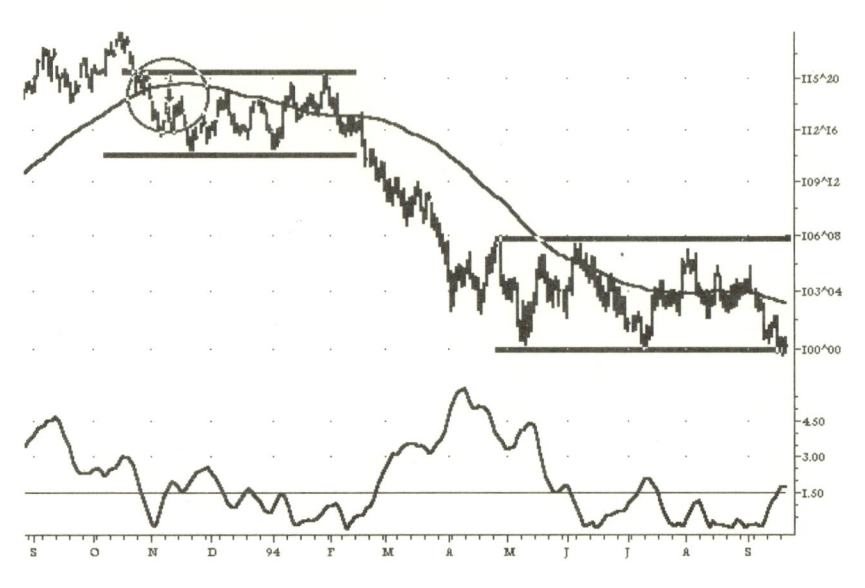

　このRAVIを使ってシグナルをフィルターにかける場合、どの数値を利用すべきだろうか。この問いに対する完璧な回答はどこにも存在しない。自分で決めるしかないのである。RAVIの基準を1から1．5に引き上げればより多くのトレードをキャンセルすることになる。**図4．18**に示されているように、1．5に引き上げることで1993年10月から二度にわたるレンジ形成時まで売りポジションを延々と維持することになり、それに伴う1枚当たりの利益額は1万3696ドルに上る。トレンドに勢いが現れ始めた時点でRAVIが力強く上昇していき、下落した値位置で再びレンジを形成し始めるところでピークを迎えている様子に注目していただきたい。
　これらのチャートを見て分かることは、トレンドフォロー・システムの

トレード数を減少させるためにフィルターを利用することができるということだ。異なる種類のフィルターを用いることもできるし、同じフィルターでも違う数値を設定することが可能である。この時点においても、このシステムは常にマーケットで売りか買いのポジションを持っているシステムであることに注意していただきたい。

既にフィルターを加えることの効果については明確になっていることだろう。①ダマシのシグナルを減少させることができる、②日中ベースで見た最大ドローダウンを軽減することができる、③プロフィットファクター（これはテスト期間を通して見た総利益の総損失に対する比率を意味する）を改善することができる、④通常平均損益が上昇する、⑤勝ちトレードの平均日数が延びる――これらはフィルターの種類や基準値の設定の仕方で変わってくる。

表4.4　65SMA-3CCシステムにRAVI=0.5のフィルターを設定した効果
　　　　――フィルターを加えることでトレード数は減少する

マーケット	期間	ペーパー上の利益	トレード数（フィルター有）	勝ちトレード数（フィルター有）	トレード数（フィルター無）	勝ちトレード数（フィルター無）
英ポンド	2/75-7/95	111,106	80	10	102	13
トウモロコシ	2/75-7/95	26,613	81	35	105	41
原油	3/83-7/95	2,150	63	18	73	22
ドイツ・マルク	2/75-7/95	49,613	81	28	103	34
ユーロドル	2/82-7/95	11,775	14	3	60	20
金	2/75-7/95	36,690	95	30	120	38
銀	2/75-7/95	152,585	107	23	143	28
S&P500	4/82-7/95	59,310	80	10	102	13
砂糖	2/75-7/95	29,055	102	31	112	33
米30年物国債	8/77-7/95	31,588	71	19	102	22
米10年物国債	5/82-7/95	16,750	50	12	85	21
小麦	2/75-7/95	-2,040	111	36	137	38

以上の結論は他の多くのデータによっても裏付けられている。**表４．４**は、６５ＳＭＡ－３ＣＣシステムに１０００ドルのストップロスを設定し、スリッページと手数料として１００ドルを差し引くという条件の下、ＲＡＶＩフィルターを０．５に設定した場合のシミュレーション結果である。ここでは任意に選んだ１４のマーケットを対象にシミュレーションを行っている。これらのマーケットはソフト、穀物、貴金属、エネルギー、通貨、指数、金利と広く分散されている。この検証結果を**表４．２**に照らし合わせることで、ストップロスやフィルターを使用しない場合のパフォーマンスと比較することができる。

　表４．５はＲＡＶＩフィルターを０．５にしたことで平均損益に及ぼした影響について表している。フィルターを使用することで平均損益は上昇しており、仕掛けのシグナルの質が改善されたことを反映している。

表4.5　フィルターを加えることで1トレードの平均損益は改善する

マーケット	1トレードの平均損益（フィルター無）	1トレードの平均損益（フィルター有）
英ポンド	1,269	1,543
トウモロコシ	231	329
コーヒー	2,783	3,488
原油	−66	34
ドイツ・マルク	699	613
ユーロドル	221	841
金	323	389
銀	1,014	1,426
S&P500	406	741
砂糖	253	284
米30年物国債	56	449

　表４．４と**表４．５**には、トレーディング・システムにフィルターを加えることで、トレード数が減少し、平均損益は上昇し、プロフィットファ

クターが改善されることを示している。ただし、このたぐいの結果はフィルタールールによって大きく左右されるものである。フィルターを設定するには様々な方法が考えられる。例えば、ＲＡＶＩの代わりにＡＤＸを利用することも可能である。繰り返しになるが、すべての選択にはトレードオフが付きまとうものである。

　本項を要約すると、６５ＳＭＡ－３ＣＣトレンドフォロー・システムのパフォーマンスを２０年に及ぶデータを用い、２３のマーケットで検証した。そこでストップロスを設定するために、勝ちトレードと負けトレードについて分けて分析した。また実際に現れるシグナルの数を減少させるためにフィルターを使用した。ここで検証したシステムは"一方通行"モデルとし、売りまたは買いのシグナルが連続して現れることは避けた。シミュレーション段階ではこの"一方通行"モデルを使用する最大の長所は、トレーディング戦略を変えることに伴うパフォーマンス変化を同じ条件の下で比較できることである。現実にトレーディングを行う際にはこの制約が必要なわけではない。

　ここまでは資金残高曲線の管理方法については何も分析していない。単に利益を最大化することを念頭にシミュレーションされただけである。しかし、このシステムは常にマーケットでポジションを維持しているシステムである。ニュートラルゾーンを設定することで、常にポジションを持っているということはなくなる。また資金残高曲線のブレを緩和するために、ひとつかそれ以上の仕切りルールを設定することも可能である。少しばかりの幸運さえあれば、仕切りルールを採用することでニュートラルゾーンを設けることができる。

６５ＳＭＡ－３ＣＣシステムに仕切りルールを追加する

　マーケットには多くの異なるパターンが現れるため、一般的でパワフルな仕切りルールを選択することは困難を極める。特に使いやすい仕切りルールのひとつとしては、マネーマネジメント・ストップを設定することが挙げられる。ストップ（逆指値の損切りや逆指値の仕切り注文）に引っか

かった時点で何も考えずにポジションを手仕舞うだけである。しかし、利食いとなると話は別である。利食いを行う基準を達成した後にさらに利が伸びていく場合、どのようにトレードを再開するかということを決めておく必要があるからである。

６５ＳＭＡ－３ＣＣシステムは、仕掛けイコール仕切りというアプローチを採っているため大きなトレンドはとらえやすいが、一方で資金残高曲線が大きくブレる恐れがある。このため仕切りルールを追加することで資金残高曲線を滑らかにすることが可能となる。できれば各マーケットで複数枚数をトレードし、各仕切りルールに合わせて１枚または複数枚数を手仕舞う戦略をとることも可能である。この戦略を採用することで、"ベスト"の仕切りルールをひとつだけ選択するといった必要がなくなる。

仕掛けイコール仕切りというアプローチの代わりとして、いくつかの仕切りルールを併用することも可能である。単純なルールとして、ドルベースでのトレイリングストップ（マーケットの動きに合わせて逆指値の仕切りの位置を買っている場合は上げて行き、売っている場合は下げる）を使うことが考えられる。この場合、最大含み益から、例えば１５００ドル離れたポイントにストップポイントを設定する。またドルベースのストップロスに代わりにボラティリティー・ベースのストップロスを利用しても良いだろう。これは最大含み益から真の値幅の整数倍を差し引いたポイントにストップを設定するというものである。さらに他の仕切りルールとしては、過去ｎ日の値動きで見て極端な価格が現れたときに手仕舞うという時間ベースのストップを使うということもできる。この他にも効果的に仕切りルールとしては仕掛けてからｎ日後に手仕舞うというものが挙げられる。例えば仕掛け５日目の大引けで手仕舞うといったものである。このアプローチは複数枚数をトレードする際には効果的であり、例として５日目から２５日目まで徐々に手仕舞うというようなバリエーションを持たせることもできる。

仕切りルールを追加しても、効果的なトレード再開戦略がなければ大きな値動きを逃してしまうことになるだろう。そうすると、トレンドフォロー・システムを使いながら素早く仕切るルールを用いることで手仕舞いが

時期尚早だったということでは全く意味がない。自由裁量トレーダーにとっては、仕切りルールを用いることで多くの機会を得ることができるだろう。自分の裁量を利用したいのであれば、仕切りルールで裁量を発揮するように集中すると良いだろう。

65SMA-3CCシステムに0．5％のRAVIフィルターと1000ドルのストップロスを設定したシステムに、さらに仕掛けの14日目に手仕舞うというルールを追加した場合のシミュレーション結果を表４．６に掲載している。価格が過去14日の値幅を超えてきた場合、トレイリングストップ戦略がポジションを手仕舞うことを促す。例えば買いポジションを持っている場合、当日終値が過去14日の最安値を割り込むのを待って、翌日の寄り付きで手仕舞うというものである。これが大きなトレンドの転換点近辺で手仕舞うことを可能にするトレンドフォロー・システムの仕切りルールのひとつであると言え、価格の14日リバーサルを基準としている。

表4.6　仕掛けたn日後に仕切るというルールを加えた効果

マーケット	期間	利益	MIDD	全トレードの建玉日数（仕切りルール有）	全トレードの建玉日数（仕切りルール無）
英ポンド		38,788	-12,350	1,070	2,609
トウモロコシ		227,610	-29,500	880	1,692
原油		8,125	-$4,544	2,086	4,790
ドイツ・マルク		8,250	-$7,680	1,446	2,718
ユーロドル		25,887	-$7,275	1,851	3,863
金		-2,450	-$7,874	335	2,000
銀		24,130	-$7,080	2,034	4,170
S&P500		44,970	-32,410	1,506	3,459
砂糖		2,490	-29,640	460	1,290
米30年物国債		10,386	-$7,854	1,991	4,591
米10年物国債		17,925	-20,887	1,218	1,689
小麦		36,919	-15,190	1,352	2,988

仕切りルールを追加することで、トレード維持期間が平均して４５％減少している。同時に利益率と最大ドローダウンも縮小していることが確認できるだろう。ポジションを持っていない状況では、どのような種類であれマネーマーケット商品に投資することでポートフォリオの総利益を増加させることができるだろう。ということは、モデルをより厳選化することで総利益率も限られることを意味する。この場合、資金残高曲線が滑らかに推移することを選択するか、資金の増加を優先するかの２つにひとつ絞られることになる。

チャネル・ブレイクアウトープルバック・パターン

　本項では成熟したマーケット、つまり機関投資家などが活発に取引を行っているマーケットに現れるパターンを基に構築するトレーディング・システムについて解説していく。こうしたマーケットでは、ビックプレーヤーたちがマーケットの変動を落ち着かせる傾向があり、上昇を抑制し、下落を支える働きをする。例えば、マーケットが２０日高値を更新した場合、多くのビックプレーヤーが大きな売りポジションを建て、以前の値幅内に押し戻そうとする。背景のファンダメンタル要因が強いのであれば、短期間上下動を繰り返すとしても、その後は上昇トレンドを再開することになる。２０日の新高値を付けた後の下落局面で買いポジションを建てる買いシグナルのみのシステムをチャネル・ブレイクアウトープルバック（ＣＢ－ＰＢ）システムと呼ぶ。

　まずＣＢ－ＰＢシステムがどのように機能するかいくつかの例を基に見ていき、シミュレーションを行うために実際のプログラム・コードを紹介していく。そこでこのＣＢ－ＰＢシステムの仕掛けのシグナルを２２のマーケットデータでシミュレーションし、このアイデアの基本的な有効性について解説する。その後に同じ仕掛けのルールを使用しながら全く異なるトレーディング・システムに変換することができる３種類の異なる仕切りルールについて説明する。

　このようなシステムは、７～９日程度しかポジションを維持しない短期

システムから長期トレンドフォロー・システムまで幅広い。また１５００ドルと"小さい"ストップ幅を使った場合と５０００ドルという"大きな"ストップ幅を用いた場合の影響についても検討していく。ここでシミュレーションの対象となるマーケットはコーヒー、ユーロ・ドル、日本円、スイス・フラン、Ｓ＆Ｐ５００株価指数、米１０年物国債、米３０年物国債といった洗練されたマーケットに限定する。

チャネル・ブレイクアウトープルバック・パターンは買いシグナルのみのシステムである。このシステムの根本的な考え方は、

1. マーケットでは狭い値幅で上下動を繰り返した後に上昇トレンドが現れる。これは直近２０日高値を更新したことで確認できる。
2. 狭い値幅での取引が続いている間に仕掛けることは低リスクの仕掛け方法である。
3. 仕切りポイントはトレイリングストップを用いたり、仕掛けたＸ日後に手仕舞うといったルールに加え、直近２０日高値にストップポイントを設定しておく。

現実には２０日高値を更新してからも横ばいの動きが続く可能性があったり、その後に２０日安値を更新してしまうことさえ考えられる。このため買いシグナルだけに偏っているこのシステムの５０～７０％の期間においては有効かもしれない。マーケットには全く同じ動きというものが現れないため、一貫した仕切りルールを見つけることは難しい。

以上のようにＣＢ－ＰＢシステムに伴う２つ目の困難は一貫した仕切りルールを見つけ出すことである。３つ目の困難としては、ストップロスの設定ポイントをどこにするかという問題である。ロールオーバー（乗り換え）した後に下降トレンドが発展し始めた場合、金額ベースであれボラティリティー・ベースであれストップロスを設定することは、リスク管理や損失管理の面からすると決定的に重要なことである。

ＣＢ－ＰＢパターンの最初の例としてドイツ・マルクの１９９５年３月限を使用している。図４．１９は日足チャートに２０日間の値幅をプロットしたものである。２０日間の値幅の上限・下限を表すラインにはダマシ

を減らすために１３ティックのフィルターを加えている。このチャートでドイツ・マルクが１９９５年１２月に２０日間の値幅を上抜き、再び上昇するまで７日間横ばいの動きが続いたことが分かる。上昇し始める前にまず新高値を付け、その後再び横ばいに推移している様子が確認できる。

図4.19 20日高値を付けた後に弱含むドイツ・マルク。目的は押した後に買うことである。視覚的に確認できるように20日間の値幅を表示している

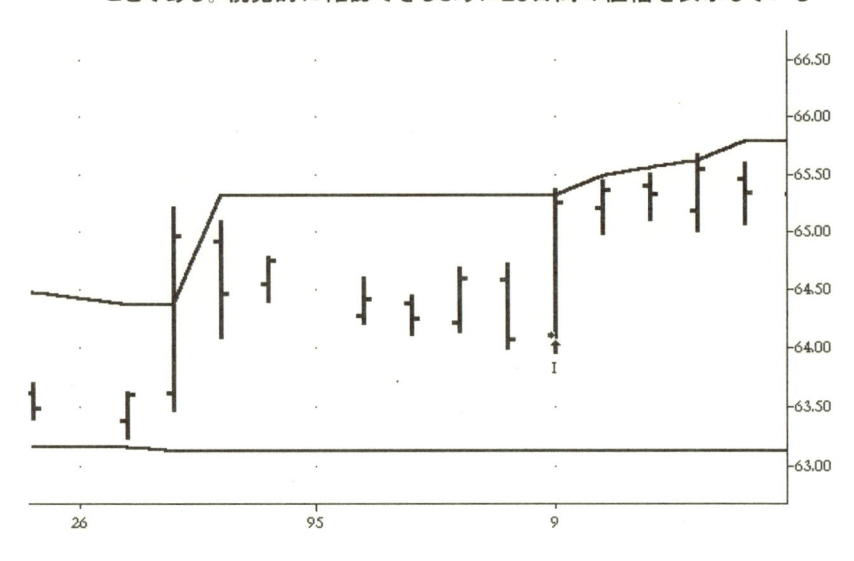

押されたところで買うのが理想だが、どこまで押されるか事前に知ることは不可能である。そこで、どのようにプルバック（押し）を定義するかということが問題となる。プルバックが起こっている間に５日安値を更新してしまうことは多々ある。そのため以下のようにこのブレイクアウトとプルバックの仕掛けのルールを定義する。まず２０日新高値を付け、その後７日以内に新たに５日安値を更新するところまで下落する。５日安値を更新した場合、翌日の寄り付きで買い仕掛ける。このルールのパラメータ

第4章　トレーディング・システム開発

ーは任意に選択したものであり、違う数値や条件に変更してシミュレーションしても構わない。例えば、２０日高値を付けた後に５日安値を更新した翌日の寄り付きで仕掛けるのではなく、大引けで仕掛けるといった具合にである。

次にこの仕掛けのシグナルの有効性を評価するために仕切りルールを決める必要がある。なるべくシンプルにするために、仕掛けたｎ日後の大引けで手仕舞うというルールを使う。このｎ日は短期システムであれば５日に、中期システムであれば５０日に設定する。繰り返しになるが、これらの数値は任意に選択したものであり、５日安値の代わりに３日安値を使うなど自分の好きな数値を試してみてもよいだろう。

オメガリサーチ社のトレードステーションに組み込まれているパワーエディターを利用する場合、ルールは部分的にだが、以下のようになる。

```
Input:Xdays(14);
If Highest Bar(High,20)[1] < 7 and Low < Lowest(Low,5)[1]
then buy tomorrow on the open;
If BarsSinceEntry = Xdays then exitlong at the close;
```

１行目は"Xdays"をインプット変数として定義し、既定値を１４日としている。この数値はシミュレーションに際して変更することが可能である。Highest Barは２０日高値を付けてからのどのくらいの足（取引日数）を経過したかを教えてくれるファンクションである。２行目では２０日高値を付けてから経過した日数が７日以内かどうかをチェックしている。さらに当日安値が過去５日安値（５日の新安値）を割り込んだかどうかをチェックしている。どちらの条件もクリアしているようであれば、翌日の寄り付きで買い仕掛けすることになる。このシステムは各シグナルに対して１枚ずつ売買するように設定されている。３行目には仕切りルールについて書かれている。建玉してからＸ日後に当たる場合は大引けの成り行き注文で仕切るというものである。このシステムの場合、買い仕掛けは寄り付きで、一方、仕切りは大引けで実行するように設定されている。

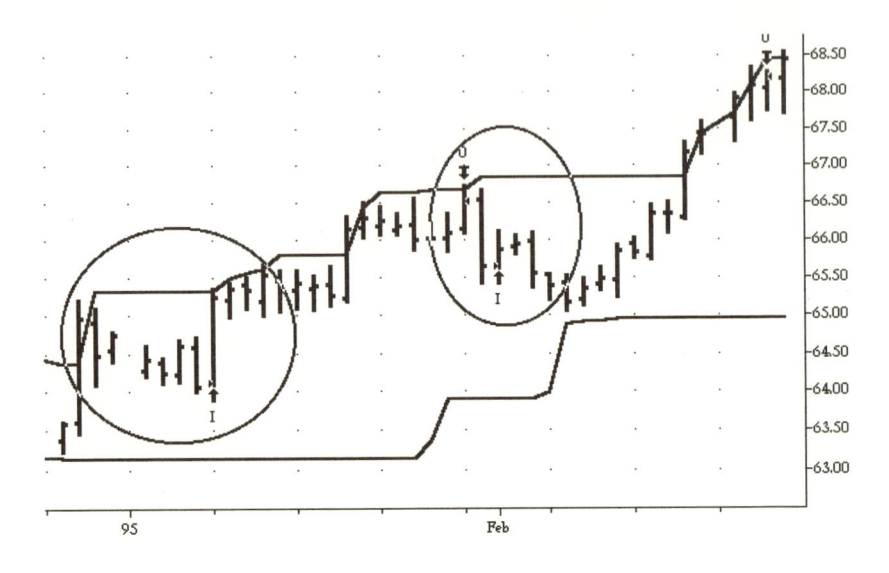

図4.20 CP-BP戦略を利用し、低リスクポイントで仕掛けることができた

　前述のHighest Barファンクションにはクセがある。このファンクションはテストを行う日から20日さかのぼってカウントするため、われわれの意図する高値と同じ状況でシグナルを出さないことがときどきみられる。そのため過去20日の高値を正確に見極めるために、ここではHighest Bar(High,27)[1]と書く必要がある。しかし長期的視野に立てば、両者の違いはほとんど意味を持たない程度となる。

　図4．20は1995年3月限のドイツ・マルクのチャートであるが、14日仕切りルールがうまく機能しているのが確認できる。最初のブレイクアウトが1994年12月28日に起き、プルバックを確認して仕掛けたのは1995年1月9日である。買い値は寄り付きの64．11であったが、これはその後14日間の最安値であった。1995年1月30日の大引け66．52で仕切り、スリッページと手数料を合わせた100ドルを差し引いても2913ドルの利益を計上している。

　次に仕掛けたのは2月1日で、買い値は寄り付きに付けた65．65。

第4章　トレーディング・システム開発

4日後に付けた65.07がこのトレードの最大ドローダウンであったが、これは58ティック、725ドルのリスクに相当する。結局、2月23日大引けの68.19で仕切り、3075ドルの利益を上げることに成功している。

　以上のようにCB－PBシステムはドイツ・マルク1995年3月限の上昇トレンドに乗って低リスクポイントで仕掛けることに成功している。このチャートで確認できるように、14日目に仕切るというルールはラッキーな選択だった。ただこの数字は各自の好みに合わせても構わない。

　ここではドイツ・マルクの値動きパターンについて何の基礎知識もない状況で一般的な仕掛けのルールを利用していることに注意していただきたい。繰り返しになるが、仕切りルールについては任意の方法を採用している。もちろん14日の代わりに5日目の大引けで仕切るというルールを設定していれば、実際の利益は少なくなってしまうことになる。またCB－PBパターンは比較的低リスクの仕掛ける方法を備えていることにも注目していただきたい。単に仕切りルールを変えることで、このシステムは短期システムとしても長期システムとしても利用できる。

　ここまでに紹介してきた仕切りルールは設定する日数の違いこそあれ、基本的にはトレンドフォロー戦略といえる。例えば、仕切りの日数を5日から50日に変えることで全く異なる結果が導かれることになるが、この日数に関して"完璧な"選択を行うことは不可能である。仕切りのシグナルを出すために時間（日数）を用いるのではなく、他の方法でマーケットの動きを予測することも可能である。時間の代わりに既知の価格を使うことができる。このシステムではプルバックが起こったポイントで仕掛ける戦略を採用しているため、その後再び直近20日高値を試すと考えるのは当然である。そこでプルバックで買い、再び直近高値を試した時点で仕切るというルールを設定することもできる。この新たなバージョンのシステムをトレードステーション用の言語で書くと、

If Highest Bar(High,20)[1] < 7 and Low < Lowest(Low,5)[1]
then buy tomorrow on the open;

Exit long at highest(h,20)[1]limit;

　1行目は、従来のＣＢ－ＰＢルールと全く同じである。2行目には、翌日に直近20日高値の指し値で仕切ることを明示している。このモデルは1995年12月限のＳ＆Ｐ500株価指数においては"完璧な"モデルとして機能している。12回連続で勝ちトレードが続き、総利益も5万ドルに達している（図4．21参照）。

図4.21　CP-PBモデルを仕掛けた20日後に指し値で仕切るというルールを加えた結果、12回連続で勝ちトレードが続き、名目上5万ドルの利益を実現した

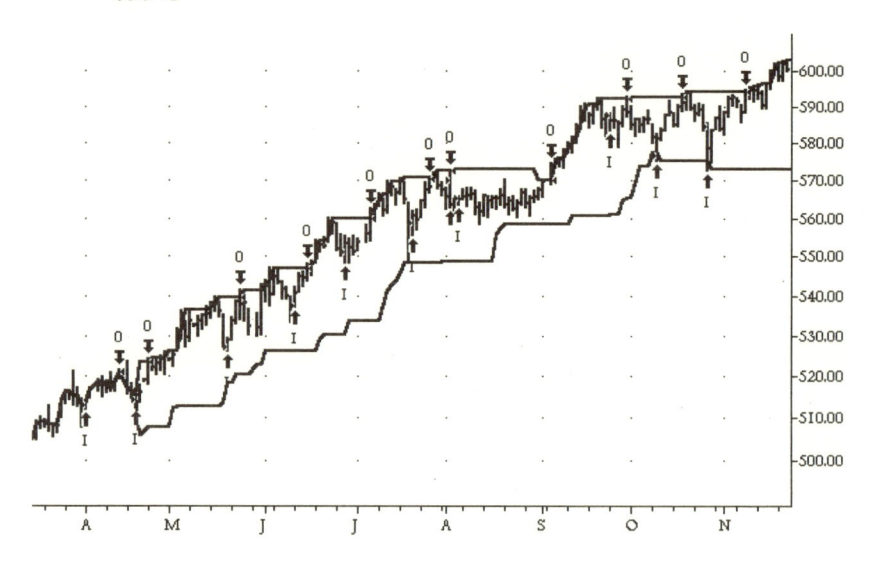

　ここで注目に値するポイントは、ドイツ・マルクから開始し、かなり一般的な値動きパターンを利用した結果として興味深い短期システムに到達したわけだが、そのシステムが上下動の激しい上昇トレンドにおいてかな

り良いパフォーマンスを残したことである。その際マーケットごとの特徴を考慮に入れてルールを変更せずに、将来どのマーケットにも現れると考えられる一般的な値動きパターンをとらえることに成功したのである。ＣＢ－ＰＢシステムの仕掛けのルールに直近の高値で仕切るというルールを加えることで横ばいの動きをうまくとらえることができたのである。

　他の仕切りルールとしてはトレイリングストップを活用することが挙げられる。これは長期にわたり発展していく可能性のあるトレンドに沿ったポジションを拙速に仕切ってしまうことを避けるように考えられたものである。そのため過去４０日間の安値で仕切るという戦略を採用する。これでＣＢ－ＰＢシステムは長期トレンドフォロー・システムへと変貌を遂げることになる。

If Highest Bar(High,20)[1] < 7 and Low < Lowest(Low,5)[1]
then buy tomorrow on the open;
exit long at lowest(low,40)[1] - 1 point stop;

　上記のようにＣＢ－ＰＢシステムの仕掛けのルールはそのまま残っている。２行目では過去４０日間（取引日数）の最安値の１ポイント下にストップを設定し、仕切ることを定義している。これで仕切りルールもトレンドフォロー・スタイルになったことが分かるだろう。マーケットが下落するのに対応してストップロスが手仕舞いを実行し、比較的小さな値幅形成場面でも４０日間のトレイリングストップによってポジションを維持し続けることが可能となっている。

　ここで直感的にマーケットパターンを理解し、これまでトレーディングの好みによって３種類の異なる仕切りルールに適応したシステムを構築してきたことに注意していただきたい。直近の高値に達した時点で手仕舞うことによって短期システムとして使用できる上、仕掛けたｎ日後に仕切るという方法を使用することで短中期システムとしても利用できる。またトレイリングストップを利用することも可能である。このように異なる仕切りルールを採用することで、同じ仕掛けのルールでも異なる特徴を備える

トレーディング・システムに変貌することになる。トレーディング・システムを構築する際にはこのようなたぐいの修正方法についても考慮すべきである。図4．22は米30年物国債1995年3月のチャートだが、前述した3種類の仕切りルールについて視覚的に理解するのに役立つ。

図4.22 CB-PBモデルを利用し果、新たに発生したトレンドの低リスクポイントで仕掛けることができた。データは1995年3月限の米30年物国債

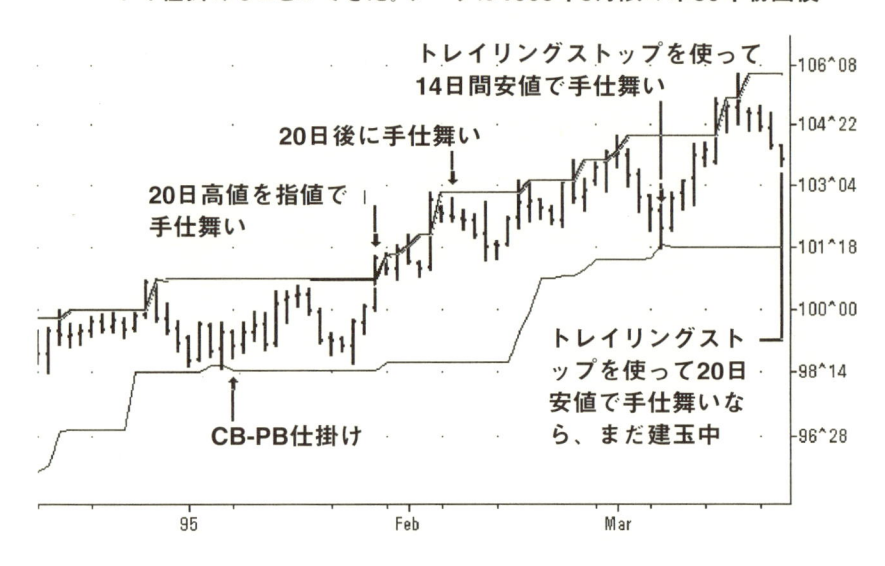

（チャート内注記）
- トレイリングストップを使って14日間安値で手仕舞い
- 20日後に手仕舞い
- 20日高値を指値で手仕舞い
- CB-PB仕掛け
- トレイリングストップを使って20日安値で手仕舞いなら、まだ建玉中

ここからはわれわれの仕掛けのシグナルが単なるランダムなものとは一線を画したものかどうかについて詳細に検討していく。ルボーとルーカス（参考図書の欄参照）の提案通り、ＣＢ－ＰＢシステムの仕掛けのルールの有効性のみを分離するよう試みる。

まずストップロスを設定せずスリッページと手数料も考慮に入れないという条件で、仕掛けたｎ日後（ｎ＝５、１０、１５、２０）に仕切るというルールだけを加えてこのＣＢ－ＰＢシステムの仕掛けのルールの有効性

第4章 トレーディング・システム開発

を検証する。ルボーとルーカスによると、仕掛けのシグナルがランダム以上のパフォーマンスを上げると結論付けるためには、広範囲なマーケットにおいて最低でも５５％の勝率を残す必要があるという。彼らのシミュレーションではシグナルの有効性を測定するために、６つのマーケットに対して各６年間のデータしか用いていない。ここでは２２のマーケットについて、１９７５年１月１日から１９９５年６月１０日にわたる期間内で入手可能なデータをつなぎ足の形で使用する。こうすることで仕掛けのシグナルの有効性について厳密に検証することができ、一貫して５５％以上の勝率を残すという最終目標について判断を下すことが可能となる。

表４．７には、ＣＢ－ＰＢシステムのすべての仕掛けのシグナルに対して約５５％が利益を計上する結果となったことを示している。これでＣＢ－ＰＢシステムの仕掛けのシグナルがランダムよりも優れたものであると、ある程度の自信を持つことができるだろう。次にこの仕掛けのシグナルを様々なリスク管理や仕切りルールと組み合わせることで、自分のトレーディングに対する考えに合ったシステムを構築することができる。

最初の仕切りルールは単純に仕掛けてからｎ日後の大引けで手仕舞うというものである。ここでは、仕掛けのシグナルが現れてからもトレンドは続くという前提に立っている。そこでつなぎ足を対象に１５００ドルのストップロスを設定し、スリッページと手数料合計で１００ドル差し引くという条件の下でこのＣＢ－ＰＢシステムの仕掛けのシグナルの有効性について検証してみる。本項の初めに断ったように、ここでは"成熟した"マーケットのみを対象にシミュレーションを行う。また仕掛けた後５日目の大引けで手仕舞うという戦略を用いる。検証に使用するデータは１９７５年１月１日から１９９５年６月１０日までのすべての入手可能なデータとする。

仕掛けた後５日目に手仕舞うという戦略を用いた結果は驚くようなものとはならなかった（**表４．８**参照）。このシステムは修正局面を迎えたときに仕掛けるため、ほとんどの場合５日間経過した時点では大きな動きはみられない。それゆえにもう少し長く買いポジションを維持することが必要のようだ。

表4.7 CB-PBによる仕掛けのシグナルの勝率。データは1975年1月1日から1995年7月10日までの入手可能全データ

マーケット	5日仕切り	10日仕切り	15日仕切り	20日仕切り
英ポンド	55	52	55	54
カナダ・ドル	54	48	52	45
コーヒー	52	56	45	46
銅	51	48	52	56
トウモロコシ	57	52	50	46
綿花	57	62	55	58
原油	57	55	62	58
ドイツ・マルク	55	55	54	55
ユーロドル	60	58	60	60
金	55	52	53	53
灯油	52	53	55	54
日本円	56	49	50	55
生豚	56	51	53	51
オレンジジュース	54	54	50	50
銀	54	53	56	48
大豆	56	58	53	46
S&P500	64	54	56	61
砂糖	57	53	57	48
スイス・フラン	48	50	52	53
米10年物国債	63	57	60	57
米30年物国債	56	53	52	52
小麦	63	52	51	47
平均	56	54	54	53

では買いポジションを５０日間維持し大引けで仕切るとどうなるかについて考えてみよう。検証は**表４．８**、**表４．９**と同じ条件の下で行われたが、ｎ＝５０としたことでパフォーマンスは劇的に改善されている。マーケットごとの平均収益は３倍に増加し、プロフィットファクターは４６％上昇した。このようにマーケットは修正局面を迎えた後に再びトレンドを

第4章　トレーディング・システム開発

発展させていくという考え方は、検証したマーケットにおいて39％の確率でうまく機能する可能性がある。こうして50日後の大引けで手仕舞うというルールに変更することで、おもしろくない短期システムを興味深い中期システムへと変貌させることができたのである。

表4.8　CB-PBの買いトレードのみに対して、5日後に仕切り、1500ドルのマネーマネジメント・ストップを設定した場合の検証結果。データは1975年1月1日～1995年7月10日までの入手可能全データ

マーケット	利益	トレード数	勝率	平均トレード	MIDD	プロフィットファクター
ユーロドル	6,050	99	54	61	−4,350	1.27
日本円	27,450	96	51	286	−9,863	1.63
コーヒー	−11,273	122	54	−94	−23,500	0.86
S&P500	69,330	185	42	375	−19,640	1.42
スイス・フラン	−4,988	120	45	−42	−17,913	0.94
米10年物国債	18,831	122	58	154	−8,756	1.39
米30年物国債	27,306	126	52	217	−13,219	1.45
平均	18,958	124	51	280	−13,892	1.28

　マーケットのボラティリティーによって設定するストップ幅を決めるべきだということは前述した。例えばＳ＆Ｐ５００株価指数では１５００ドルのストップ幅では"小さすぎる"かもしれない。**表４．９**に示されている通り５０日後に仕切るという条件のＣＢ－ＰＢシステムの場合、当初に設定するストップ幅を１５００ドルではなく５０００ドルにすることで、Ｓ＆Ｐ５００株価指数以外のすべてのマーケットで利益を減少させている。Ｓ＆Ｐ５００株価指数では１４万１８４０ドルまで利益が増加している。総トレード数５５、勝率５６％、１トレード当たりの平均損益は２５

７９ドルのプラスとなっている。最大ドローダウンはマイナス２万４７９５ドルで、プロフィットファクターは１．６２から２．２９へと改善した。このように設定するストップ幅いかんで、システム自体のパフォーマンスは左右されることになる。

　トレイリングストップを使用することで、この仕掛けのルールの長期的な特質についても検証を続けることができる。**表４．９**を見る限り、トレンドの発展に合わせて、ポジションを維持できるトレイリングストップを設定することが必要なことは理解できるだろう。そこで、過去４０日の安値で仕切るというルールを設定してみよう。これで、中期システムを長期システムへと変えることができる。前回同様、当初設定するストップ幅は、１５００ドル、スリッページと手数料合計で１００ドルとする。

表4.9　CB-PBの買いトレードのみに対して、50日後に仕切り、1500ドルのマネーマネジメント・ストップを設定した場合の検証結果。データは1975年1月1日～1995年7月10日までの入手可能全データ

マーケット	利益	トレード数	勝率	平均トレード	MIDD	プロフィットファクター
ユーロドル	21,875	45	56	485	−8525	1.74
日本円	76,613	52	46	1,473	−11,525	2.69
コーヒー	27,434	71	27	387	−18,719	1.33
S&P500	86,085	102	22	781	−26,475	1.62
スイス・フラン	52,889	63	37	839	−13,900	1.81
米10年物国債	49,799	58	47	831	−9,575	1.98
米30年物国債	63,094	66	37	923	−14,169	1.95
平均	53,970	65	39	817	−14,698	1.87

第4章 トレーディング・システム開発

表4.10 CB-PBの買いトレードのみに対して、40日安値のトレイリングストップ、1500ドルのマネーマネジメント・ストップを設定した場合の検証結果。データは1975年1月1日～1995年7月10日までの入手可能全データ

マーケット	利益	トレード数	勝率	平均トレード	MIDD	プロフィットファクター
ユーロドル	32,200	37	35	870	−3,375	3.65
日本円	70,419	34	38	2,063	−7,112	4.39
コーヒー	53,928	59	14	914	−24,020	2.00
S&P500	85,200	70	14	510	−25,480	1.41
スイス・フラン	55,200	59	20	936	−11,550	2.42
米10年物国債	57,250	51	28	1,123	−8,038	3.39
米30年物国債	62,513	54	24	1,158	−11,475	2.13
平均	59,530	52	25	1,082	−13,007	2.77

　表４．１０に示されているように、この仕掛けのルールの長期パフォーマンスはプロフィットファクターが約３、１トレード当たりの平均損益はプラス１０８２ドルという結果となった。最大ドローダウンに対する純利益の比率は４．５を超えている。以上の結果から、この仕掛けのルールを使用して素晴らしい長期トレンドフォロー・システムを構築することが可能であるということが分かる。

　それではＣＢ－ＰＢシステムの仕掛けのルールに直近２０日高値で仕切るという仕切りルールを加えてみよう。修正局面でマーケットが上下動を繰り返すことによって、直近２０日高値を再び試すことがあると考えるのは当然だろう。

　表４．１１はこのシミュレーション結果の要約である。１５００ドルのストップ幅を設定し、スリッページと手数料合計で１００ドル差し引くという条件は全く同じである。

表4.11 CB-PBの買いトレードのみに対して、直近20日高値の指し値で仕切り、1500ドルのマネーマネジメント・ストップを設定した場合の検証結果。データは1975年1月1日～1995年7月10日までの入手可能全データ

マーケット	利益	トレード数	勝率	平均トレード	MIDD	勝ちトレードの日数	プロフィットファクター
ユーロ・ドル	7,250	98	72	74	−8,750	9	1.24
日本円	17,200	93	54	185	−11,225	13	1.30
コーヒー	−7,751	117	43	−66	−24,463	11	0.93
S&P500	48,860	185	36	264	−25,070	6	1.25
スイス・フラン	−5,963	116	50	−51	−16,625	7	0.97
米10年物国債	26,781	120	65	223	−8,388	9	1.42
米30年物国債	37,306	126	60	296	−10,856	8	1.47
平均	17,669	122	54	132	−17,377	9	1.22

　ＣＢ－ＰＢシステムに直近２０日高値で手仕舞うという仕切りルールを加えても、注目に値する結果を残したのはユーロ・ドル、Ｓ＆Ｐ５００株価指数、米１０年物国債、米３０年物国債といったマーケットだけである。大多数の勝ちトレードにとっては、この仕切りルールは特に魅力的に映る。勝ちトレードにおいてポジションを維持する平均日数がたった９日ということに注目していただきたい。

　この戦略を利用して他のバリエーションを考えることもできる。例えば、このＣＢ－ＰＢシステムデザインの特徴として、低リスクポイントで買いポジションを仕掛けたいということが挙げられる。そこでパフォーマンスを改善するために複数枚数をトレードする戦略を考えることもできるだろう。他にもトレード回数を減らすためにフィルターを設定することなどが考えられる。

　このように、ＣＢ－ＰＢシステムは多くのトレーディングスタイルに適

応できる柔軟性を備えている。ＣＢ－ＰＢ戦略は中長期のトレーディング戦略を用いる場合の方がより大きな利益を期待できる。短期アプローチの場合、いくつかの活発なマーケットではうまく機能するという結果が得られた。同じ仕掛けのルールを使用しながら仕切りルールを変更するだけで、異なるシステムを構築することが可能だということに注意してほしい。

ＡＤＸバースト・トレンド追求システム

　トレンドの強弱を常に測定し続けることは難しいため、実際にマーケットにトレンドが現れているかどうかを証明することはできないが、前述した６５ＳＭＡ－３ＣＣシステムとＣＢ－ＰＢシステムはどちらもトレンドが発展していくという仮定の基に成り立っている。第３章のレンジ・アクション・ベリフィケーション・インデックスのところで解説したように、マーケット・モメンタムはトレンドの強弱を測る優れた指標のひとつである場合が多い。不幸にもノイズを限定するためには、この指標をある程度平滑化する必要があり、通常この指数の反応は遅れる傾向がある。

　図４．２３は１９９３年３月限の米３０年物国債のチャートである。
　１９９２年１２月から１９９３年３月にかけてきれいな上昇トレンドを描いている様子がうかがえる。日足チャートの下に表示されている指標はディレクショナル・インデックスの１８日平均である。ＡＤＸはある期間においての前日の値幅を超える動きを測定したものである。強いトレンドが現れているときは通常このＡＤＸも上昇する。数値が２０以上であればトレンドの発生を示唆していることになるが、ＡＤＸは遅くなる傾向があるため、数値自体に大きな意味があるとは考えにくい。
　ＡＤＸはモメンタムの絶対値を二重に平滑化したものとかなり強い相関があり、反応が遅れる傾向がみられる。ＡＤＸはトレンドを確認するのが遅れる傾向にあり、方向性に乏しく上下動を繰り返すようなマーケットではＡＤＸの上昇を招いた当初の動きがそのまま続くとは限らない。実際マーケットでは一気にリバーサルポイントを迎えたにもかかわらず、ＡＤＸは依然上昇し続けているといったこともある。

図4.23 18日ADXの上昇はトレンドの発展を示す素晴らしい指標となる

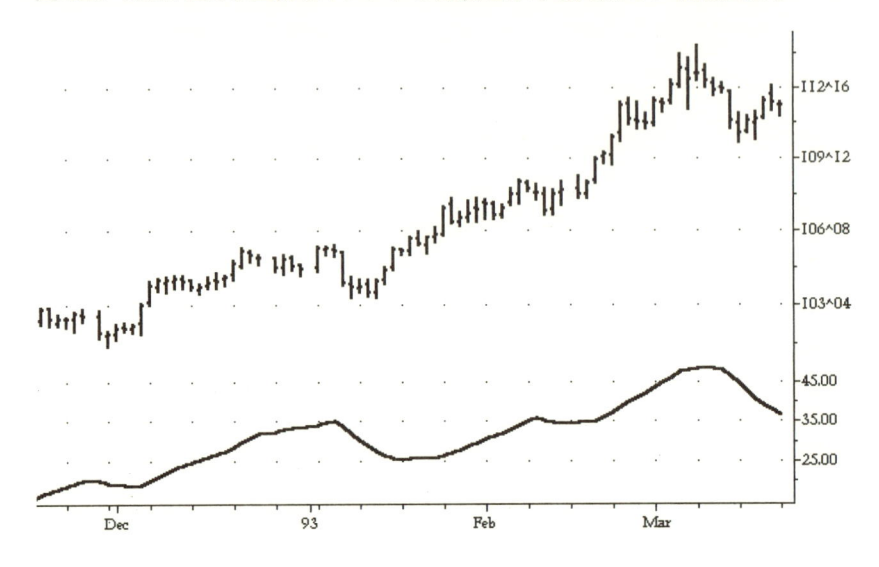

　強いトレンドを描く中、そのトレンドに沿って大きな値動きを見せる日が現れると、日足のADXモメンタムが一気に１．０を上回り、ADXが"バースト"することがある。**図４．２４**は１９９３年３月限の米３０年物国債のチャートだが、１８日ADXにADXバーストのヒストグラムを重ねて表示している。トレンドが加速するにつれ、日足ADXの変化率は１を超えてくるが、このADXバーストと比較的大きな値動きの間に関連性があることを確認できるだろう。ここで**図４．２５**に示されているアイデアを基にして新たなトレーディング・システムを構築できるだろう。チャート上の円は仕掛けのポイントを示している。

　ADXバーストがモメンタムの加速を表しているのは明らかである。そこで、今回はシステムデザインの考え方を変え、トレンドフォロー戦略が成功する確率を改善できるかどうかを検証することから始めよう。ADXバーストはそれ自体に仕掛けのルールが備わっていること、またADXを

第4章　トレーディング・システム開発

フィルターとして使っていないことに注意してほしい。参考までに、ルーカスとルボーの著書（参考図書の欄参照）の中で類似するシステムについて調べてみるのもいいだろう。このシステムの目標は短期トレンドに沿ってポジションを建てることである。３日ＳＭＡが１２日ＳＭＡを上回る場合は上昇トレンド、逆の場合は同様に下降トレンドにあるということを意味する。**表４．１２**は単純な２０日仕切りルールを利用し、スリッページと手数料合計で１００ドルと設定した場合のシミュレーション結果である。ここでは１９７５年１月１日から１９９５年７月１０日までの入手可能なデータをすべて用いてシミュレーションを行っている。

図4.24　このADXバースト・モメンタムのヒストグラムは、日々の変化が１を超える状況を示している

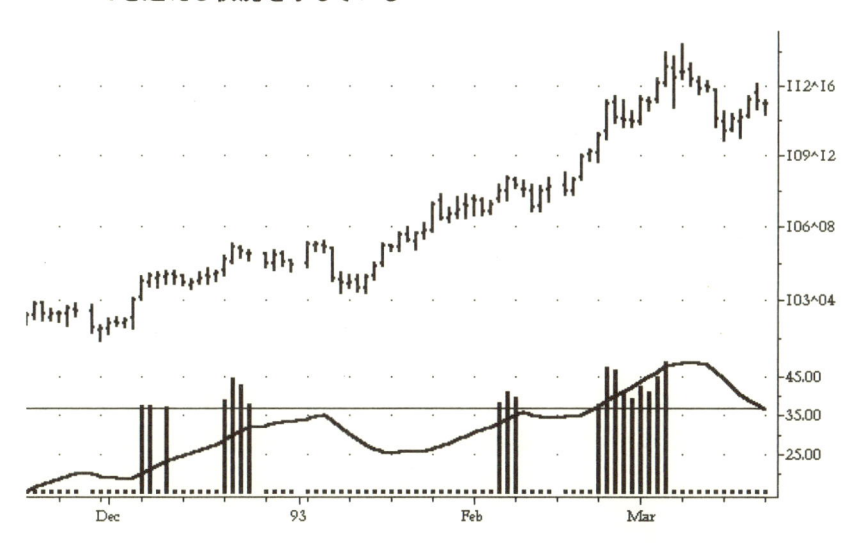

図4.25 ADXバーストシステムに日々のモメンタムの変化が1以上という条件を設定した場合のシグナル

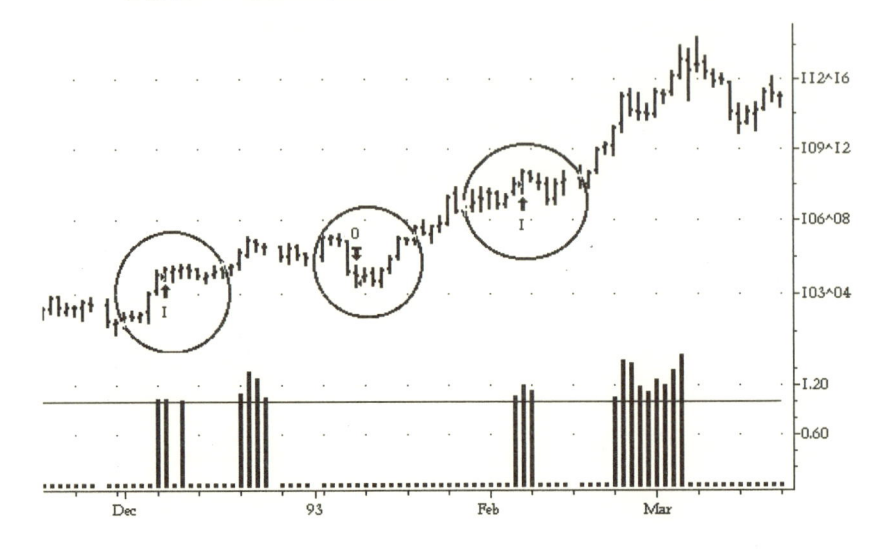

　プロフィットファクターの数値がかなり大きいことから、この仕掛けのルールはうまく利益機会をとらえていることが分かる。このようにADXバーストは強力なトレンドに沿ってうまくポジションを取れることが確認できる。ただ、つなぎ足を使用しているため、プロフィットファクターはある程度過大評価されているとみるべきだろう。複数枚数をトレードすることで、このシミュレーション結果はさらに改善される可能性もある。また仕切りルールを工夫してみるのもいいだろう。

　このADXシステムと65SMA-3CCシステムを比較してみると、このADXシステムのトレード数の方が少ないことが分かるだろう。これはADXバーストシステムがフィルターとトリガーの両方の働きをしていることを示している。例えば、このシステムは全期間の35～45％の期間中マーケットでポジションを持っているが、これはこのシステムにはか

第4章 トレーディング・システム開発

なり大きな"ニュートラルゾーン"が存在していることを意味している。ニュートラルゾーンを持つトレーディング・システムは、厳密な仕掛けの領域を超えない限りポジションを持たない。65SMA-3CCシステムは常にマーケットでポジションを維持するリバーサルタイプのシステムである。一方、ADXバーストシステムは55～65％の期間はマーケットから離れて様子見しているシステムである。

表4.12 5000ドルのマネーマネジメント・ストップを設定した場合のADXバーストシステムのパフォーマンス

マーケット	利益	勝ちトレード数； 総トレード数； 勝率	プロフィット ファクター （総利益／総損失）	1トレード の平均損益	MIDD
英ポンド	40,531	34;75;45	1.39	540	−25,113
カナダ・ドル	6,830	20;56;36	1.28	122	−7,060
コーヒー	137,014	29;75;39	3.86	1826	−21,225
銅	4,770	15;25;60	1.29	191	−5,970
トウモロコシ	22,269	37;70;53	2.58	319	−3,356
綿花	72,770	32;64;50	3.49	1,138	−4,860
原油	10,590	21;54;38	1.44	196	−13,400
ドイツ・マルク	63,300	40;73;55	3.49	867	−8,675
金	4,770	31;84;37	1.04	30	−27,450
灯油	52,469	30;56;54	2.61	937	−7,850
日本円	63,450	37;69;54	2.35	920	−18,050
生豚	20,080	36;75;48	1.65	268	−6,140
オレンジジュース	25,013	29;80;36	1.63	313	−12,692
大豆	38,606	31;73;42	1.81	529	−10,713
S&P500	−28,650	20;55;36	0.79	−520	−65,815
スイス・フラン	76,238	35;68;51	2.75	1,121	−8,075
米30年物国債	54,531	27;60;45	2.56	909	−11,306
平均	39,093		2.12		

表4.13 1000ドルのマネーマネジメント・ストップを設定した場合のADXバーストシステムのパフォーマンス

マーケット	利益	トレード数	勝率	平均トレード	MIDD	プロフィットファクター
英ポンド	64,438	82	39	744	–18,719	1.82
コーヒー	148,584	85	33	1,749	–13,851	3.07
綿花	66,800	66	48	1,012	–6,015	2.95
原油	6,070	55	38	110	–13,440	1.24
ドイツ・マルク	62,088	73	55	851	–8,457	3.34
S&P500	19,160	68	25	282	–33,675	1.24
スイス・フラン	61,575	72	44	855	–9,125	2.88
米30年物国債	40,556	66	36	615	–12,944	1.74

　ここではシステム自体のパフォーマンスを切り離して見るために、ストップロスの幅を５０００ドルと大幅に設定している。**表４．１３**にはいくつかのマーケットでストップロスを１５００ドルに設定した結果についても掲載している。ストップ幅を大きく変えているにもかかわらず、パフォーマンスは似通った結果を示している。

　ＡＤＸバーストシステムの特徴のひとつは、反応が遅れ、素早く転換してしまう短期的な天井や底近辺でポジションを取ってしまうことが多いということである（**図４．２６**参照）。そうした動きに反応して仕掛けのシグナルが現れるものの、気まぐれなマーケットはそのシグナルと同じ方向にトレンドを発展させていくことはない。こうした特徴を考えると、この種のシステムを使ってトレードする場合は、いつでもストップロスの注文を事前に設定しておくべきである。

　本項を要約すると、ＡＤＸバーストシステムは強いトレンドに沿ってポジションを取るシステムである。検証の結果、このシステムは広範なマーケットで長い期間にわたり優れた結果を残した。大きなニュートラルゾー

ンを持ち、実際にマーケットでポジションを維持しているのは全期間に対して３５～４５％程度である。６５ＳＭＡ－３ＣＣシステムは常にマーケットでポジションを維持し、トレンドフィルターを備えていない。この点で両者は異なる。このＡＤＸバーストを仕掛けに利用したり、ポジションを増やすときに利用することもできる。また、ＡＤＸバーストの数値、バーストを計算する際の期間設定、そして仕切りルールを変更することでいろいろなバリエーションを作成することも可能である。

図4.26 1990年6月限米30年物国債はモメンタムを伴ってレンジを下抜け、新安値を付けた。ここでシステムは売りシグナルを出す。しかしマーケットはすぐに反転し、元のレンジ内に逆戻りしている

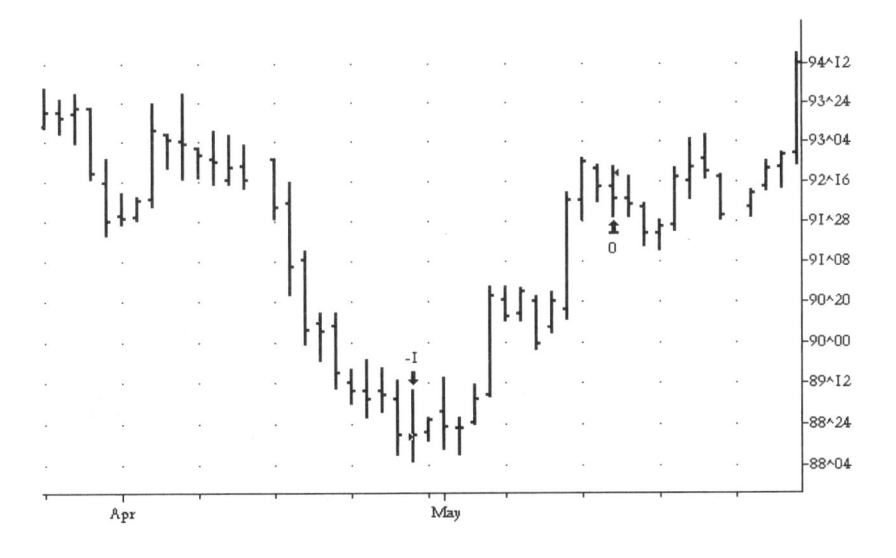

トレンド−アンチトレンド・トレーディング・システム

　本項ではトレンド−アンチトレンドシステムについて追求してみる。このシステムは、自動的にアンチトレンドモードとトレンドモードの間を行き来するようにデザインされている。アグレッシブにマーケットに対峙したいのであれば、必要に応じてトレンドポジションにひっくり返すことをいとわない限り、このシステムを気に入ることになるだろう。豊富な資金を手に大きなポジションを取り、素晴らしい注文執行能力を保証された上、低い手数料率でトレードすることが可能な機関投資家やマネーマネジャーの多くが、通常マーケットはレンジを形成する傾向があると考えている。彼らのような洗練された投資家は、新高値で売り、新安値で買うという方法を採用するかもしれない。もちろんトレードの基となる時間枠により違いはある。彼らはわれわれがトレードしようとウォームアップしている間に１ダースにも及ぶトレードをこなしているものである。

　この種のシステムに伴う問題点はいつトレンドに沿ったポジションを取り、いつアンチトレンドのポジションを取るかということを定義する基準を決めることである。マーケットでは２５日の新高値や新安値を付けながら、強力なモメンタムを伴っていないケースが多々ある。これはマーケットが反転しやすいということにつながり、新高値で売って新安値で買うべき状況である。しかし、マーケットでモメンタムが増しながら新高値や新安値を更新し続けるような場合には、素早くトレンドフォローのポジションに変更する必要がある。

　このシステムではマーケットのトレンド動向を測定するために１８日間のＡＤＸを使用し、さらにそのＡＤＸの１８日単純移動平均線を利用している。ＡＤＸが１８日単純移動平均線を上回っている場合、マーケットにトレンドが現れているとみなし、新高値で買い新安値で売る。逆にＡＤＸが１８日単純移動平均線の下に位置している場合は新高値で売り、新安値で買う。この方法は短期トレンドに反するため、リスク管理の一環としてストップロスを設定する必要がある。これを怠ると損失が許容範囲を超えてしまうことにもつながる可能性がある。

第4章 トレーディング・システム開発

図4.27 1993年9月限米30年物国債でのトレンド-アンチトレンドシステムのシグナル。横ばいの動きが続く局面で転換点をうまくとらえていることに注目。上昇トレンドの局面において転換点を2度とらえているが、すぐに上昇トレンドに沿った動きを再開している

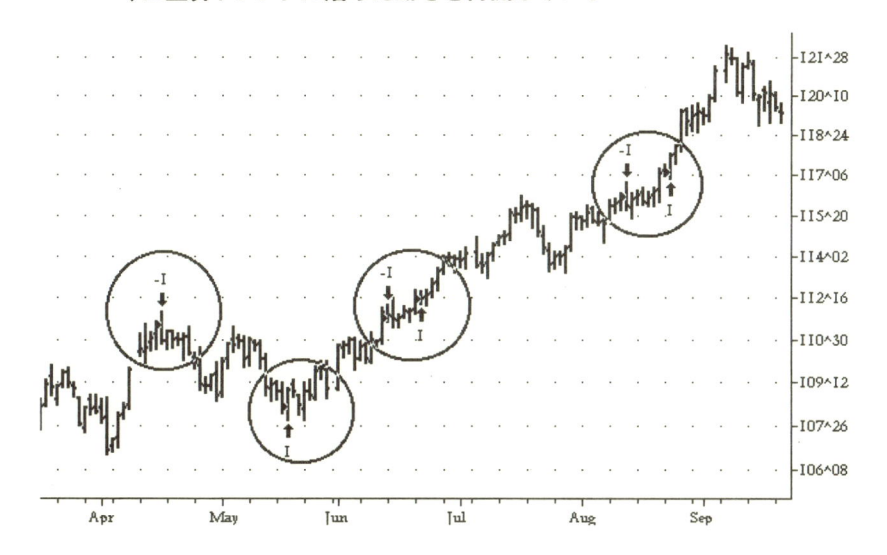

　また、仕掛けの方法についても決める必要がある。問題をシンプルにするために、翌営業日の寄り付きで仕掛けると決める。トレンドフォロー戦略の特徴について検証するために仕掛け20日後に仕切るというルールを設定する。同様に簡素化の観点から特に仕切りルールは設定せずにこのシステムを検証してみる。これは仕掛けがすなわち逆のポジションの仕切りを意味するリバーサルシステムのことを意味する。
　図4．27を見ると、このシステムが実際どのように機能しているか確認できるだろう。使用しているデータは米30年物国債の1993年9月限である。レンジ内での取引が続く間にベースを形成し、その後、力強く上昇し始めた直後にわすかの間横ばいに推移する動きが現れた。このモデ

ルが簡単に新高値を見極め、トレンドに沿ったポジションに素早く転換している様子を観察してほしい。このモデルは４月と５月のレンジ形成場面で正確に天井と底をとらえることに成功した。そして５月に付けた底から上昇局面に転じるまでには長い期間を要している。６月、８月と２度修正場面を迎えたが、すぐに元のトレンドに沿った動きを再開している。

　図４．２７のように、Ｔ－ＡＴ（トレンド－アンチトレンド）システムはいくつかの転換点をかなりうまくとらえることに成功した。このシステムはそれほど重要でない転換点をとらえることもあるだろうし、もちろん気づかれもしないような転換点というものも存在する。Ｔ－ＡＴシステムの欠点はアンチトレンドとトレンドフォローのモード転換が機能せず、損失が非常に大きくなってしまう可能性があることである。

図4.28　トレンド－アンチトレンド・システムは1985年12月限ドイツ・マルクの転換点を完璧にとらえている。マーケットが下落し始めた9月に即トレンドフォローモードに入っていることに注目

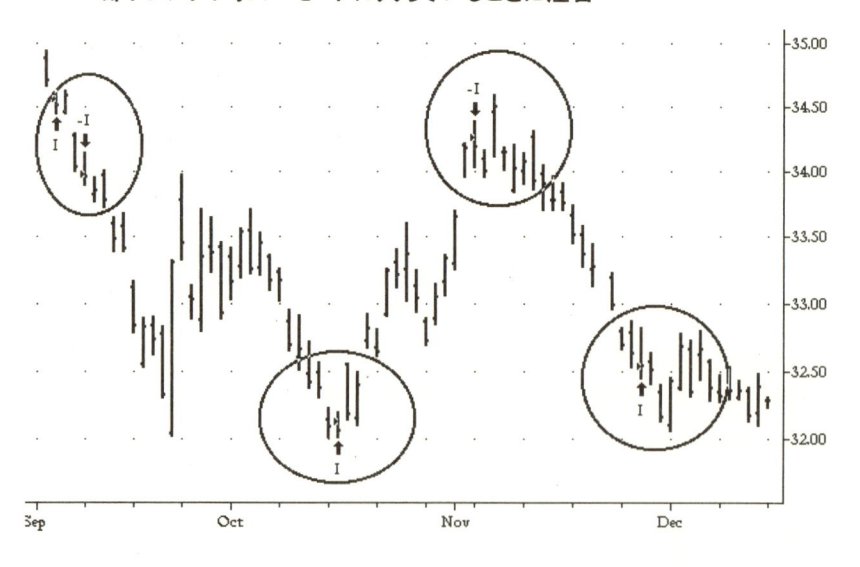

第4章　トレーディング・システム開発

図4.29 1995年6月限ドイツ・マルクの例では、T-ATシステムが上下動の激しい場面で、どのように反転場面でワナに陥ってしまうかを示している

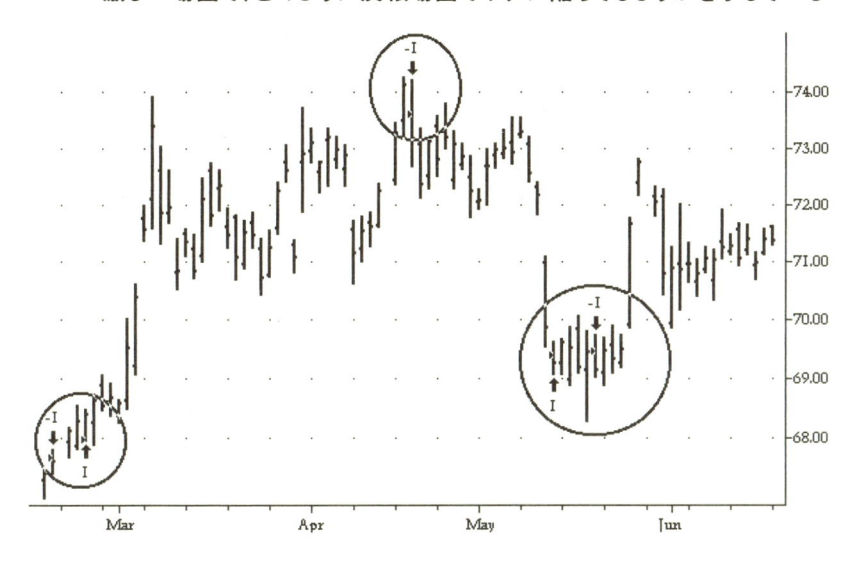

　基本的なT－ATシステムは1985年12月限のドイツ・マルクでかなりうまく機能している（**図４．２８**参照）。DM（ドイツ・マルク）は下降トレンドが一服した後に広いレンジ内で方向性を欠く展開となった。T－ATシステムは結果的にダマシとなった売りシグナルの直後の９月にポジションをひっくり返し、買い持ちに変わっていることに注目していただきたい。しかし、その後の転換点は完璧にとらえている。これはトレンドをチェックする方法がひとつしかないメカニカルシステムにとってはかなり素晴らしいことである。

　マーケットに邪悪な動きが現れることでポジションが引かされることもあるため、このシステムはしっかりとしたリスク管理方法を備えている必要がある。1995年６月限のドイツ・マルクの例でこの理由がよく分かる（**図４．２９**参照）。T－ATシステムは一代高値を付けた日と１日違

いという完璧なタイミングで売りシグナルを出した。その後も急激な下落場面の底を正確にとらえることに成功している。しかし、わずかな間ながら横ばいの動きが現れたため、売りポジションに転換してしまい、5月末の反騰場面でもそのポジションを維持したままだった。トレンド－アンチトレンドトレーディング・システムを使用する際にはシステムを心底信頼し、厳密なリスク管理を実践することが要求される。またリスク－リターンが素晴らしいという前提も必要である。

　ドイツ・マルク1995年6月限の例では、ボラティリティーの高いマーケットで幾重にも平滑化されたADXを使用することの難しさも示されている。ADXの感応度を緩和するために同様に平滑化を行っても、マーケットが上下動を繰り返し、取引が少ない状況では逆効果となってしまう。

図4.30 1993年12月限綿花では、T-ATシステムがこの年の夏にマーケットに現れた下落場面に対する反応の遅さが確認できる。しかし結果的にダブルボトムを形成することになる最初の下押し場面を正確にとらえることに成功している

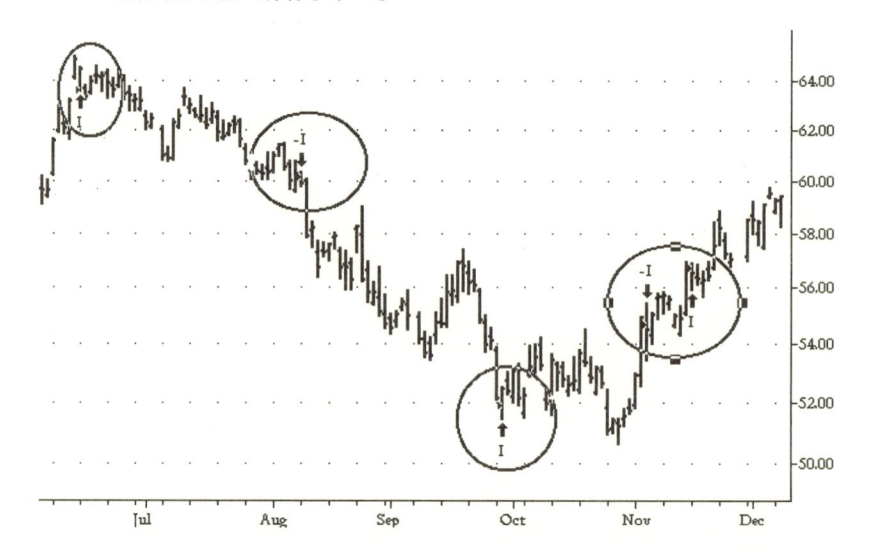

第4章　トレーディング・システム開発

　Ｔ－ＡＴシステムのもうひとつの特徴は、マーケットがゆっくりと変動しているような状況でシグナルの転換が遅れがちになることである。この状況は、綿花の１９９３年１２月限で夏の間に付けた天井付近に現れている。Ｔ－ＡＴシステムのロジックによって最初の安値は正確にとらえたが（**図４．３０参照**）、その後上昇トレンドが現れる前の１１月にダブルボトムを形成する局面では全く動かず、そのままポジションを維持している。ここでも再びトレンド開始時点でダマシが現れ、その後システムは中期トレンドに沿って素早くポジションを転換させている。

　ここでオメガリサーチ社のトレードステーションに組み込まれているパワーエディターを利用してこのシステムのプログラムコードを書く場合、どのようなものになるか簡単に見てみよう。このシステムにインプットとして使用する変数は、ブレイクアウト期間の長さひとつだけである。ここでは規定値として２５日分の日足を設定している。２５日高値でアンチトレンドの仕掛けを実行するというルールは以下のように書かれる。当日高値が過去２５日高値に相当するものの、１８日ＡＤＸが１８日ＳＭＡの下に位置する場合、翌日寄り付きを成り行きで売るというものである。カウンタートレンドの買いシグナルも同じようなものとなる。

If high > highest(H,25)[1] and ADX(18) < average(adx (18),18)
then sell tomorrow on the open.

If low < lowest(L,25)[1] and ADX(18) < average(adx(18),18)
then buy tomorrow on the open.

　このアプローチではアンチトレンドモードにおいては、売り買いが表裏一体となっている。底入れする可能性のあるポイントで買いポジションを持っていると仮定してみよう。数日にわたりマーケットが上昇し続けたにもかかわらず、強い下降トレンドが現れ始めたとする。このような状況では元々買いポジションを持っている場合においてのみ、システムがトレンドフォローの売りポジションに転換してくれることが望まれる。同様に既

に売りポジションを持っている状態でモメンタムの上昇を伴いながら、２５日新高値を付けた時点で買いポジションに転換するシグナルが発せられることが理想的である。このようにトレンドフォローの仕掛けはアンチトレンドの仕掛けと類似しているが、まずシステムが売りポジションを取っているのか、買いポジションを取っているのかを確認する必要がある。

If MARKETPOSITION(0) = 1 and low < lowest(L,25)[1] and ADX(18) > average(ADX(18),18) then sell tomorrow on the open.

If MARKETPOSITION(0) = -1 and high > highest(H,25)[1] and ADX(18) > average(ADX(18),18) then buy tomorrow on the open.

ここで新たに現れたMARKETPOSITIONはパワーエディターに事前に組み込まれているファンクションのひとつであり、買いポジションを１、逆に売りポジションは－１で表現している。ここでもまた、連続して買いトレードを仕掛けるための条件が対称する格好となっている。２５日の新高値で売る場合、モメンタムの上昇を伴っているのであれば、Ｔ－ＡＴシステムは買いに転換する。連続して売りポジションを仕掛ける場合にも同様な条件が設定されている。

　システムデザイン上、Ｔ－ＡＴシステムはまずアンチトレンドでの仕掛けを試み、その後再び仕掛ける状況でトレンドポジションを取る。このようにこのシステムは再仕掛け条件を探す段階で損失を被る可能性がある。もちろん結果的にトレンドが大きく発展していくようであれば、再仕掛けすることで損失は取るに足らない程度のものとなる。

　このアプローチを気に入った場合、さらに多くのバリエーションを試すこともできる。寄り付きで仕掛けるのではなく、大引けまたは前日高値や安値を超えた時点で仕掛けるというのもいいだろう。また再仕掛けするときの条件を、ＡＤＸを使用せず単に２５日の新高値や新安値を付けた時点とするというように、より感応度を高めることもできるだろう。

　表４．１４にはこのＴ－ＡＴシステムの長所と欠点についてまとめてい

第4章　トレーディング・システム開発

る。まず挙げられるのは、このシステムはすべてのマーケットでうまく機能するわけではないということである。2番目としてトレード数が多い。そのためこのシステムはコストがかさむシステムであるといえ、これはドローダウンの数値に現れている。アンチトレンドの要素が機能するためには5000ドルといった大きなストップ幅を設定する必要がある。しかしプロフィットファクターは健全な数値を示し、1トレード当たりの収益も良い。このように成熟し活発に取引されるマーケットではこのT-ATシステムはかなりうまく機能すると考えられる。ただし、この戦略を実行するためには、厳密なリスク管理と強い意志を持ってトレードを実行する自己規律が必要となる。ここまでくれば自分の嗜好に合うように、システムのバリエーションを構築することも可能だろう。

表4.14 5000ドルのストップを設定し、スリッページと手数料を合わせて100ドルと想定した場合のT-ATシステムの長期パフォーマンス。データは1975年1月1日から1995年7月10日までで入手可能なものすべて

マーケット	利益	トレード数	プロフィットファクター	MIDD	1トレードの平均損益
英ポンド	46,956	207	1.17	−42,163	226
コーヒー	29,005	203	1.08	−101,753	145
銅	17,563	57	1.55	−7,333	308
綿花	91,585	194	1.77	−12,300	467
原油	26,260	103	1.45	−17,310	255
ドイツ・マルク	69,775	175	1.53	−11,975	399
金	22,060	168	1.16	−19,050	131
S&P500	92,435	141	1.34	−56,030	656
スイス・フラン	103,850	188	1.58	−16,475	552
米30年物国債	106,269	172	1.68	−20,281	617

図4.31 T-ATシステムによる1311トレードの頻度分布(T-ATシステムの頻度分布を見ると、ストップロスのマイナス5000ドルのところと8000ドル以上の利益を計上する所にトレードが集中していることが分かる)

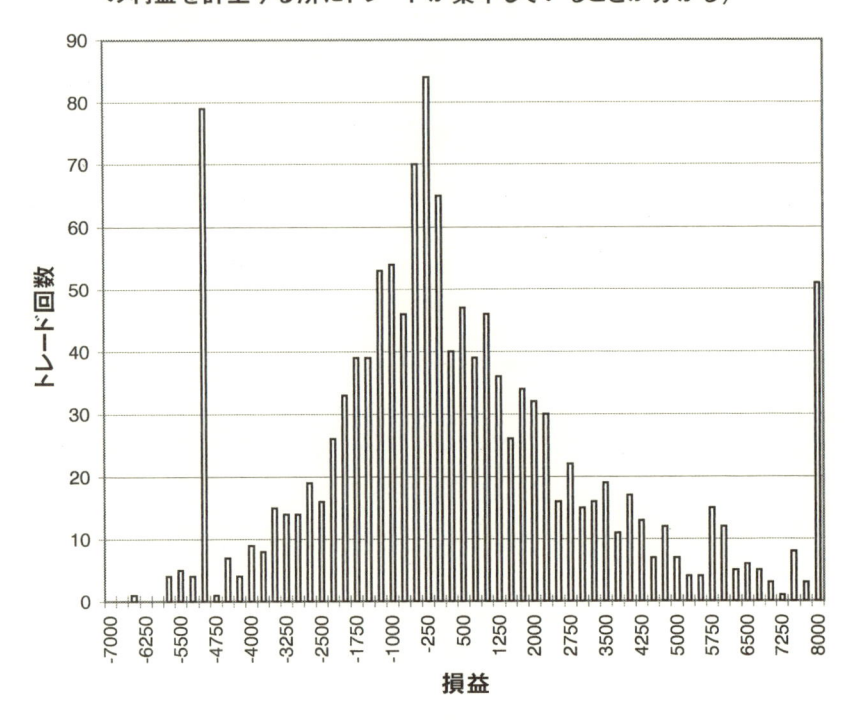

　図4．31はT-ATシステムによる1311回のトレードの度数分布表である。このシステムのトレード分布は65SMA-3CCよりも広い範囲に分布している(図4．5参照)。マイナス5000ドルのところに大きなスパイク(突出高)が見られ、結果的にここに設定したストップロスに引っかかったトレードが多いことを示している。また65SMA-3CCシステム同様、巨額な利益を計上したトレードが多いことも確認できる。図4．32にはこの分布を正規化した分布も示されており、実際の結果と比較することができる。正規分布に比べT-ATシステムのトレード分布が"太い"尻尾を持つことは一目瞭然だろう。ということは、分布の中心からかなり離れた外側の位置に分布するトレード数が正規分布に比べ

第4章　トレーディング・システム開発

かなり多いことを意味する。利益サイドの"尻尾"は損失サイドの"尻尾"よりも太く、この仕掛けのルールの有効性を証明している。ストップロスを設定することで損失を縮小していることにも注目していただきたい。

一方、利益サイドについては分布の右端にスパイクが現れているように、利益額を減らすようなことはないことが確認できる。これは第1章で触れた、トレーディング・システムを実践に活用する際に必要となるトップス・コーラの原則に当てはまる。

図4.32　T-ATシステムによる仕切り済みの1311回のトレードの頻度分布（T-ATシステムのトレード頻度分布を標準化し、相応する正規分布と比較）

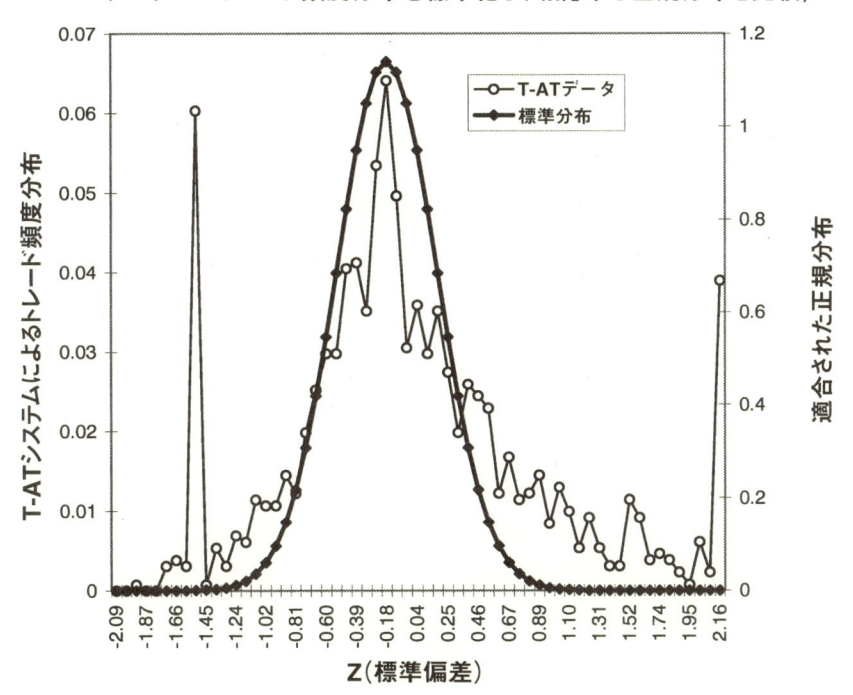

本項を要約すると、T－ATシステムはマーケット状況に自動的に適応できるシステムをどのように構築するかということについてよく描写して

いる例だといえる。常にトレンドに沿ったポジションを取る65SMA－3CCシステムとは異なり、このT－ATシステムはまずアンチトレンドのポジションを取るというスタンスを持ったシステムである。リバーサルの条件が整うことでT－ATシステムはアンチトレンドからトレンドフォローへとそのモードを変換する。客観的なリバーサル条件を備えていることで、大きなトレンドに沿ったポジションを建てることが保証されており、どのようなマーケット・コンディションにも対応できるという長所を有している。

金－債券マーケット間システム

　本項では、正または負の相関があるマーケットを同時にトレードするマーケット間トレーディング・システムを構築していく。まずはマーケット間のモデルを構築する難しさについて考えていく。金－債券システムは負の相関があるマーケットをトレードするシステムであり、他のマーケットの組み合わせについても検証していく。その後、3つのマーケットを用いたマーケット間分析についても解説していく。そして最後に金－債券システムを正の相関があるマーケットのトレードに利用できるよう修正する。本項では、一考の価値があるマーケット間システムを構築することが可能であるということを理解していただけるだろう。ここではある程度緩やかな因果関係を想定しているため、この種のマーケット間システムに対してより信頼度が増すことも考えられる。そのためマーケット間システムは分析ツールに加えるものとしては適したツールであることが多い。

　多くのアナリストがより緩やかな意味での因果関係がマーケット間に存在しているということは認識している。例えばインフレ率が上昇しているときには債券価格が下落する傾向があり、金価格が上昇すると潜在インフレ率が上昇するといった関係である。この関係を反映して、金価格と債券価格は逆の動きをすると考えられている（図4．33参照）。また銅やアルミといった産業金属の価格動向によりインフレ動向を推し量ることもできる。この背景には経済活動が活性化することで銅価格が上昇し、インフ

※参考文献：ジョン・J・マーフィー著『市場間分析入門』（パンローリング刊）

レ率の上昇を予測するという考え方がある。このため銅価格と債券価格も逆の動きを見せると考えられる（図4．34参照）。

　この他にも正の相関を有するマーケットがある。これは、複数のマーケットが同時に上昇したり下降したりするということを意味する。例えば、原油価格が高騰すると潜在インフレ率が上昇すると考えられ、そのため金価格も上昇することになると予測できる。また通貨市場においても相関関係がよく見受けられる。為替レートはインフレ率や金利といった長期的視野に立った経済ファンダメンタルズを反映するため、ドルは日本円やドイツ・マルクといった外国通貨に対してほぼ同時に下落すると考えられる。そのため日本円とドイツ・マルクには正の相関が存在し、片方のマーケット動向を基にもう一方のマーケットに売買シグナルを出すことができると考えるのである。

図4.33　国債（上）と金（下）は常にではないが、通常お互い逆の動きを見せる傾向がある。このことからも分かるように、マーケット間の相関関係は完璧ではないことが多々ある

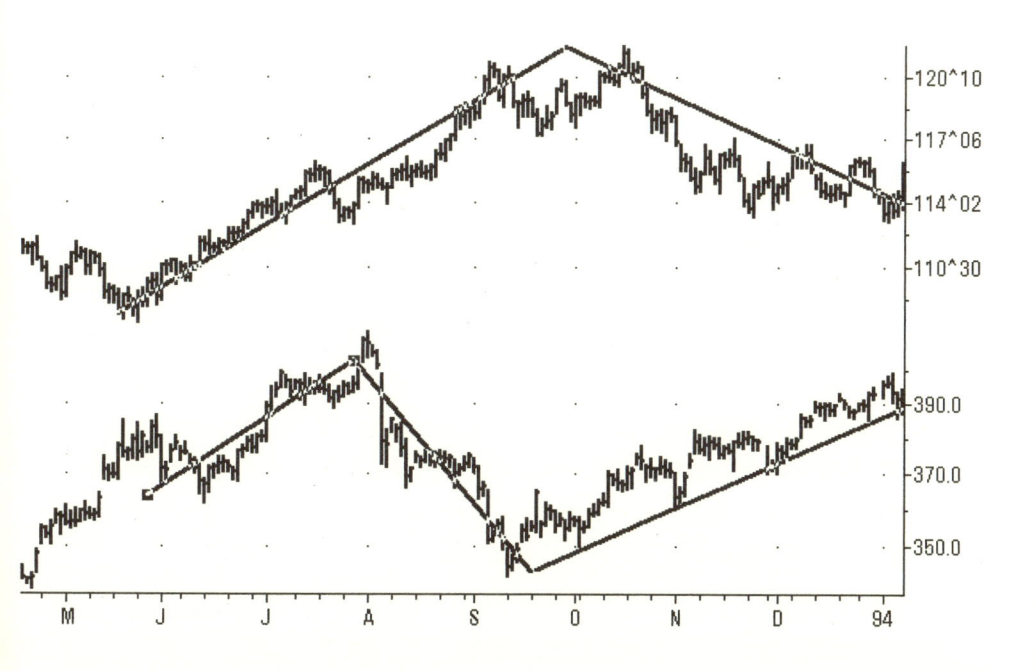

図4.34 週足チャートで見た国債(上)と銅価格(下)の間で通常確認できる負の相関関係

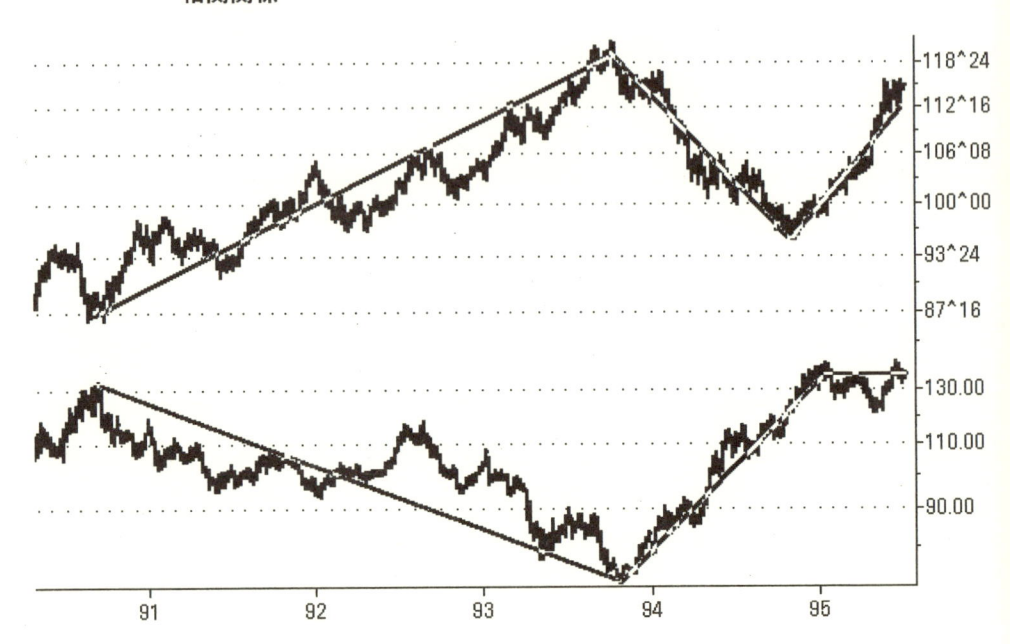

　マーケット間の関係を追及する場合にはいくつかの問題点が待ち受けている。第一に、緩やかな因果関係には時間のズレがつきものであるということ。このため債券価格が下落し始める前の数カ月にわたって、銅価格が上昇するという状況も十分考えられる。このようにマーケット間で天井を付けたり底入れするタイミングに差がある状態をタイムラグと呼ぶ。問題はこのタイムラグが不変でも一貫しているわけでもないことである。

　２番目に、マーケットにはそれぞれ異なる需給関係が存在しているため、通常見られる相関関係を捻じ曲げてしまうことがたびたびあるということだ。例えば、銅と金は同時に上昇、または下降すると考えがちだが、この両者が全く逆の動きを見せる期間もある（図４．３５参照）。このようにマーケット間の関係を基に開発したシステムが常に正しいということはあり得ない。

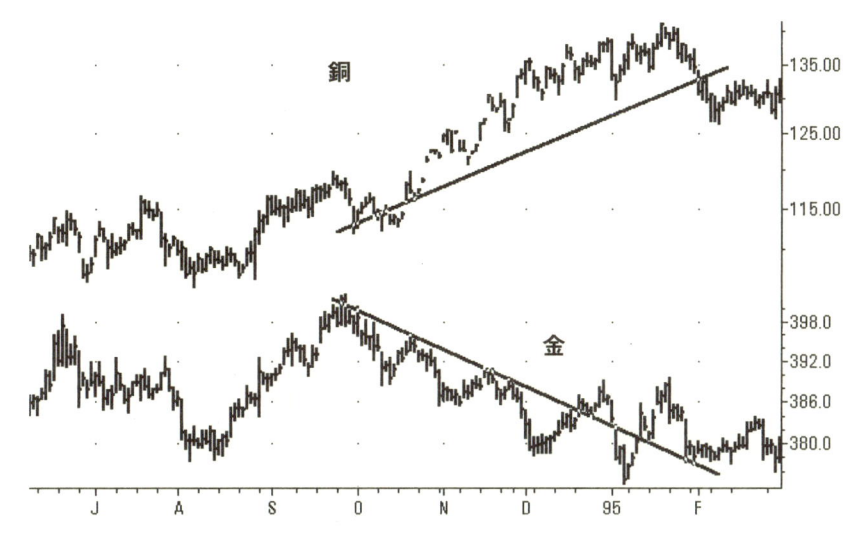

第4章 トレーディング・システム開発

図4.35 1994年後半から1995年初めにかけての銅と金の負の相関関係の例

　3番目の問題点は、それぞれのマーケットに存在するテクニカル要因である。マーケットが"買われ過ぎ"や"売られ過ぎ"の状態になる時期というのはそれぞれ異なる。通常、言われるようなマーケット間トレンドとは、数カ月にわたるような大きなトレンドを意味している。そのため、かなり短い期間におけるトレンドが背景の因果関係とは逆の動きを見せることも十分あり得る。そういった短期トレンドの影響で根本的なトレンドには何の変化も現れていないにもかかわらず、リスク管理の一環として仕切りルールが実行されてしまうこともある。これが仕掛けのシグナルの現れ方をより複雑にしてしまう。

　こうした問題点は、すべてシステム構築の基となる相関関係のモデル自体に影響を及ぼすことになる。また2つのマーケット間の関係をモデル化したいのか、または3つ以上のマーケット間の関係をモデル化したいのかについても決める必要がある。

債券価格と金価格は逆の動きを見せるという前提の基に構築された金－債券システムは、マーケット間の関係を利用してトレーディング・システムを構築する方法について教えてくれるシンプルだが効果的な例である。このシステムの背景には、金価格の上昇は潜在インフレ率の上昇を暗示しているため、債券価格にも影響を及ぼすといった考え方がある。ここでは１０日と５０日の単純移動平均線の交差システムを利用してシステムを構築していく。この１０日と５０日という数値自体は任意に選択したものである。システムのルールは、

1. 金価格の１０日ＳＭＡが５０日ＳＭＡを上回った場合、翌日の寄り付きでＴボンド先物を売る。
2. 逆に金価格の１０日ＳＭＡが５０日ＳＭＡを割り込んだ場合、翌日の寄り付きでＴボンド先物を買う。

以上のルールは移動平均線の上方向への交差は金価格の上昇を意味しており、それゆえに債券価格の下落を予測している、というものである。ここでは金マーケットでトレンドが発生することに備えてフィルターを用意しているわけではないが、もちろんＡＤＸを使用することも可能である。ＡＤＸをフィルターとして使用する場合、単純に１４日ＡＤＸが上昇していれば良しとする。そして３日ＳＭＡと２０日ＳＭＡを比較することで短期トレンドの方向性を見極める。ＡＤＸフィルターを使用したシステムのルールは以下の通り、

1. １４日ＡＤＸの数値が１４日前の数値よりも大きく、さらに終値ベースで見た金価格の３日ＳＭＡが２０日ＳＭＡを割り込んでいる場合、翌日の寄り付きでＴボンド先物を買う。
2. 同様に、１４日ＡＤＸの数値が１４日前の数値より大きく、終値ベースで見た金価格の３日ＳＭＡが２０日ＳＭＡを上回っている場合、翌日の寄り付きでＴボンド先物を売る。

ここでは米債券とＣＯＭＥＸ金先物のつなぎ足を用いて上記２つのシステムを検証する。データ期間は１９７７年８月２３日から１９９５年７月

第4章　トレーディング・システム開発

1日までとし、マネーマネジメント・ストップを5000ドルに設定した。またスリッページと手数料合わせて100ドルを差し引いている。前述したように、マーケットに短期的に現れる動きが仕掛ける上で問題となる可能性がある。シミュレーション結果は表4.15にまとめている。

表4.15　金－債券システムの検証結果。データは1977年8月21日～1995年7月10日

	2本の移動平均線を用いた金－債券システム	ADXを用いた金－債券システム
純利益	38,675	92,488
プロフィットファクター（総利益／総損失）	1.24	1.62
総トレード数	122	152
勝率（％）	48	52
平均利益／平均損失比率	1.37	1.50
1トレード平均損益	317	608
日中ベースの最大ドローダウン（MIDD）	−34,724	−16,506

シミュレーション結果から、金価格と債券価格の間には広い意味で負の相関関係が存在することが分かった。しかしトレーディングの観点から見ると、勝率は50％程度にとどまっている。この金－債券システムにフィルターを加えることで最大ドローダウンが半減するなど、単純な移動平均線の交差システムよりかなりパフォーマンスが改善される結果となった。金－債券システムは債券価格の上昇を期待できるトレード環境にあるかどうかをチェックするための、ひとつのフィルターとして使える可能性がある。

マーケット間の価格動向にタイムラグがあるということは理解できる。インフレ要因は他の多くのマーケットに影響を及ぼす可能性があるため、この金－債券システムを他のマーケット、例えば大豆－債券、銅－債券、ドイツ・マルク－債券といった組み合わせにも応用して検証してみるべき

だろう。穀物マーケットはインフレに警笛を鳴らす役目をたびたび果たしてきており、中でも大豆は代表的なマーケットである。銅マーケットは産業セクターの業況をフォローするものであり、インフレに対する先行指標とみなされている。最後に金利は経済の大きな力を映すものであり、ドイツ・マルクなどの通貨市場にも影響を与える。ここでは金－債券システムを負の相関関係のあるマーケットに適応してみる。5000ドルのストップロス、1枚ずつのトレード、スリッページと手数料合計で100ドルといったシミュレーション条件は変えず、他のマーケットをインフレ指標とし、それに呼応する格好で売買シグナルを債券市場に出すことを試みる。

表4．16のデータで確認できるように、インフレの先行指標となるマーケットのトレンドの変化を基に米国債をトレードすることは可能である。検証したすべての組み合わせの中では、銅マーケットのシグナルが最も優れているように見える。勝率はすべての組み合わせで50％程度にとどまった。このようにマーケット間システムはよく知られた経済予測の原則に従っていることが分かる。それは、予測する必要がある場合は頻繁に予測すべきだということである。

表4.16 金－債券システムを他のマーケットの組み合わせに応用した検証結果

	大豆－債券	銅－債券	ドイツ・マルク－債券
検証期間	8/21/77 – 7/10/95	7/28/88 – 7/10/95	8/21/77 – 7/10/95
純利益	34,556	41,269	42,950
プロフィットファクター（総利益／総損失）	1.23	2.27	1.39
総トレード数	122	42	88
勝率（％）	52	57	53
平均利益／平均損失比率	1.15	1.70	1.21
1トレード平均損益	282	983	488
日中ベースの最大ドローダウン（MIDD）	–16,100	–12,694	–28,006

第4章 トレーディング・システム開発

　ここまではひとつのマーケットのみを対象として債券市場のトレードシグナルを出していた。しかしトレードシグナルを出すのに何もひとつのマーケットだけに固執する必要はなく、複数のマーケットを利用することも可能である。そこで金と大豆という2つのマーケットを基に債券市場の売買シグナルを出すシステムの検証を行ってみた。この2つのマーケットを選択したのは、需給要因に関連性が薄いという理由からである。完璧を期すために、金と銅と債券の組み合わせについても検証した。

　ここでは基本的な金－債券システムを金、大豆、債券という3つのマーケットを対象にしたシステムに発展させた。このシステムは債券の売買シグナルを出すためには金、大豆ともに上昇、または下降することを条件としている。例えば、金、大豆ともに終値ベースの10日SMAが50日SMAの下に位置する状況でのみ債券市場で買いシグナル出すといったものである。この金－大豆－債券システムを過去データで検証してみると、金－債券システムや大豆－債券システムよりも良い結果が出た。従来通り、ストップロスは5000ドル、スリッページと手数料合わせて100ドルとした。

　表4.17のシミュレーション結果から、3つのマーケットを利用することで予想通り総トレード数が減ったことが確認できる。金－債券システムや大豆－債券システムでは122回トレードしたが、金－大豆－債券システムの場合、総トレード数は77回にとどまっている。3つのマーケットの利用することでプロフィットファクターも改善しているが、これはフィルターが増したことを考えれば当然の結果といえる。例えば金－銅－債券システムのプロフィットファクターは2.53と驚くような数値を残し、銅－債券システムよりも総トレード数が35％減少したにもかかわらず、ほぼ同額の利益を実現している。このシミュレーション結果から、シグナルにフィルターをかけるために3つ以上のマーケットを利用することで、マーケット間システムの有効性改善を試みることができる可能性がある、ということが確認できた。マーケットにはランダムなノイズがつきものだが、このためシステムに利用するマーケット数を増やすことでその有効性を損なう恐れがあることも注意しておくべきだろう。

表4.17 金-債券システムを3マーケットに拡大したケース

	金-債券システムを 3市場に拡大したケース 金-大豆-債券	金-債券システムを 3市場に拡大したケース 金-銅-債券
検証期間	01/02/75 – 07/10/95	07/28/88 – 07/10/95
純利益	69,706	42,206
プロフィットファクター （総利益／総損失）	1.56	2.53
総トレード数	77	27
勝率(%)	47	56
平均利益／平均損失比率	1.78	2.02
1トレードの平均損益	905	1,563
日中ベースの最大 ドローダウン(MIDD)	–30,600	–12,388

　基本的な金-債券システムは金と債券の間に存在する弱い負の相関関係をとらえることを目的としている。こういった相関関係は他のマーケット間においても存在する。大多数のトレンドフォロー・システムは4万ドル以上の損失を被るなど、原油市場では機能しない場合が多い。原油とコーンの間には負の相関関係が存在し（図4．36参照）、原油と短期金利の間にも同様の相関関係が存在する。短期金利を代表するマーケットといえばユーロ・ドルであろう。金-債券システムをコーン-原油そしてユーロ・ドル-原油に応用したシステムのシミュレーション結果を表4．18にまとめた。これら2つのシステムはそれぞれコーン、ユーロ・ドルのトレンド転換に応じて原油にシグナルを出すというシステムである。

　コーンやユーロ・ドルを利用して原油に売買シグナルを出すシステムでは、わずかだが利益を上げることが可能であるという検証結果が出た。これは典型的なトレンドフォロー・システムと比較すると、かなり良い結果といえる。

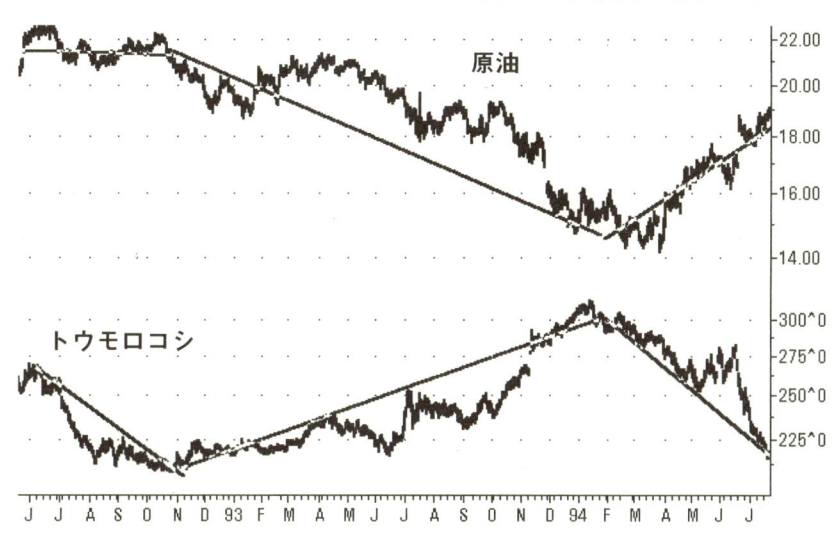

第4章　トレーディング・システム開発

図4.36　原油とコーンの動きの間にはおおよそ負の相関関係が確認できる

表4.18　金－債券システムを応用し、コーンとユーロ・ドルのマーケットから原油のシグナルを出したケースの検証結果

	金－債券システムを トウモロコシ－原油で 検証したケース	金－債券システムを ユーロ・ドル－原油で 検証したケース
検証期間	03/30/83 – 07/10/95	02/01/82 – 07/10/95
純利益	11,550	16,320
プロフィットファクター 　（総利益／総損失）	1.25	1.36
総トレード数	57	57
勝率（％）	53	53
平均利益／平均損失比率	1.13	1.22
1トレードの平均損益	203	286
日中ベースの最大 　ドローダウン（MIDD）	−11,390	−20,020

図4.37 コーン価格と生豚価格の間に見られる関係

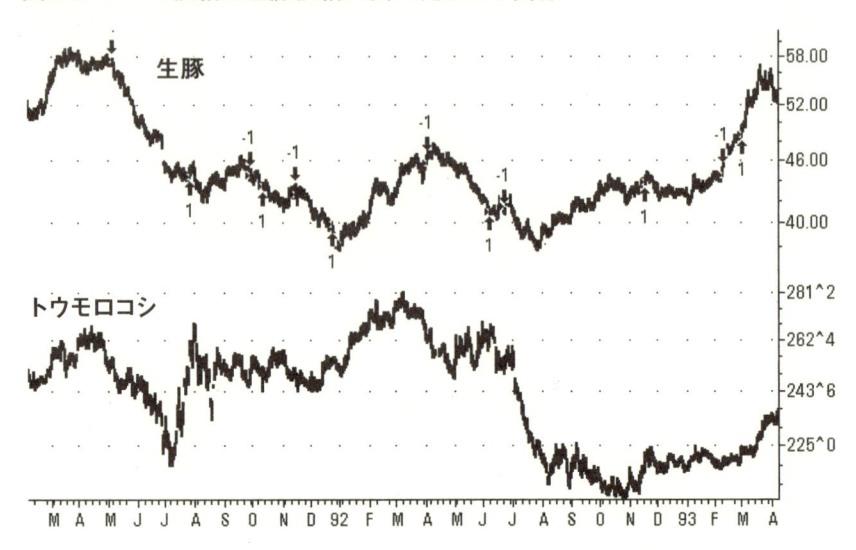

表4.19 金-債券システムを日本円-ドイツ・マルク、コーン-生豚などの正の相関が確認できるマーケットに応用したケース

	金-債券システムを 正の相関が確認できる マーケットに応用したケース ：日本円-ドイツ・マルク	金-債券システムを 正の相関が確認できる マーケットに応用したケース ：コーン-生豚
検証期間	02/13/75 – 07/10/95	01/02/75 – 07/10/95
純利益	51,188	34,052
プロフィットファクター （総利益／総損失）	1.53	1.64
総トレード数	99	105
勝率（％）	46	44
平均利益／平均損失比率	1.77	2.11
平均トレード	517	324
日中ベースの最大 ドローダウン（MIDD）	–12,800	–12,184

第4章　トレーディング・システム開発

　以上のように、金－債券システムを使ってマーケット間の弱い相関関係をとらえることは可能だという検証結果が出た。原油とコーンの間に存在すると思われた負の相関関係については明確な関係を発見することができなかった。これは恐らく輸送コストに起因しているのかもしれない。原油価格が上昇することで輸送コストも上昇し、米国のコーン生産業者はコーン価格を下げることでコスト上昇分を相殺する必要があるのだろう。原油価格の上昇と短期金利の間に存在する負の相関関係は将来のインフレに対する懸念によるものである。

　ここまで見てきたマーケット間システムは、すべてマーケット間に存在する負の相関関係を追求したものである。しかし、このアイデアを基に正の相関関係を持つマーケットをトレードすることももちろん可能である。あるマーケットで上昇トレンドが現れたことを確認して他のマーケットに買いポジションを取るといった方法である。日本円－ドイツ・マルクの組み合わせは、日本円のトレンド転換に合わせてドイツ・マルクの売買シグナルを出すというシステムである。コーン－生豚の組み合わせでは、コーンのトレンド転換に合わせて生豚に売買シグナルを出す。コーンは生豚の餌として使われるため、コーン価格が上昇すれば豚を飼育するコストも上昇することになる（**図4．37**参照）。金－債券システムをこれらのマーケットに応用してシミュレーションしてみる。ストップロスは通貨市場においては5000ドルに設定するが、生豚の場合はボラティリティーの低さを考慮にいれて1000ドルとする。これまで同様、スリッページと手数料は合計100ドルとしている（**表4．19**参照）。

　本項を要約すると、検証した結果、相関関係のあるマーケットを基に売買シグナルを出す方法で利益を上げることができるということが分かった。緩やかだが長期間にわたりその存在が認められている因果関係を利用しているため、マーケット間システムの売買シグナルにはより信頼が置けると考えられる。過小に評価しても、マネーマネジメントの"バックグランド"となるインプット情報のひとつとして、このマーケット間の分析を利用することはできるだろう。例えば、マーケット間システムのシグナルを利用して既存ポジションを増やしたり、新たにポジションを仕掛けたり

する場面でも利用可能だろう。また、一般的なシングルマーケットシステムの仕切りルールの一環としても、マーケット間システムのシグナルを利用することは可能だろう。

ボトムフィッシング・パターン

　個別マーケット対応システムは、マーケットに現れる特殊要因を基に構築されているため、特定のマーケットにおいて最も良く機能する。ある特定のマーケットに特別なパターンが現れる背景を理解することは難しい。そうしたパターンを起こすマーケットのメカニズムは急に変化してしまう可能性があるため、特定マーケットに対応したトレーディング・システムを構築する際には細心の注意が必要となる。

　次のＳ＆Ｐ５００の例はパターンベースのアプローチについてうまく描写している。まず１９８２年４月２１日～１９９５年７月１０日のつなぎ足を使用して、１０日と１１日の単純移動平均線の交差システムについて検証してみる。ストップロスは比較的余裕を持たせ２０００ドルに設定することで、ランダムな動きに対応できるようにしている。スリッページと手数料は合計１００ドル。

　１０日と１１日の移動平均線の交差システムはこの期間を通じて５３０回のトレードを実行し、ペーパー上１８万１００５ドルの損失を計上している。勝率３４％と総トレードに対して１７８トレードが利益を計上する結果となり、日中ベースで見た最大ドローダウンは１８万９３７０ドルに上った。ここで興味深いことは、損失のほぼすべて（１８万５５４５ドル）が売りトレードによるものであったことである。しかし１９８２年以来緩やかな上昇トレンドが続いていることを認識していれば、当然といえば当然である。ただ、長く上昇トレンドが続いているにもかかわらず、こういったシンプルなトレンドフォロー・システムがうまく機能しないということは驚きである。Ｓ＆Ｐ５００はトレンドフォロー・システムにとっては相性の良いマーケットであるとはいえない。

　シミュレーション結果では損失のほとんどが売りトレードによるもので

第4章　トレーディング・システム開発

あったため、シンプルな移動平均線の交差システムをアンチトレンドモードで使用するといった考え方は的を射ている。アンチトレンドルールは以下のようなものとする。

1．１０日ＳＭＡが１１日ＳＭＡを下回った場合、大引けで買う。
2．１０日ＳＭＡが１１日ＳＭＡを上回った場合、大引けで売る。

シミュレーション期間、ストップロス、スリッページと手数料などの諸条件は、すべて前述したシミュレーションと同様にする。このシステムをアンチトレンドモードに変更したことで、素晴らしい結果が現れた。総トレード数は５３１に上り、総利益２４万０９２５ドルに対する純利益が５万５９２０ドルという結果を残した。勝ちトレード数は２５４回で、勝率４８％に達した。日中ベースでの最大ドローダウンは３万２７３５ドルであった。

このアンチトレンドシステムの成績は取り立てて素晴らしいものではないが、Ｓ＆Ｐ５００の特殊要因を浮き彫りにしている。マーケット別システムを開発することは可能だろうが、そのシステムが他のマーケットでは全く通用しないこともあり得るということが分かる。例えば、１０－１１アンチトレンド戦略を同期間のスイス・フランで検証してみると、５万６７７５ドルの損失を被る結果となった。一方、１０－１１トレンドフォロー戦略の場合、同期間における損失額は１万３０８８ドルにとどまっている。

以下の例は"後知恵"がシステム構築に及ぼす影響について描写している顕著なものである。Ｓ＆Ｐ５００には日足チャートで見ると"Ｖ"ボトムが多く現れるため、底で買うことを目標にボトムフィッシング戦略を試みる。この戦略はアンチトレンドアプローチのため、理論上、良い結果が期待できる。このＳ＆Ｐ５００の"ボトムフィッシング"パターンのルールは以下の通り。

1．過去５日の間に２０日新安値を付けている。
2．当日の高安の値幅＞Ｘ、保守的にトレードする場合Ｘ＝４、アグレッシブにトレードする場合Ｘ＝１（この数字はティックを表すもの

ではなく、Ｓ＆Ｐ株価指数の１ポイント＝５００ドル）。
3．当日の大引け－寄り付き＞Ｙ、保守的にトレードする場合Ｙ＝３、アグレッシブにトレードする場合Ｙ＝０。
4．上記１、２、３の条件が満たされた場合、大引けで買い。
5．仕掛けて２０日後の大引けで仕切り。
6．当初のストップロスは１枚当たり２０００ドルに設定。

ここではこのボトムフィッシング・パターンを完全に自動化していることに注目していただきたい。今日仕掛けのシグナルが出れば明日の大引けで買うといった単純なルールを使用しているため、仕掛け自体には何の問題も伴わない。このようにメカニカルシステムは容易にトレードを実行に移すことできる。例えば引け後に分析を行い、翌日の寄り付き前に注文を出しておくことも可能である。

このシステムには保守的、アグレッシブと２通りの組み合わせが用意されている。保守的なものはトレード数が少ない。このパターンはいろいろと修正を施すこともできる。最も簡単な修正方法としては、仕切りルールの変更が挙げられる。例えば直近の２０日高値で仕切るといったものである。

表4.20 ボトムフィッシング・システムに2000ドルのストップロス、トレード20日目の大引けで仕切るルールを設定したケースのパフォーマンス。データはＳ＆Ｐ500の実データをロールオーバーしたもの

パターン	検証期間	純利益	トレード数；勝率	平均利益／平均損失比率	１トレードの平均損益	MIDD	プロフィットファクター
$X=4, Y=3$	9/82–2/88	40,900	18; 44	3.80	2,272	−6,300	3.04
$X=4, Y=3$	2/88–7/95	60,650	46; 39	3.25	1,319	−13,675	2.09
$X=1, Y=0$	9/82–2/88	58,625	57; 45	2.45	1,029	−11,425	2.06
$X=1, Y=0$	2/88–7/95	70,600	93; 35	2.81	759	−27,125	1.54

第4章 トレーディング・システム開発

　このシステムの検証には、オメガリサーチ社のシステムライタープラスと実際のS&P500先物のデータを使用した。ロールオーバー（乗り換え）を行うのは納会前月の20日としている。検証結果は**表4．20**に2つの期間に分けて掲載している。これはシステムライタープラスが一度に30限月しか処理できないためである。XとYの数値については保守的、アグレッシブどちらの組み合わせを利用しても構わないが、その組み合わせを最適化されていない組み合わせと考える。どちらの組み合わせも両期間において利益を計上している。

　それぞれの組み合わせによる資金残高曲線を**図4．38**と**図4．39**に載せている。保守的な組み合わせの資金残高曲線はアグレッシブのそれよりも滑らかであり、またドローダウンも小さい。

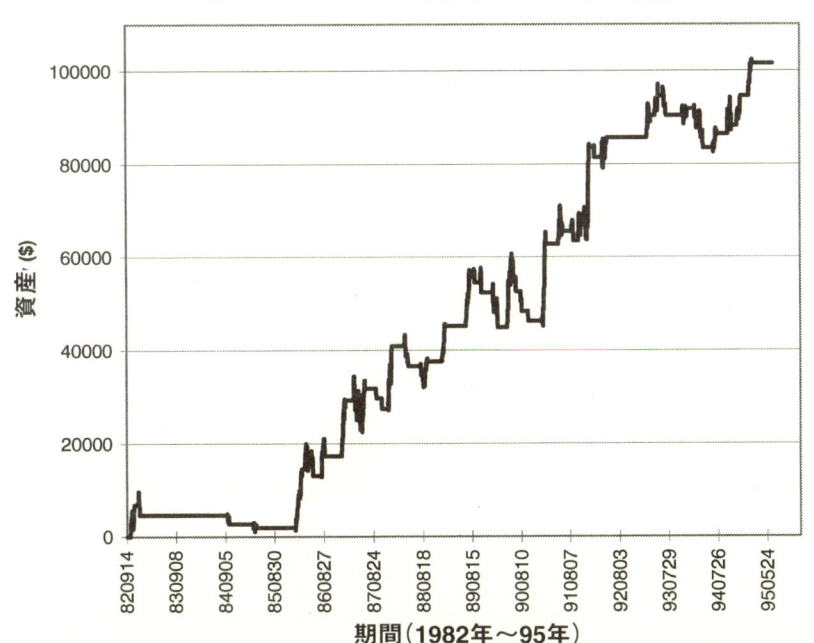

図4.38　SP#1の純資産曲線――X=4、Y=3（保守的なトレード）に設定し、ボトムフィッシング・パターンで検証（82年9月～95年7月）。データはS&P500の実データをロールオーバーしたもの。マネーマネジメント・ストップは1枚当たり2000ドルで、仕切りは20日後に設定

図4.39 SP#1の純資産曲線——X=1、Y=0（攻撃的なトレード）に設定し、ボトムフィッシング・パターンで検証（82年9月～95年7月）。データはS&P500の実データをロールオーバーしたもの。マネーマネジメントストップは1枚当たり2000ドルで、仕切りは20日後に設定

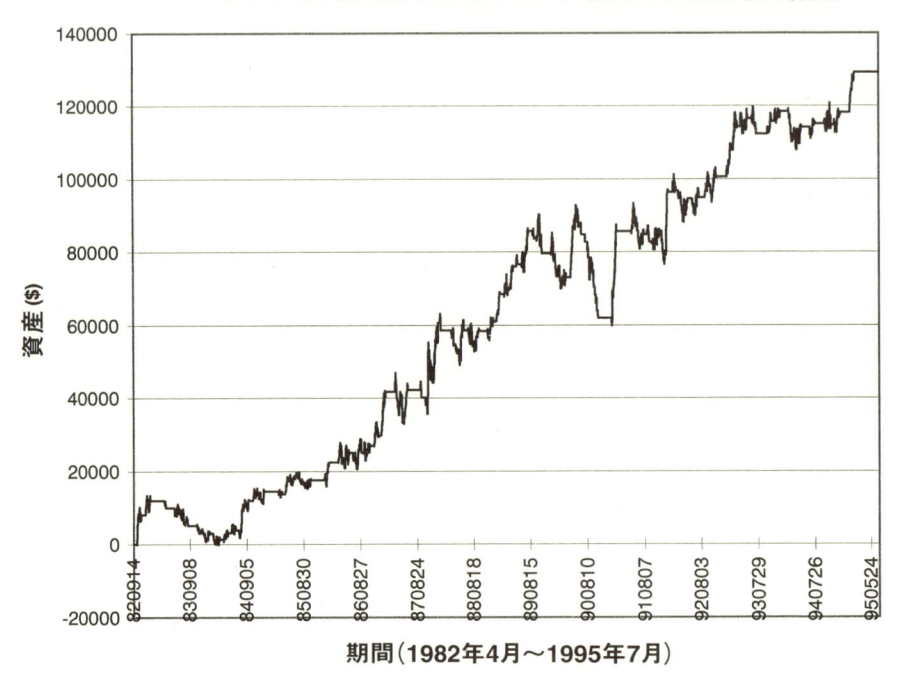

ここでは1995年3月限のＳ＆Ｐ500先物のデータを使って検証を行ってみたが、X＝4、Y＝3に設定すると**図4．40**のように、X＝1、Y＝0に設定した場合は**図4．41**のように売買シグナルが出ている。そこで確認できるように、このシステムは正確に底を拾うことに成功している。

このように、パターンベースのアンチトレンド、ボトムフィッシングアプローチはＳ＆Ｐ500マーケットで素晴らしい効果を発揮することが分かった。

図4.40 X=4、Y=3に設定したボトムフィッシング・パターンを利用することで、1994年12月の重要なボトムをとらえることができる

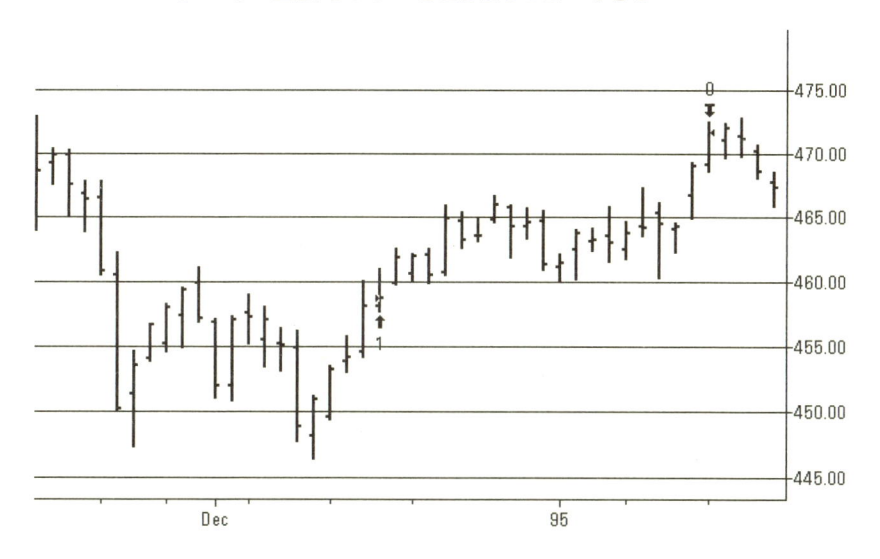

　様々な仕切りルールを試してみることもできる。仕掛けた２０日後の大引けで手仕舞う（ケース１）代わりに含み益が１０００ドルを超えた場合に直近の５日安値にトレイリングストップを設定する（ケース２）といった戦略を採用する。Ｘ＝４、Ｙ＝３、ストップロスを２０００ドル、スリッページと手数料に１００ドルという条件で、このケース２の仕切りルールを加えたシステムを１９８８年２月１２日～１９９５年７月１０日までのデータで検証してみると、総トレード数４４に対して５万９０２５ドルの利益を計上し、最大ドローダウンはマイナス７６２５ドルという結果が出た。このデータを**表４．２０**の２列目の数値（ケース１）と比較してみる。この仕切りルールを使用しても利益額はほとんど変わらないが、ドローダウンは縮小し勝率も上昇している。**図４．４２**はケース１、ケース２の資金残高曲線だが、ケース２の方がケース１よりもドローダウンが小さいことを確認できる。

図4.41 X=1、Y=0に設定したボトムフィッシング・パターンを利用すると、1994年12月の重要なボトムをよりボトムに近いポイントでとらえることができる

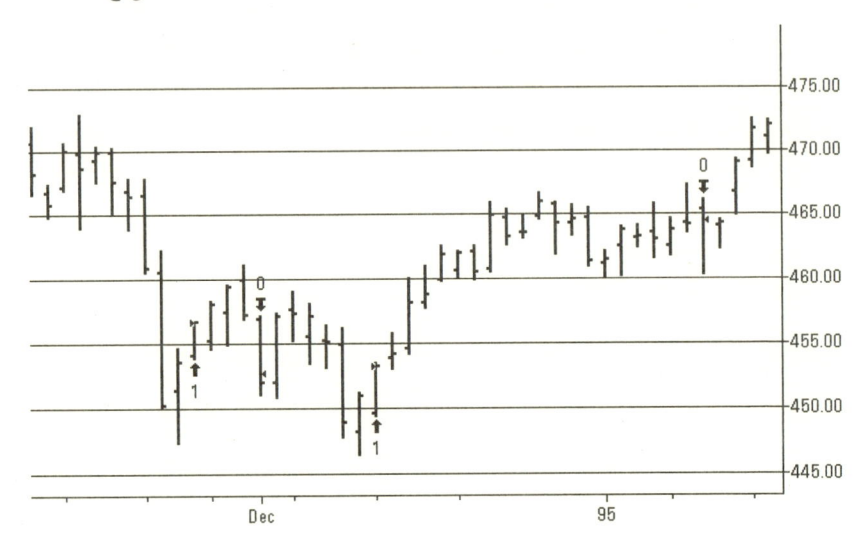

　ボトムフィッシング・パターンの基本的な有効性を他のマーケットでも確かめるためには、このパターンをより一般的な形に修正する必要がある。広範なマーケットで検証するためにX＝0．1、Y＝0とする。また、すべてのマーケットがＳ＆Ｐ５００のように活発にトレードされているわけではないため、過去２０日の最安値で仕切るというトレンドフォロー型の仕切りルールを使用する。下降トレンドにおけるトレード数を減らすために、仕掛けの方法もシグナルが出た翌日の大引けで買うのではなく、シグナルを出した日の高値を上回ったポイントで買うというように修正する。マネーマネジメント・ストップやスリッページと手数料については、従来通りそれぞれ２０００ドル、１００ドルとする。シミュレーションには、１９７５月１月〜１９９５年７月までの入手可能なデータのつなぎ足を使

第4章 トレーディング・システム開発

用した。シミュレーション結果については、すべて1枚ずつトレードすると仮定したものである。

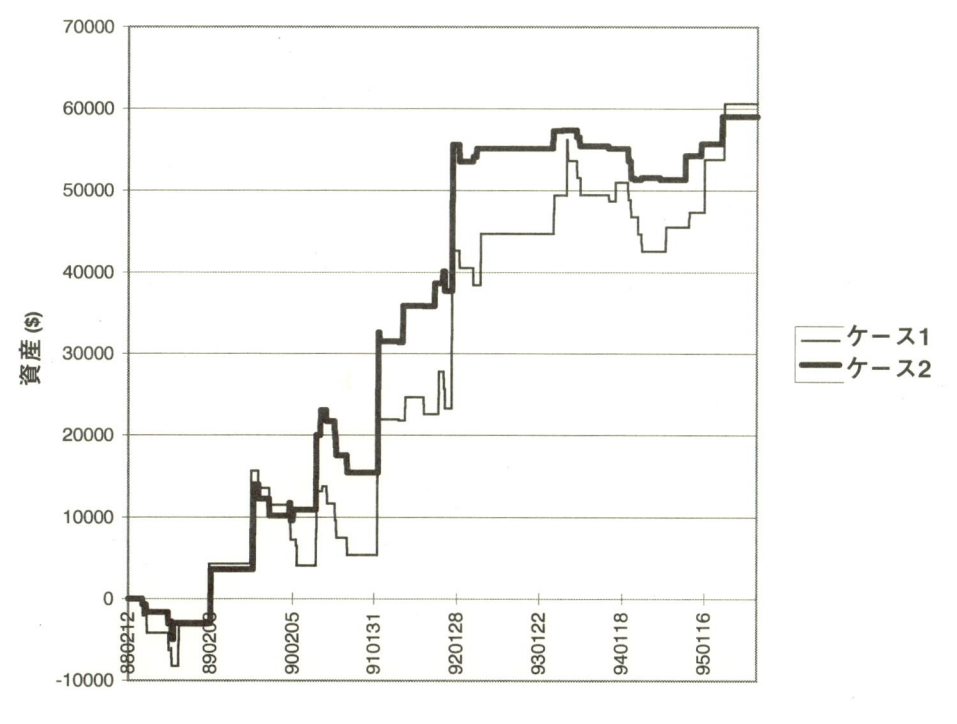

より一般的なボトムフィッシング・パターンの場合、検証17マーケット中、ドイツ・マルク、ユーロ・ドル、金、日本円、コーヒー、オレンジジュース、スイス・フラン、Ｓ＆Ｐ５００、銀、米10年物国債、米30年物国債といった11のマーケットで利益を上げる結果となった。ということは、このパターンはトレンドが現れやすく、値動きの大きいマーケットでよく機能する可能性が高いことを示している。シミュレーション結果は表４．２１の通り。

図4.42 SP#1の純資産曲線──A=4、B=3、MMS=2000ドル、ケース1=20日目の大引けで仕切り、ケース2=1000ドルの利益＋5日トレイリングストップ

表4.21 一般的なボトムフィッシング・パターンを他のマーケットで検証した結果

マーケット	利益	トレード数	勝率（％）	MIDD	プロフィットファクター
英ポンド	−17,694	195	21	−6,403	0.92
コーヒー	86,740	200	20	−62,251	1.36
原油	−35,660	117	22	−38,000	1.43
ユーロドル	20,650	45	36	−5,825	1.71
金	7,510	187	25	−40,000	1.06
灯油	−19,687	158	23	−50,124	0.88
日本円	98,513	138	30	−15,188	1.95
生豚	−17,853	201	22	−22,176	0.83
オレンジジュース	12,653	194	21	−11,978	1.16
銀	121,970	189	23	−54,550	1.81
大豆	−17,869	193	25	−35,719	0.86
S&P500	127,925	111	30	−43,065	1.64
砂糖	−23,660	175	25	−34,166	0.75
スイス・フラン	64,450	162	27	−28,387	1.48

　このシミュレーション結果により、ボトムフィッシング・アプローチはマーケットに存在する基本的な変動パターンをとらえていることが分かる。シミュレーション期間が長期にわたる上、広範なマーケットで利益を計上していることから、このアイデアは堅牢なものであると考えていいだろう。マーケットによるパフォーマンスの違いは、パターンを形成した後の値動き幅に関係があると考えられる。

　ボトムフィッシング・パターンをさらに個別株のデータを用いて検証してみることで、異なる時間枠におけるパフォーマンスについて理解することができる。図４．４３（週足）や図４．４４（月足）のチャートは一般的なボトムフィッシング・パターンがどのように機能するかをよく描写し

ている。**図4.43**はユニオンカーバイド社の週足チャートだが、このパターンがどのようにして1990年と1991年の底入れをとらえているかがよく分かる。また、大きな上昇トレンドを通じて買いポジションを維持していることも分かるだろう。このパターンは個別株の週足チャートでもよく機能している。**図4.44**はキャタピラートラクター社の月足チャートである。ボトムフィッシング・パターンにより1992年の底入れをとらえ、その後の上昇局面を通じて買いポジションを維持することに成功している。

図4.43　株価の週足データに一般的なボトムフィッシング・パターンを利用した例

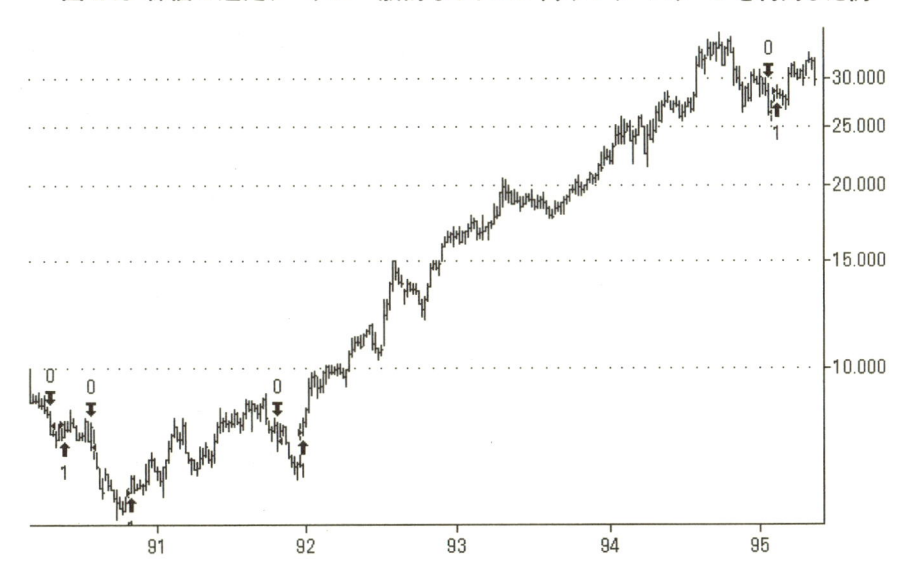

本項を要約すると、ボトムフィッシングパターンはマーケット別システムの優れた例といえる。このモデルを基にＳ＆Ｐ５００をトレードする別のパターンベースシステムを構築することもできるだろう。他のマーケッ

トにも応用できるようにこのパターンを一般化し、個別株に使うことも可能である。ボトムフィッシングパターンは日足、週足、月足といった異なる時間枠データに対してもうまく機能する。以上のように、ボトムフィッシングパターンは価格変動の基本パターンをとらえている。

図4.44 株価の月足データに一般的なボトムフィッシング・パターンを利用した例

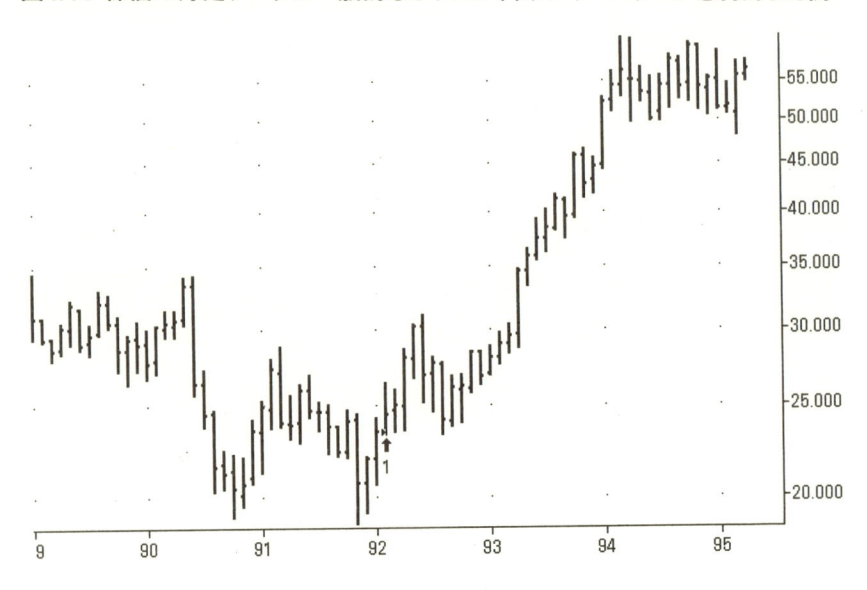

一大チャンスを見極める

年に1度や2度は先物市場で異例の利益をもたらしてくれる一大チャンスとも言うべき機会が現れる。この機会をものにすることができれば、パフォーマンスは驚くほど改善されることになる。またそのようなマーケッ

トでポジションサイズを増加することができれば理想的である。エクスポージャーを増やすためには定式化された方法を利用しても裁量に任せても構わないだろう。

　図4.45は日本円1995年9月限のチャートだが、ここに一大チャンスといえる機会が現れている。ここに示されている巨大な上昇・下降場面の2度にわたりポジションを3倍にすることができれば、リスクをそれほど高めることなく4万ドルも利益を増加させることができる。こうした状況では、ある著名マネーマネジャーの言葉通り、まさに"ブタになる（ババを引く）勇気"が必要となる場面である。

　システム構築には、一大チャンスを定義する方法を見つける、という大きな困難が付き物である。しっかりと定義することができれば、それを好きなように利用すればいい。こういった一大チャンスをつかむために、自由裁量を利用してマーケットエクスポージャーを適応させることもできるだろう。

図4.45　7日SMAが50日SMAの3％バンドを超えてきたときに確認される千載一遇のトレード機会

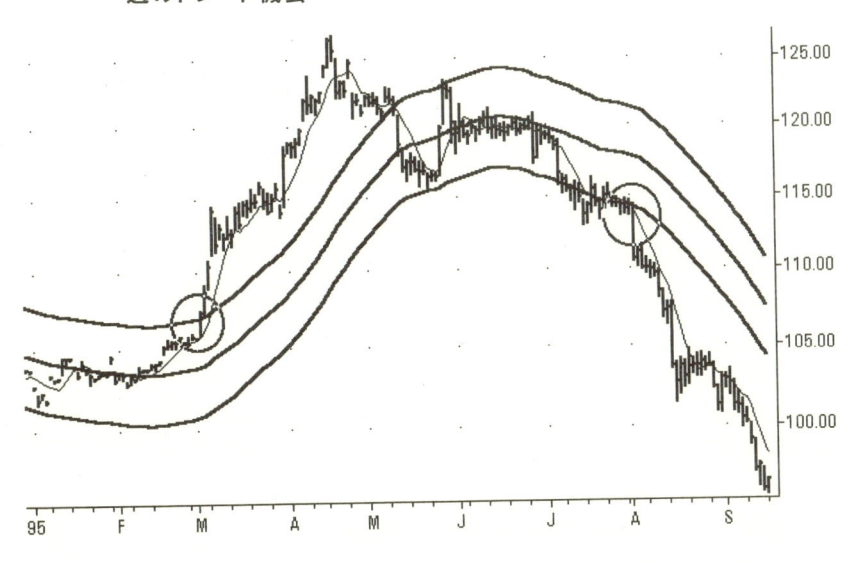

第4章 トレーディング・システム開発

図4.46 マーケットは短期間の間に売り買い両方ともに千載一遇のトレード機会を示すこともある

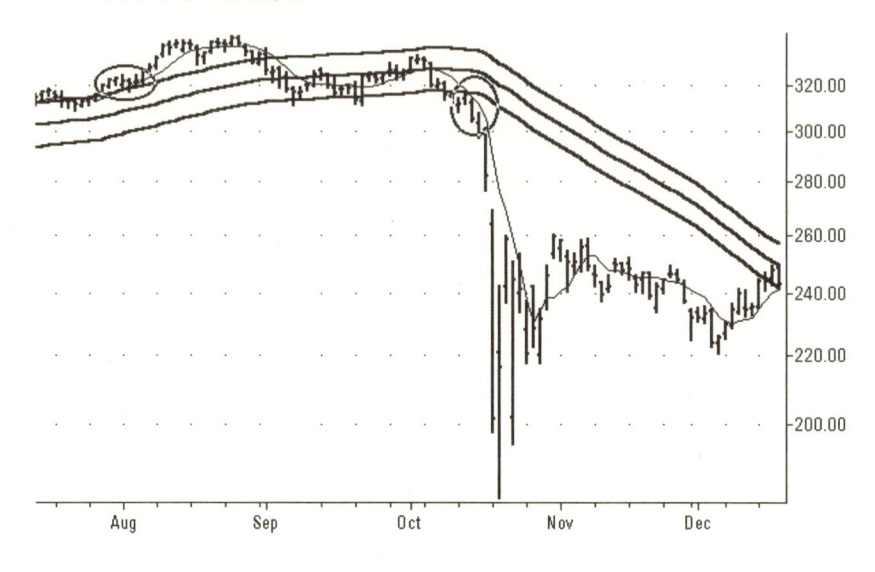

　ここで使う"一大チャンス"の定義はシンプルなものである。50日SMAを利用し、その上下3％の位置にトレーディングバンドを描く。そして7日SMAがこのバンドの上限か下限を外側に突き抜けることで一大チャンスの出現とみなすのである（**図4．45**参照）。要するに7日SMAが3％の上限バンドを上抜けると、一代上昇局面が現れたと考えるのである。これを逆に定義したものが下落相場の一大チャンスとなる。このシグナルが出た後にも、それまで発展してきたトレンドがそのまま続くというのがベストシナリオである。逆にワーストシナリオはシグナルが出た後に1日、2日じらされた挙句、再び方向性に欠ける展開へと逆戻りしてしまうことである。そのため仕切りルールとしてストップロスを使う必要がある。

　数カ月の間に売り買い両方の機会が現れることもあるということに注意していただきたい。1987年のＳ＆Ｐ500のように、結果的にすぐに

仕切ることになってしまう買いシグナルが強力な下落相場の前触れになるということも時にはある（**図4．46**）。そのため一大チャンスを暗示するシグナルが現れた際には細心の注意を払うべきである。

次に待ちうける大きな問題は仕切りルールである。エントリー２０日後の大引けで仕切るというシンプルな戦略は効果的である。他の仕切りルールとしては、７日ＳＭＡがトレードバンド内に戻った時点でそのポジションを手仕舞うというものが考えられる。この他にもいくつか仕切りルールを考えつくだろうが、それらはすべて検証してみることを強く勧める。

表4.22 トレード20日目の大引けで仕切るルールを設定した3%トレーディングバンドのパフォーマンス要約

マーケット	利益	勝ちトレード数；総トレード数	勝率	平均利益／平均損失比率	プロフィットファクター	MIDD
英ポンド	38,125	37; 62	60	1.08	1.60	−11,756
コーヒー	122,273	69; 157	44	1.94	1.52	−34,683
綿花	48,255	66; 123	54	1.33	1.55	−11,505
原油	12,610	40; 73	55	1.08	1.31	−7,800
ドイツ・マルク	9,963	36; 71	51	1.15	1.19	−10,688
金	46,310	42; 85	49	1.75	1.71	−21,520
灯油	19,220	59; 117	50	1.18	1.20	−17,822
日本円	18,225	34; 71	48	1.42	1.31	−16,638
生豚	10,805	82; 149	55	0.94	1.15	−11,832
大豆	25,756	49; 107	46	1.50	1.26	−25,675
S&P500	28,040	22; 58	38	2.08	1.27	−27,932
スイス・フラン	19,187	44; 85	52	1.14	1.22	−15,050
米10年物国債	3,918	88; 18	44	1.53	1.23	−7,506
米30年物国債	3,468	34; 65	54	0.89	1.04	−27,932
平均	29,011		50	1.36	1.33	−17,739

表4．22は1975年1月1日から1995年6月30日までの入手可能なデータをすべて使用し、いくつかのマーケットでこの一大チャンスのアイデアを試してみたシミュレーション結果である。これは、基本的な20日チャネル・ブレイクアウトシステムにこの一大チャンスのアイデアを加えたシステムとなっている。買いの仕掛けは7日SMAが50日SMAを1．03倍上回っていることを条件に過去20日の最高値で実行する。売りの仕掛けを実行するにはこれと正反対の条件が必要である。正確に検証するためには、仕切りは仕掛けの20日後の大引けとし、ストップロスを3000ドル、スリッページと手数料合計で100ドルという条件でシミュレーションを行った。

　検証期間が長期にわたっていること（あるマーケットでは20年）、様々なマーケットを検証の対象にしていること、そして勝率が比較的高いことを考えると、このシステムはマーケットに現れる一大チャンスを見極めるのに有効なアプローチだと言える。またMIDD（日中の最大ドローダウン）の数値は仕切りルールがこのシステムの生命線だということを示している。一例として、トレイリングストップを加え、トレードバンドの幅を狭くした結果を表4．23に掲載している。

　破産の確率について解説した際には、勝率、ペイオフ比率、掛け金などのパラメーターが一定していることを前提にしていた。しかし現実のトレーディングを考えると、勝率やペイオフ比率は当然時間とともに変化する。そのため1トレード当たりに費やす資金の割合に変化を持たせることを考えるべきである。特に一大チャンスが現れると確認されたような状況ではこれが重要である。

　本章で紹介するシミュレーション結果はすべて1枚ずつトレードした結果である。ということは、自由裁量を利用してマーケットエクスポージャーを増減できるチャンスが残っていることになる。そのためこれまで紹介してきたように1枚ずつトレードした結果と比べて、複数枚数をトレードすることでパフォーマンスにかなり大きな影響を及ぼすことも考えられる。また、自由裁量を使ったり、1時間チャートのような短期データを利用することで仕切りルールを変えることもできるだろう。

マーケットに現れる一大チャンスの存在を確認するために、ファンダメンタル要因をチェックしてみることも一考する価値があるだろう。例えば、特殊な天候パターンが現れたり、政治的動向、さらに収穫の失敗というように、新聞や雑誌の金融欄で見かける出来事が挙げられる。純粋にテクニカルの視点に立つ場合は、ファンダメンタル要因を確認する必要はない。しかし特殊なファンダメンタル要因が存在するのであれば、それが潜在的な価格変動の大きさや期間に対するヒントを与えてくれる可能性もある。その情報を利用してポジションサイズを変更する方法を決めることもできるだろう。

表4.23 20日トレイリングストップを設定した1%トレーディングバンドのパフォーマンス結果

マーケット	利益	勝ちトレード数；総トレード数	勝率	平均利益／平均損失比率	プロフィットファクター	MIDD
英ポンド	146,544	47; 93	51	2.39	2.44	−17,319
コーヒー	242,119	47; 118	40	3.84	2.49	−26,970
綿花	58,135	46; 100	46	2.21	1.56	−19,160
原油	4,740	28; 69	39	0.73	1.11	−8,020
ドイツ・マルク	69,526	48; 94	51	1.90	1.98	−10,425
金	29,360	41; 112	37	2.29	1.32	−27,170
灯油	44,177	42; 101	42	2.11	1.50	−26,879
日本円	99,400	46; 87	53	2.32	2.60	−11,338
生豚	53,768	57; 108	53	1.88	2.10	−9,376
大豆	45,688	44; 116	38	2.58	1.57	−19,275
S&P500	−25,955	25; 105	23	2.44	0.73	−79,710
スイス・フラン	80,338	50; 101	50	1.97	1.93	−9,188
米10年物国債	37,768	22; 58	38	2.60	1.65	−5,206
米30年物国債	57,100	35; 90	39	2.28	1.5	−16,075
平均	67,336		43	2.25	1.75	−20,437

要約

本章ではトレーディング・システムの中でもメジャーな７種類のシステムについて検証してきた。それらはみんな異なる哲学のもとに構築されたシステムである。６５ＳＭＡ－３ＣＣシステムは堅実なパフォーマンスが売り物のトレンドフォロー・システムである。われわれはこのシステムについて細部にわたり検証してきた。システム構築においては、このように細心の注意を払って分析することが重要である。また最大含み益、最大含み損、トレードの度数分布、そしてボラティリティー・ベースのストップロスの有効性というような重要な考え方も利用してきた。こうしたアイデアについて理解し、努めて利用するよう心掛けておく必要がある。要するに６５ＳＭＡ－３ＣＣシステムは堅牢なシステムであり、トレンドが発生する期間においては利益を上げることが可能なシステムである。約４％のトレードが巨額の利益を計上する可能性があるため、そうしたトレードを尚早に手仕舞ってしまうことがないように、慎重に仕切りルールを選ぶべきである。

チャネル・ブレイクアウト－プルバック（ＣＢ－ＰＢ）システムは、買いトレードに特化した最初のパターンベース・システムである。このシステムはストップロスと仕切りルールを備えていないにもかかわらず、その買い仕掛けのシグナルは広範なマーケットで約５５％の勝率を残すというように、信頼できる仕掛けの方法を利用している。様々な仕切りルールを使って検証した結果、このＣＢ－ＰＢシステムは低リスクポイントで仕掛けることができ、いろいろなトレードスタイルに適応できることが分かった。ＣＢ－ＰＢシステムは活発に取引されているマーケットで短期・中期のトレードを行う場合にうまく機能する。このシステムについては、同じ仕掛けのルールを利用しても、かなり異なる性質を持つシステムを構築することが可能であることを証明した。

ＡＤＸバースト・トレンド追求システムは、トレンドの強弱に合わせてフィルターを使用するシステムである。これは強いトレンドが現れている状況で仕掛けることが可能なシステムである。このシステムはニュートラ

第4章　トレーディング・システム開発

ルゾーンが大きく、３５～４５％の期間においてのみマーケットでポジションを持っている計算となる。

次に自動的にアンチトレンドとトレンドフォローのモードを選択するトレンド－アンチトレンド（Ｔ－ＡＴ）システムについて検証した。このシステムはときどき驚くほど正確に天井や底をとらえることができるシステムである。ボラティリティーの影響により、ポジションとは逆にマーケットが動いてしまうといったワナにはまりやすいため、厳密なリスク管理が必要不可欠である。

金－債券システムは、マーケット間に存在する正または負の相関関係を利用したシステムである。これはマーケット間に流れる弱い関係をとらえることを目的としており、トレンドフィルターを使っても使わなくても構わない。検証の結果、米国債と金、銅、大豆、通貨などのマーケットの間に存在する興味深い関係を発見することができた。また、この金－債券システムをドイツ・マルク－日本円、コーン－生豚といった正の相関関係を持つマーケットにも応用してみた。このシステムに最低な評価を下すとしても、トレード状況が有利なのか不利なのかを判断する材料として使うことは可能だろう。

ボトムフィッシング・パターンは、Ｓ＆Ｐ５００をトレードするために開発された個別マーケット対応システムとしてスタートしたシステムである。検証の結果、このシステムは他のマーケットだけでなく、個別株にも応用できることが分かった。また日足、週足、月足といった様々な時間枠に対してもうまく機能することが確認された。要するにこのパターンはマーケットに現れる基本的な変動パターンを掴むことに成功したのである。

一大チャンスシステムは基本的にポジションサイズ変更を可能にするツールである。ただシステム自体でも効果的なトレンドフォロー・システムである。トレンドが大きく発展していくような状況では、その値動きの大部分が５０日ＳＭＡから１％、または３％の位置に引かれたトレードバンドの外側で推移する可能性が高い。

本章では、検証期間を２つの期間またはそれ以上の期間に分け、その中の一期間のデータを最適化することでシステムを"完全"なものとし、そ

の後に残りのデータを使ってその最適化されたシステムの有効性を検証するといった一般的な方法を採用しなかったことに注意していただきたい。この方法を利用すると、システムを真新しいデータに対してシミュレーションすることができる。そこで、その"サンプル外"データを用いた検証結果をもとに、当該システムが将来どのようなパフォーマンスを残すか判断することができるようになる。パラメーターをいろいろと変えてシミュレーションする場合には、最も"安定した"組み合わせを選ぶように試みるべきである。安定性とは大部分のテストデータにおいて利益を計上し、シミュレーションを行う条件のわずかな変化に対して結果が大きく変わってしまうようなことがない、ということを意味する。このアプローチに関しては、バブコック、シャンデ＆クロール、パルド、シュワッガーなどの著書の中で詳細に解説されている（参考文献の欄参照）。

本章では単にシミュレーションだけに頼るのではなく、トレーディング戦略の背景にあるアイデア自体にも注意を払った。そこで過去20年間のデータで入手可能なものをすべて利用し、何の最適化も施さずに前述した7種類のシステムを検証してみた。それぞれのシステムが将来も引き続き利益を計上できるようなマーケットの本質をとらえたものであるかどうかを判断することに焦点を絞って検証したと言い切ることができる。本章では様々な例を通して、特定のマーケット真理に基づいて新たなトレード戦略を構築するといった、システム構築の芸術的側面について描写することができた。次章では既に有効性が証明されている有名システムに修正を施すことで、トレーディング・システムの有効なバリエーションを構築していく方法について解説していく。

※参考文献：ロバート・パルド著『トレーディングシステムの開発と検証と最適化』
　　　　　　ジャック・D・シュワッガー著『シュワッガーのテクニカル分析』（ともにパンローリング刊）

第5章
トレーディング・システムのバリエーションを構築する

"全く同じ変化などありえない"

序論

　本章では既存のアイデアを基に、自分のトレーディング・スタイルに合ったバリエーションを構築する方法について解説していく。この方法を利用することで、異なる目的に沿った様々なトレーディング・システムを構築することが可能となる。トレーダーは哲学、時間枠、資金量、利益目標、自信の度合いという点でそれぞれ違いがあり、全く同じ戦略を利用するトレーダーはまず存在しない。そのためよく知られたトレーディング・システムでも問題なく使用することができるだろう。しかし、既存のアイデアのバリエーションを考えることで他人よりも優位に立つことができる。既に何度も述べているが、これは何もトレーディングに関する特定のアイデアを推奨しているわけではなく、みなさんの想像力をかき立てようとしているだけのことである。それぞれのバリエーションがどのように既存システムの構造、そしてマーケットデータに対する対処の仕方を変えることになるのかに注目すべきである。

第5章　トレーディング・システムのバリエーションを構築する

　本章では、まずこの業界で最も古くから知られているメカニカルシステムのひとつであろう２０日間、つまり４週間ブレイクアウト・システムについて考えていく。終値ベースの２０日ブレイクアウト・システムを異なる２つの仕切りルールを用いて検証し、その結果について考えていくことから始める。仕切りルールのひとつ目はシンプルなＸ日トレイリングストップとするが、もうひとつはより複雑なボラティリティー・ベースのルールを用いる。ひとつ目のバリエーションとしては、２０日間の値幅に一定のバリア（フィルター）を設けてみる。次に変動バリア、いわゆるボラティリティーベースのバリアを利用する方法を試してみる。

　一風変わったバリエーションとして、２０日間チャネルにボラティリティー・ベースのバリアを加えるのではなく、逆に２０日間チャネルからそのバリア分を差し引いてみるというものが挙げられる。そしてそのバリエーションの有効性について統計的観点から調べてみる。こういったバリエーションはすべて、既に証明済みのアイデアを利用し自分のニーズやトレードスタイルに適応することができるということを確信させてくれる。

　その後、ＡＤＸベースのシステムを２種類考えていく。ＡＤＸはトレンドの強さを測るテクニカル指標である。幾重にも平滑化されたＡＤＸを使うことで大きなトレンドを見逃すことなくトレード数を減らすことができるということは理解できるだろう。ここではまず、トレードを実際に実行するために必要なＡＤＸの数値を設定することの効果について検証し、その後にＡＤＸが上昇している必要があるという条件を加えることによる効果についても検証してみる。基準として設定するＡＤＸの絶対値レベルはＡＤＸのトレンドほど重要でないことが分かるだろう。

　恐らく"プルバックの動き（押し目）が支持されたときに買え"といったようなアドバイスを聞いたことがあるかもしれない。このアドバイスだけをもとにトレーディング・システムを構築することはできないが、上昇トレンドでも下降トレンドでも機能するプルバック・システムについても考えていく。

　そして最後に買いシグナルのみのパターンベース・システムについてみていく。アメリカンフットボールのロングパスから得たアイデアによって

第5章 トレーディング・システムのバリエーションを構築する

"長距離爆弾"システムを構築してみる。このシステムを利用することで、自分のお気に入りのチャートから有効なパターンを導き出すことが可能となる。

これらのトレーディング・システムは全く最適化をせずに検証していく。それぞれのモデルに使用されるパラメータ数値は検証を行う以前の段階でランダムに選択したものであり、その数値によって検証結果に何らかのバイアスがかかることを防いでいる。システムはすべて同じデータを用いて検証しており、システムルールとマーケット動向の間に存在する実質的な関係について理解することができるだろう。自分のトレードスタイルや目標に最も近い組み合わせを見つけるために、既存アイデアをもとにバリエーションを構築していくことが大切である。

表5.1に検証対象となるマーケットの一覧表を載せているが、これらのマーケットを選んだ理由は、単に大きなトレンドが現れた時期だけでなく、ボラティリティーが高い期間、方向性に欠けレンジ取引が長く続く時期など、様々な種類のマーケット状況を含んでいるためである。本章ではストップロスを1500ドル、スリッページと手数料合わせて100ドルという条件の下でシミュレーションを行っていく。

表5.1 本章で検証に使用したマーケットと期間一覧

マーケット	検証期間
英ポンド	2/75–7/95
コーヒー	1/75–7/95
原油	1/83–7/95
綿花	1/75–7/95
ドイツ・マルク	2/75–7/95
ユーロドル	2/82–7/95
金	1/75–7/95
日本円	8/76–7/95
米30年物国債	8/77–7/95
小麦	1/75–7/95

トレイリングストップを追加した
終値ベースのチャネルブレイクアウト・システム

　まず一般的なチャネルブレイクアウト・システムにトレイリングストップを置いた場合の効果について検証することから始めよう。ここでの目的はチャネルブレイクアウト・システムを短期システムに変化させることである。終値ベースのチャネルブレイクアウト・システムのロジックについてはよくご存知だろう。売り買いのルールは以下の通り正反対である。

1．当日終値が過去20日間の最高値を上回った場合、大引けで買い。
2．当日終値が過去20日間の最安値を下回った場合、大引けで売り。

　仕切りルールは過去数日間の最高値や最安値にトレイリングストップを置く。このケースではトレイリングストップに5日の最高値と最安値を使用する。仕切りルールは以下の通り。

1．過去5日間の最安値にストップオーダー（逆指値）を置き、買いポジションを手仕舞う。
2．過去5日間の最高値にストップオーダー（逆指値）を置き、売りポジションを手仕舞う。

　このシステムは、20日間チャネルをブレイクアウトした時点でマーケットに素早く決定的な動きが現れるということを前提にしている。また利益の大部分を守るためには比較的タイト（小幅）なトレイリングストップを置くことで対処できるということ意味を含んでいる。レンジ内での取引が続く傾向のあるマーケットにおいては、近い位置にトレイリングストップを置くことが効果的である。逆に近い位置にトレイリングストップを置くことで、長く続いていくトレンドを尚早に手仕舞ってしまうことも考えられる。そうした長く続いていくトレンドに遭遇した場合、一定の水準を超えた地点で新たにブレイクアウトする場面が現れるため、トレードが一

第5章　トレーディング・システムのバリエーションを構築する

度のみにとどまるとは限らない。当初設定するストップロスを１５００ドル、各シグナルごとに１枚ずつトレードし、スリッページと手数料合計で１００ドル差し引くという条件でシミュレーションした結果を表５．２に掲載している。

表5.2　5日高値または安値で仕切る手仕舞いルールを設定した20日間ブレイクアウト・システムのヒストリカルパフォーマンス

マーケット	利益	トレード数	勝率	利益／損失比率	1トレードの平均利益	MIDD	プロフィットファクター
英ポンド	38,869	259	34	2.35	150	−21338	1.21
コーヒー	177,438	255	38	3.26	696	−24,414	2.03
綿花	−1,300	260	35	1.81	−5	−23,275	0.99
原油	−43,230	157	29	1.10	−275	−44,230	0.44
ドイツ・マルク	38,575	229	43	1.86	168	−12,800	1.42
ユーロ・ドル	14,225	142	45	1.71	100	−5,175	1.40
金	19,180	222	31	2.67	86	−36,870	1.18
日本円	64,913	201	44	2.01	323	−11,388	1.56
米30年物国債	−5,013	222	36	1.71	−23	−35,994	0.96
小麦	−24,169	248	29	1.61	−97	−32,475	0.67
合計	279,488	2,195					
平均	27,949	220	36	2.01	112	−24,796	1.19

　基本的な２０日間チャネルブレイクアウト・システムは典型的なトレンドフォロー・システムであり、勝率３６％、平均利益／平均損失の比率は２を超える結果を残した。総利益の６３％をコーヒーひとつの銘柄で稼ぎ出している。平均プロフィットファクター（総利益／総損失）は１．１９

で、利益が損失をわずかに上回ることが分かった。１トレード当たりの平均損益は１１２ドルの利益となり、どうにか受け入れられるといった程度にとどまっている。しかし、これはポジションを維持する期間が短いことに起因する部分もある。

総トレード数が２１９５回に上ったということは、トレードコストとスリッページが全体のパフォーマンスに大きな影響を及ぼしたことを意味する。シミュレーションの対象とした１０マーケットのうち４つのマーケットで損失を計上したという事実が、わずかながら心配の種と言える。利益平均が最大ドローダウンの平均値よりもそれほど大きくないことも心配の種である。

図5.1　５日高値または安値で仕切る手仕舞いルールの場合、上下動を繰り返しながら上昇していく、この小麦のようなケースでは手仕舞う頻度が高くなる

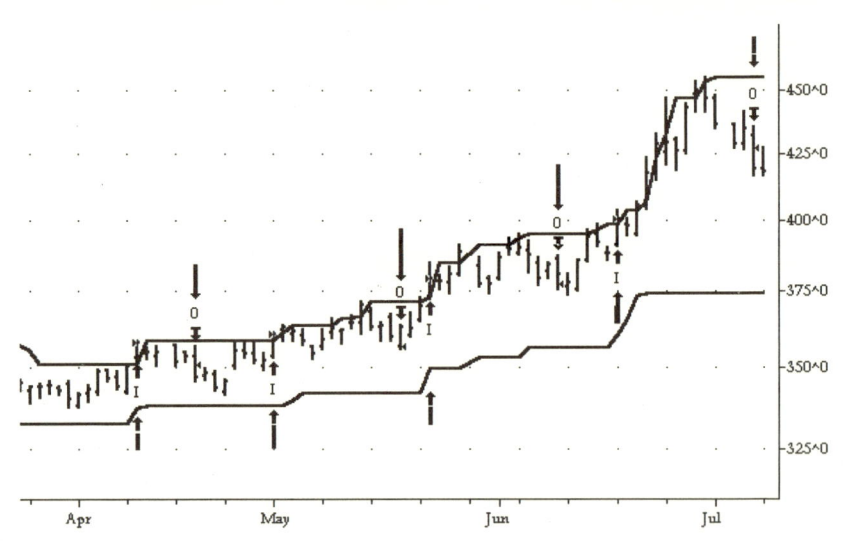

第5章　トレーディング・システムのバリエーションを構築する

　このシミュレーションでは過去5日の最高値または最安値で仕切るという戦略を採用した。この仕切りルールは20日高値を更新すると、その後力強い上昇局面が現れるということを前提にしている。以下に述べる2つのケースは、この仕切りルールが現実のマーケットでどのように機能するかについて教えてくれる。小麦のケースでは（**図5．1参照**）、マーケットは上下動を繰り返しながらも上昇トレンドを維持していることが分かる。このように上下動を繰り返しながら上昇していくトレンドは力強さに欠け、新高値を付けてもすぐに修正場面を迎えてしまう。過去5日の最高値や最安値で手仕舞うというこの戦略では、修正局面を迎え小幅な動きが続く局面でポジションを手仕舞ってしまうことになる。このように上昇トレンドを維持しながら上下動を繰り返す動きを見せた小麦のケースでは、すぐにポジションを仕切ってしまい、短期トレードが連続して起こった。

図5.2　このコーヒーつなぎ足は5日の手仕舞いルールにとって最高のケースとなった。このルールはブレイクアウト後に素早く動くようなマーケットで最もうまく機能する

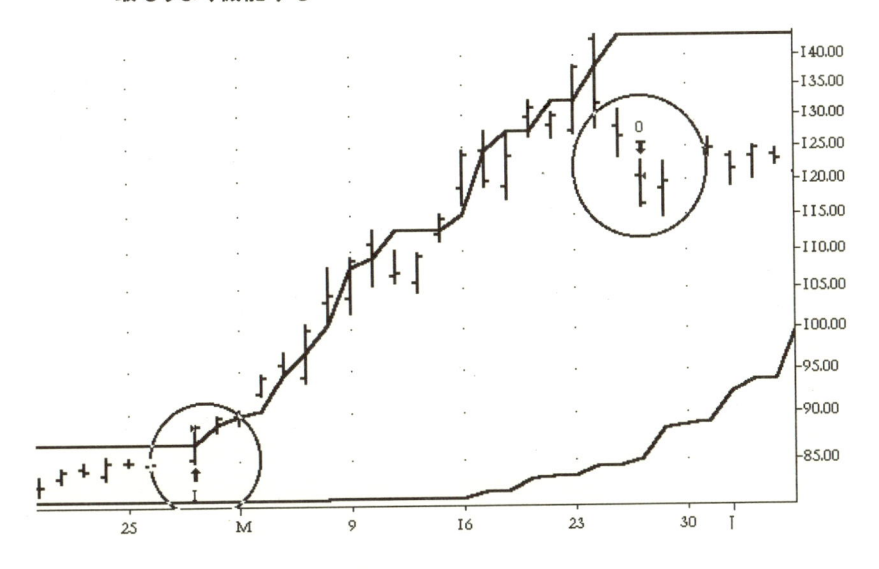

次のケース（図5．2参照）は、この仕切りルールにとって理想的な状況が現われた例を示している。コーヒーは２０日高値を更新してから一気に上昇が加速した。最初に大きく修正した時点で５日最安値を割り込み、トレイリングストップが実行されている。以上の２つのケースを比較してみると、トレイリングストップはスイングマーケットで最も効果的であることが分かる。裁量を働かせる場合には、この仕切りルールはスイングマーケットで使う、ということを覚えておくべきである。

この仕切りルールはトレイリングストップを設定する日数を明確にする必要があるという点で理想的な戦略とは言い難い。次項ではこの限界を克服するボラティリティー・ベースの仕切りルールについて検証していく。

ボラティリティーエグジットを追加した終値ベースのチャネルブレイクアウト

修正局面を迎え小幅なレンジを形成するような動きが続いているときに、それまで発展してきたトレンドとは逆に大きく動いてしまうようなケースがときどき見られる。ボラティリティー基準を設定することで、そのような大きな反動を取り除くことができる。そこでX日というようにトレイリングストップの日数を固定する必要のないトレイリングストップを使えれば、という考えが頭に浮かぶ。そこで実際にボラティリティー・ベースのトレイリングストップを開発してみることにする。

ボラティリティー・ベースのトレイリングストップには、数多くの種類が存在する。ボラティリティーの高さを測るために日々のデイリーレンジの１０日単純移動平均を利用することもできる。デイリートレーディングレンジとはその日の高値と安値の差のことを指す。マーケットが狭いレンジで推移している場合、デイリーレンジは減少し、ボラティリティーも低下する。逆にマーケットが大幅に変動すると、ボラティリティーは上昇する。例えばスイングムーブが終わりに近づくと、たびたびトレンドとは逆の方向に大きく動く日が現れる。トレンドとは逆方向に大きく動くと、ボラティリティー・ストップがポジションを手仕舞う。

第5章 トレーディング・システムのバリエーションを構築する

"大きなデイリームーブ（日中の値動き）"をボラティリティーの3倍と定義し、"ビッグムーブ"と呼ぶ。売りの場合はこのビッグムーブを直近20日安値に加え、逆に買いの場合は直近20日高値からこの分を差し引く。これで仕切りポイントを明確に設定することができる。売りポジションに対してどの位置にボラティリティーエグジット（仕切りポイント）が設定されるかについては図5．3で確認できる。

図5.3　売りトレードにボラティリティーエグジットを利用する場合、急激な動きや反転局面に遭遇して手仕舞われるまでマーケットの動きに追随することになる

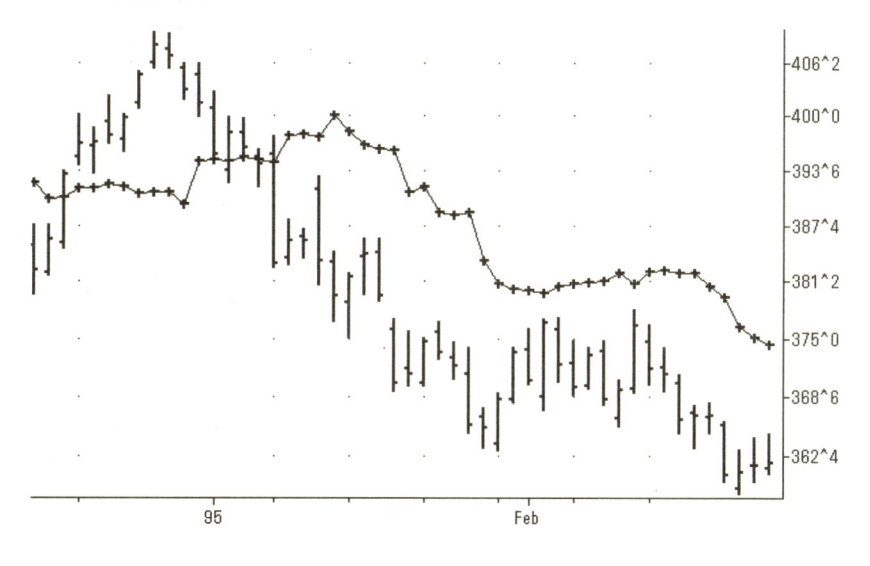

ここまでくると、ボラティリティーエグジットを使ったチャネルブレイクアウト・システムをより正確に定義することができる。ルールは通常のチャネルブレイクアウト・システムと似ている。

1. 当日の終値が過去２０日の最高値を上回った場合、大引けで買い。
2. 過去２０日間の最高値からデイリートレーシングレンジの１０日ＳＭＡを３倍した分を差し引いたポイントにトレイリングストップを設定し、買いポジションを手仕舞う。
3. 当日の終値が過去２０日の最安値を下回った場合、大引けで売り。
4. 過去２０日間の最安値にデイリートレーディングレンジの１０日ＳＭＡを３倍した分を加えたポイントにトレイリングストップを設定し、売りポジションを手仕舞う。

図5.4　この原油のケースでは、大きな反転局面が2回現れた後にボラティリティー・ベースのエグジットが買いトレードを手仕舞うことになる

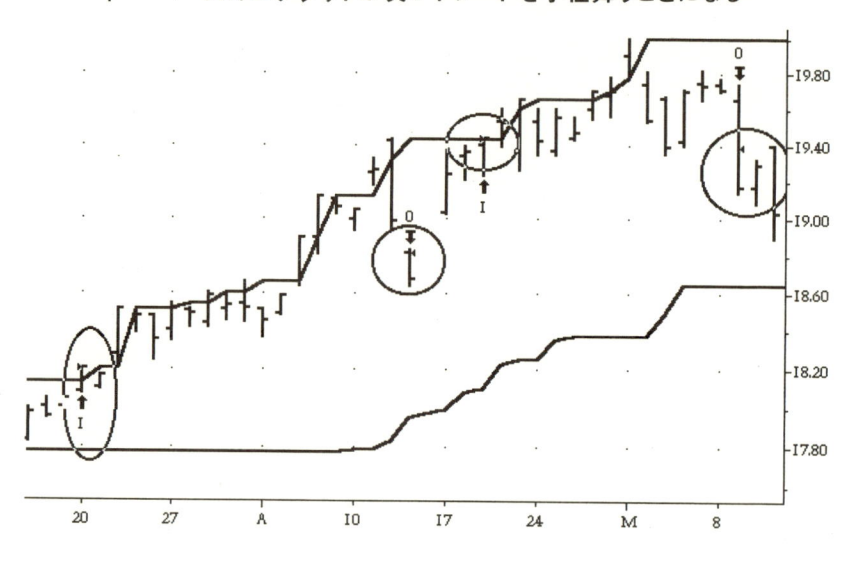

コンピューターを利用したシミュレーションは、１５００ドルのストップロス、各シグナルについて１枚ずつトレードし、スリッページと手数料を１００ドルとする条件の下で行う。希望によっては複数枚数をトレード

第5章　トレーディング・システムのバリエーションを構築する

することもできる。図5．4は1995年8月限の原油先物のチャートだが、ボラティリティーを伴いながら上昇トレンドが発展していく様子が確認できる。このシステムは通常通り終値ベースの20日ブレイクアウトに応じて原油先物を1枚買い建てた。チャートの中心部分で鋭いキー・リバーサルが現れ、大きく値を崩し、過去2日間の終値を割り込んで引けていることが確認できる。翌日さらに売り込まれたことで、ボラティリティーエグジットが実行された。

　20日高値を更新したことで再び買いポジションを取ったが、その上昇トレンドでも再び高値更新に失敗し、その後の急落場面でボラティリティーエグジットが実行された。仕切りポイントはデイリーレンジの10日SMAと20日高値をもとに設定されることに注目してほしい。ボラティリティーが高い状態では素早くこのストップポイントに到達したり、そうでなければゆっくりとストップレベルまで値を崩していくことになるだろう。キー・リバーサルはトレンドの転換点付近や修正局面の初めによく現れる。

図5.5　この綿花のケースのように、ボラティリティーエグジットは長期トレンドをとらえる可能性が高い

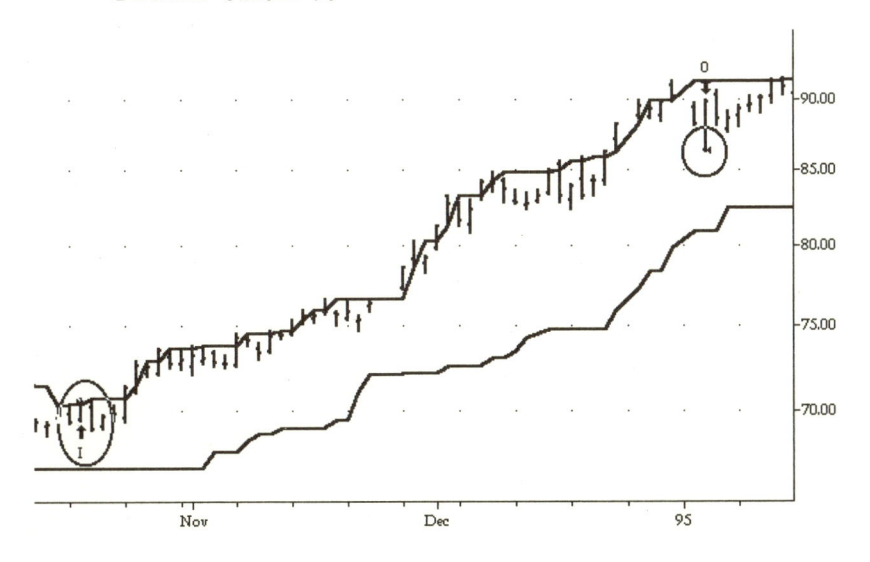

例えば妥当な水準についてトレーダー間にコンセンサスが形成されているような場合、デイリーレンジが拡大し急激な動きが現れる傾向がある。多くのトレーダーが同じように調整することでデイリーレンジが拡大してしまうのである。逆に、時にはマーケットを動かすようなニュースや情報が全くないこともある。そこでマーケットはストップポイントに向けて少しずつ動いていくことになる。ボラティリティー・ベースのストップを利用する最大の利点は、マーケットのトレードパターンに適応できるという点である（図5．5参照）。もちろんマーケットがストップレベルを超えてしまった場合、どちらのシナリオであっても手仕舞うことになる。

表5.3　20日間のチャンネルブレイクアウトにボラティリティーエグジットを設定したケース

マーケット	利益	トレード数	勝率	利益／損失比率	1トレードの平均利益	MIDD	プロフィットファクター
英ポンド	29,650	242	40	1.75	123	−27,331	1.17
コーヒー	187,210	222	38	3.15	843	−21,405	2.02
綿花	27,565	194	35	2.28	143	−18,690	1.23
原油	−45,210	158	32	0.99	−286	−44,970	0.46
ドイツ・マルク	51,275	201	45	1.89	255	−9,813	1.56
ユーロ・ドル	20,925	115	41	2.42	182	−4,775	1.67
金	31,170	199	33	2.66	157	−31,430	1.29
日本円	59,350	209	43	2.06	284	−12,500	1.53
米30年物国債	−1,669	182	33	2.01	−10	−28,838	0.99
小麦	−12,069	187	30	2.00	−54	−19,306	0.85
合計	348,197	1909					
平均	34,820	191	37	2.12	164	−21,906	1.28

第5章　トレーディング・システムのバリエーションを構築する

この仕切りルールが過去データを使ったシミュレーションにおいてどのような結果を残したかが、表5．3に示されている。5日高値また安値で手仕舞うという固定のトレイリングストップよりは若干良い結果を残した（表5．2参照）。総利益がボラティリティーストップを使った場合25％増加し、総トレード数は13％減少した。プロフィットファクターも若干改善されており、ドローダウン平均も12％縮小している。結果自体に大きな変化はなかったが、総トレード数が減り、利益が増加する傾向は注目に値する。

ここまでは20日間トレーディングレンジを1ティック超えたところで自動的に仕掛けるという戦略を採用してきた。しかしこの1ティックという基準を拡大することでトレード数を減らすことができる可能性もある。次項では基準を20ティックに拡大する効果について検証していく。

20ティックバリアを追加したチャネルブレイクアウト・システム

ここまで検証してきた終値ベースのチャネルブレイクアウト・システムは、過去20日間の最高値または最安値を1ティック超えたところで仕掛けるというものであった。この1ティックは単に20日間のトレーディングレンジに対するバリア（境界線）の基準を意味している。この基準を1ティックではなく、20ティックにした場合どうなるだろうか。図5．6に示している。この数値自体は任意に選択したものであり、もちろん他の数値を検証してみることには何の問題もない。このチャートでは、このバリアを超えて引けたことで急騰場面を迎えていることが分かる。

連続性を持たせるために前項で検証したボラティリティーエグジットを利用したシステムの検証結果を表5．4にまとめている。ストップロスは1500ドル、スリッページと手数料は100ドルに設定している。

総利益の額はボラティリティーエグジットを利用したケースと比較してもほとんど変わらない（表5．3参照）。しかし、トレード数平均が26％減少（141トレード対191トレード）したにもかかわらず、ほぼ同額の利益を計上することに成功している。総トレード数が減少したこと

から予想できるように、1トレード当たりの平均利益は21％増加した。このようにバリアを大きくすることの最大の利点は、システムの利益率を損なうことなくトレード数を減少させることができることである。

バリアを20ティックに拡大することで米30年物国債のトレード結果がマイナスからプラスに改善されていることに注意していただきたい。これはビックプレーヤーの多くが前回高値や安値を1〜10ティックほど超えたところで逆張りする傾向があることを暗示している。そのため前日高値を数ティック上回ったところで大規模な売りがマーケットに現われ、逆に前日安値を数ティック割り込んだポイントで大規模な買いが現われる傾向がある。この障害を確実に突破できた時のみ、その後もマーケットが大きく動いていくことができる。

図5.6　1986年3月限米30年物国債に対する20ティックバリア。太線は20日高値を、細線は20ティックバリアを示す

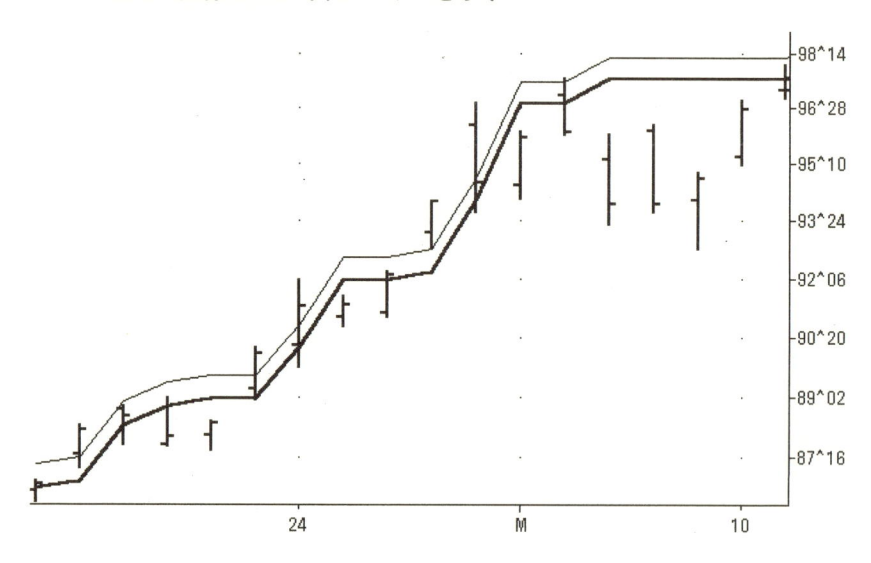

第5章　トレーディング・システムのバリエーションを構築する

表5.4　20日間チャンネルブレイクアウトに20ティックバリアとボラティリティーエグジットを設定したケース

マーケット	利益	トレード数	勝率	利益/損失比率	1トレードの平均損益	MIDD	プロフィットファクター
英ポンド	24,588	222	41	1.69	110	−26,888	1.15
コーヒー	175,631	213	39	3.04	825	−22,605	1.98
綿花	27,430	178	35	2.28	154	−18,595	1.25
原油	−40,630	111	28	1.04	−366	−42,130	0.40
ドイツ・マルク	33,275	152	39	2.23	219	−7,813	1.46
ユーロ・ドル	2,250	17	41	1.92	132	−2,900	1.34
金	31,610	142	32	2.87	222	−25,640	1.38
日本円	53,950	161	43	2.08	335	−9,550	1.60
米30年物国債	29,925	77	38	2.46	388	−20,113	1.49
小麦	−5,250	137	29	2.17	−38	−15,650	0.89
合計	332,779	1,410					
平均	33,278	141	37	2.18	198	−19,188	1.29

　特別な仕切りルールを使わずに20ティックバリア・システムを検証した結果を**表5．5**にまとめている。仕切りルールを追加しないことでチャネルブレイクアウト・システムのもうひとつの側面を浮き上がらせることができる。仕切りルールを使用しないことでこのチャネルブレイクアウト・システムはトレンドフォロー・システムになり、売り買いのルールが表裏一体となることを思い出していただきたい。20日間の買いシグナルがそのまま20日間の売りポジションを手仕舞うことを意味する。

　仕切りルールを使わずに20ティックバリアを設定したシステムは、仕切りルールを使用したシステムに比べ純利益が50％増加し、トレード数は37％減少している（**表5．4**と比較）。もちろんこのシステムのもと

となっているベーシックなトレンドフォロー・システム自体がかなり魅力的なシステムである。そう考えると、なぜチャネルブレイクアウト・システムに仕切りルールを加える必要があるのかという根本的な疑問が生じるのは当然である。この問いに対する答えはポジションを維持する期間にあり、潜在的なリスクエクスポージャーという考え方の中に含まれている。仕切りルールを使わない場合、この20日間ブレイクアウトシステムは常にマーケットでポジションを維持していることになる。しかし仕切りルールを加えることで、ポジションを持たない期間も現れる。ポジションを持たない状況がたびたび現れることで、マーケットリスクの減少を期待することができる。

表5.5 20日間チャネルブレイクアウトに20ティックバリアを加え、手仕舞いルールを設定しないケース

マーケット	利益	トレード数	勝率	利益/損失比率	1トレードの平均利益	MIDD	プロフィットファクター
英ポンド	101,644	135	31	3.75	753	−25,544	1.69
コーヒー	220,100	144	30	5.46	1,508	−25,224	2.37
綿花	43,345	114	37	2.94	380	−15,310	1.41
原油	−17,320	55	33	1.40	−315	−29,020	0.68
ドイツ・マルク	49,900	89	38	2.66	561	−10,163	1.64
ユーロ・ドル	2,150	10	30	2.78	215	−7,225	1.19
金	−6,320	100	30	2.14	−83	−56,940	0.92
日本円	74,575	95	35	3.40	785	−12,813	1.81
米30年物国債	44,400	55	27	4.50	800	−19,825	1.69
小麦	−12,581	88	30	1.87	−143	−29,494	0.79
合計	499,893	885					
平均	49,989	89	32	3.09	446	−23,156	1.42

第5章　トレーディング・システムのバリエーションを構築する

　２０日チャネルブレイクアウトがマーケットでポジションを維持している期間について、仕切りルールを使用したケースと使用しないケースに分けて表５．６にまとめた。ボラティリティーエグジットを加えることでマーケットに入っている期間は平均して５８％減少している。このようにチャネルブレイクアウト・システムに仕切りルールを加えることで、潜在的なマーケットリスクを大幅に削減することが可能である。またポジションを持たずに資金を口座に置いておくことで金利を稼ぐこともできる。この金利収入のおかげで資金残高曲線のブレを滑らかにする効果もある。

　日中ベースでの最大ドローダウンの平均値が、ボラティリティーエグジットを利用したケースでは１万９１８８ドル、利用しないケースでは２万３１５６ドルとなったことに注目していただきたい。仕切りルールを加えることで最大ドローダウンの平均値も１７％縮小しているが、この結果は偶然得られただけの可能性もある。以上のように、バリアを拡大する最大の利点は、システムがマーケットでポジションを持っている期間を減らすことである。

表5.6　手仕舞いルールを加えることで、マーケットでポジションを維持する日数が短縮される

マーケット	ポジションを維持する日数 （手仕舞いルールなし）	ポジションを維持する日数 （ボラティリティーエグジット）	両者の差（％）
英ポンド	4,028	2,322	−42
コーヒー	2,945	1,932	−34
綿花	4,568	2,948	−35
原油	2,732	883	−68
ドイツ・マルク	4,605	1,904	−59
ユーロ・ドル	1,643	279	−83
金	4,110	1,713	−83
日本円	3,838	1,645	−58
米30年物国債	3,005	1,196	−57
小麦	4,816	2,287	−60
平均	3,629	1,711	−58

マーケットのボラティリティーに合わせて、このバリアの幅を変えることができれば理想的である。バリアを固定してしまうと、通常のボラティリティーの日であれば仕掛けのポイントが遠すぎるといったことも考えられる。例えば、ユーロ・ドルをトレードするのに20ティックのバリアは大きすぎる。ボラティリティー・ベースのバリアであればマーケットの状態に適応することが可能であり、すべてのマーケットに相応のバリアを設定することができる。次項では固定バリアの代わりにボラティリティー・ベースのバリアを使用する効果について検証していく。

インサイドボラティリティーバリアを追加したチャネルブレイクアウト・システム

前項では20日間レンジの外側に20ティックのバリアを設定する効果について検証した。バリアを設定することでレンジが広がり、トレード数を減らすことに役立つ。ユーロ・ドルの場合、20ティックは通常のマーケットボラティリティーを大幅に上回っており、トレード数は10回にとどまった。その結果、利益とトレード機会の両方を逸することにつながってしまっている。

本項ではボラティリティー・ベースのバリアの設定方法について解説していく。ここで興味深いことはバリアを20日間チャネルの内側に設定することである（**図5．7参照**）。これでチャネルが狭くなり、より多くのトレード機会を生かすことが可能になる。バリアの幅がトレードを取捨選択するフィルターの役割を果たすことになる。ここではボラティリティーとチャネル幅の関係について明確に理解することが大切である。ボラティリティーが低い状態ではチャネル幅が相対的に広がり、ボラティリティーが高ければ実際のチャネル幅は狭まることになる。このシステムはボラティリティーの上昇に合わせて、トレード数を増やすシステムである。

ここで使うボラティリティーは、デイリートレーディングレンジの10日SMAと定義する。デイリートレーディングレンジとは単に当日の高値と安値の差を意味する。バリア上限は20日最高値からボラティリティー

第5章 トレーディング・システムのバリエーションを構築する

を差し引いたものである。同様にバリア下限は20日最安値にボラティリティーを加えたポイントとなる。このバリア上限を上回った場合に大引けで買い、バリア下限を割り込んだ場面に大引けで売る。ボラティリティーエグジットはデイリートレーディングレンジの10日SMAの3倍に設定する。

図5.7 20日チャネルにインサイドボラティリティーバリアを描いてみると、1995年12月限米30年物国債の買いトレードの状況がうかがえる

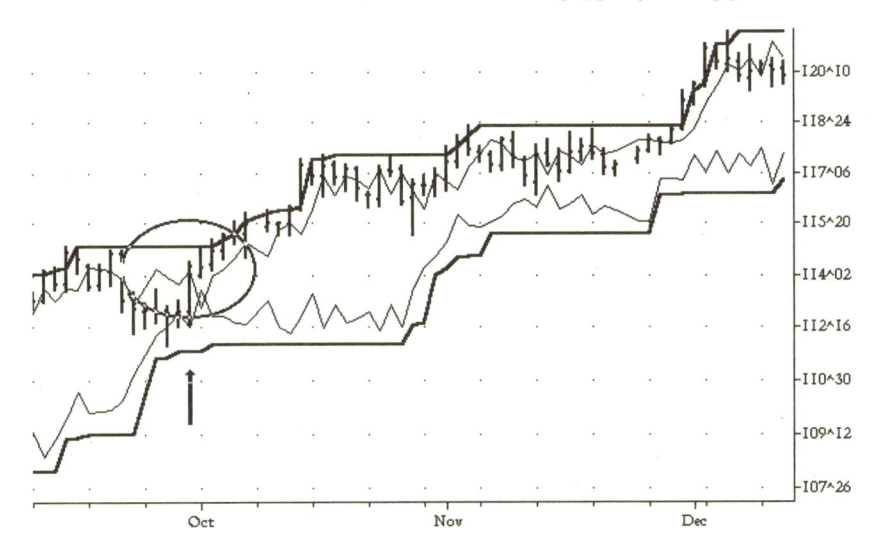

図5．8はこのインサイドバリアがどのように機能するかについて、より詳細に描写している。実際のバリアの幅はチャネルより狭くなるが、この幅は毎日刻々と変化している。インサイドバリアを使用することでバリアがチャネル幅より狭くなるため、トレード数は増える。狭いレンジで値固め商状に突入すると、インサイドバリアの上限と下限が接近し、実際交錯してしまうこともあり得る。インサイドバリアの上限と下限が接近する

ことでトレード数は増える。このように値固め商状に陥ってしまうと、インサイドバリア・システムは繰り返し損失を被ってしまう。

インサイドバリアシステムを使用することで、値固め商状にあるマーケットでのトレード数が増えることを不快に思うかもしれない。通常のチャネルブレイクアウトが持つ利点のひとつは、値固め商状にあるマーケットではあまりトレードしないことである。この点でインサイドバリアシステムは万人向けのシステムとは言えない。

図5.8　上下動を繰り返すようなマーケットではインサイドボラティリティーバリアが接近し、トレードの頻度が高まる

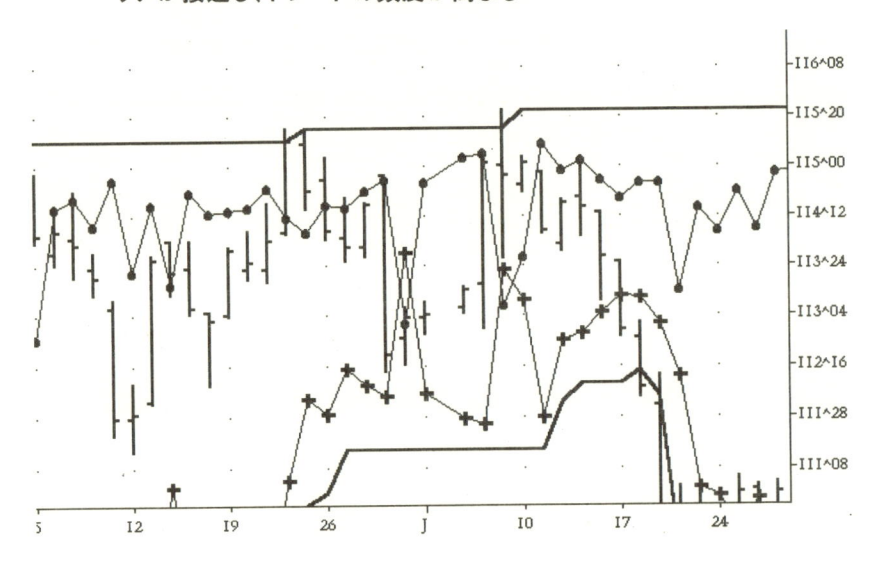

表5．7は過去データを使ったインサイドバリアシステムのシミュレーション結果をまとめたものである。ボラティリティーエグジットを加え、20ティックの固定バリアを設定したシステムに比べ、総利益が35％増加したことが確認できるだろう（**表5．4**と比較）。一方、総トレード数

第5章　トレーディング・システムのバリエーションを構築する

は２０ティックの固定バリアシステムに比べ倍増し、２９４トレードという結果を残した。トレードコストが低ければ、これだけトレード数が多くても魅力的なシステムと映るかもしれない。

表5.7　20日チャネルブレイクアウトにインサイドボラティリティーバリアを加え、ボラティリティーエグジットを設定したケース

マーケット	利益	トレード数	勝率	利益／損失比率	1トレードの平均利益	MIDD	プロフィットファクター
英ポンド	49,394	356	37	2.01	139	−27,719	1.20
コーヒー	235,774	355	33	2.58	664	−29,451	1.79
綿花	21,050	281	33	2.31	153	−18,395	1.13
原油	−57,300	249	32	1.11	−230	−57,720	0.52
ドイツ・マルク	48,700	318	39	2.12	153	−14,213	1.34
ユーロ・ドル	26,975	184	41	2.25	147	−6,600	1.55
金	47,900	323	32	2.91	148	−23,620	1.34
日本円	63,588	329	35	2.56	148	−19,550	1.36
米30年物国債	28,875	265	34	2.19	109	−22,875	1.15
小麦	−17,638	279	32	1.73	−63	−30,719	0.81
合計	447,318						
平均	44,732	294	35	2.18	137	−25,086	1.22

チャネルブレイクアウトのバリエーション・システムが持つ統計的意味

　システムのバリエーションを検証するに当たり浮かぶ疑問のひとつとしては、それらのバリエーション・システムのパフォーマンスと、基本システムのパフォーマンスの違いに統計的な意味があるかどうかということで

ある。システムを比較する場合、その純利益だけではなく様々な比較基準がある。例えば、あるシステムはトレード数が少ないかもしれない。また他のシステムはドローダウンが小さいかもしれない。勝率の高いシステムもあるだろう。バリエーションが自分のトレードスタイルに合うのであれば、そのバリエーション・システムは有益なものとなる可能性がある。

　ｔ検定は同じサンプルデータを用いて得た異なる２つのシステムのシミュレーション結果を、その平均値をもとに比較する統計手法である。このテストでは、２つの異なるデータの平均値に統計的な違いが認められるかどうかを調べることができる。このｔ検定についての詳しい解説は、統計学の本であればどんなものにも載っているだろう。ここで目的を達成するために２つのデータを用意する。生データに対する検定統計量ｔとその値に対する参照数値（ｔ分布表の値）という２つのデータである。われわれのデータに対するｔ値がｔ分布表の値よりも大きい場合、パフォーマンスの違いに統計的な違いが存在すると判断できる。マイクロソフトの表計算ソフト・エクセルには、ツールメニューの"分析ツール"の中にあらかじめｔ検定が組み込まれている。

　ｔ検定に進む前に比較対象となる基本システムが必要である。ここでは、仕切りルールを使用しない２０日チャネルブレイクアウトを基本システムとする。仕切りルールを使わなければ、このチャネルブレイクアウト・システムは、買いシグナルがすなわち売りポジションの手仕舞いを意味する。逆の場合も同様である。このため、この基本システムに仕切りルールを加える効果については、容易に測定することができる。過去データを用いてこの基本システムを検証した結果を**表５．８**にまとめている。これまで同様、ストップロスに１５００ドルを設定し、スリッページと手数料合計で１００ドルという条件のもとで行った。

　それでは基本システムに５日高値、または５日安値で仕切りというトレイリングストップを加える効果について調べてみよう（**表５．２**参照）。両システムを純利益の面から比較すると、２．２２４というｔ値が計算される。自由度９のｔ値をｔ分布表から読みとると２．２６２となっており、われわれの得た数値の方が小さいという結果が現れた。基本システムの純

第5章　トレーディング・システムのバリエーションを構築する

利益平均値は5万1368ドルで、仕切りルールを加えたシステムは2万7949ドルであった。95％の信頼水準では、この利益額の違いはわずかながら有意性を持つと判断するには至らず、仕切りルールを加えることで純利益の平均値を大幅に削っただけという結果になった。表計算ソフトを使った計算結果は**表5．9**に掲載している。

表5.8　終値ベースの20日ブレイクアウトシステムで仕切り戦略を何も設定しないケース

マーケット	利益	トレード数	勝率	利益／損失比率	1トレードの平均利益	MIDD	プロフィットファクター
英ポンド	92,494	149	30	3.76	621	−29,250	1.58
コーヒー	222,042	152	30	5.21	1,461	−26,083	2.34
綿花	35,870	77	31	1.55	276	−20,270	1.29
原油	−12,740	130	34	2.91	−165	−27,400	0.70
ドイツ・マルク	72,000	109	44	2.44	661	−9,975	1.92
ユーロ・ドル	25,825	63	44	2.16	410	−10,275	1.73
金	29,920	124	35	2.36	241	−39,520	1.30
日本円	64,388	121	38	2.61	532	−17,563	1.60
米30年物国債	−1,956	133	30	2.29	−15	−32,629	0.99
小麦	−11,463	125	33	1.73	−92	−27,775	0.85
合計	516,380	1183					
平均	51,638	118	35	2.70	393	−24,074	1.43

　表5．10では、トレード数を比較している。トレイリングストップを利用すると、平均トレード数は220回となり（**表5．2**参照）、一方の基本システムは118回であった（**表5．8**参照）。トレード数のt値は

8.05で、t分布表の2.262を大きく上回っており、トレード数の増加は統計的に意味のあることだと判断できる。そのため、トレイリングストップを利用することでトレード数は大幅に増加することがわかる。

表5.9　参考システムと5日トレイリングストップを設定したCHBOCシステムをtテストを利用した比較一覧

tテスト——2つのサンプルから平均を導き出した結果

	参考システム	5日エグジット
平均	51,638	27,948.8
分散	4.85×10^8	3.77×10^9
データ数	10	10
ピアソン相関	0.875	
仮定上の平均の差	0	
自由度	9	
t統計	2.224	
P（T<=t）片側検定	0.027	
tクリティカル 片側検定	1.833	
P（T<=t）両側検定	0.053	
tクリティカル 両側検定	2.262	

　これで2つのシステムを比較した結果を組み合わせることができる。この結果から、5日高値または安値で仕切るというルールを加えることで、利益は30％と大幅に減少する一方、トレード数は76％増加したことが分かる。次にこの変化が自分のトレードスタイルに合っているかどうか決断する必要がある。

　続いて、基本システムにボラティリティーエグジットを加える効果について調べてみる（**表5．3**参照）。平均利益は5万1638ドルから3万4820ドルに減少しており、統計的にも有意差があると判断できる（t値＝2．54＞t分布表の値＝2．26）。このように利益が33％減少する一方、総トレード数は61％と大幅に増加している（t値＝8．8

第5章　トレーディング・システムのバリエーションを構築する

２＞ｔ分布表の値＝２．２６）。以上の結果からボラティリティーエグジットを利用することで利益は減少し、トレードの頻度は増すことが確認できた。仕切りルールを利用することでニュートラルゾーンが生まれ、マーケットエクスポージャーを低下させることになるのは当然である。大きく逆行するような特定の仕切りパターンに対処することができることから、このシステムを気に入る方もいるだろう。また、この仕切りルールを利用したシステムの資金残高曲線の動きが基本システムの資金残高曲線の動向以上に気に入る方もいるかもしれない。また、ある人はトレード機会が多いという点でこのシステムが気に入るかもしれない。

表5.10　トレード数の観点から参考システムと5日エグジットシステムのtテストを比較した結果

tテスト――2つのサンプルから平均を導き出した結果		
	5日エグジット	参考システム
平均	220	118.
分散	1736.72	818.455
データ数	1	1
ピアソン相関	0.410	
仮定上の平均の差		
自由度		
t統計	8.055	
P（T＜＝t）片側検定	1.05	
tクリティカル　片側検定	1.833	
P（T＜＝t）両側検定	2.10	
tクリティカル　両側検定	2.262	

　仕切りルールを利用しない基本システムに、２０ティックバリアを加えた効果を純利益の面から検証しても、統計的な意味での差は見つからなかった（表５．５参照）。マーケット別の利益平均は、基本システムが５万１６３８ドル、片や２０ティックバリア・システムは４万９９８９ドルと

なり、バリアを加えたことで利益額が大幅に減少するということもなかった。しかし、トレード数は２５％減少し、統計的な有意差の存在が確認できた（ｔ値＝４．７１、ｔ分布表の値＝２．６２）。これはバリアがフィルターの役割を果たしたことを示している。

２０ティックバリアに加えボラティリティーエグジットを利用しても（表５．４参照）、純利益の面で統計的有意差は現れなかったが、トレード数は大幅に増加した。資金残高曲線の動向を調べた上で、仕切りルールを利用した方が良いかどうかを判断することができるだろう。

基本システムとインサイドボラティリティーバリアを利用したブレイクアウト・システムの間にはパフォーマンスの面で統計的有意差を発見できなかった（表５．７参照）。例えば２０ティックバリアシステムの利益平均は５万１６３８ドルで、インサイドボラティリティーバリア・システムは４万４７３２ドルであった。しかし、インサイドボラティリティーバリアを利用しないことでトレード数は６０％も減少した。このようにインサイドボラティリティーバリアを利用することで、トレード数の面では統計的有意差が表れる結果となった。インサイドバリアを利用することで、パフォーマンスを大きく損なうことなく、頻繁にトレードしたいとい欲求を満たすことは可能である。

本項での分析結果により、パフォーマンスの違いをｔ検定という統計手法を使うことで証明する方法について理解できたであろう。この統計手法は表計算ソフト、または専門のソフトを利用しても行える。仕切りルールを変更することで利益額、トレード数、ドローダウンといった数値がどのように変化するかを注意深く調べることが重要である。こうして仕掛けのシグナルを自分のトレードスタイルに適応させていくことができるのである。

２種類のＡＤＸバリエーション・システム

アベレージ・ディレクショナル・インデックス（ＡＤＸ）は、トレンド測定のツールとして広く利用されているテクニカル指標である。このＡＤ

第5章　トレーディング・システムのバリエーションを構築する

Xをわずかに修正したシステムを2種類検証したところ、ADXの数値自体には大きな意味がなかった。検証には1500ドルのストップロスを設定し、スリッページと手数料合計で100ドル差し引くという従来の条件で行った。対象マーケットは、英ポンド、コーヒー、綿花、原油、ドイツ・マルク、ユーロ・ドル、金、日本円、米30年物国債、小麦といったマーケットである。1975年1月1日から1995年7月10日までの入手可能データのすべてを使用した。

表5.11 ADX>30トレーディングシステムの検証結果

マーケット	利益	トレード数	勝率	利益／損失比率	1トレードの平均利益	MIDD	プロフィットファクター
英ポンド	66,188	51	41	3.72	1,298	−8,869	2.61
コーヒー	112,531	64	33	5.76	1,758	−13,065	2.81
綿花	68,795	50	50	4.09	1,376	−8,355	4.09
原油	17,780	22	50	2.93	808	−3,550	2.93
ドイツ・マルク	21,338	57	44	2.00	374	−7,238	1.56
ユーロ・ドル	18,675	36	53	2.13	519	−3,350	2.38
金	−1,860	50	34	1.85	−37	−25,180	0.95
日本円	42,125	47	47	2.56	896	−9,887	2.25
米30年物国債	2,525	56	34	2.05	−45	−14,588	1.05
小麦	5,675	48	44	1.65	118	−6,950	1.28
合計	355,632						
平均	43,745	47	43	2.87	323	−10,103	2.19

第5章 トレーディング・システムのバリエーションを構築する

表5.12 ADX上昇トレーディングシステムの検証結果

マーケット	利益	トレード数	勝率	利益/損失比率	1トレードの平均利益	MIDD	プロフィットファクター
英ポンド	31,469	180	35	3.43	730	−24,850	1.85
コーヒー	217,465	213	28	5.28	1,021	−19,824	2.08
綿花	57,495	173	35	2.90	332	−17,745	1.54
原油	−1,590	121	32	2.05	−13	−14,620	0.97
ドイツ・マルク	74,888	141	49	2.07	531	−10,475	1.99
ユーロ・ドル	38,600	96	43	3.45	402	−4,000	2.57
金	33,150	182	35	2.46	182	−24,120	1.33
日本円	71,850	164	36	2.94	438	−16,763	1.65
米30年物国債	60,163	164	37	2.52	367	−12,188	1.49
小麦	5,105	151	52	1.98	15	−24,131	1.04
合計	590,185						
平均	85,635	159	37	2.91	323	−16,872	1.65

　ひとつ目のシステムは、１４日ＡＤＸの数値が３０をクロスオーバーした時点で売買シグナルを出すというものである。前日のＡＤＸが３０以下で当日３０を上回った場合にクロスオーバーが起きたとする。そして、終値の３日ＳＭＡが２０日の指数平滑移動平均線を上回る場合、翌日の寄り付きで買いを仕掛ける。逆に３日ＳＭＡが２０日の指数平滑移動平均線を下回る場合、翌日の寄り付きで売りを仕掛ける。ストップロスは１５００ドルに設定し、スリッページと手数料に１００ドルを当てる。仕切りルールは過去２０日の最高値、または最安値にトレイリングストップを設定する。

　２つ目のシステムはＡＤＸの数値自体には頼らず、ＡＤＸが上昇してい

第5章 トレーディング・システムのバリエーションを構築する

ることだけを条件とする。ここではADXの数値が28日前の数値よりも大きい場合、ADXが上昇していると判断する。これ以外のルールはひとつ目のシステムと全く同じである。**表5．11と表5．12**にシミュレーション結果をまとめている。ADXの上昇を条件とするシステムの方が数値30以上を条件とするシステムよりも高い利益率を残している。またt検定を行った結果2．76という数値が現われ、t分布表の数値2．26を上回った。これで両者の違いに有意差を確認することができた。

図5.9 ADX上昇システムの買い仕掛けのポイント。データは1995年11月限オレンジジュース

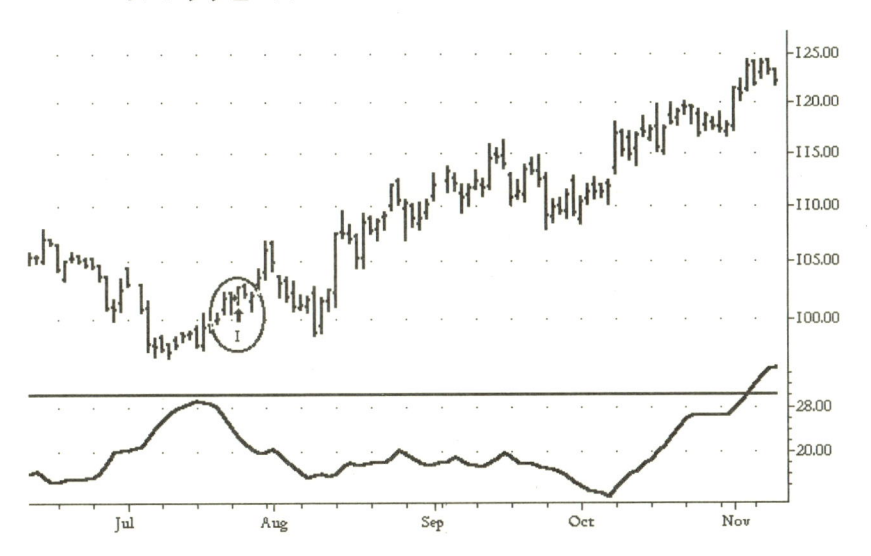

以上の検証結果から、ADXのトレンドを見るシステムの方が数値に頼るシステムよりも優れていることが分かった。しかし、ADXが30以上といった条件を加えることで、トレード数を大幅に減らすことができる。ADXが30以上という条件を設けたシステムは、ADXの上昇を条件に

したシステムに比べ、おそらく４０～４５％程度の期間しか実際にマーケットでポジションを持っている期間はないだろう。このため損失額やドローダウンは、ＡＤＸが３０以上という条件を設けたシステムの方が小さい。このようにそれぞれのシステムにはそれぞれの長所と欠点があり、自分のトレードスタイルに合わせてどちらかを選ぶことになる。

　図５．９と図５．１０を見ると、これらのシステムが実際マーケットでどのように機能するか視覚的にとらえることができるだろう。

　図５．９では、ＡＤＸの上昇を条件とするシステムが１９９５年１１月限のオレンジジュースのマーケットで出した仕掛けのシグナルを確認することができる。チャートの下段にはＡＤＸがプロットされているが、３０のところに基準値としての線を引いている。ＡＤＸが下落し始めてきたように見えるが、２８日というより長い時間枠で見ると上昇している。

図5.10　図5.9に確認したADX上昇システムのほぼ3カ月後にようやくADX>30システムの仕掛けのシグナルが表れていることに注意

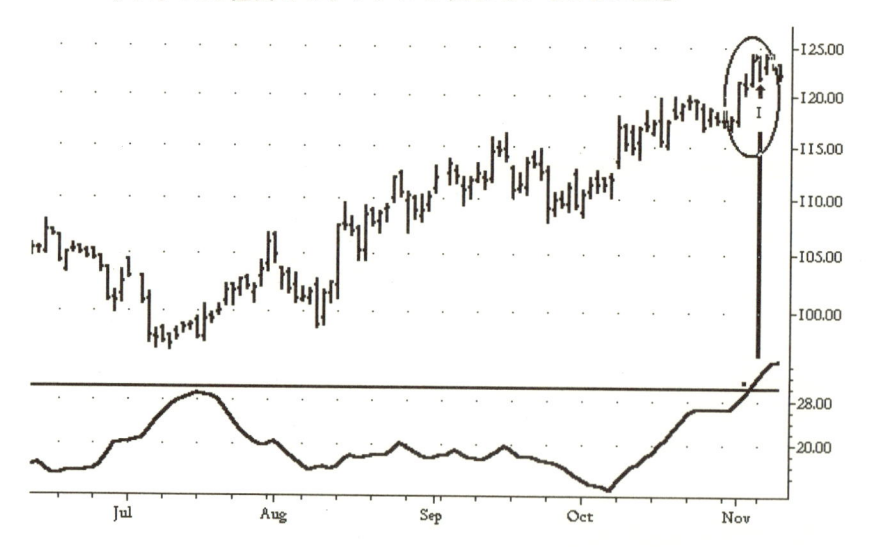

第5章 トレーディング・システムのバリエーションを構築する

　図５．１０では、ＡＤＸが基準となる３０を超えた後に仕掛けていることが確認できる。ＡＤＸが３０以上という条件を設定したシステムの仕掛けのシグナルは、このシステムのシグナルが出た３カ月後に現れている。ＡＤＸはかなり平滑化された指標であり、これだけ仕掛けが遅れてしまうことも頭に入れておく必要がある。自分のトレードスタイルや好みによって、どちらの仕掛けのルールを選択するかが決まってくることは明白である。

　ＡＤＸのロジックの背景には強力なトレンドの存在を確認しようという考え方がある。幾重にも平滑化された指標のＡＤＸが価格変動に反応するには数日の期間を要してしまい、ある程度マーケットが動いた後に仕掛けるといった状況も十分考えられる。トレーダーの多くは上昇局面で買い、下落局面で売るといったアプローチを好まない。押し目を買ったり、戻りを売ることで仕掛け時のリスクを軽減したいと考える傾向がある。次項では価格の"プルバック"を利用してトレードする方法のバリエーションを検証していく。

プルバック・システム

　"支持線までプルバックした（押した）ポイントで買え"という格言がある。低リスクポイントで仕掛けることのできる機会が多いことから、プルバックを利用してトレードしたいと考えるトレーダーは多い。この考え方は上昇局面で買い、下落場面で売るというＡＤＸシステムとは対称的なものである。ただ、このプルバックの格言をトレーディング・システムのひとつと考えることはできない。プルバックの定義や何を持って支持線とするのかを決める必要がある。これは第４章で検証したＣＢ－ＰＢシステムのバリエーションシステムといえる。ここで使うプルバックの定義は、２０日ブレイクアウトというものではなく、移動平均線を利用したものである。

　プルバックは単に上昇トレンドの途中に現れる小さな修正場面のことを指す。このプルバックは様々な定義が可能である。例えば３日連続安く引

けることをプルバックの定義とすることもできるだろう。移動平均線を利用して"支持線に向けての修正"をプルバックの定義とすることもできる。２０日や５０日の単純移動平均線か指数平滑移動平均線などと、いろいろな種類の移動平均線の中から選択することもできる。"支持線に向けての修正"という言葉自体曖昧で、移動平均線に達することなのか、割り込むことなのか、または平均線の１％以内まで接近することなのかを厳密に定める必要がある。"プルバック"や"支持線"の定義を決めれば、次にどのポイントに買い注文を設定するかを決める。例えば、翌日の寄り付きで買ったり、翌日の高値、または５日高値で買うということもできる。正確に定義付けすることで、このシステムの多くのバリエーションを構築することが可能となる。

　ここでの目標は上昇トレンド、下降トレンドどちらの場合においても修正場面を認識できるシステムを構築することである。そこで、上昇トレンドにおいては５日間の新安値、下降トレンドにおいては５日間の新高値をプルバックの定義とする。

　次にトレンドの定義を決める。５日間の新安値を付けた時点でその安値がｄ日ＳＭＡより上に位置している場合、上昇トレンドであるとみなす。同様に５日の新高値を付けた時点でその高値がｄ日ＳＭＡの下に位置していれば下降トレンドと定義する。強力なトレンドであれば価格は５０日ＳＭＡより上、または下の位置で推移し続けることが多いため、ここでは移動平均線を計算する日数を任意に５０日と決めた。ということは、５日間の新安値を付けながらその安値が５０日ＳＭＡの上に位置している状態であれば、上昇トレンドが続いていると定義する（図５．１１参照）。下降トレンドの場合は５日間の新高値を付けながら５０日ＳＭＡの下に位置していることが条件となる。

　他のバリエーションについてもいろいろと考えることができるだろう。例えば、コナーズとラシュキ（参考文献の欄参照）が提案しているようにＡＤＸを利用して、トレンドフィルターを加えることも可能である。彼らの提案は、１４日ＡＤＸが３０以上であるという条件を設け、２０日指数平滑移動平均線を利用するというものである。この他にも１４日ＲＳＩ

※参考文献：リンダ・ブラッドフォード・ラシュキ、ローレンス・Ａ・コナーズ著『魔術師リンダラリーの短期売買入門』（パンローリング刊）

第5章 トレーディング・システムのバリエーションを構築する

（相対力指数）やストキャスティクス・オシレーターを利用して転換点を探るということが考えられる。例えば、ストキャスティクスが２０以下に下落し、その後再び２０を超えてきたときを買いポイントと定義することができる。

図5.11 プルバック・システムは1995年6月限米30年物国債で見られた強い上昇トレンドにおいて何度も買いを仕掛けている。太線は20日トレイリングの安値。点線は50日SMAを示す

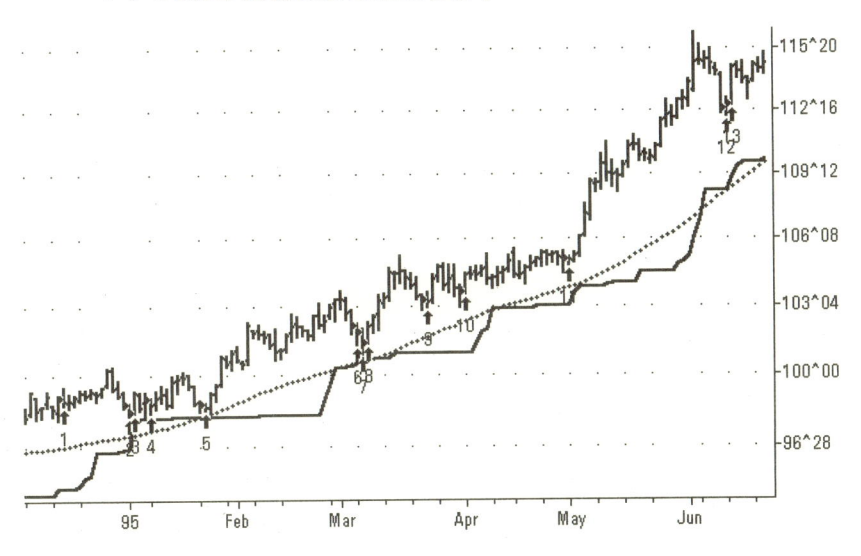

　このプルバック・システムを本章中ここまで行ってきたシミュレーション条件の下で同じように検証した結果を**表５．１３**にまとめている。これまで通りストップロスには１５００ドルを使い、スリッページと手数料は合計で１００ドルとしている。５０日ＳＭＡを割り込まない状態で５日間の新安値を付けた場合、翌日の寄り付きで買いを仕掛ける。売りの仕掛けについてはこの逆となる。仕切りルールには２０日高値、または安値にト

レイリングストップを設定する。広範なマーケットで利益を計上していることを考えると、このプルバック・システムの基本的な考え方は有効だと言える。20年間にわたり検証したことで、このプルバック・システムが将来も同じように利益を計上することができる可能性は高いとみられる。

表5.13 プルバック・システムの検証結果（50日SMAより上の位置で5日間安値、または50日SMAより下の位置で5日高値で仕掛ける。トレイリング20日高値または安値で仕切り。1500ドルのストップロス、スリッページと手数料は合計で100ドルとする）

マーケット	利益	トレード数	勝率	利益／損失比率	1トレードの平均利益	MIDD	プロフィットファクター
英ポンド	122,269	149	28	5.62	821	−16,569	2.21
コーヒー	205,035	174	21	9.34	1178	−26,063	2.52
綿花	46,630	132	30	3.96	353	−10,360	1.72
原油	1,840	90	32	2.21	20	−12,070	1.05
ドイツ・マルク	30,725	129	34	2.82	238	−14,963	1.46
ユーロ・ドル	16,575	82	29	4.01	302	−4,200	1.66
金	34,320	139	27	4.04	247	−25,430	1.47
日本円	27,575	135	31	3.03	204	−14,925	1.37
米30年物国債	35,850	129	31	3.84	278	−15,400	1.43
小麦	−7,588	134	24	2.70	−56	−21,131	0.85
合計	513,231						
平均	57,869	129	29	4.16	359	−16,111	1.65

勝率は20～30％と比較的低い結果となったが、これはリターン／リスク比率の平均値が高いことで帳消しにされている。ドローダウンはここ

第5章　トレーディング・システムのバリエーションを構築する

まで検証してきた他のシステムに比べても小さい。このプルバック・システムは、上下動の激しいトレンドの途中で現れる通常の修正局面において、最も効果的だと思われる。また大きくスイングするようなマーケットでも効果を発揮するだろう。例えば、原油では少額ながら損失を被り、米３０年物国債では逆にわずかながら利益を計上している。本書の中に出てくる他のトレンドフォロー・システムは、こういったトレンドの途中で上下動を繰り返すようなマーケットでは良い結果を残していない。

図5.12　この生豚に見られる上下動を繰り返すようなマーケットでは、仕掛けのシグナルが発せられるものの、それなりの利益を計上することはできない。これは上下動を繰り返すマーケットに共通する問題であり、手仕舞い戦略の重要性が高まることになる

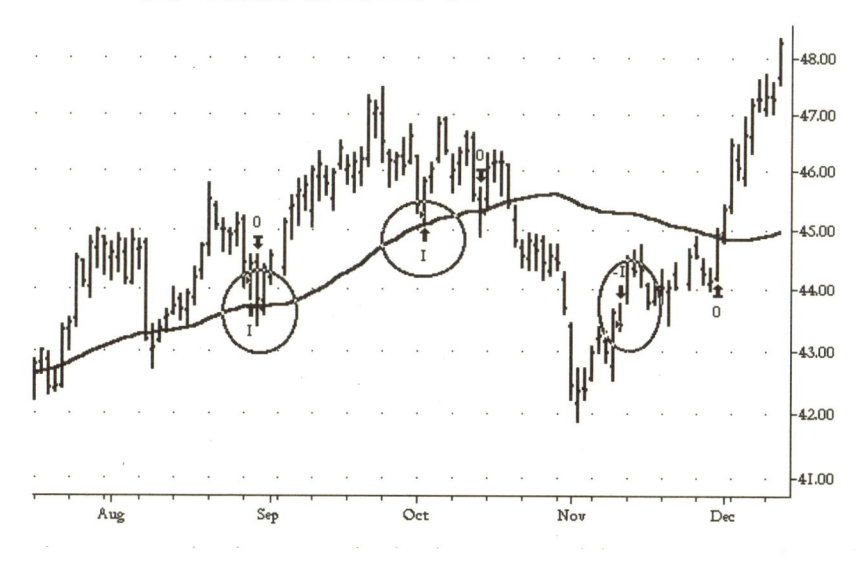

最大ドローダウンは他のトレンドフォロー・システムに比べかなり小さいことは元来の考え方と一致している。しかし**表５．１３**のシミュレーション結果を見る限り、これまでみてきた他のトレンドフォロー・システムのような魅力に欠けている。その理由は**図５．１２**にある生豚のチャートを見れば一目瞭然だろう。マーケットが５０日移動平均線に向けて修正した後のスイング場面で利益を上げることができないのである。５０日移動平均線の近辺から修正する動きに力強さが感じられないようなマーケットでは仕切りルールがより重要となる。自分のお気に入りの仕切りルールや裁量を使って検証してみるのもいいだろう。

　ここまでは依然このシステムデザインの最大の特質を利用していない。プルバックの後に売ったり買ったりするのであるから、仕掛けに伴うリスクが小さいと期待するのが当然である。マーケットの状況によって取引枚数を変えるマネーマネジメント戦略を使用する場合、低リスクの仕掛けのポイントを見つけ出せれば理想的である。プルバック・システムにシグナルが現れた時点で１ポジションに１万ドルのリスクを取れるのであれば、５日間の高安レンジを基準にしてマーケットボラティリティーを測定し、最大で１０枚までトレードする。５０日移動平均線を超えた５日間高値、または安値でトレードを行った結果を**表５．１４**にまとめている。２０日間高値や安値にトレイリングストップを設定し、１５００ドルのストップロス、スリッページと手数料合わせて１００ドルという条件の下でシミュレーションを行った。

　１枚ずつトレードする戦略と最大１０枚まで増やす戦略のパフォーマンスには、衝撃的な差が生じる結果となった。後者の利益が前者の利益に比べ６倍以上も大きいのである。しかしドローダウンの数値も平均して約８倍も大きく、しっかりと代償を払わされた上でこれだけの利益を上げていることが確認できる。ドローダウンは常に１０枚ずつトレードする戦略よりも小さいことに注目してほしい。ということは、トレード枚数を変化させる戦略の方が、同等の枚数を常にトレードする戦略よりも優れていると考えられる。この仕掛けの戦略を使いながら、自分の好みに合うように他の方法でトレード枚数を変化させることを考えてみるのも良いだろう。

第5章　トレーディング・システムのバリエーションを構築する

表5.14　プルバック・システムで最大10枚までトレードしたケース

マーケット	利益	トレード数	勝率	利益／損失比率	1トレードの平均利益	MIDD	プロフィットファクター
英ポンド	871,719	126	32	5.89	6,919	−67,419	2.74
コーヒー	794,998	155	24	6.68	5,039	−174,653	2.11
綿花	406,250	134	28	4.63	3,031	−100,755	1.83
原油	33,360	91	24	3.54	367	−68,100	1.13
ドイツ・マルク	297,975	135	29	3.79	2,207	−126,825	1.54
ユーロ・ドル	237,850	68	38	3.79	3,498	−35,750	2.34
金	129,290	135	24	3.99	958	−226,310	1.24
日本円	86,288	128	26	3.26	674	−135,263	1.10
米30年物国債	316,050	140	22	4.82	2,258	−133,200	1.65
小麦	19,419	126	23	3.22	154	−162,260	1.06
合計	3,193,199						
平均	352,642	122	27	4.36	2,511	−123,054	1.74

　本項を要約すると、プルバック・システムの基本的な考え方は有効である。リターン／リスク比率や1トレード当たりの平均損益は比較的大きい。システムのパフォーマンスを改善するためにフィルターを使用するのも良いだろう。低リスクの仕掛けのポイントを生かすために、トレード枚数を変化させるマネーマネジメント戦略を考慮してみるべきである。

長距離爆弾－パターンベース・システム

　"長距離爆弾"により過去多くのフットボールチームが生き延び、また消えていった。アメフトの世界では、敵陣深くを狙ったロングパスのこと

を"長距離爆弾"と呼ぶ。この長距離爆弾を成功させることで味方チームを再び燃え上がらせ、相手チームの士気をくじいたり、また残り時間が限られる状況で素早く得点することも可能になるのである。このプレーを実行するには勇気が必要であり、リスクと無縁という訳にはいかない。本項では、この長距離爆弾の考え方を基に構築されたパターンベースのシステムについて解説していく。パターンベースのシステムを利用することでマーケットの動きに即座に反応できるようになるが、その種のパターンが頻繁に現れることはなく、また毎回同じ形でそのパターンが現れるとも限らない。またその種のパターンを検証する際には、十分なデータを用いることが大切である。

　長距離爆弾とは5日のボトム・ピッキングパターンを指し、ダブルボトムを形成する際に起こる値動きに関連している。通常このパターンが現れた後には底入れが確認できる。ビッグプレーヤーは底入れを予想し始めると、"大規模"な買いを入れ、その結果、急騰場面が現れることがある。他のトレーダーたちはこの急騰場面を目の当たりにして売るチャンスと考える可能性があり、"スマートマネー"に演出された急騰もそうした遅れてやってきた売り手に抑え込まれてしまう。その結果、マーケットは直近安値を再度試す展開となる。そこで大きく売り込まれなければ、マーケットは再び上昇局面を迎える準備が整っていることを意味し、その後、急騰場面が現れる。ここで用いる戦略は急騰する間に仕掛けるといった単純明快なものである。マーケットは底練り状態から一気に脱け出すためには、過去数日間で付けた直近高値を上回って引けることが条件となる。以下の条件がクリアされた場合、当日の高値のすぐ上のポイントで翌日に買いを仕掛ける。

1．当日の終値が2日前の高値を上回る。
2．前日の終値が3日前の高値を上回る。
3．2日前の終値が4日前の高値を上回る。

　これらの条件は特定のマーケットにだけ通用するというものではなく、

第5章　トレーディング・システムのバリエーションを構築する

完全に汎用的な条件である。その上システムを最適化する必要もない。このシステムには以下のような特徴があり、興味深さが増す。複数枚数をトレードし、1トレードに対して1万ドルのリスクを取ると仮定する。ここで当日終値から過去5日間の最安値を差し引き、その結果得た"レンジ"をドル換算した上でトレード枚数を決める。要するにこの"レンジ"がドル換算で2000ドルだったとする。このポジションに1万ドルという固定ストップ幅を設定すると、5枚トレードすることになる。もうひとつこのシステムの特徴として、長期システムとして利用するため50日安値で仕切るというトレイリングストップを使うこともできる。

なぜこのシステムが長距離爆弾と呼ばれるのか既にお分かりだろう。複数枚数をトレードし、かなりゆっくりとした仕切りルールを用いることでトップス・コーラ戦略に従っているのであり、アメフト用語でいうところの敵陣深く切り込むことができる。

オメガリサーチ社のトレードステーションに組み込まれているパワーエディターを用いてこのシステムのプログラムコードを書くと、以下のようになる。

```
input : dx(50);
Vars : Numc(0);
if C - lowest(low,5) <> 0 then
Num C = intportion(10000/((C-lowest(low5))*Big Pointvalue)) else NumC = 1;
Condition1 = c > h[2];
Condition2 = c[1] > h[3];
Condition3 = c[2] > h[4];
If Condition1 and Condition2 and Condition3 then buy("123 Signal")NumC contracts at high + 1point stop;
ExitLong at Lowest(low,dx)[1] - 1point stop;
```

インプットのdxは仕切りに使用する日数を指すが、このパラメーターを変えることで、この仕切りルールについていろいろと検証することもできる。ここでは分母が0になってしまうことを避けるために、トレード枚数を計算する以前に当日の終値が5日間の最安値よりも上に位置するかどうかを、ダブルチェックする必要がある。仕掛けに必要なパターンは不等式でルール化されている。仕掛けの条件が満たされた時点で、翌日に前日の高値のすぐ上に逆指値の注文を置く。翌日この逆指値の仕掛けを飛び越えて寄り付いてしまうとスリッページを余儀なくされるが、このバリアはフィルターとしての役目を果たし、トレード数を減らすことに貢献する。

図5.13 ユーロ・ドルが底を抜け出し加速し始めると、長距離爆弾パターンが仕掛けのシグナルを発する

図5.14　1995年12月限灯油における長距離爆弾パターン。仕掛けた後はほとんど反転場面も見られず上昇し続けている

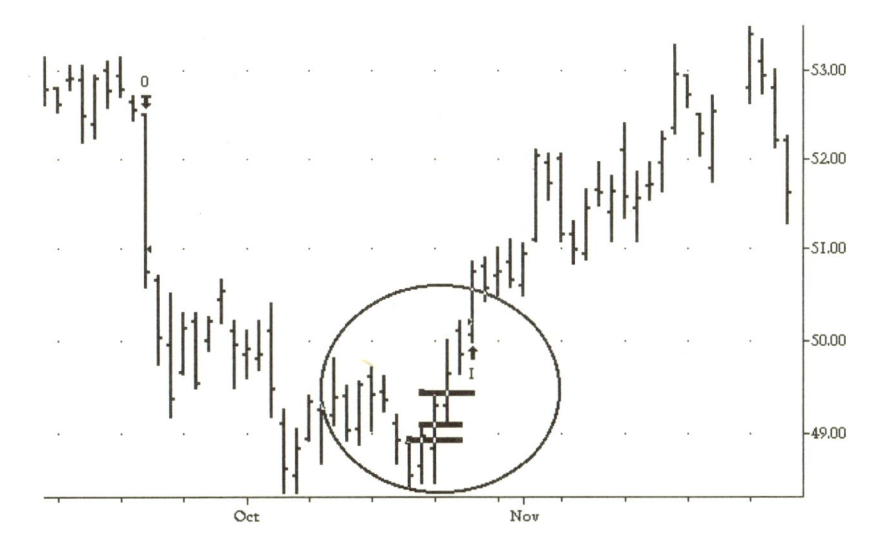

　図5．13は1995年3月限ユーロ・ドルが重要な安値を付けた直後の動きを示すチャートだが、この仕掛けた条件が実際どのように機能しているか確認することができる。最初に反騰場面が現れ、再び安値更新を試した後に買いを仕掛けた様子が確認できる。仕掛けた後に修正安場面が現れていないことに注意していただきたい。まさに長距離爆弾のように高く高く上昇し、遠くに飛んでいってしまったと言える。同様のパターンが、**図5．14**の1995年12月限灯油にも現れている。

　奇妙に感じるかもしれないが、この"長距離爆弾パターン"はマーケットの底でたびたび現れる。10のマーケットを長期にわたり検証した結果を**表5．15**にまとめてある。シミュレーション期間は1982年1月1日から1995年7月10日までの14年間にわたり、広範なマーケットを対象にしている。シミュレーション期間を長くすることで、結果はさら

に改善する。ストップロスに１５００ドル、スリッページと手数料を合計で１００ドルとし、５０日安値にトレイリングストップを設定するという条件でシミュレーションを行った。また前述したように１トレード当たりの許容リスクは１万ドルに設定し、複数枚数をトレードする戦略についても検証している。

表５．１５のシミュレーション結果には、ほとんどのマーケットでリターン／リスク比率が３を大きく超えたという事実が掲載されていない。シミュレーション結果を見る限り、このシステムは複数枚数をトレードする戦略を採用すると利益を計上するが、ドローダウンも拡大する可能性があることが分かった。仕掛けのルールは変更せず、仕切りルールをいろいろ変えて検証してみるのもよいだろう。また３日パターンや２０日パターンといった他のパターンを選び、検証することもできる。

表5.15 長距離爆弾トレーディングシステムの長期パフォーマンス

マーケット	利益	プロフィットファクター（総利益／総損失）	勝ちトレード数；総トレード数；勝率	最大建玉枚数	MIDD
英ポンド	114,313	1.54	12;35;34	9	−96,407
コーヒー	417,770	3.03	9;34;26	5	−49,660
綿花	222,590	1.98	10;31;32	25	−136,040
ドイツ・マルク	234,263	2.17	10;31;32	22	−60,725
ユーロ・ドル	142,825	1.76	12;29;41	57	−72,200
灯油	25,544	1.07	12;45;27	22	−135,565
日本円	779,324	5.93	11;24;46	17	−38,000
大豆	62,018	1.20	11;42;26	28	−120,695
スイス・フラン	256,453	2.70	10;26;38	15	−42,310
米30年物国債	272,363	2.41	12;33;36	9	−63,400

第5章　トレーディング・システムのバリエーションを構築する

　各マーケットでの平均トレード数が約30だったという結果に注目してほしい。すべてのマーケットを同等と仮定すると、**表5．15**のように総トレード数は330トレードに上り、このシステムのパフォーマンス結果に対する自信がある程度は深まることになる。14年間で330トレードということは、平均すると年間24トレードということになり、月に2トレード程度という計算になる。これは大多数のトレーディングプログラムにとっては比較的少ない。そうすると努めて大きなポートフォリオを構築し、このパターンが現れるのを探す必要がある。そうすると、おそらく月に10回以上トレードする機会が生まれるだろう。

　いろいろなパターンを検証することはそれ自体興味をそそられることだが、細心の注意が必要である。例えば、じれったい名前がついていたり、わくわくさせるような説明をしてくれるローソク足パターンは数多く存在するが、詳細に検証してみると、ほとんど実践に耐えうるものはないことが確認できるだろう。長距離爆弾パターンは、目標を達成するためには何も複雑なものが必要なのではないことを教えてくれた。マーケットの本質が必要なだけである。

要約

　本章ではあるアイデアから様々なバリエーションを構築していく方法について解説してきた。同じチャネルブレイクアウト・システムでも仕切りルールを変えることで利益率、トレード数、ドローダウンといった数値が変化することが分かった。気に入ったバリエーションが見つかったら、統計手法を利用して、パフォーマンスの変化が本当に意味のあるものなのかを検証することができる。また、ＡＤＸのアイデアを利用したバリエーションを2種類検証した。検証結果から、ＡＤＸを使ってトレーディング・システムを開発する場合には、30といった数値よりもトレンドがどうなっているかを調べることがより重要だということも確認できた。次に売り買い両方のルールを含んだＣＢ－ＰＢシステムのバリエーションについて検証した。このシステムではプルバックを20日チャネルといったもので

はなく、移動平均線に対する値動き動向をもとに定義した。そして最後に一般的なダブルボトムのバリエーションとして、底入れパターンについて検証した。この例では自分自身のバリエーションを構築するために、広く知られているパターンを利用する方法について解説した。

　本章では一般的によく知られている既存のアイデアをもとに、そのバリエーションを簡単に構築する方法について説明してきた。シミュレーション結果に統計的有意差が確認できれば、そのシステムが自分のトレードスタイルに合ったものか評価することができる。このアプローチに従うことで、トレーディング・システムをいくつも構築することが可能となる。

第6章
資金残高曲線分析

"トレーディング・システム構築におけるホーリーグレイル（聖杯）とは、完全に滑らかな資金残高曲線を実現することである"

序論

　長期にわたるシステムパフォーマンスについて完全な累積記録を残してくれるのは、唯一資金残高曲線だけである。構築したシステムのトレードオフ（妥協を強いられる点）が日々のパフォーマンスにどのような影響を及ぼしているのかは、一般的なシミュレーション結果からは分からない。自分の下した決定が資金残高の動向に及ぼす影響を理解するまでは、システム構築が完了したとは言えない。

　本章では線形回帰分析における標準誤差を利用して、資金残高曲線の滑らかさを測定する方法について細部にわたり解説していく。標準誤差（SE）は大きければ大きいほど、資金残高曲線のブレが大きいことを意味する。その次に、仕切りルールを変えることで65SMA－3CCシステムの資金残高曲線がどのように変化するかについて調べていく。自分の選択したシステムデザインが資金残高曲線に及ぼす影響について、肌で感じる

ことができるだろう。

　さらには、同じマーケットで２種類のシステムを同時に使用した場合、ＳＥがどのように変化するかについて検証する。一般的にはトレードするマーケット数を増やすことで資金のブレを縮小することができると考えられている。正の共分散を持つ２つのマーケットを対象にして、この考え方の有効性を検証してみる。

　続いて資金残高曲線の月次収益率を調べていく。さまざまな時間枠におけるパフォーマンスの違いについて、６５ＳＭＡ－３ＣＣシステムでドイツ・マルクをトレードする例を基に検証してみる。これは期間別収益率とでもいうべきものである。ここでの目的はシステムの１カ月、３カ月、６カ月といった期間におけるパフォーマンス結果を検証することである。これでトレイリングストップを加えたり、仕切りルールを変更する効果についてより深く理解することが可能になる。検証結果では、仕切りルールを変えるだけでは資金残高曲線をより滑らかにすることはできない（つまり標準誤差を減らすことができない）ということが分かる。ということは、システムの変更を余儀なくされる。

　この類の情報は、一般的なパフォーマンスサマリーからは得ることができない。こうした分析を行うことで、違った視点から物事を見ることが可能になるため、努力するだけの価値はある。本章を読み終えた時点では以下のことが可能になるだろう。

1．資金曲線の滑らかさを測定できる
2．システム設計が資金曲線の動向に及ぼす影響を理解することができる
3．分散化が資金曲線に及ぼす影響について把握できる
4．システム設計においてフィルターを使うことの有効性を認識できる

資金残高曲線の"滑らかさ"を測定する

　本項では線形回帰分析の手法を利用し、資金残高曲線の滑らかさを測定

する方法について解説していく。ここでは、現実に則した計算を行うために工夫されたデータを用いる。そこで標準誤差の利用方法とリスク／リターン比率の計算方法について解説する。本章の後半ではこれらの知識を基に､実際のマーケットデータやトレーディング・システムを検証していく。この線形回帰分析の最大の長所は、どのような資金残高曲線を分析する際にも基準となるフレームワークを提供してくれることである。

図6.1　完璧な滑らかさを持つ純資産曲線

傾き=100ドル、標準誤差=0

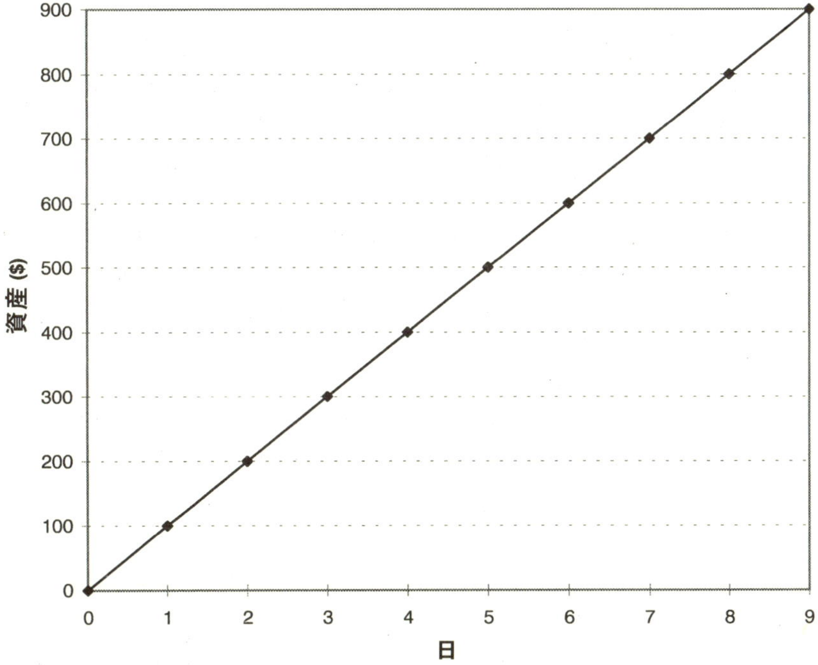

取引口座やトレーディング・システムの資金残高曲線とは、単に日々の資金量のことを指す。日々の資金量とは取引開始時の投下資金、過去トレードの損益、現在の値洗い損益の合計額を示す。**図６．１**にある仮データのように、時間の経過とともにコンスタントに増加していることが理想である。この**図６．１**では、資金残高曲線の傾きが日々１００ドルという計

算になる。このためすべてのポイントをゼロから始まる直線で結ぶことができ、標準誤差はゼロとなる。この資金残高曲線は口座資金が毎日１００ドルずつ増加していることを示している。

　現実には必ず損失を被る機会が訪れるため、資金残高曲線が完全な直線になることはあり得ない。トレーディング・システム同士の資金残高曲線を比較する際、その"滑らかさ"を測定する方法が必要となる。同じようなパフォーマンスを実現している二つの異なるシステムを比較する場合、より滑らかな資金曲線を持つシステムの方が優れていると考えられる。ここでは同じ時間単位（デイリー）、ほぼ同じ期間（数カ月または数年）という条件の基でシステムパフォーマンスを比較する。時間枠や期間を変えて比較することも可能であるが、時として比較する基準自体が異なっているという状況に陥る可能性があることにも注意が必要である。

　前述したように、資金残高曲線の滑らかさを測定するには線形回帰分析を利用する。線形回帰分析で得られるものに残差平方和（ＲＳＳ）がある。ＲＳＳはそれぞれのポイントにおける実際の数値と、分析結果として得た回帰直線の数値の間に存在する、垂直距離の平方和を意味する。次のステップはデータ数から２を引いた数値でこのＲＳＳを除し、その数値の平方根を計算する。これで標準誤差を得ることができる。標準誤差は滑らかさを測定した数値である。すべてのポイントで実際の数値と線形回帰直線の数値が一致すればＲＳＳは自動的にゼロ、すなわち標準誤差もゼロとなり、資金残高曲線の滑らかさという点では究極の姿を意味する。

　図６．２はもう一歩踏み込んだ形での仮データ。ゼロを起点とした最適線形回帰直線の傾きはここでも１００ドルであるが、ポイントはそれぞれこの最適回帰直線の両側に散乱している。このデータの標準誤差は８２ドルである。最適回帰直線とそれぞれのポイントの間に存在する垂直距離を毎日測定していくと、この距離平均の絶対値が８２ドルとなる。このように標準誤差は特にあるポイントから最適回帰直線の距離を教えてくれる。

　図６．３にはさらに踏み込んだ仮データを使った例を掲載している。最適回帰直線の傾きは同じく１００ドルだが、各データのばらつきはさらに拡大している。予想通り、ＳＥは３１８ドルと約４倍に拡大している。

第6章　資金残高曲線分析

図6.2　仮定純資産曲線（傾き=100ドル、標準誤差=82ドル）

回帰直線がばらついているために標準誤差が82ドルに増加している

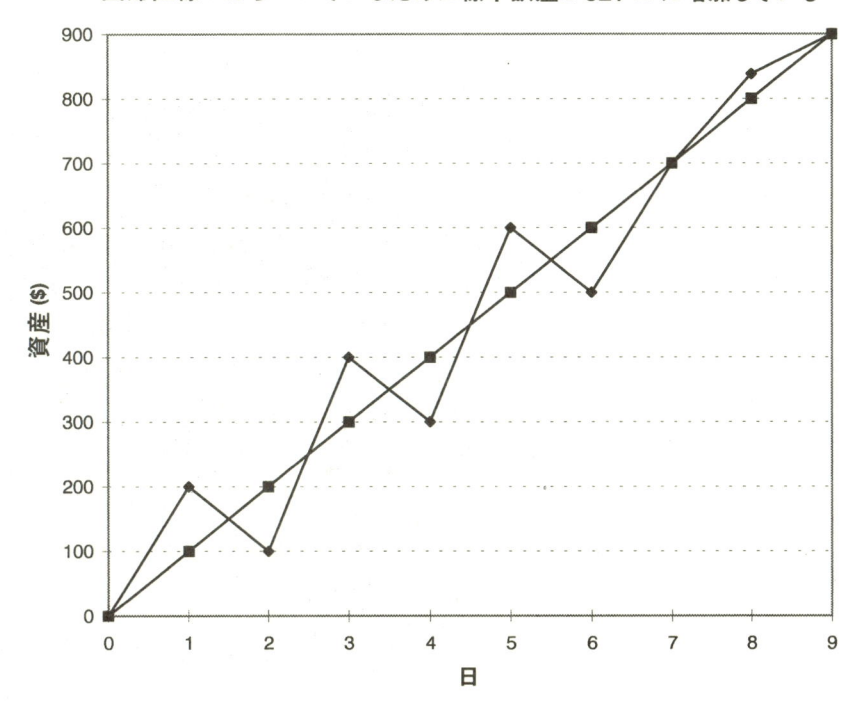

　図6．4を見ると、標準誤差の意味するところをよりよく理解することができるだろう。図6．4には図6．3のデータに加え、最適回帰直線の両側に標準誤差が1となる線を引いている。それぞれのデータは標準誤差ラインの内側、もしくは近辺に位置していることが分かる。標準誤差を計算するために、実際のポイントと最適回帰直線の垂直距離を調べ、それぞれの平方根を計算し、この数値の合計をデータ数マイナス2で割ったことを思い出してほしい。ということは、標準誤差は最適回帰直線のどちらかの側に対する"相殺分"の平均値であり、各データはこの"相殺分"すなわち標準誤差の内側もしくは近辺に位置するのは当然である。

図6.3　仮定純資産曲線（傾き=100ドル、標準誤差=318ドル）
線形回帰直線に対するばらつきが大きくなったために標準誤差は318ドルまで拡大している

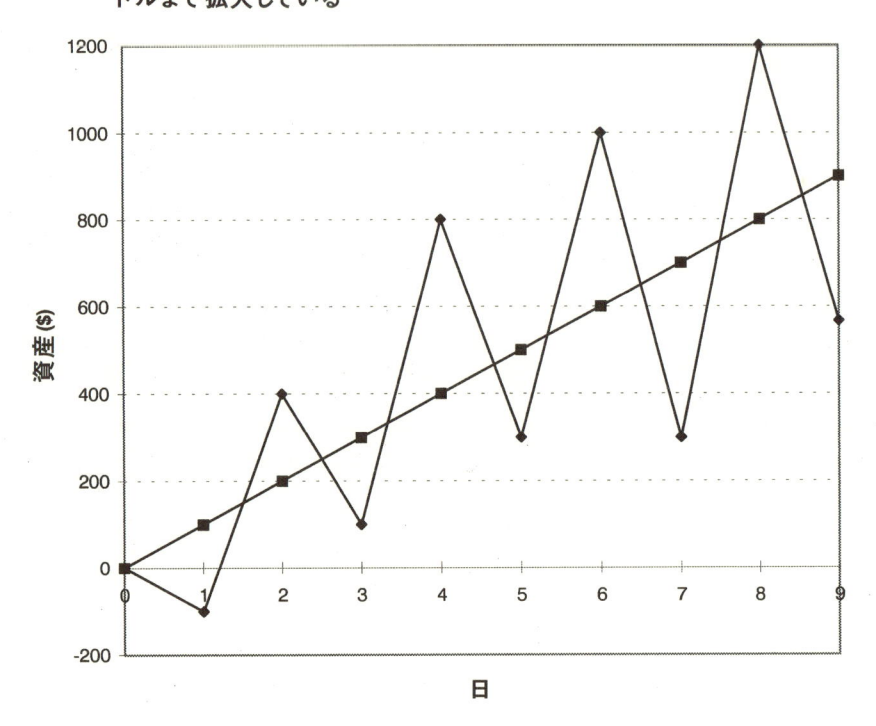

　このように線形回帰分析を利用した標準誤差は、資金残高曲線の滑らかさを測定する優れた指標である。この線形回帰分析法はどんな時間枠にも対応し、どのような資金残高曲線にも適用することができる。標準誤差は滑らかさを測定する汎用的な指標かつ一貫した強力な分析ツールである。
　複数の資金残高曲線を組み合わせる場合、それぞれの資金残高曲線が負の相関関係にあるときだけ、標準誤差は個別の資金残高曲線を下回る。負の相関関係にあるということは、一方が増加している時に他方は減少するということである。図６．３のデータと完全に負の関係にあるデータを用意し、２本の資金残高曲線を組み合わせると、標準誤差がゼロとなって完全な直線が生まれる（図６．５参照）。

図6.4　図6.3と同じデータを用い、最適合直線の上下1標準誤差分のところに直線を引いたもの

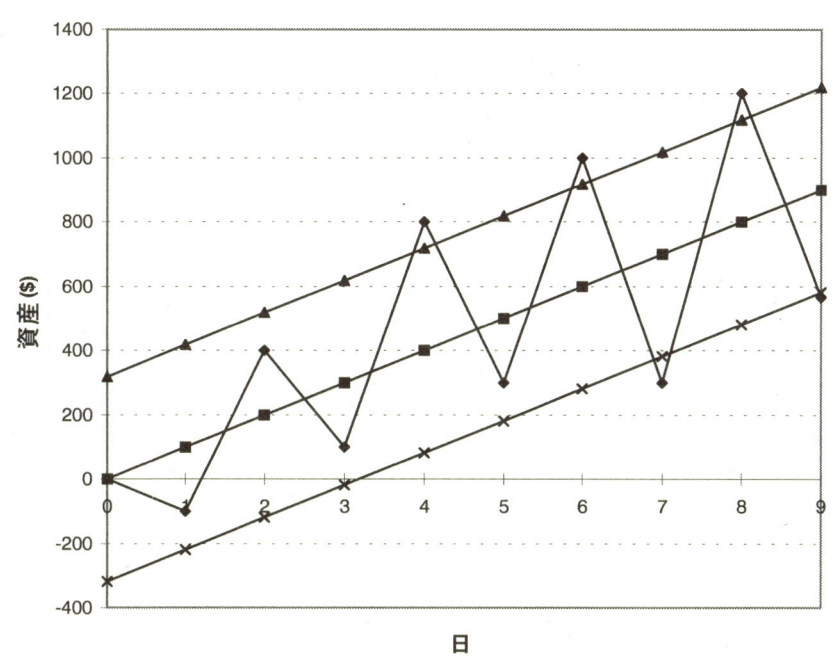

SEを縮小する方法として挙げられるのが分散化であるが、これは通常一つのポートフォリオ内で多くのマーケットをトレードすることと考えられている。少なくともある期間において負の相関関係を示すマーケットであれば、それらを組み合わせたポートフォリオの資金残高曲線はより滑らかになるはずである。組み合わせた資金残高曲線の傾きは、個々の資金残高曲線を単純に足したものだということに注意したい。これは単に起点を通過する資金残高曲線の傾きが、ある期間内に計上した利益をすべて反映したものに変わるということを意味する。

この分散化をさらに発展させて、同じマーケットを複数のシステムを用いてトレードするということも考えられる。繰り返しになるが、利用するシステムの間に負の相関がある場合のみ、資金残高曲線は滑らかさを増す。

システム間に正の共分散が存在すれば、それらを組み合わせても資金残高曲線の標準誤差は拡大してしまう。もちろんすべてのシステムが利益を計上できるとしても、傾きは大きくなる。傾きと滑らかさには全く関連性がないことに注意していほしい。傾きが上昇しても資金残高曲線の滑らかさが変わるということはない。

図6.5 完全な負の相関関係にあると仮定した純資産曲線（人為的に作成されたこの例では、このように完全な負の相関関係にある純資産曲線を組み合わせることで標準誤差をゼロにすることができる。これは結果的に純資産曲線が完全な直線になるからである）

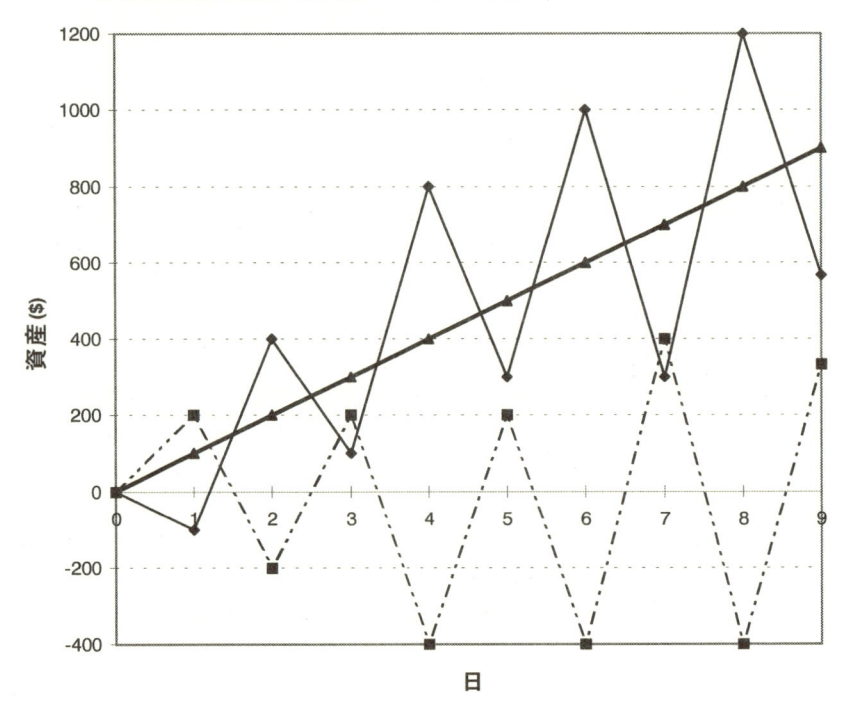

線形回帰分析をさらに一歩前進させ、標準誤差に対する傾きの比率を調べることでシステムのリスク／リターン比率を計算することができる。これは同じデータを用いて異なるシステムを比較する際に用いられる手早く

信頼性の高い方法である。ここではデイリーデータ（日次データ）を使用し、システムのペーパー利益を基に計算を行うことを前提としている。

ＲＲＲ（リスク／リワード・レシオ）＝傾き÷標準誤差

　これら３つの仮のケースの場合、ＳＥがゼロとなるひとつ目のシステムではＲＲＲが無限に伸びていくことを意味する。そして２つ目のシステムは１．２１（１００÷８２）、３つ目のシステムは、０．３１（１００÷３１８）となる。仮にひとつ目のシステムのようなものが存在すれば、だれでもそれを選ぶことは疑問の余地がない。線形回帰分析を行うには、マイクロソフト社のエクセルのような表計算ソフトを利用することができる。例えばエクセルの場合、事前に組み込まれているツールを利用してテンプレートを埋めるだけで必要な回帰データはすべて計算することができる（ツールバーの分析ツールから回帰分析を選択し、テンプレートを埋めるだけである）。その他にも統計分析用の簡単なパッケージソフトが市販されており、それらを使っても回帰分析を行うことができる。
　今後、資金残高曲線の滑らかさを測定する際にはこのＳＥを利用する。繰り返すが、傾きが増したからといって、それが即滑らかさを増すこと（つまりＳＥの数値が低下すること）にはつながらないということを十分頭に入れておく必要がある。次にシステムデザインの違いにより、ポートフォリオとしてみた場合の資金残高曲線がどの程度の影響を受けるか検証していく。

仕切りルールとポートフォリオ戦略が資金残高曲線に及ぼす影響

　仕掛け、仕切り、ストップなどについて下す決定は、すべて資金残高曲線の傾きと滑らかさに影響する。本項ではドイツ・マルク先物の一代足（各限月データ）をロールオーバーしていき、６５ＳＭＡ－３ＣＣモデルをシミュレーションした結果の資金残高曲線について検証していく。システムデザインを変えることで資金残高曲線にどのような影響が表れるのか調

べていく。比較する基準としては前項で紹介した標準誤差を利用する。限月データをロールオーバーしていくことでシミュレーションの質が向上することを考え、ここではつなぎ足は使用しない。また、詳細な資金残高曲線を得るためにオメガリサーチ社のシステムライタープラスを使用した。

検証対象としては1988年3月限から1995年9月限の各限月データを用意した。スリッページと手数料は合計100ドルと設定している。また納会前月の20日に自動的にロールオーバーするという条件でシミュレーションを行った。

図6.6 65SMA-3CCモデルにストップも手仕舞い戦略も設定しない、ケース1の純資産曲線（データはドイツ・マルクの限月データをロールオーバーしたものを使用）

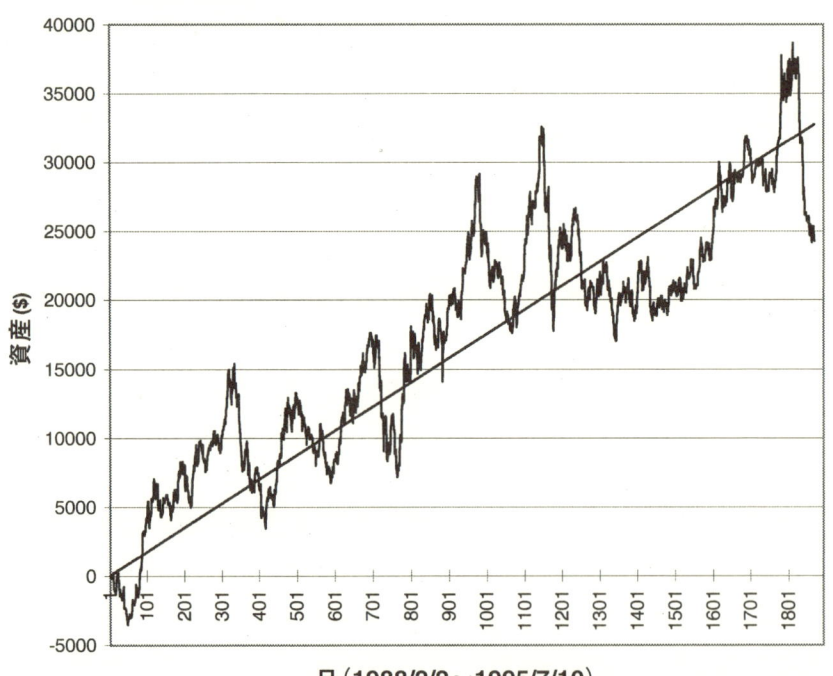

第6章 資金残高曲線分析

シミュレーションの手順は以下のとおり。シミュレーションによる資金残高曲線を日々アスキーファイルとしてエクスポートし、それを表計算ソフトのエクセルにインポートする。前項で説明したように、エクセルに事前に組み込まれている回帰分析を利用して回帰モデルを計算する。

まずストップロスも仕切りルールも使わない６５ＳＭＡ－３ＣＣモデルをドイツ・マルク先物のデータでシミュレーションする（ケース１）。ケース１（**図６．６**）の線形回帰直線が持つ傾きは１７．５４ドル、標準誤差は４０４３ドルだった。１枚ずつトレードしたと仮定すると、６５ＳＭＡ－３ＣＣモデルはシミュレーション期間を通して２万４２８８ドルのペーパー利益を計上し、プロフィットファクターは１．３４、日中ベースの最大ドローダウンはマイナス１万１９３８ドルであった。ケース１の資金残高曲線を見ると若干ブレが大きいことが分かる。特に１９９２年の下落幅は注目に値し、仕切りルールを使用しないトレンドフォロー・システムの典型的な面を表している。実際かなりの値洗い益を上げながら、仕切りの時点ではその大部分を失ってしまったトレードがいくつも存在することに注目していただきたい。また、横ばいに推移する期間が長引くと、ドローダウンが拡大し、資金残高曲線が新高値を付けるまでかなりの時間を要することになってしまう。

ケース２は、ケース１で使用したシステムに１５００ドルのストップロスを加えたものである。このシステムの資金残高曲線（**図６．７**）を見ると、ストップロスを加えたことによってケース１に比べて利益額が減少して、資金残高曲線の滑らかさも失っている。シミュレーション上の利益は、２万４２８８ドルから６９１３ドルへと大幅に減少し、プロフィットファクターは１．１０まで低下している。日中ベースでの最大ドローダウンはマイナス２万２２５ドルとほぼ倍増しており、１５００ドルのストップ幅では小さすぎるということを示している。資金残高曲線（**図６．７**）でも、利益額が減少し、ドローダウンが拡大していることが確認できる。傾きはケース１に比べ半減し８．２４ドル、標準誤差は７５１７ドルへと拡大している。ということは、ストップを設定する場合にはボラティリティーを基に、マーケットのランダムな動きに引っかかることがない位置に設定す

る必要があるということである。トレーダーの多くはタイト、つまり近い位置にストップロスを設定したがるものだが、このシミュレーション結果ではタイトなストップを設定することで、システムの長期パフォーマンスを損なう可能性があることが分かる。

図6.7　65SMA-3CCシステムに1500ドルのストップを設定してドイツ・マルクをトレードした、ケース2の純資産曲線

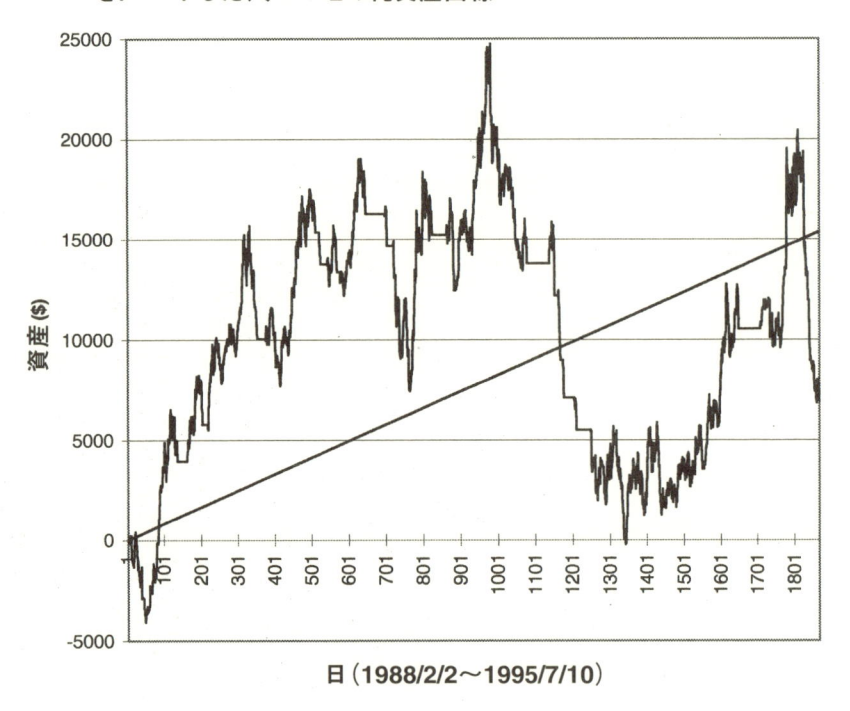

ケース3ではストップ幅を5000ドルに拡大している。このケースはケース1と同じパフォーマンスを上げるという結果になった。ストップ幅として5000ドルは大きすぎ、ストップを使用しない場合と同じ結果になってしまった。ここでボラティリティーについての話に戻るが、設定す

第６章　資金残高曲線分析

るストップ幅がストップを使用しない場合と同じ結果となってしまうほど大きなものでないことをチェックする必要があるということが分かる。もちろんかなり大幅なものでも、ストップロスを設定することで、いざというときにファイヤーウォール（防火壁）の役目を果たしてくれることになり、時折マーケットに表れる急激な動きに対処することが可能となるのも事実である。

　最終的にシステムが成功するかどうかは、仕切りルールが大きな要因となるということで多くのトレーダーの意見は一致している。一種類の仕掛けのルールに複数の仕切りルールを利用するのが一般的である。６５ＳＭＡ－３ＣＣシステムの場合、２種類の仕切りルールを試してみた。ひとつは１０日安値または高値で仕切るというものであり、もうひとつは第５章で解説したボラティリティーベースの仕切りルールを採用した。

　この２種類の仕切りルールを両方用いて（ケース４）５０００ドルのストップロスを加えてシミュレーションした結果、利益額はさらに３７３７ドルまで落ち込み、プロフィットファクターはわずか１．０７まで低下した。日中ベースの最大ドローダウンもマイナス１万３３３７ドルと、ストップロスを使用しないケースよりも拡大している。仕切りルールを加えたことで資金残高曲線は滑らかになったと考えるだろう。図６．８が示すように、傾きは５．０８ドルに減り、ＳＥは３３６８ドルという結果を残した。この傾きはストップを使わないケースの傾きと比べ２９％にすぎないが、標準誤差は１７％減少した。このようにリスクが１７％しか低下していないにもかかわらず、利益は７分の１（８５％の減少）まで落ち込んでしまった。大きすぎる代償である。

　ケース４の資金曲線はケース１と異質な感じを受ける点に注目してほしい。これは仕切り後にポジションを持たず、"フラット"な状況が表れたことが原因である。ケース４にはシステムデザインにおけるトレードオフがひとつ表れている。それは利益の拡大を狙うか、滑らかな資金残高曲線の実現を狙うかということである。これはリスクや資金残高曲線のボラティリティーといったものに対する自分の好みなど、さまざまな要素によって決められる。

図6.8 65SMA-3CCシステムにトレイリングストップ、ボラティリティーストップ、5000ドルストップを設定してドイツ・マルクをトレードした、ケース4の純資産曲線

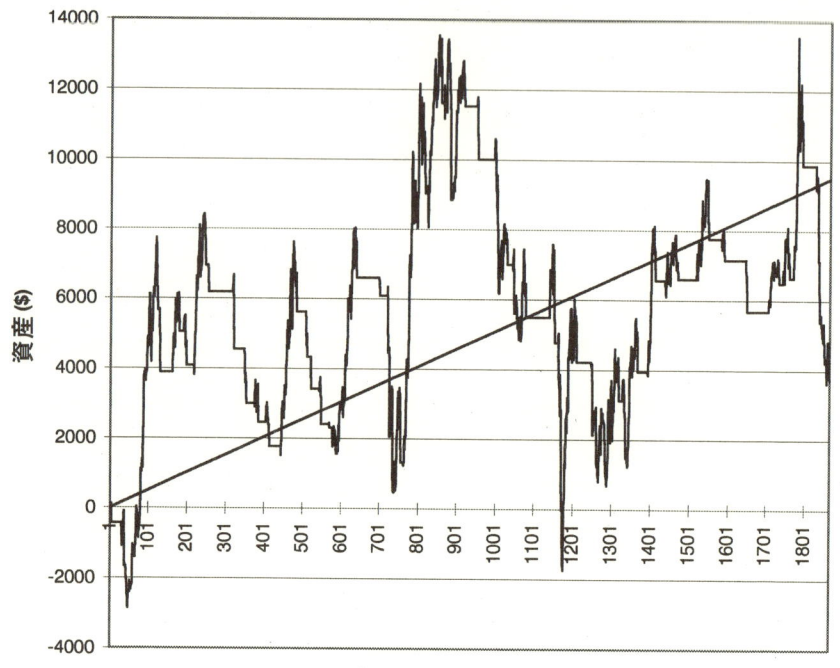

日（1988/2/2～1995/7/10）

　次に遅行２０日間ブレイクアウト・システムに５０００ドルのストップロスを加え、トレイリングストップを１４日高値や１４日安値に設定したシステムについて考えてみる（ケース5）。前述した期間と同じ期間を通じてこのシステムでドイツ・マルク先物をシミュレーションしてみると、傾きが8．36ドル、ＳＥが１９６０ドルという結果を残した。ケース5の資金残高曲線を抜粋してみると（**図6．9**）、ポジションを持たない状況を意味する横ばいの期間が数多く存在することが分かる。資金残高曲線でこのアプローチはトレンドにうまく乗り、方向性の乏しい状況でトレードすることを避けることに成功していることが分かる。

第6章 資金残高曲線分析

図6.9 遅延(時間差)ブレイクアウトモデルに14日高値・安値で仕切るルールと5000ドルストップを設定し、ドイツ・マルクをトレードした純資産曲線(ケース5)

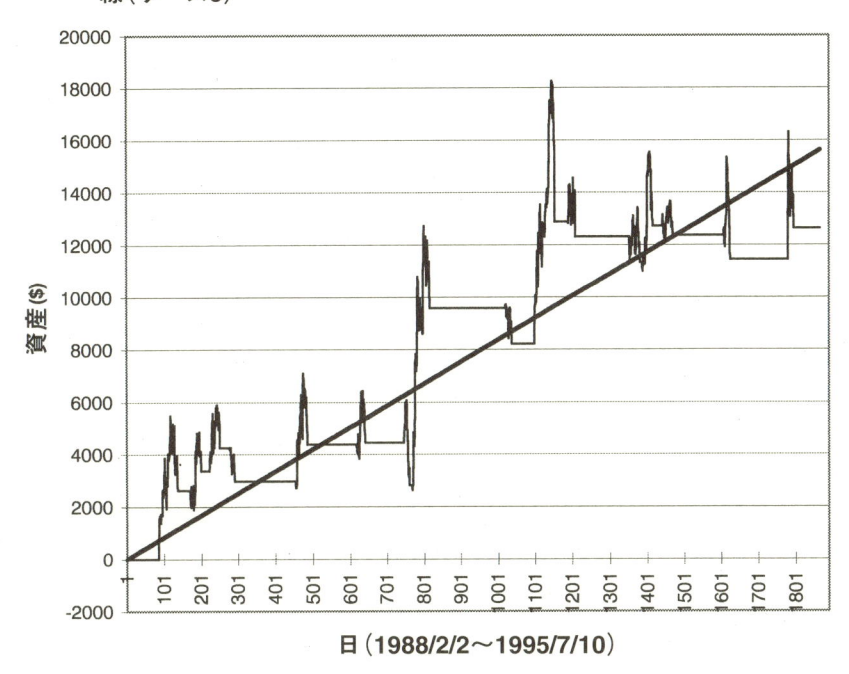

資金残高曲線の滑らかさについて単に視覚的な判断をすることがないように注意すべきである。例えばケース1とケース5を組み合わせただけのケース6の資金残高曲線について見ていこう。この資金残高曲線(**図6.10**)は、一見ケース1の資金残高曲線よりも滑らかに見える。加えて、ケース1にＳＥが半分のケース5を組み合わせているのである。回帰分析を行うと、この合成資金曲線の傾きは25．90ドルで、ＳＥは5263ドルとなり、それぞれのケースよりも大きくなっている。この結果から、利益を上げる期間が重なると、その期間は資金残高曲線のブレが拡大することは容易に理解できるだろう。また標準誤差も拡大した。このように、同一マーケットで複数システムを使用する際には、回帰分析の結果をしっかり確認すべきである。

図6.10 65SMA-3CCシステムと遅延(時間差)ブレイクアウト・システムを組み合わせ、ドイツ・マルクをトレードしたケースの純資産曲線(ケース6)(これはケース1とケース5の純資産曲線を組み合わせている)

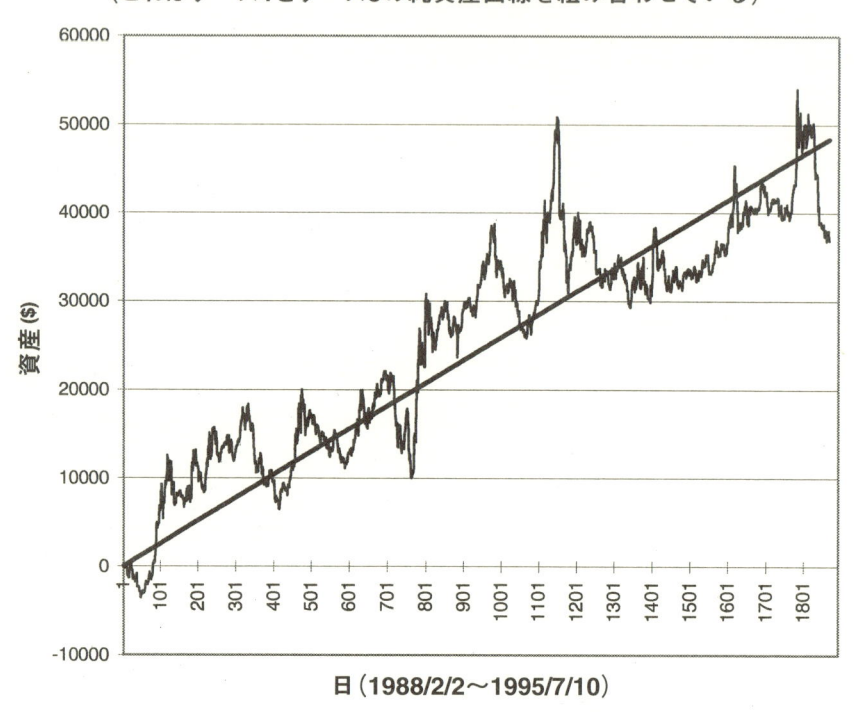

傾きが大きくなったことで、合成資金残高曲線(ケース6)のリターン/リスク比率(25.90/5263＝0.00492)はオリジナルのケース1(17.54/4043＝0.00434)を上回った。このように同じマーケットをロジックの異なる複数のシステムを用いてトレードすることで、リスク/リターン比率を改善することも可能となる。

正の共分散を持つケースの潜在的な困難を過小評価すべきではない。**図6.11**はドイツ・マルクをトレードする正の共分散を持つ2種類のシステムを組み合わせた影響を表している。2種類の異なるシステムのブレを統合する際に用いられる一般的なルールに従うと、標準誤差は5430ドルとなる。しかし実際の標準誤差は6935ドルで、28％ほど大きい。

第6章　資金残高曲線分析

同時期または少なくともある期間において同じように利益を上げたり、損失を被ったりすることから、このようなシステムは正の共分散を持つと考えられる。

図6.11 正の共分散を持つ2つのシステムでドイツ・マルクをトレードした場合の純資産曲線（強い正の共分散を持つ2種類のシステムでドイツ・マルクをトレードすることで標準誤差が拡大し、純資産曲線はばらつきが大きくなる。最適合直線の上下1標準誤差分の所に直線を引いている）

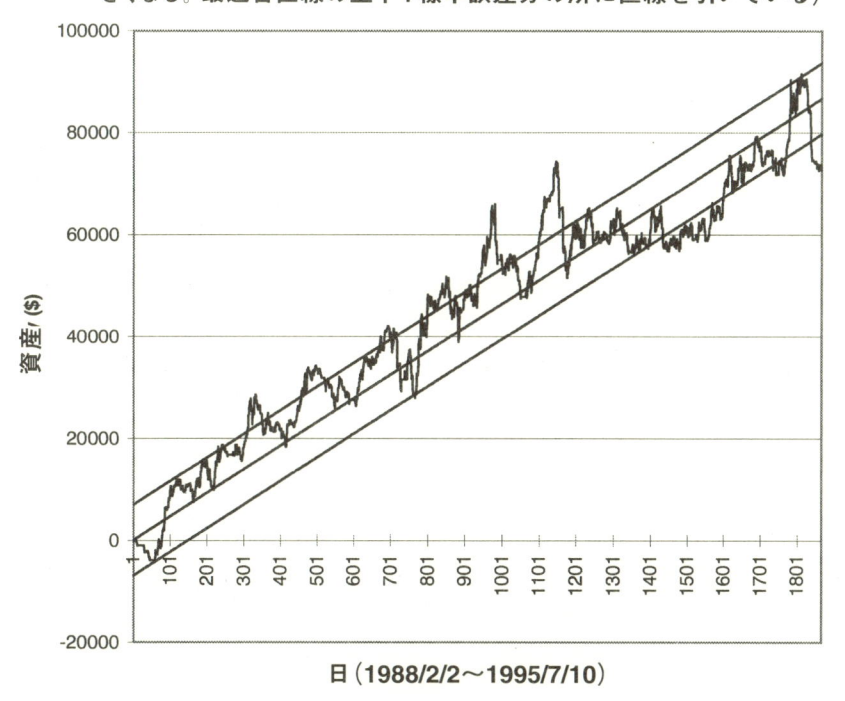

図6．11のチャートには、最適線形回帰直線の両側に標準誤差分の距離を取り、その位置に線を引いている。すべてではないがほとんどの値動きがこのＳＥバンドの中にとどまっている。この標準誤差バンドの外側に価格が飛び出すのは、2つのシステムがお互い強化し合うような状況、要するに同時に利益を上げるような状況で起こる。このように正の共分散を

持つシステムを組み合わせると、ＳＥが拡大し、滑らかさを損なうことにつながる。さらに問題を複雑化することに、共分散が将来どのように変化していくかということは分からないのである。ということは、単に同じマーケットで異なるシステムを同時に走らせるだけでは資金残高曲線の滑らかさを増すことはできないかもしれない。

図6.12 65SMA-3CCモデルに5000ドルストップを設定し、綿花をトレードした純資産曲線

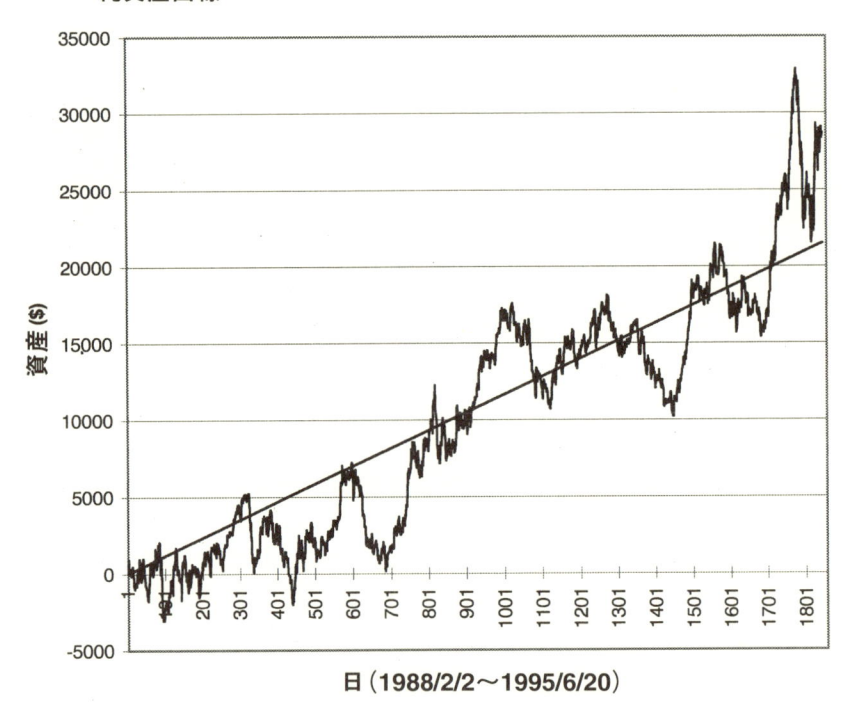

資金残高曲線の滑らかさを増す方法のひとつとして、複数マーケットをトレードするリスク分散が挙げられる。図６．１２は１９８８年２月２２日から１９９５年６月２０日にかけて、ストップロスを５０００ドルに設定した６５ＳＭＡ－３ＣＣシステムを綿花（ＣＴ）市場でシミュレーションした結果である。利益額は２万８７２０ドルで、プロフィットファクタ

第6章　資金残高曲線分析

ーは1.64。日中ベースでの最大ドローダウンはマイナス7120ドルであった。これまで通りスリッページと手数料合計で100ドルを差し引いた。回帰分析を行った結果、傾きは11.65、標準誤差は3184ドルであった。同じ条件でドイツ・マルクをシミュレーションしてみると、利益額は2万4900ドルでプロフィットファクターが1.34。日中ベースの最大ドローダウンはマイナス1万1687ドルという結果になった。

　ここで、綿花とドイツ・マルクの資金残高曲線を統合し、滑らかさを増すことができるか検証してみよう。綿花とドイツ・マルクの間には相関関係が存在しないという前提が必要となる。綿花とドイツ・マルクを組み合わせた資金残高曲線（**図6.13**）は傾きが29.34ドル、標準誤差は5265ドルという結果となった。2つのシステムを同時に走らせたことで利益がほぼ倍増したことを考えると、傾きが増えることは納得できる。綿花とドイツ・マルクを合わせた資金残高曲線の傾きは、単にそれぞれの傾きを足したものとなる（29.34ドル＝11.65ドル＋17.69ドル）。分散を合計するためには、2つのマーケットが独立している場合、それぞれの分散（標準誤差の平方根）を単純に加えればいい。この考えによれば、これはCTとDMの合成資金曲線の標準誤差は、5098ドルになると期待されることを意味する。しかし、実際の数値は5264ドルと若干大きく、2つのマーケットの間にはある程度正の共分散が存在することを暗示している。このように、単に2つのマーケットを同時にトレードすることで資金残高曲線のブレを縮小することはできないことが分かる。2つのマーケットの間に負の相関関係が存在しない限り、ポートフォリオに加えるマーケット数を増やしたところで、資金残高曲線の滑らかさを増す（標準誤差を縮小する）ことはできないのである。ランダムな動きやファンダメンタル要因の影響でマーケット間には弱い相関が存在するのが一般的であり、2つのマーケットが全く逆の動きを見せるということはまれである。要するに異なるマーケットの資金残高曲線を組み合わせる際には、ブレ（標準誤差）が拡大することを予想すべきである。

　本項を要約すると、仕切りルールを変えたり、複数システムを同じマーケットで同時に走らせたり、トレードするマーケット数を増やすことで、

資金残高曲線の標準誤差が自動的に縮小するということはない。しかし、仕掛けのルールを変えることで標準誤差が大幅に変わる可能性はある。この結論は、"リスク分散"することで資金残高曲線が滑らかさを増すという、よく知られた格言に反している。ここでいうリスク分散とは、ひとつのシステムを複数マーケットで走らせたり、あるマーケットを複数システムを使ってトレードすることなどを意味する。もちろん資金残高曲線の滑らかさを測定する際には線形回帰分析の標準誤差を利用する。傾きを増すことが標準誤差を縮小することにはつながらないということは前項でも確認した。

図6.13 65SMA-3CCシステムに5000ドルストップを設定し、綿花とドイツ・マルクを同時にトレードした純資産曲線

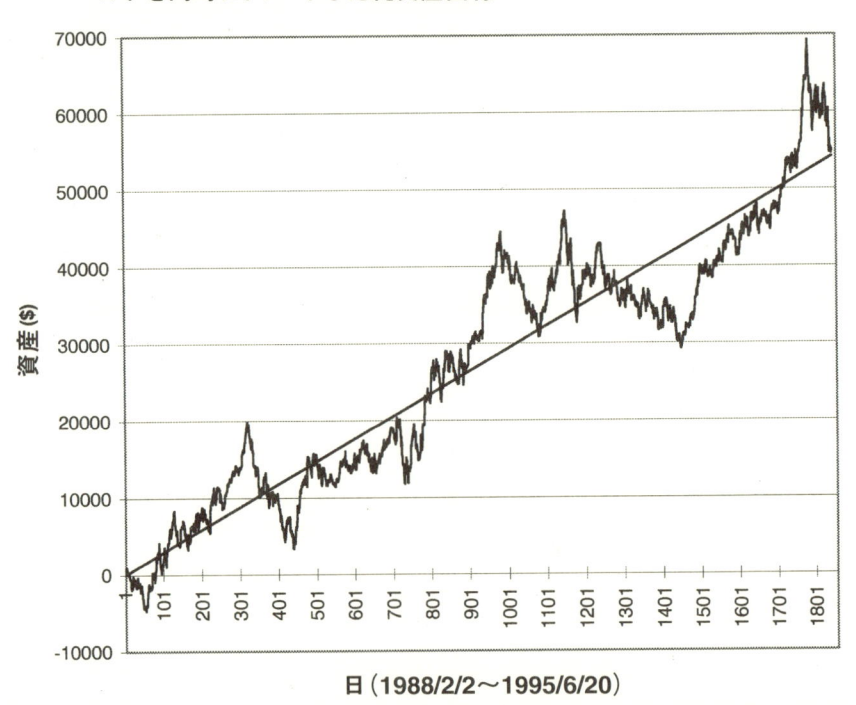

第6章　資金残高曲線分析

　本項で解説してきた情報を利用し、システムデザインやポートフォリオ戦略が資金残高曲線の滑らかさにどのような影響を及ぼすかを理解する必要がある。本項では個別マーケットや個別システムのデイリーベースの資金残高曲線について検証した。次項では月ベース（月次）の資金残高曲線について検証し、マネーマネジメントの違いによりどのように変化していくかについて見ていく。

月次資金残高曲線分析

　システムデザインやマネーマネジメントにより、システムがその資金残高曲線に与える影響が変わってくる。本項では、月ベースのパフォーマンスについて理解するために、月次の資金残高曲線を検証していく。ここでは一般的な会計基準に基づき、各月の月末時点での利益や損失の数字を使う。週ベースの資金残高曲線についても検証したいかもしれないが、マーケットに表れるランダムな動きにより、週ベースのような詳細データを分析することは複雑さを増してしまうことになる。
　資金残高曲線の滑らかさを測定するのに、線形回帰分析を利用した標準誤差は素晴らしい基準となることはすでに前項で説明した。しかし、この線形回帰分析では１、２、３カ月などの期間において、どれだけ資金を失ったかということについては分からない。さらに最大累積損失の額についても教えてくれない。また月ベースで見る限り何％の確率で利益を計上できるかということや、ポートフォリオにあるマーケットを加えたり、その構成を変えることで資金残高曲線がより滑らかになるかどうかについても知りたい。損失が続いた後、どれだけ早くその損失から回復することができるかについての情報も、資金残高曲線の高値（山）と次の高値（山）の期間を測定することで得られる。これも有益な情報である。
　この分析方法は過去データを基に行っているため、将来どのようになるかを予測するものではない、ということを理解しておく必要がある。しかし、平均値や標準偏差を利用することで、将来のパフォーマンスに関するおおまかな見通しを立てることはできる。その上で自分がどの程度の資金

残高曲線のブレであれば耐えられるかを数値で表し、どのようにそのシステムを使用していくかを決めることができる。このようにポートフォリオベースで資金残高曲線を分析することで、そのシステムのパフォーマンスについての理解を深め、実際のトレーディングで直面する資金残高曲線のブレに備えることができる。

　この種の情報は一般的なシミュレーションソフトを使っても得られないため、分析の大部分は表計算ソフトを利用して行うことになる。まずオメガリサーチ社のシステムライタープラスを使用して、日々の資金残高を手に入れる。つなぎ足を使って得た結果は信頼性に欠けるため、一代（各限月）データをロールオーバーしていく形のデータを利用する。次にトム・ベリー氏が開発したポートフォリオ・アナライザーというソフトを使い、このデータを月次のデータに変換する。同じことは表計算ソフトを使ってもできるし、自分で簡単なプログラムを作成することも可能だろう。

　次に表計算ソフトを利用し、1、2、3、4、5、6、12カ月といった期間の資金残高曲線の変化率を金額ベースで表す。そこで各期間のベストパフォーマンスとワーストパフォーマンス（最大ドローダウン）、さらに利益の標準偏差を計算する。金額ベースで資金の変化をとらえる最大の長所は、ある特定の仕切りルールやポートフォリオ構成の影響を明確に把握することが可能なことである。サンプル計算をいくつか行うことで、ポートフォリオベースで資金残高曲線を分析するということに対しての感覚がつかめるだろう。

　ここでは実際のドイツ・マルク先物のデータを使用し、納会前月の20日に自動的にロールオーバーを行うように設定している。シミュレーション期間は1988年2月から1995年6月。スリッページと手数料合計で100ドル差し引き、使用システムは65SMA-3CCシステムとする。さまざまな仕切りルールを試すために、一方向の仕掛けのルールを使用する。一方向の仕掛けのルールでは、同じシグナルが連続して表れることを避けるために、買い、または売りトレードが2回続くことはない。こうすることで、このデータに対する各システムの仕掛け数が一定し、同じ土俵で比較することが可能となる。

第6章 資金残高曲線分析

図6.14 65SMA-3CCシステムで限月データをロールオーバーしながらドイツ・マルクをトレードした純資産曲線

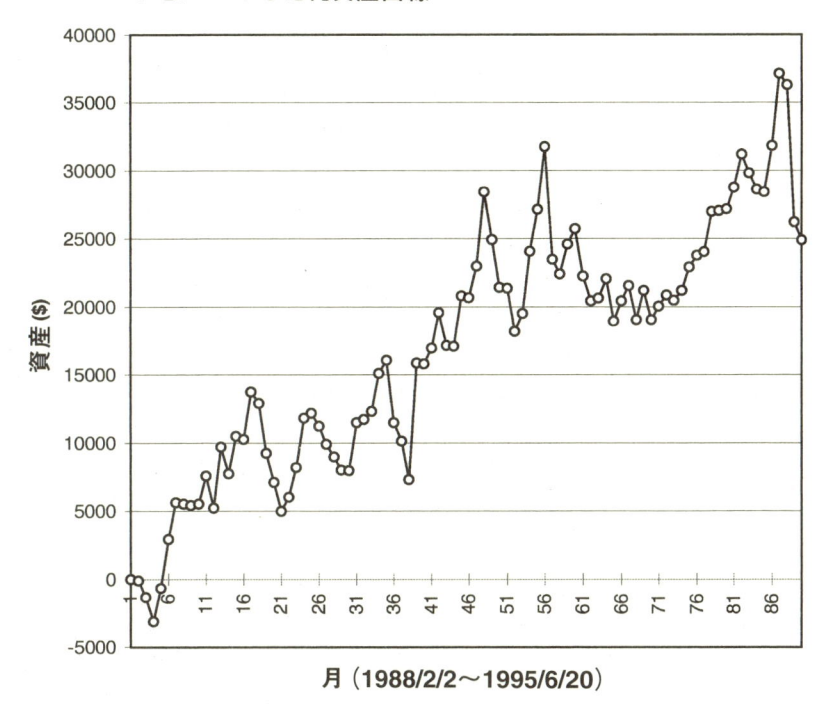

月（1988/2/2～1995/6/20）

　図６．１４は６５ＳＭＡ－３ＣＣシステムに５０００ドルのストップロスを設定し、仕切りルールは使用しないケースにおける月次資金残高曲線である。仕切りルールを設定していないため、買い仕掛けがそのまま売りポジションを仕切る、または売り仕掛けが買いポジションを仕切ることを意味する。ストップ幅を大きく設定することで、仕掛けのルールの元来の堅牢さを検証することができる。１９８８年２月２２日から１９９５年６月２０日まででシミュレーションした結果、利益は２万４９００ドルに達し、プロフィットファクターは１．３４、７０回中３５トレードで利益を計上し、ドローダウンはマイナス１万１６８７ドルという結果であった。

　月次資金残高曲線（図６．１４）を見る限り、急激に落ち込む場面がたびたび表れるが、全体的には上向きに推移していることがうかがえる。資

金残高曲線が急激に落ち込むのは、強いトレンドが表れた後にレンジを形成する動きが表れることが原因である。興味深いことに、ロールオーバーすることで上昇トレンドの大部分をとらえられ、他のほとんどの仕切りルールよりもいい結果を残している。しかし、そういった上昇トレンドの後に値固め商状に陥ると、利益の大部分を掃き出してしまうことにつながり、このモデルにフィルターを加えることで資金残高曲線の滑らかさを増すことができることを暗示している。シミュレーション対象の全限月のチャートを調べることで、この情報を演繹することもできるだろう。しかし資金残高曲線を見れば、チャートをひとつひとつ調べることは必要不可欠なことは明らかである。

図6.15 65SMA-3CCシステムでドイツ・マルクをトレードした場合、一定期間（1988年2月～1995年6月）の間に見られたマンスリーベースの最大ドローダウン

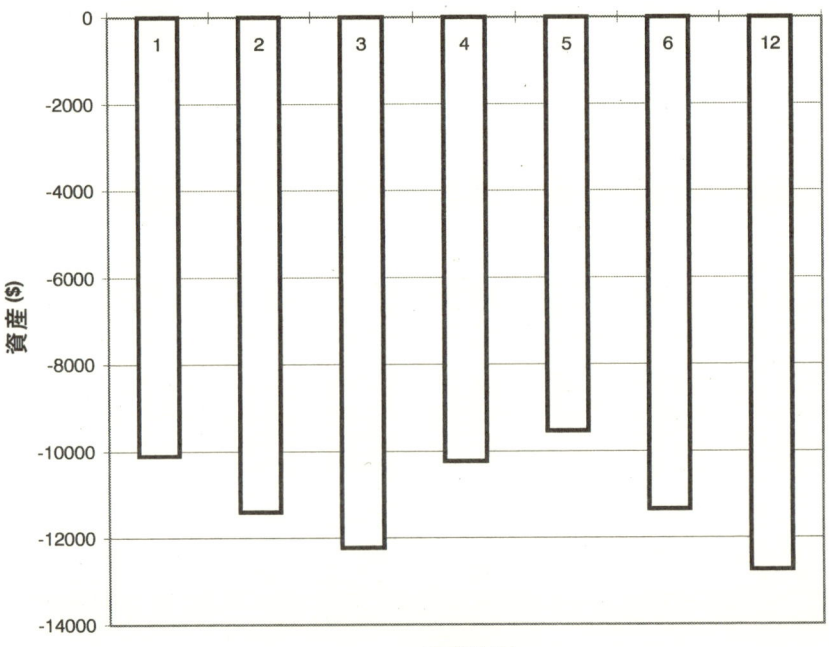

第6章 資金残高曲線分析

　一般的なパフォーマンス要約には、1、2、3、4、5、6、12カ月といった期間における資金残高曲線の収益率については何も触れていない。しかし、トレード戦略が資金残高曲線に及ぼす影響を理解するためには、こういった類の情報が必要になる。そこで65SMA－3CCシステムのパフォーマンスを異なる時間枠で見てみよう。**図6．15**は1、2、3、4、5、6、12カ月といった期間別の最大ドローダウンを記したものである。すべてマイナス9000ドルからマイナス1万3000ドルの範囲に収まっていることが分かる。これは各期間ごとに表れたピーク（山）からバレー（谷）への最大落ち込み額を意味する。

　こうしたドローダウンに関する情報は投下資金と比較することで初めて意味をなすことが理解できるだろう。例えば2万5000ドルの資金を用意してこのシステムを使用するのであれば、20％以上のドローダウンを覚悟する必要があることを意味し、実際には各マーケットをトレードするのに5万ドル以上の資金を用意すべきだということを示している。

　資金残高曲線の分析から得られるもうひとつの重要な情報は、利益を計上する期間の比率である。これは月ベースで見て、期間別に利益を計上する月の比率を示したものであり、システムのパフォーマンスを測定する上で有益な基準となる。**図6．16**には、65SMA－3CCシステムでドイツ・マルクをトレードした際のデータが並べられている。1988年2月から1995年6月に至る90カ月のうち、50％以上の月で利益を計上していることが分かる。この比率は期間が伸びていくにつれて増していく。これはドローダウンの期間が長引けば長引くほど、回復時期が迫っている確率が高まることを示している。

　利益月を増やそうとして異なるマーケットを組み合わせる際には、それぞれのマーケットの利益期間比率をよく調べることが大切である。一連のリスク分散プロセスの有効性を測る基準としては、この期間利益比率が上昇するかどうかを検証することが効果的である。ここでいうリスク分散とは、複数のマーケットをポートフォリオに組み込み、複数システムを使用し、異なるマネーマネジメント戦略を採用することを意味する。

図6.16 65SMA-3CCシステムでドイツ・マルクをトレードしたケースで、利益を計上した期間（トータル90）の比率（この比率を見ると、このシステムは期間が長くなるにつれ損失期間の比率が減ることが分かる）

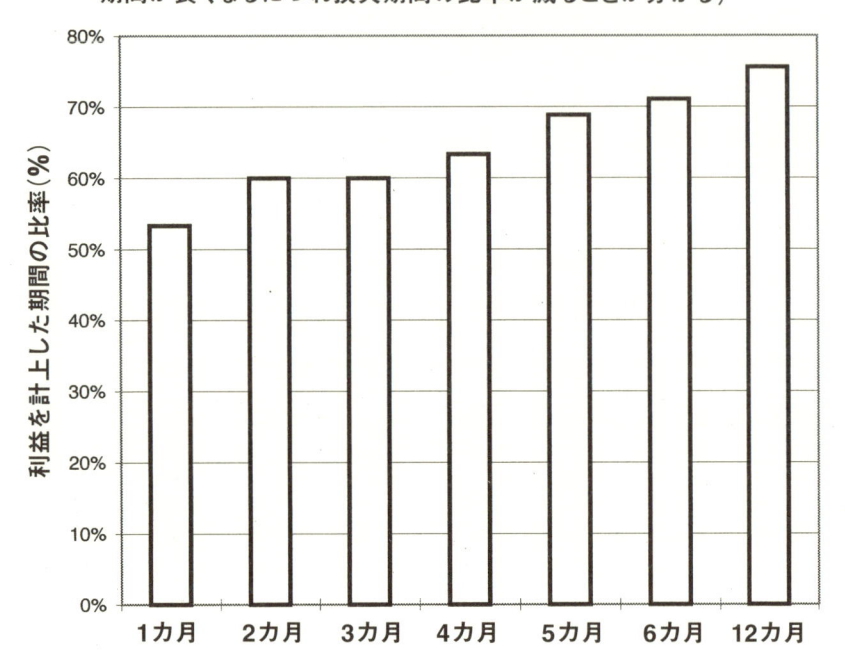

資金残高曲線の月次収益率の標準偏差を調べることも大切である。その結果を利用して、システムの潜在的なドローダウンの大きさを予測することも可能である。この考え方については次項で詳しく解説していく。ここでは、65SMA－3CCシステムに1500ドルのトレイリングストップを加えた効果について検証してみる。使用データは実際のDMデータをロールオーバーしたもので、前回のように5000ドルのストップロスを設定している。スリッページと手数料についてはこれまで同様100ドルを差し引くことにする。1500ドルのトレイリングストップとは、売り買い両ポジションに対して、値洗い益が最大値洗い益から1500ドル減少した時点で仕切るということを意味する。シミュレーションの結果、純

利益が７５００ドル、プロフィットファクターは１．１２、そしてドローダウンはマイナス１万５５１５ドルであった。この結果はトレイリングストップを利用しない場合に比べ若干劣る。しかし、純利益を見ただけでは、以下に説明するような新たな洞察を得ることはできない。

図6.17 65SMA-3CCシステムにトレイリングストップを設定したケースと設定しないケースの、期間別平均資産変化（トレイリングストップを設定しないケースの方が平均利益がかなり大きいということは、多くのトレードが尚早に手仕舞われていることを示している。記載のないグラフはそれぞれ2カ月、4カ月、6カ月を示す）

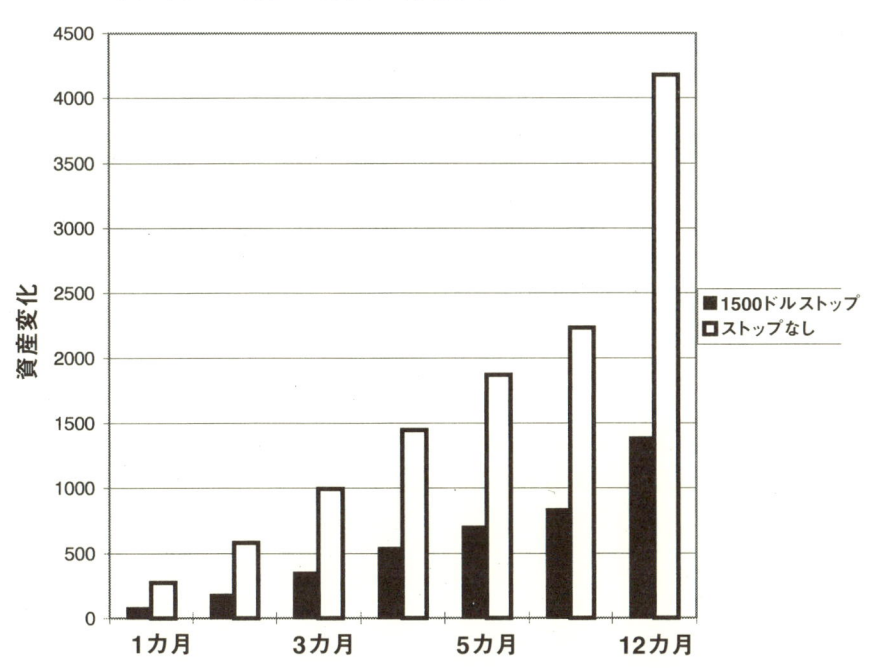

図６．１７は６５ＳＭＡ－３ＣＣシステムにトレイリングストップを設定したケースと設定しないケースの月次資金残高曲線の平均収益率を比較

したものである。トレイリングストップの設定によって平均月次収益率が急減していることには何の疑いもないだろう。トレイリングストップを設定することで、設定しない場合と比較して、純利益が２万４９００ドルから７５００ドルまで減少したことを考えれば、平均月次収益率が減少するのも当然である。パフォーマンスサマリーでは分からないが、**図６．１７**には明確に表れているキーポイントは、１２カ月という期間で見たパフォーマンスである。この情報はトレイリングストップを使用しないことを強く奨励している。

　残念なことに、トレイリングストップを設定することで利益期間比率も低下してしまっている。トレイリングストップは資金残高曲線の滑らかさを改善するにはほとんど役に立たなかった。例えば、トレイリングストップを使用した場合、利益は７０％も縮小した上、標準誤差も４０８７ドルと３％大きくなってしまっている。

　トレイリングストップを捨て、仕掛け２０日後に手仕舞うという仕切りルールを加えると、利益は１万４９５０ドルにまで増え（トレイリングストップを使用すると７５００ドル）、プロフィットファクターは１．２７、ドローダウンはマイナス１万１３２５ドルという結果を残した。これは、５０００ドルのストップロスを設定した場合とほぼ同じ結果である。ということは、この仕切りルールを加えても、ポートフォリオレベルでのパフォーマンスはほとんど変わらないということである。

　この仕切りルールを使用した結果、標準誤差は１０％低下し、３７８１ドルとなった。しかし各期間ごとのパフォーマンスはストップを設定しないケースと同等だった。このように、この仕切りルールを加えた結果、利益額が潜在利益額の２万４０００ドルから４０％も減少したにもかかわらず、パフォーマンスはほとんど改善されなかった。また、ここには表れていないが、利益期間比率が約１０％落ち込んだこともこの仕切りルールに対する大きな打撃となった。

　他の仕切りルールの多くは同様の結果を残した。どれも資金残高曲線の滑らかさを１０％以上改善することはできなかった。実際いくつかの仕切りルールは改善どころか悪化させている。さらにほとんどの仕切りルール

第6章　資金残高曲線分析

は利益額を大幅に減少させている。また、仕切りルールを変えたことで、月次ベースのパフォーマンスを悪化させるような状況が何度も見られた。そこで次項ではシステムデザインを変更することで資金残高曲線の滑らかさを改善することができるか検証していく。

フィルターが資金残高曲線に及ぼす影響

　フィルターを使うことでトレード数を減らし、よりよい仕掛けを果たすことが可能になる。また、フィルターを使うことでより滑らかな資金残高曲線を実現することもできる。仕切りルールを変えるだけでは、資金残高曲線の滑らかさを増すことは不可能なこと（標準誤差を低下させることができなかったということ）はすでに前項で説明した。もちろん、もっと効果的な仕切りルールが存在するという考え方もできるだろう。それらの効果的な仕切りルールについては各自で検証してみるのもいいだろう。

　資金残高曲線を滑らかにするために、フィルターを設定することでシステムデザイン自体を変えることを試みる。レンジ内での値動きが続くような状況で仕掛けてしまうことで損失を被ることを考えると、フィルターを使う最大の恩恵は、利益につながらない仕掛け（トレード）を減らすことができることだろう。逆にトレンドに沿って仕掛けることが遅れ、利益を失ってしまうことが、フィルターを使用する欠点である。仕掛けが遅れると中期の天井や底に重なってしまい、以前のレンジに逆戻りしてしまうこともある。その種のトレードは結果的にストップロスに引っかかってしまうだろう。第3章では65SMA-3CCシステムにRAVIフィルターを設定する方法について解説した。その他にもモメンタムベースのフィルターを使用することができるだろうし、また新たなフィルターを考えてもいいだろう。

　システムデザイン上、小幅なレンジで推移する局面においては仕掛けのシグナルが出ないことから、ここではブレイクアウト・システムを使ってシミュレーションする。例えば、狭いレンジで取引が続くような局面では、20日新高値や新安値が表れることはまれである。そのため、こうした局

面では65SMA－3CCシステムの仕掛けのシグナルもフィルターにかかるだろう。アベレージ・ディレクショナル・ムーブメント（ADX）よりも若干反応が早いという理由から、ディレクショナル・ムーブメント・インデックス（DMI）ベースのシンプルなフィルターを使用する。このフィルターを用いる目的はブレイクアウトのダマシを減らすことにある。比較的広いレンジからのブレイクアウトは強いモメンタムを伴わないことが多いため、このフィルターを選んだ。フィルターの条件は単に14日DMIが任意に選んだ数値、例えば50といったレベルを超えているかどうかということである。DMIについてより詳細に知りたい場合は、ワイルダー氏の著作（参考文献の欄参照）を参照していただきたい。

図6.18 20日チャンネル・システムでドイツ・マルクをフィルター有でトレードしたケースとフィルターなしでトレードしたケースの純資産曲線（限月データをロールオーバーした上で計算）

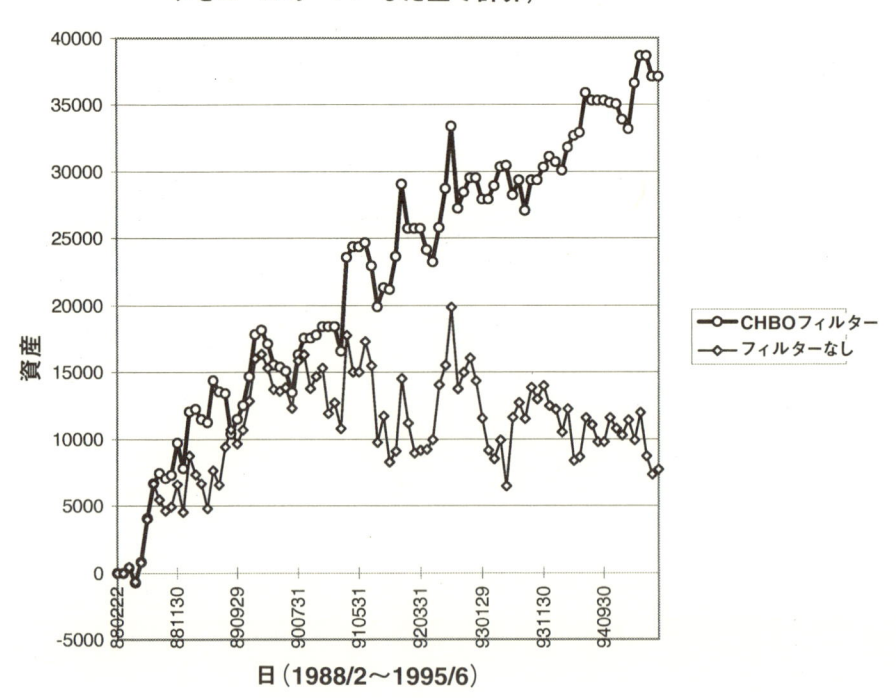

第6章 資金残高曲線分析

　ここでは、1988年3月から1995年6月までのDMデータを用いた。データは実際のデータを納会前月の20日にロールオーバーするという形のデータである。ストップロスは1500ドルに設定し、スリッページと手数料に関しては従来通り100ドル差し引くようにした。フィルターを使用したケースと使用しないケース、両方の資金残高曲線を**図6．18**に掲載している。

図6.19　65SMA-3CCシステムと、フィルターを設定したチャンネルブレイクアウト・システムの純資産曲線（フィルターを設定した方が、ストップも手仕舞い戦略も設定しない65SMA-3CCシステム（ケース1）よりも滑らかな純資産曲線を持つ）

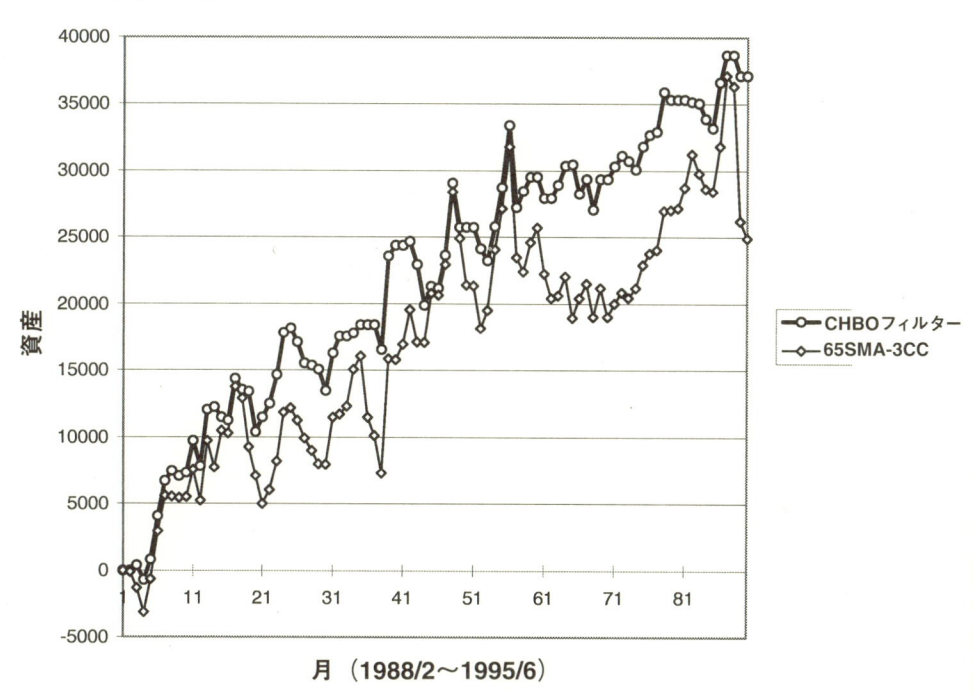

　本章のケース1で見たように、この資金残高曲線はフィルターを使用しない65SMA-3CCシステムよりも滑らかである（**図6．19参照**）。

ケース１の資金残高曲線はデイリーのものを月次に直したものだということは忘れないでほしい。ケース１の標準誤差は３７７６ドルであり、フィルターを使用したこのケースが２５０７ドルで、５０％の差がある。ドローダウンも縮小しており、より滑らかな資金残高曲線を実現したことが確認できる（図６．２０参照）。

図6.20 65SMA-3CCシステムとフィルター有のCHBOシステムの期間最大ドローダウン（フィルター有のブレイクアウト・システムは、ストップも手仕舞い戦略も設定しない65SMA-3CCシステム（ケース１）よりもドローダウンが小さい。データはそれぞれ1カ月、3カ月、6カ月、12カ月）

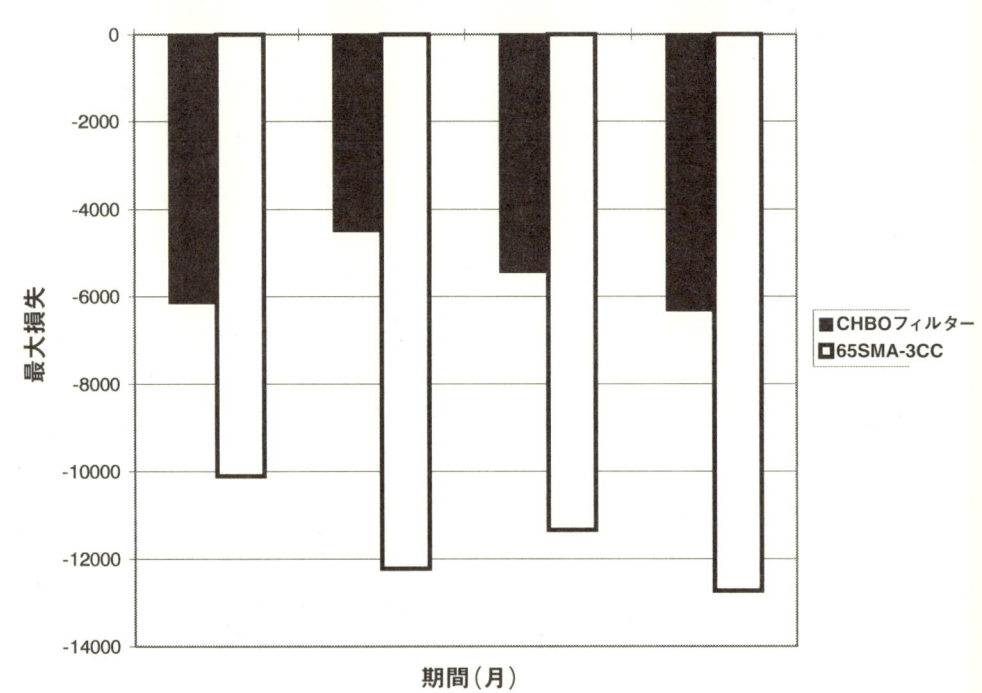

次にチャンネルブレイクアウト・システムで、フィルターを用いるケースと用いないケースのパフォーマンスを比較した。図６．２１で確認でき

るように、1、3、6、12カ月という期間における平均利益額はフィルターを用いたケースの方が大きかった。このようにDMをシミュレーションした結果、フィルターを用いたシステムの方が、パフォーマンスに一貫性がある。例えば、期間別のリターンの標準偏差はフィルターを使わないケースの方が大きく（**図6．22**参照）、パフォーマンスに有意差が存在することが確認できる。

次に線形回帰分析を行ったが、標準誤差は、フィルターを用いるケースで2507ドル、フィルターを用いないケースで3937ドルと、予想通りの結果となった。このように標準誤差が36％も低下していることから、フィルターを用いることで資金残高曲線はより滑らかになることが分かる。両者の簡単な比較結果を**表6．1**に掲載している。

表6.1　ドイツ・マルク・システムの比較

	ドイツ・マルク・システム（フィルターなし）	ドイツ・マルク・システム（フィルター有）
純利益	6,863	37,125
総トレード数	105	64
勝率(％)	38	50
平均利益／損失比率	1.75	1.74
1トレードの平均損益	65	580
最大ドローダウン	−11,338	−5,688
プロフィットファクター	1.08	1.74

表6．1のデータによると、フィルターを使用することでトレード数が減り、利益率とプロフィットファクターの数値が改善している。フィルターを使用することで資金残高曲線をより滑らかにすることができるということは、この結果からも確認できる。以上の結果を踏まえ、仕掛け戦略を変えることの影響について、ポートフォリオレベルでも検証することをお勧めする。

図6.21 ドイツ・マルク・システムの期間別平均資産変化の比較（期間別資産変化はフィルター有の方が大きい）

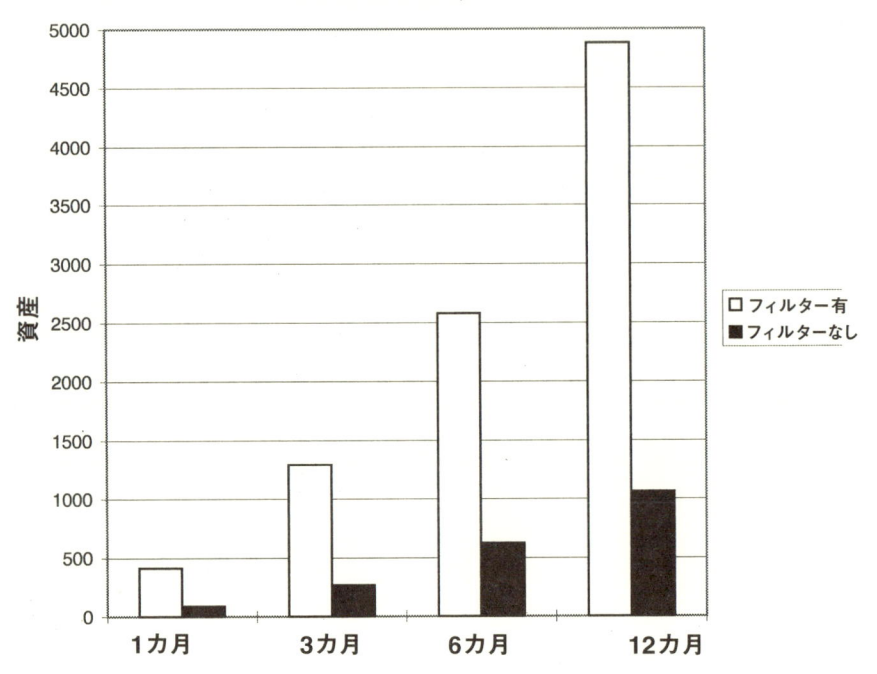

要約

本章では、資金残高曲線の滑らかさを測定する上で回帰分析の標準誤差を利用する方法について解説した。この標準誤差の数値が小さいほど、資金残高曲線が滑らかなことを表す。

資金残高曲線を滑らかにする方法として、一般的に言われていることが必ずしもうまく機能しないことも分かった。ほとんどの仕切りルールは標準誤差を２０％以上低下させることができなかったもかかわらず、利益は大幅に縮小してしまうという結果を残した。またトレードするマーケットやシステムを増やすことでリスク分散を図っても、標準誤差は逆に拡大してしまう結果となった。こうした発見を裏付けるために、月次ベースの資

第6章 資金残高曲線分析

金残高曲線についても検証してみたが、資金残高曲線の滑らかさを増すためには、仕掛けのルールを変えることだけが効果を発揮した。

本章では資金残高曲線について分析することでパフォーマンス―サマリーには表れない、システムデザインについての価値ある情報を得ることができることを説明した。以上のことを踏まえると、資金残高曲線を分析せずには、システムを完成することはできないのである。

図6.22 ドイツ・マルク・システムの期間別資産変化の標準偏差（標準偏差はフィルターなしのチャンネルブレイクアウト・システムの方が大きい）

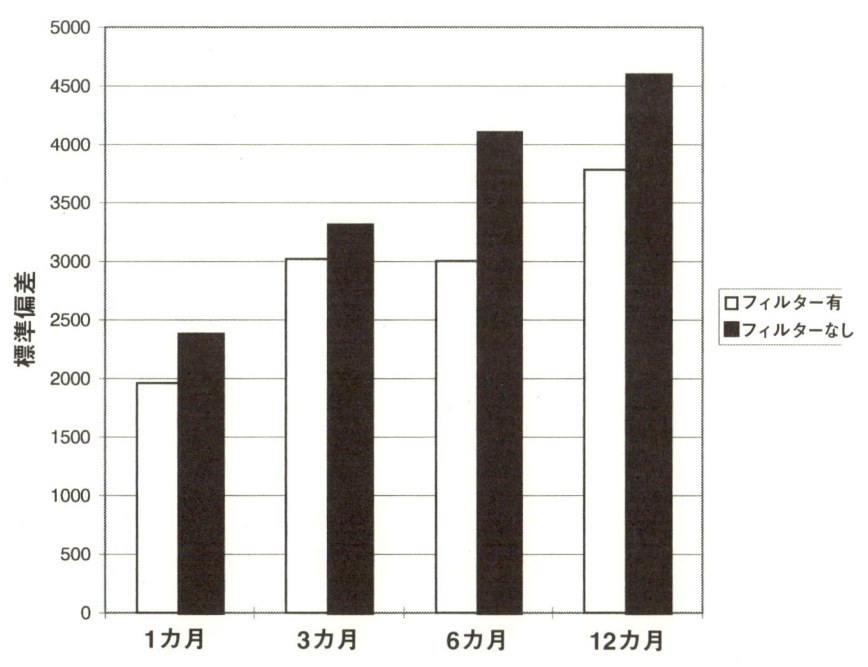

第7章
マネーマネジメントの概念

"マネーマネジメントが悪ければ、優れたシステムでも役に立たない"

序論

　マネーマネジメントはどのようなトレーディング・システムにとっても、将来のパフォーマンスに影響を及ぼす大きな要因のひとつとなる。トレーディング・システムを正確に使用するためには、マネーマネジメントが大きな要因となる。テーマをマネーマネジメントだけに絞った良書も数多く存在する。
　まずシステムの検証段階で得た数値を基に、破産の確率を計算する方法について解説していく。過去の文献に紹介されてきたデータで、本章の内容まで深く掘り下げているものはなかっただろう。破産の確率を計算する際には、システムの勝率とペイオフ比率が一定していることが前提になる。しかし、この種の数値は時間とともに変化するものであり、ここで破産の確率を計算する方法について触れるのは、単にガイダンスととらえてもらって構わない。
　次にシステムデザインとマネーマネジメント・ルールの関係について、

例を紹介しながら検証していく。ここでは典型的なブレイクアウト・システムを使用し、トレード枚数を一定に保つケースと変動させるケースについて、その効果を調べていく。その後、月次収益率の標準偏差を利用してドローダウンの大きさを予測する、というテーマに移っていく。アウト・オブ・サンプルデータ（シミュレーションに用いなかったデータ）を使用して検証することで、上記の方法を用いて潜在的なドローダウンの大きさを予測することの有効性を確信できるだろう。システムを運用する際にいくら資金が必要か判断するために、将来予想されるドローダウンの大きさを適度に把握しておくことは非常に役立つ。

そして最後にトレード枚数を変動させることで、資金残高曲線にどのような影響が及ぶかについて検証していく。システムは、それぞれトレード枚数を変動させることで、資金残高曲線の滑らかさを変えることができる。

本章を読み終えたころには、以下のことが可能になっているだろう。

1．マネーマネジメント戦略に破産の確率の考え方を取り入れることができる。
2．システムデザインとマネーマネジメント・ルールが互いにどのような影響を及ぼしているか理解できる。
3．どのようなシステムに対しても、将来被る恐れのあるドローダウンの大きさのレンジを予測することができる。
4．勝ちトレードまたは負けトレードが続いた後にトレード枚数を変動させる戦略を開発することができる。

破産の確率

破産の確率を数学的に計算することがマネーマネジメントの根幹となる。このような統計的な計算は、まったく同じ方法を何千回と実行することが前提となっている。しかし、現実の世界ではこのような理想的な状況が整っているわけではない。これが現実だが、破産の確率について学ぶことで、レバレッジを使うことの危険性について最もよく理解することがで

第7章 マネーマネジメントの概念

きる。

　簡素化された前提に立つと、破産の確率とは投下資金のすべてを失ってしまう確率を予測することである。この破産の確率を、例えば1％以下に減らすことがマネーマネジメントのゴールとなる。ここではノーザー・バルサラ氏（参考文献の欄参照。詳細についてはこの良書を参照すること）が利用する一般的なアプローチに従う。

　破産の確率を決めるのは以下の3つの要素である。①勝率、②ペイオフ比率（平均損失に対する平均利益の比率）、③トレーディングに投下する資金の比率。最初の2つの変数は、システムデザインで決まってくる。一方、最後の変数だけはマネーマネジメントのガイドライン次第で変わってくる。破産の確率はペイオフ比率や勝率が上昇することで低下する。各トレードに投下する資金の比率が大きければ大きいほど破産の確率が高いのは当然だろう。

　ここでは破産の確率を予測する方法について、バルサラ氏が用いた一般的なシミュレーション方法に従うことにする。例外は確率を見積もるためのシミュレーションをトータルで1000回に（10万回もシミュレーションを続けるのではなく）とどめることである。1000回のシミュレーションで破産してしまうのであれば、10万回もトレードを続けることは不可能だろう。

　表7．1は金額ベースでのストップロスを使い、各トレードの許容リスクを総資金の1％に設定した場合の破産の確率をまとめたものである。勝率は25～50％、ペイオフ比率は1～3の間に設定している。トレーディング・システムのほとんどが25～50％の勝率を残すため、このレンジに設定している。

　ここで設定したレンジは、シミュレーション段階で遭遇する典型的な数字を基に決めている。勝率の下限は個人的な判断で25％にしているだけである。勝率が50％を超えてくると破産の確率が大幅に低下することを考慮して、上限は50％に設定した。同様に、各マーケットで1枚ずつトレードする場合、ペイオフ比率が3を超えることは相当まれなことである。逆に、トレーディング・システム自体がかなり正確なシステムで、トレー

ドの執行コストが小さくない限り、ペイオフ比率が1を下回るシステムを使用するメリットはほとんどない。バルサラ氏が著書の中で行ったシミュレーションでは、1トレード当たりの許容リスクを10％以下に設定していないため、許容リスクを低く（1％）抑えることで興味深い結果を得る可能性もある。シミュレーションの結果、概ねバルサラ氏の指摘を踏襲する内容となった。

表7.1　総資産の1％をリスクにさらしたケースの破産の確率（確率ゼロは全資産を失う可能性が皆無とは言い切れないものの、ほとんどないと言えることを意味する）

勝率（％）	ペイオフ比率				
	1	1.5	2	2.5	3.0
25	100	100	100	73	3.1
30	100	100	46.9	0.20	0
35	100	74.6	0.1	0	0
40	99.8	0.5	0	0	0
45	52.4	0	0	0	0
50	0	0	0	0	0

　このように理論上導かれた結論では、勝率が50％を超えない限り、ペイオフ比率が1程度のシステムを使用するのはメリットがないことが分かる。同様に、ペイオフ比率が2．5を超えると、35％以上の勝率を残すシステムであれば、許容範囲までリスクを低下することができる。
　表7．2と表7．3は、トレード1回当たりの許容リスクを、それぞれ1．5％、2％に設定したシミュレーション結果である。許容リスクが大きくなるに従い破産の確率が上昇していること、逆に勝率が上がったりペイオフ比率が上昇することで破産の確率が低下していることに注目してもらいたい。これらの表を見れば、トレーダーの多くが1トレード当たりの

第7章　マネーマネジメントの概念

許容リスクを2％に決め、金額ベースのストップロスを設定することをアドバイスする理由が理解できる。

表7.2　総資産の1.5％をリスクにさらしたケースの破産の確率（確率ゼロは全資産を失う可能性が皆無とは言い切れないものの、ほとんどないと言えることを意味する）

勝率（％）	ペイオフ比率				
	1	1.5	2	2.5	3.0
25	100	100	100	88.9	12
30	100	100	78.4	1.0	0
35	100	94.5	0.8	0	0
40	100	4.5	0	0	0
45	84.2	0	0	0	0
50	1.4	0	0	0	0

表7.3　総資産の2％をリスクにさらしたケースの破産の確率（確率ゼロは全資産を失う可能性が皆無とは言い切れないものの、ほとんどないと言えることを意味する）

勝率（％）	ペイオフ比率				
	1	1.5	2	2.5	3.0
25	100	100	100	94.3	19.7
30	100	100	87.4	3	0
35	100	98.7	16	0	0
40	100	9.2	0	0	0
45	93.6	0	0	0	0
50	5.4	0	0	0	0

第7章　マネーマネジメントの概念

　以上のシミュレーション結果は、ペイオフ比率と勝率が終始一定していることを前提としている。しかし、これらの数字は時とともに変わるのが現実であり、今日見積もった数字が数カ月のうちに変わってしまう可能性がある。そのため、破産の確率について考える際には、ペイオフ比率も勝率もレンジを使って計算する方がいいだろう。

　また異なる視点から問題点を探ると、勝率が２５～５０％で許容リスクを１％に設定した場合、ペイオフ比率の"マジックナンバー"はいくつになるか、という疑問が浮かび上がる。**表７．４**は、トレーディング・システムのシミュレーション結果を評価する際に簡易版チェック表として使えるため、先の問いに対する回答を得るヒントを与えてくれる。例えば、勝率が４０％、ペイオフ比率が１．７５のトレーディング・システムであれば、破産の確率を許容範囲に抑えることができる。

表7.4　1％のストップを厳守した場合、破産の確率を無視できる程度まで低下させるために必要となるペイオフ比率

勝率(％)	ペイオフ比率	破産のリスク(％)
25	3.25	0
30	2.75	0
35	2.25	0
40	1.75	0
45	1.5	0
50	1	0

　これは非線型の関係であることに注意してほしい。一例として、ペイオフ比率が１．５で勝率が４０％のシステムについて考えてみよう。この条件で許容リスクを１％から２％に引き上げると、破産の確率は０．５％から９．２％へと、不釣合いに大きくなってしまう（**表７．１**と**表７．３**参照）。ということは、レバレッジを高め、常に２％以上の資金をリスクに

第7章　マネーマネジメントの概念

さらす理由などほとんどないと言える。また、ペイオフ比率や勝率、または両方の数値を改善するために、システムデザイン自体を修正するメリットについても考えてみるべきである。最大のメリットは、むやみにリスクを拡大させることなく、投下する資金の比率を高めることができることである。

　以上のシミュレーション結果は、他の情報に基づいて、各トレードごとに投下資金の大きさを変えてはいけないと結論づけているわけではない。例えば、**表7．4**が示すように、勝率が５０％を超え、ペイオフ比率が１を上回る場合、破産の確率はかなり小さい。このため、素晴らしい利益機会を判断できるメカニズムを発見できれば、トレードごとに投下資金を変えることも可能となる。そうしたバリエーションがシステムパフォーマンスを大幅に改善させることも考えられる。素晴らしい利益機会を見つける方法については第４章を参照していただきたい。

　本項を要約すると、破産の確率の考え方によると、各トレードに一貫して総資金の１０％以上を賭け続けるようなレバレッジのかけ方を選ぶメリットはほとんどないことが分かった。資金の１～２％を賭け続けるのがより分別のある選択である。しかし、破産の確率を計算する際にはシステムの勝率とペイオフ比率が終始一定していることを前提としている。現実には勝率やペイオフ比率はトレードごとに変化していくものであり、破産の確率の計算結果については、一般的なガイドラインとして利用すべきである。この結果を利用して、素晴らしい利益機会が表れたときにエクスポージャーを増やすこともできるだろう。

相互作用──システムデザインとマネーマネジメント

　本項では２種類の異なるマネーマネジメント戦略がポートフォリオに及ぼす影響について検証していく。まずトレード枚数を一定にする戦略と変動させる戦略について、それぞれその効果を検証し、ポートフォリオのパフォーマンスがどのように変化するかについて調べていく。そして最後に、最悪のケースを想定した潜在ドローダウンの大きさを予測する際に、期間

別に見た資金残高曲線の変化率が有益な情報となり得るかについて検討していく。

ここではドローダウンに対処することが目的で、リターンについてはマーケットに任せておくべきである。累積損失の大きさを管理する一方、資金残高曲線の収益率を最大限まで伸ばしたいというのが本心だろう。マネーマネジメント戦略には、１トレード当たり資金投下額を明確にするために必要なる、すべての要素が含まれている。要するに、これでトレード枚数を決めるのである。トレード枚数を決めることで証拠金比率も変わってくる。もちろん、それぞれの口座でトレードするマーケットを決めることも必要である。この種の決定を行う際、比較的シンプルなルールを使っても複雑なルールを使っても構わないが、その決定いかんで口座資金の成長が決まってくる。また同じシステムでもマネーマネジメント戦略を変えることで、まったく異なる結果を得ることも十分考えられる。本項では一般的なルールとその有効性について簡単に解説するが、このテーマだけを扱っている他の書籍にも当たってみるべきだろう。

最も単純なリスク管理方法は、初期リスクストップロス、いわゆるマネーマネジメント・ストップである。これはたいてい金額ベースのストップを意味し、その金額は通常総資金の６％以下であることが多い。金額ベースのストップとは単に１トレードごとにリスクにさらす金額のことを指す。ということは、あるポジションに対する損失がその金額ベースのストップ幅に到達した時点で、そのポジションを手仕舞うことを意味する。例えば、前項では各ポジションのリスク許容額を総資金の１～２％とするのが一般的なことだと説明した。これを基に、１枚当たりのリスクが許容リスクよりも小さい場合には、複数枚数をトレードすることも可能である。

ここで資金残高が増加する速度と許容できるドローダウンの大きさの妥協点を探る必要が出てくる。オプティマルＦのような理論では、資金残高を増加させるために１枚ずつトレードするのではなく、もっと複雑な公式を使用してトレード枚数を決める。しかし、複数枚数をトレードするとドローダウンは拡大する傾向があり、それゆえにマネーマネジメントの重要性が増す。

第7章　マネーマネジメントの概念

図7.1　フィルターを設定したブレイクアウト・システムでドイツ・マルクを1枚ずつトレードしたケースの月次純資産曲線

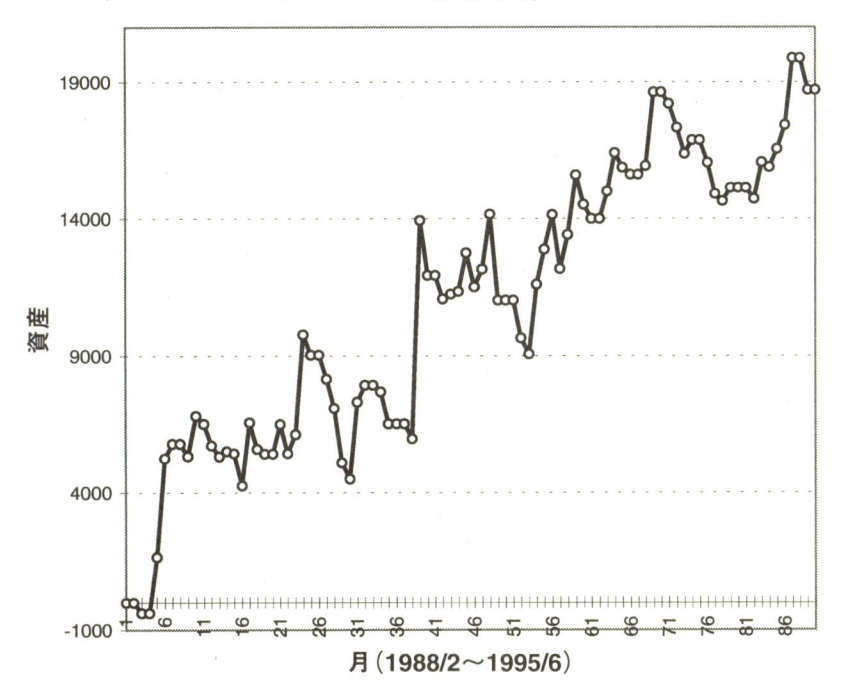

表7.5　90カ月に及ぶ期間（1988年2月～1995年6月）にわたる、ドイツ・マルクの期間別純資産曲線の変動

期間別分析（ドル）	1カ月	3カ月	6カ月	12カ月
最大利益	7,963	7,413	7,213	7,650
最大損失	−3,137	−3,925	−5,263	−3,889
平均損益	208	651	1,297	2,111
標準偏差	1,471	2,263	2,667	2,928

　ここからはシステムデザインとマネーマネジメントの相互作用について、チャネルブレイクアウト・システムを使ってシミュレーションしなが

ら検証していく。マーケットはドイツ・マルクで、データは実際の限月データをロールオーバーしていったものを使用する。1枚ずつトレードし、スリッページと手数料合計で100ドル差し引くという条件でシミュレーションを行った。**図7．1**はその月次資金残高曲線である。このシステムは大幅な下落場面を何度か経験しながらも、一貫して増加する傾向にあることがうかがえる。ここで月次資金残高曲線のデータを表計算シートに取り込み、1、3、6、12カ月という期間別に資金残高の収益率を分析した。結果は**表7．5**の通り。

　いくつか簡単な分析を行うことで、**表7．5**の有効性が確認できる。まず、平均月次収益率がゼロで、月次資金残高曲線の収益率が正規分布していると仮定する。ほとんどのトレンドフォロー・システムでは、損失期間が6カ月を超えることはないため、潜在ドローダウンの大きさを予測する際には6カ月ごとの最大ドローダウンを調べることにする。6カ月という時間枠で見た最大ドローダウンはマイナス5263ドルで、平均月次収益率の標準偏差、1471ドル（端数を切り上げ1500ドル）の3．5倍という結果を残した。この3．5倍という数値をガイドラインとして、さらに四捨五入した4を使用する。これで潜在ドローダウンを平均月次収益の標準偏差の4倍と考えておく。標準偏差の4倍以上の数値が表れる確率が、10万回に6回程度と非常に小さい確率ということを統計理論は裏付けている。

　以上の考え方から、5万ドルの口座を用意してこのシステムでドイツ・マルク先物を1枚ずつトレードする場合、"最大"ドローダウンは12％（＝(1500×4)÷50000）程度になるという予測が立てられる。リターンについても同じ予測法を基に計算してみると、"最大"の年間リターンは12％程度となる。このようにパフォーマンスは±12％の範囲に収まる可能性が最も大きいことが分かる。各マーケットで1枚ずつトレードするという条件を設定しているため、このような線形予測を利用することができる。次に毎年、年初に資金残高を5万ドルにリセットすると仮定し、このシステムが年間ベースではどのようなパフォーマンスを残すのか調べてみよう。

第7章 マネーマネジメントの概念

表7．6を見る限り、±12％のパフォーマンスバンドは、実際の結果についておおむね正しく予測していると言えるだろう。1枚ずつトレードしているにもかかわらず、10．5％（1990年）のドローダウンが表れたことは気になる。これを半減するためには投下資金を10万ドルに増額することが必要となる。しかし、投下資金を倍増することはリターンの半減にもつながり、リターンとドローダウンの間の最適な妥協点を決める必要がある。

表7.6 DMシステムの年間収益率（年初資産を5万ドルとして設定したケース）

年	年間リターン(%) (当初資産＝5万ドル)	ドローダウン(%) (当初資産＝5万ドル)
1988	11.5	−1.9
1989	8.1	−2.5
1990	−6.5	−10.5
1991	15.3	−5.0
1992	−2.1	−10.2
1993	5.6	−2.4
1994	−2.9	−5.4

1枚ずつトレードするケースに関しては、そろそろ感覚がつかめてきただろう。そこで次に複数枚数をトレードすることについて考えていこう。トレード枚数を選択する方法のひとつとして、金額ベースのストップ幅を設定し、その上でマーケットボラティリティーに合わせてトレード枚数を決めるという方法が考えられる。この方法では、ボラティリティーの大きさとトレード枚数が反比例する。ボラティリティーが高いときには少ない枚数をトレードし、逆にボラティリティーが低いときにはトレード枚数を増やすということである。第5章で長距離爆弾システムを紹介した個所で

も、ボラティリティーベースの計算方法については解説した。ボラティリティーが２０００ドルで、金額ベースのストップ幅を１万ドルと設定している場合、５枚買う（トレードする）ことになる。そのボラティリティーが３倍の６０００ドルに上昇すれば、１枚だけ買う（トレードする）ように変更する。ボラティリティーについては、日々のレンジの１０日ＳＭＡなど、どのような定義を使っても構わない。

　トレーディングの観点から考えると、マーケットが数カ月にわたり値固め商状で推移した後に表れる、トレンドの初期段階ではボラティリティーは低い傾向がある。この状況においてボラティリティーベースのトレード戦略をとることで、より多くの枚数をトレードすることにつながり、その後予想通り大きなトレンドが発生した際には利益額も膨らむことを意味する。逆にトレンドの最終段階ではボラティリティーが高い傾向があり、トレード枚数は少ない。ということは、トレンドが反転する間際に表れる売買シグナルがダマシに終わっても、比較的衝撃は小さい可能性が高い。

　このボラティリティーベースのロジックが完璧に機能すれば、トレンドが表れている状況でエクスポージャーを拡大し、方向性に欠ける状況ではエクスポージャーを縮小することになる。このように、毎回同じ枚数をトレードするのではなく、その時々でトレード枚数を変化させることで、全体のパフォーマンスは"非線型"的に改善される。ひとつの例として、常に８枚ずつトレードするよりも、ボラティリティーベースの条件に合わせて８枚トレードする方がいい結果につながる可能性が高い。ボラティリティーの大きさに合わせてトレード枚数を変えることで、ドローダウンを縮小（プロフィットファクターは上昇）させると同時に、より大きなリターンを上げたいというのが本音だろう。**図７．２**はブレイクアウト・システムにボラティリティーベースのトレード枚数変更戦略を加えて、ドイツ・マルク先物を対象に行ったシミュレーション結果である。この資金残高曲線と、１枚ずつトレードした**図７．１**の資金残高曲線を比較してほしい。

　複数枚数をトレードする戦略を採用したケースの年間収益率を**表７．７**に掲載している。複数枚数をトレードするケースの収益率は、１枚ずつトレードしたケースの５倍以上に達している。このシステムは最大で８枚ト

第7章　マネーマネジメントの概念

レードし、平均トレード枚数は3枚だった。ドローダウンは平均して3倍程度にとどまった。つまり、複数枚数をトレードする戦略をとることで、パフォーマンスを大幅に改善することができたのである。もちろんドローダウンも拡大する結果となった。システムパフォーマンスについてよりよく理解するために、次に各期間別の収益率について検証していこう。

表7.7　ドイツ・マルク・システムの年間収益率（年初資産を5万ドルに設定し、複数枚数をトレードしたケース）

年	年間リターン(%) （当初資産＝5万ドル）	ドローダウン(%) （当初資産＝5万ドル）
1988	102.8	-4.0
1989	44.5	-5.9
1990	-24.7	-43.6
1991	-15.1	-11.8
1992	-6.2	-30.5
1993	20.6	-6.0
1994	-15.7	-23.4

1枚ずつトレードしたケースの表7．5と、複数枚数をトレードしたケースの表7．8を比較すると、トレード枚数を変化させることで大きな違いが表れることに気付くだろう。表7．8の数値は表7．5の数値に比べて3倍から4倍も大きなことが分かる。例えば、表7．5のシステムを使用し、ドイツ・マルクを5枚ずつトレードすると仮定しよう。この場合6カ月の時間枠で見た最大ドローダウンはマイナス2万6315ドル（＝5×5263ドル）だった。トレード枚数を変化させる戦略（表7．8）の6カ月間最大ドローダウンはマイナス2万1800ドルであり、常に5枚ずつトレードするケースと比較して17％小さい。しかし、常に5枚ずつトレードするケースでも枚数を変化させるケースでも純利益は名目上同

じである。このようにトレード枚数を変化させるロジックを利用することで得られる"非線型性"は、興味深い結果を残している。

図7.2　フィルターを設定したブレイクアウト・システムで、ドイツ・マルクをボラティリティーベースで複数枚トレードしたケースの純資産曲線

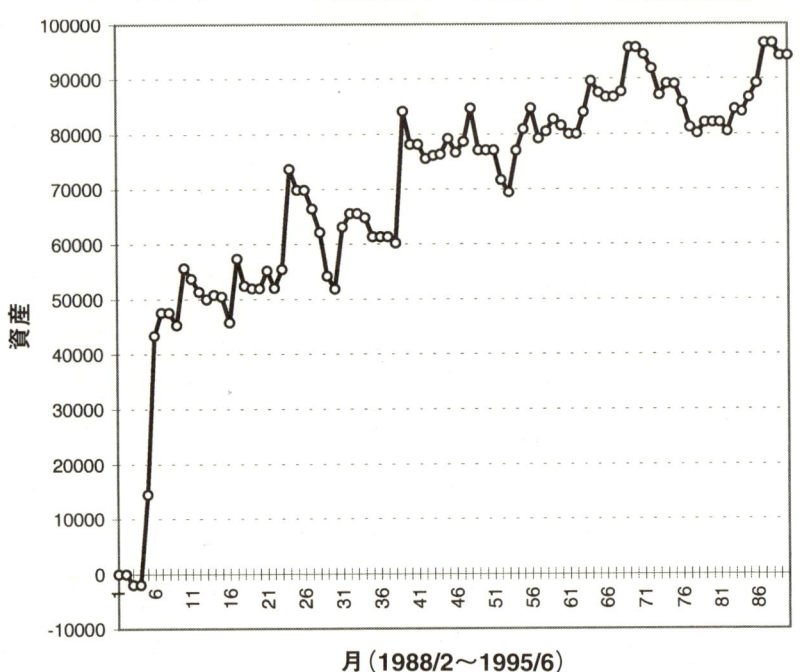

資産

月（1988/2～1995/6）

　１枚ずつトレードした結果を基に、月次収益率の標準偏差を四捨五入した６０００ドルとみなし、その４倍に相当するマイナス２万４０００ドルを潜在的な"最大"ドローダウンと考える。このシステムを５万ドルの口座で運用しようとすると、そのパフォーマンスバンド（範囲）は４８％になる。この複数枚数システムを５万ドルの口座で運用することは、レバレッジのかけすぎだということは明白だろう。１枚ずつトレードした結果の**表７．６**と複数枚数をトレードした**表７．７**を比較すると、１９９１年の収益率は１枚ずつのケースが１５．３％のプラス、反対に複数枚数のケー

スでは１５．１％のマイナスとなっている。この口座でこれだけレバレッジをきかせることは決して勧められないが、これは計算結果からも強調される結果となった。

表7.8　90カ月に及ぶ期間（1988年2月～1995年6月）にわたる、ドイツ・マルクを複数枚数をトレードしたケースの期間別純資産曲線の変動

期間別分析（ドル）	1カ月	3カ月	6カ月	12カ月
最大利益	28,900	49,500	57,575	52,413
最大損失	−7,950	−15,700	−21,800	−15,213
平均損益	1,047	3,238	6,432	9,479
標準偏差	5,923	10,613	13,944	14,963

　口座資金を増やすことで、％換算した資金のブレを減らすことは可能である。そのため資金残高曲線の収益率（％換算）を線形回帰すると、レバレッジを低下させることで、資金残高曲線の滑らかさを増すことができる。レバレッジを減らすことで残りの資金が小さなブレを吸収するバッファーの役目を果たすことになるため、これはごく当然の結果と言える。このパターンについては**表７．９**に明確に表れている。これは**表７．５**のデータを基に、それぞれ５万ドル、７万５０００ドル、１０万ドルという口座資金に対する標準誤差を示したものである。

表7.9　パーセント表示ベースで見ると、レバレッジが低くなれば、純資産曲線はよりスムーズな曲線を描く

当初資産額	月次変動率の標準偏差（％）
$50,000	2.94
$75,000	1.96
$100,000	1.47

標準誤差が縮小したということは、資金残高曲線がより滑らかになったことを意味する。口座資金が増加するに従い、％換算の資金残高曲線のブレは縮小する。パフォーマンスバンドがドローダウンを予測する指標として、効果を発揮していることに注目していただきたい。このように資金残高曲線の標準偏差を４倍した数値は、下落リスクを予測する上で効果的な出発点になり得る。そこからドローダウンを低いレベルに保つための口座サイズを演繹していくことができる。仮に６つのマーケットをトレードし、"最大"ドローダウンを３％にとどめたいとしよう。この場合、複数枚数をトレードする戦略では８０万ドルの資金が必要になるだろう。これは先程の５万ドルとは桁違いの数字である。

　本項で説明してきた内容や導いた結論から、マネーマネジメントの戦略いかんでポートフォリオのパフォーマンスは劇的に変わってしまうことが理解できただろう。前述したように、システムデザインの考え方としては、リスクをしっかりと限定し、リターンについてはマーケットに任せるという姿勢をとるべきである。次項では資金残高曲線の期間別分析をを基に、将来被る可能性のある潜在ドローダウンの大きさを予測する方法について検証していく。

ドローダウン予測

　マネーマネジメントの主たる目的は、厳密なリスク管理を実行することで下落リスクを防ぐことである。そこで潜在ドローダウンを正確に予測したいという願望が生まれる。将来を予測するためには過去に頼る必要があるため、この点にできる限りの注意を払い、より悪いシナリオを念頭に置くべきである。大きなドローダウンに備える方が、小さなドローダウンに備えているよりもよいはずである。

　前項では、あるシステムが将来被る恐れのある損失の大きさを予測する際、月次資金残高曲線の標準偏差を利用するのがふさわしいと説明した。この際、まず日々の資金残高曲線を作成し、それを月間ベースに修正し、月次収益率を計算するというプロセスをとる。表計算ソフトを利用すれば、

第7章　マネーマネジメントの概念

月次収益率の標準偏差を計算することもできる。ここで便宜上、この標準偏差の数値を$\sigma 1$と呼ぶことにしよう。将来の潜在ドローダウンの大きさを控え目に見積もっても、$4\sigma 1$（$\sigma 1$の4倍）が妥当だろう。しかし、これは単に見積もりにすぎず、$5\sigma 1$や$3\sigma 1$といった数値を使っても構わない。

　この予測テクニックを綿花、ユーロ・ドル、金、灯油、日本円、スイス・フラン、米30年物国債といった任意に選んだ7つのマーケットのデータを用いて検証してみる。データはつなぎ足を利用し、期間は1985年1月1日から1990年12月31日とする。システムは65SMA－3CCシステム、フィルターとして10ティックバリアーを設定した終値ベースの20日ブレイクアウト（CHBOC）、そしてボラティリティーベースシステム（VOL）、といった最適化を施していないシステムを3種類に選んだ。最後のVOLシステムの詳細については、第8章のデータスクランブルのところで触れる。ストップロスは2500ドル、10日高値または安値で仕切るトレイリングストップを設定し、スリッページと手数料は合計で100ドルという条件で検証する。これらの数字はすべて任意に選択したものであり、システムのパフォーマンスやその他のデータについては、事前に何の考慮もしていない。

　仕切りルールは統一されているが、仕掛けのロジックについてはシステムごとにかなり異なる。これらのシステムはすべてトレンドフォロー型のシステムであり、トレンドが発生する状況で利益を上げる。そのため、方向性に欠ける状況にどう対応するかでパフォーマンスに差がつく。65SMA－3CCシステムはレンジ取引が続く状況では自己修正機能が働くため、おそらく損失は限られるだろう。20日間のCHBOCシステムの場合、狭いレンジで推移する状況でポジションをとることはないだろうが、広いレンジを形成する状況ではダマシが表れることで損失を被る可能性が高い。ボラティリティー・システムに関しては、レンジ内で急激な動きが表れると対処しきれない。

　各システムの総利益や日中ベースの最大ドローダウンを調べることで、月間収益率を分析する際に理解が深まる。**表7．10**と**表7．11**には、

システム間やマーケット間で利益率やドローダウンの数字が大きく異なることを示している。

表7.10 1985年～1990年のシミュレーション上の利益とドローダウン（MaxP＝純利益、MIDD＝日中ベースの最大ドローダウン）

マーケット	CHBOC（純利益）	CHBOC（MIDD）	VOL（純利益）	VOL（MIDD）	65SMA-3CC（純利益）	65SMA-3CC（MIDD）
綿花	5,245	−16,005	27,165	−7,330	20,675	−5,815
ユーロ・ドル	13,950	−1,750	9,475	−8,725	9,675	−4,275
金	−10,330	−16,200	−1,170	−12,790	−4,280	−10,280
灯油	15,382	−20,751	−32,825	−50,571	21,761	−13,380
日本円	38,663	−11,513	59,913	−8,938	13,475	−11,113
スイス・フラン	1,450	−18,663	35,075	−18,750	12,350	−11,400
米30年物国債	17,513	−10,400	49,413	−9,125	−17,025	−28,438
合計	81,873	−95,282	147,046	−116,229	56,631	−84,701

表7.11 1991年～1995年のシミュレーション上の利益とドローダウン（MaxP＝純利益、MIDD＝日中ベースの最大ドローダウン）

マーケット	CHBOC（純利益）	CHBOC（MIDD）	VOL（純利益）	VOL（MIDD）	65SMA-3CC（純利益）	65SMA-3CC（MIDD）
綿花	18,430	−5,265	9,195	−11,425	33,060	−8,940
ユーロ・ドル	3,850	−2,200	350	−4,675	1,525	−2,225
金	−12,630	−12,630	−17,750	−18,660	−870	−2,510
灯油	−7,080	−15,813	−24,330	−25,296	−5,113	−10,261
日本円	19,563	−11,200	27,463	−13,925	44,500	−3,538
スイス・フラン	17,925	−9,000	18,700	−10,850	5,750	−12,313
米30年物国債	−7,531	−19,756	−1,288	−9,556	−4,538	−10,706
合計	32,527	−75,864	12,340	−94,387	74,314	−50,493

第7章　マネーマネジメントの概念

　６５ＳＭＡ－３ＣＣシステムはドローダウンが最も小さく、次にＣＨＢＯＣシステムという順番になった。ボラティリティー・システムについては１９８５年から１９９０年にかけて、灯油で被ったドローダウンの大きさに注目していただきたい。また、これらのシステムを使って金、灯油、米３０年物国債などをトレードするのは難しいということも確認した。シミュレーション期間内における収益率のブレが大きいことにも注意していただきたい。ここでは各システムのパフォーマンスを相対的に比較するべきである。

　次に期間別の分析を行うことで、将来の潜在ドローダウンを予測することが可能かどうかについて検証してみたい。そこで、まず日々の資金残高曲線を表計算ソフトに取り込み、それを月間ベースに直し、それぞれ１、３、６、７、８、９、１２カ月といった期間別の収益率変化について計算する。

　検証したシステムのほとんどは、ドローダウンの期間が９カ月以内に収まっている。この結果を基に、６～９カ月のデータに関しては十分注意を払った。まず月次資金残高曲線の標準偏差を計算し、前述した期間別に考えられる最大ドローダウンについて予測する。ここでは月次資金残高曲線の標準偏差に対する期間別最大ドローダウンの比率が５以下であることが望まれる。

　資金残高曲線は、１９９１年１月１日から１９９５年６月３０日にわたる次の期間のデータに対しても同様に計算する。ここでシステム自体には何の変更も施さない。この新たなデータ期間に対して検証することを"アウト・オブ・サンプル（サンプル外）"検証と呼び、システムの安定性をチェックするために行う。そこで１９８５年から１９９０年のデータを基に予測した最大ドローダウンの数値が１９９１年から１９９５年の間に被るドローダウンを予測する有効な指標となることを期待しながら、期間別の収益率を計算する。月次収益率の標準偏差が各期間で同じような数字を残せば理想的であり、このアプローチに対する自信を深めることにつながる。

　表７．１２は、月次収益率の標準偏差と３種類のシステムの各期間における最大ドローダウンを示したものである。月次収益率の標準偏差は比較

的安定している。平均損失の比率はどちらの期間でも月次収益率の標準偏差の4倍程度であった。これはシステムやマーケットを適当に選んだ上、最適化を施さな状態で"アウト・オブ・サンプル"テストを行った結果だということを考えれば、大変勇気づけられる結果といえる。このデータを見る限り、システムの月次収益率の標準偏差を利用して、将来の潜在ドローダウンがその標準偏差の4～5倍になると予測することは理にかなっていることが確認できた。

表7.12 月次純資産残高の変動を基に、3種類のシステムを異なる2期間における理論上の標準偏差と損失から比較した結果

システム	月次標準偏差 (1991-1995)	最大ドローダウン (1991-1995)	標準偏差に対する最大ドローダウンの比率 (1991-1995)	月次標準偏差 (1991-1995)	最大ドローダウン (1991-1995)	標準偏差に対する最大ドローダウンの比率 (1991-1995)
CHOBC	6,879	−21,977	3.2×	5,944	−28,587	4.2×
VOL	4,229	−21,729	5.2×	4,739	−11,277	2.7×
65SMA-3CC	6,080	−25,550	4.2×	5,804	−23,072	3.8×
平均	5,729	−23,085	4.0×	5,496	−20,979	3.7×

　潜在ドローダウンを予測することで、すぐにそのシステムやポートフォリオを運用するために必要な資金レベルを計算することができる。ここでドローダウンを20％以下にとどめたいという状況を仮定してみよう。この場合、安全を期するために15％をターゲットとし、残りの5％は将来不測の事態が起こった際に備える部分と考える。標準偏差を計算した結果6000ドルという数字を得た場合、これを5倍したマイナス3万ドルという予測を立てる。ドローダウンを15％に抑えたいのであるから、このシステムまたはポートフォリオを運用するためには最低20万ドルの資金が

第7章　マネーマネジメントの概念

必要となる。

　この予測値はあくまで将来起こり得ることに対する予測としかなり得ず、損失がその水準でとどまることを保証するものでは一切ない、ということを頭に入れておく必要がある。しかし本項で解説した方法が、将来の損失に備えるための有益なツールであるということは間違いない。しかし、システムのシミュレーション段階から組み込んでいるリスク管理機能を厳密に実行することが重要であり、これを怠るとこの種の予測は何の意味も持たなくなってしまう。下落リスクを防ぐことで、リターンに関してはシステムデザインとマーケット動向が自ずと決めてくれるという状況が理想的である。

勝ち負けに対応してポジションサイズを変更する

　マネーマネジメントのカギを握るひとつの要素として、時間とともに変化する資金残高に合わせて、どのようにポジションサイズを変えていくかということが挙げられる。資金の増加率と資金残高曲線の滑らかさの間にはトレードオフが存在する。本項では一般的な"賭け方"戦略をいくつか紹介し、それが資金残高曲線に及ぼす影響について解説していく。

　書籍を2冊読むことで、賭け方戦略に関する基本的な考え方をマスターすることができる。1冊目はトレーディングシステムについてのブルース・バブコック氏の著書だが、彼はこの中でさまざまな賭け方戦略について検証している。またジャック・シュワッガー氏の著作『マーケットの魔術師』(パンローリング) に収録されているインタビューの中で、多くのトレーダーが損失の続く状況ではポジションサイズを小さくすると答えている。この2冊 (参考文献の欄参照) を読めば、ポジションサイズの変更がシステムデザインと同じように重要な要素だと確信できるだろう。

　ポジションサイズを変えるということは、前のトレード結果を基に次のトレード結果を予測することができるという前提に立っていることにつながる。この前提は、勝ちトレードや負けトレードは連続して起こる可能性が高いということを暗示している。しかし、連続するトレードの結果には

何の関係もないということは、数学的に簡単に証明できる。このため、一般的にはポジションサイズを変更する意味を正当化することは難しい。この数学的根拠にもかかわらず、ほとんどのトレーダーがドローダウンを経験している最中でポジションサイズを減らすことで得る精神的な恩恵について口にしている。また勝ちトレードは続かないが、負けトレードは連続して起こるといった保守的な考え方をすることもできる。この前提に立つと、ポジションサイズを変えることで資金残高曲線を滑らかにすることもできることになる。

シミュレーションを通して、それぞれの賭け方が資金残高曲線に及ぼす影響について調べることができる。同一条件で比較できるように、標準誤差を利用する。まず勝ちトレードが総トレードの半数を占めるように、ランダムに１０トレード選び出す。この１０トレードをさらにランダムに並び替え、異なる順番の組み合わせを１４通り作る。そこで、それぞれの組み合わせについて、以下に挙げる４種類の戦略を試してみる。

1. 固定サイズ——シグナルに合わせて常に２枚ずつトレードする。
2. ダブル or ハーフ——前回トレードで利益を上げた場合には４枚、逆に前回トレードが損失に終わった場合には１枚だけトレードする。
3. ハーフ・オン・ロス——前回トレードが損失に終わった場合には１枚に減らし、逆に前回トレードで利益を計上した場合には同じように２枚トレードする。
4. ダブル・オン・ロス——前回トレードが損失に終わった場合には４枚に倍増し、逆に前回トレードで利益を計上した場合には同じように２枚トレードする。

ここでは１０万ドルのポートフォリオを運用するという設定でシミュレーションした。ひとつひとつのトレードに対して上記４種類の戦略をすべて正確にシミュレーションした。１４種類の組み合わせに対して、それぞれシミュレーションを実行した結果、総トレード数は１４０に上った。次に各々の資金残高曲線を戦略ごとに分け、平均値を計算した。そこで戦略

別の平均資金残高曲線を作成し、2枚ずつトレードする固定サイズ戦略の平均資金残高曲線を比較してみた。最後に線形回帰分析を利用して、標準誤差を計算している。

自分に合った戦略を見つけるためには、自分の持つデータを基に、より大規模なシミュレーションを実行すべきである。ここでは特にダブル・オン・ロス戦略が危険な戦略であるということに注意すべきである。経験したこともないような長い期間にわたって損失が続く場合、ダブル・オン・ロス戦略では過去最大のドローダウンが表れることは確実である。

表7.13はトレードごとにポジションサイズを変更することの効果についてまとめている。損失の後にポジションサイズを1枚に減らすハーフ・オン・ロス戦略では、資金残高曲線の標準誤差が21.6%も減少している。にもかかわらず利益は2.4%しか減っていない。ということは、利益の減少分が比較的少ないのに、資金残高曲線はかなり滑らかさを増したことになる。

表7.13 トレードごとにポジションサイズを変更するベッティング・ストラテジーが、平均純資産曲線の標準誤差に及ぼす影響

戦略	勝ちトレード後のトレード枚数	負けトレード後のトレード枚数	最終段階での平均純資産	純資産の変化率	標準誤差	標準誤差の変化率
コンスタント(一定)	2	2	110,377	—	970	—
負けトレード後ハーフ	2	1	107,692	−2.4	760	−21.6
ダブルorハーフ	4	1	112,699	2.1	1,366	40.8
負けトレード後ダブル	2	4	115,746	4.9	1,488	53.4

ダブル or ハーフ戦略の場合、最終的な資金残高は平均して2.1%しか増加しなかったが、標準誤差は41%近くも上昇している。この戦略は勝ちトレードが続いたときには利益が急上昇することも期待できる。とい

うことは、標準誤差が上昇し、収益率曲線のブレが大きくなることも当然だろう。

　ダブル・オン・ロス戦略は、標準誤差が５３％も上昇したことで分かるように、最もリスクの大きい戦略である。資金残高曲線（図７．３）には、この戦略をとることでドローダウンが急拡大する可能性がついてまわることが表れている。最終的な平均資金残高の面では最高の結果を残したが、その数字は固定ポジションサイズ戦略の数字を５％上回っただけ。この程度のリスク／リターン比率では、これほど大きなリスクを許容する価値があるとは考えにくい。

　以上のような限られたシミュレーション結果でさえも、成功した多くのトレーダーが口にするように、ドローダウンの最中ではポジションサイズを減らすという考え方を支持している。表７．１３は、ハーフ・オン・ロス戦略が最高のリスク／リターン特性を持つことを明確に示している。トレーダーの中にはドローダウンの最中では新たな売買シグナルをとらないという人もいるが、新たに出た売買シグナルを無視することで、全体の収益率を大幅に改善するため必要となる、絶好のトレード機会を逃してしまうことも考えられる。

　表７．１３は固定ポジションサイズ戦略も理にかなった戦略であることを示している。特にトレードを開始した時点では、なるべく物事をシンプルにするために、この戦略を採用することを好むかもしれない。その後自信をつけ、資金量も増えた時点でより巧妙な戦略に移ることもできる。

　トレード枚数を変える戦略をとり、２％の固定ストップロスを使用する場合、自動的に資金量とボラティリティーにポジションサイズを適応させていることを意味する。損失が続けば資金は減り、ポジションサイズも小さくなる。同様に利益が続いた後ではポジションサイズが大きくなる。このように、ポジションサイズを変化させる場合、資金残高曲線にも影響が出てくる。本項で紹介したシミュレーション方法が、ポジションを持っている間でも常にエクスポージャーを変化させるといった、より複雑なマネーマネジメント戦略を追及していくための出発点となるだろう。結局、自分のトレードスタイルに合った戦略を決めるのに最適なのは、自分自身で

第7章　マネーマネジメントの概念

ある。

図7.3　4種類のベッティング・ストラテジーの平均純資産曲線("コンスタントMM"は常に2枚ずつトレードすること、"VarMM1"はダブル or ハーフ・ストラテジー、"VarMM2"は負けトレード後ハーフ、"VarMM3"は負けトレード後ダブル・ストラテジーを表す)

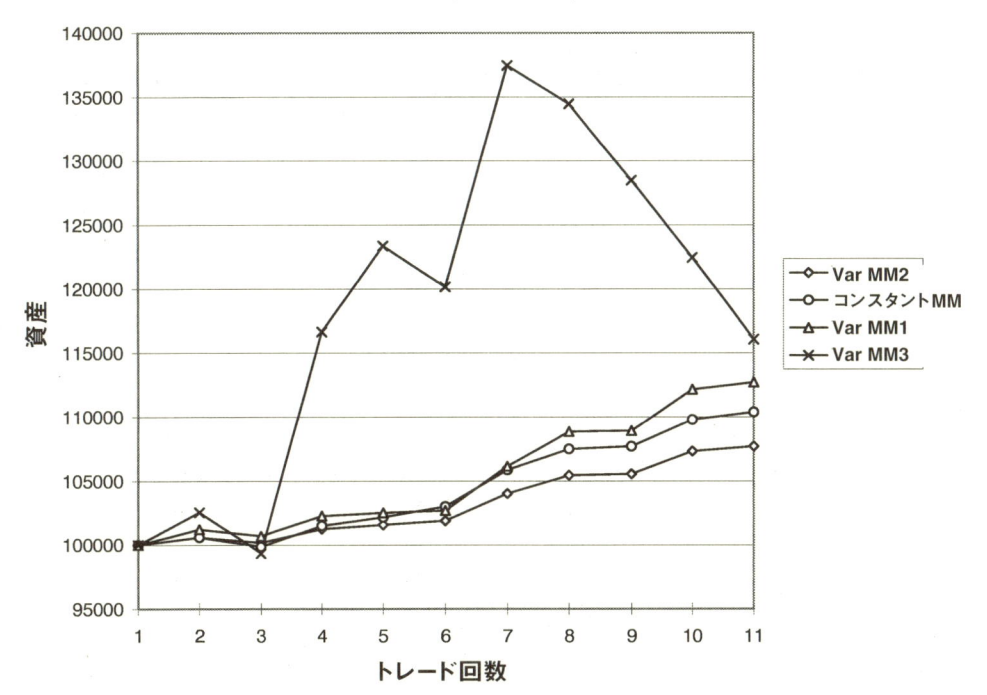

要約

　本章ではマネーマネジメント戦略の根幹をなす考え方について解説してきた。まず破産の確率について説明した。検証した結果、過度にレバレッジを高める価値はほとんどないことを確認した。破産の確率を計算する場合、ポジションサイズ、ペイオフ比率、勝率といった要素が一定であるということを前提にしている。しかし、素晴らしい利益期間が表れたことを

確認できれば、それに合わせてポジションサイズを変化させることも可能である。

次にシステムデザインとマネーマネジメント戦略の相互作用について検証した。下落リスクを防ぎ、リターンについてはマーケットの動向に任せるというのが、システムデザインの基本的な考え方となる。そこで月次資金残高曲線の標準偏差を計算し、その4～5倍が将来の潜在ドローダウンの大きさであると予測した。

最後に賭け方戦略が資金残高曲線に及ぼす影響について調べた。固定ポジションサイズ戦略は、ほとんどのトレーダーにとって理にかなった戦略である。損失の後にポジションサイズを減らすことで、資金残高曲線を滑らかにすることが可能である。ダブル・オン・ウィンやダブル・オン・ロスといった戦略では、資金残高曲線のブレを拡大してしまう。マネーマネジメント戦略によってポートフォリオのパフォーマンスは大きく変わってしまうため、本章の内容をよく理解することが重要である。

第8章
データスクランブル

"自分の望むデータをすべて手に入れることはできない"

序論

　引き続きトレーディング・システムが、将来どのように機能するかということに焦点を絞っていく。本章では修正データを作成する新たな方法について紹介する。この方法を利用することで、シミュレーション用のデータを限りなく増やすことが可能になる。この方法は"データスクランブル"と呼ばれ、比較的データ数が限られている先物市場の欠点を克服するのに役立つ。データスクランブルを行うことで、値動きレンジが変わり、新たな値動きパターンを作成することが可能となる。これは考え得る限りまで値動きレンジが拡大するという条件でシミュレーションを行う上では不可欠なことである。これが真のアウト・オブ・サンプル（サンプル外データ）テストであると言える。表計算ソフトとＳ＆Ｐ株価指数先物のデータを用いて、データスクランブルについて詳細に解説していく。次にスイス・フランのつなぎ足を７年分用意し、それを利用して５６年分の修正データを作成することを試みる。最後にこの擬似データを基にボラティリティー・

システムをシミュレーションする。結果的に、この検証方法の長所について正当な評価を下すことができるだろう。

システムについて本当に知りたいこと

トレーディング・システムについて本当に知りたいのは、それが将来どのような結果を生むかということである。将来の利益とドローダウンについて知ることができれば理想的である。しかし実際に将来何が起こるかを見通すことは不可能なため、優れた選択肢としては、将来のマーケット動向を事前に"シミュレーション"できるように、数多くのデータを使って検証する方法が挙げられる。そして、その結果を単純に平均化することで、将来の利益やドローダウンについて正確に見通すことができるだろう。しかし、利益率、ドローダウンともに正確な数字を予測することは難しいということだけは強調しておきたい。

また月次収益率の平均値や標準偏差についても優れた予測を立てることができる。資金残高曲線について解説した際、期間別収益率とその標準偏差について検証した。この期間別収益率の標準偏差は将来のドローダウンを予測する上で有益な情報となる。

トレーダーとしては、システムデザインの背景となる考え方が、他の数多くのマーケットに適用できるか知りたいだろう。その特徴をよりよく理解しているシステムであれば、売買シグナルをためらいなく実行することができる。この事実を踏まえると、システムデザインに対する満足度（快適さ）の方が、パフォーマンス結果よりも重要な意味を持つといえる。トレーディング・システムに対する自信を深めるためにはさまざまなデータ、特に将来遭遇する可能性が高いとみられるデータを用いてシミュレーションすることが重要である。

コンピューターを使ったシミュレーションというのは何の感情も挟まない、いわば無菌状態で行われており、実際に資金を投下しているわけではないことを頭に入れておく必要がある。現実にトレードする際には実際に多額の資金を投入するため、利用するシステムに対して感情的になってし

第8章　データスクランブル

まうが、システムのシミュレーション段階ではこうしたプレッシャーを感じることはない。少なくとも間接的にはさまざまなマーケット環境を経験することができることから、数多くの種類のデータを用いてシミュレーションすることがこの問題に対する解決策となる。それによって、各マーケットにおけるパフォーマンスの違いについて理解が深まることになる。

システムのシミュレーションを通して得る情報は、すべて過去についての情報であることに注意する必要がある。つまり、シミュレーション結果は使用データに対してのみ有効であるということだ。将来起こり得るマーケット動向をシミュレーションするためには数十、数百セットといった膨大なデータを基にシミュレーションしたいと考えるかもしれない。しかし、現在先物市場で活発に取引されているマーケットは、取引を開始してから２０年も経過していないものがほとんどであり、十分なデータがあるとは言えない。さらに納会という先物市場特有の構造が存在するため、システム検証に完全を期するために必要な十分なデータを探すこと自体が大きな壁となってしまう。パフォーマンスの数字といった定量面でも心理面からいっても、より多くの種類のデータを用いてシミュレーションすることがより好ましい結果につながる。

本章では将来起こり得るマーケット動向を"シミュレーション"することができるように、無限のデータを作成する新たな方法について解説していく。この新たな方法を用いることによって、過去データから無数のデータを作成することが可能となる。その結果得た擬似データは、マーケットのボラティリティーやトレードパターンについての知識を要約したものとなる。擬似データを作成することで、以前には考えられなかったような優れた方法でシステムを検証することが可能となる。さらに重要なことに、さまざまな種類のマーケットで生き残ることができれば、成功に不可欠な要素である、システムに対する確信を得ることができる。

過去は序章にすぎない──無条件サンプリング

無条件サンプリングとは基本的に次のようなものである。１００枚のデ

ィスクを用意して、それぞれに1～100番までの番号をつける。それをひとつのバッグに放り込む。よく混ぜ合わせた上でディスクを1枚取り出す。取り出したものが21番だったとする。このディスクをバッグに戻す前に、2つの選択肢が考えられる。この21番のディスクをバッグの中に戻して再び100枚全部のディスクから取り出すか、21番のディスクをバッグには戻さず、残りの99枚から次の1枚を取り出すという2つの方法である。

21番のディスクをバッグに戻すと、次に同じ21番のディスクを取り出す確率は100分の1となる。これが無条件サンプリングのプロセスである。1回目に21番のディスクを抜き出す確率は1％である。2回連続して21番のディスクを抜き出す確率は0.01％となる。さらに3回連続で21番のディスクを抜き出す確率は0.0001％、つまり100万回に1回という確率である。3回連続して21番のディスクを抜き出す確率が小さいからといって、こうした事象が決して起こらないということを意味するわけではない。

無条件サンプリングの背景にある考え方をよく理解できる例をひとつ見てみよう（**表8.1参照**）。"オリジナル"のサンプルとして1～10の数字を使うと仮定する。このサンプルの平均値と標準偏差を計算すると、それぞれ5.5、3.03となる。ここでマイクロソフトのエクセルを使い、無条件サンプリングのアルゴリズムを利用することで新たに11種類のサンプルを作成する。この例について少し考えてみれば、同じ数値が何度も表れていることに気付くだろう。その数値はオリジナルのサンプルからランダムに選んだものであり、新たに作成した11種類のサンプルはそれぞれ異なっているはずである。しかし、最高値と最低値の差のように、オリジナルサンプルの特徴は維持する面もある。

また、それぞれのサンプルの平均値と標準偏差も計算する。平均値は4.30～6.90、標準偏差は1.95～3.60のレンジにとどまった。このように、新たに作成したサンプルひとつひとつは、オリジナルサンプルの平均値や標準偏差に対しては大まかな予想値としかなり得ない。しかし11種類のサンプルすべての平均値（5.72）と標準偏差（2.81）

を計算してみると、その数値はオリジナルサンプルの数値に接近してくる。作成するサンプルは多ければ多いほど、オリジナルサンプルに対する予想値が正確さを増すことになる。

表8.1　無条件サンプリングの方法（11のサンプルの平均と標準偏差がどのようにオリジナルサンプルの値に近づいていくかに注目）

オリジナル	#1	#2	#3	#4	#5	#6	#7	#8	#9	#10	#11
1	7	2	8	3	9	6	2	8	6	1	7
2	6	6	9	6	10	7	8	10	3	4	3
3	2	3	6	4	1	8	4	1	4	1	0
4	3	7	7	10	5	9	1	8	6	6	5
5	10	3	7	10	7	9	10	7	8	5	4
6	9	6	3	8	7	10	4	10	10	8	3
7	5	4	5	1	3	3	10	6	5	6	3
8	5	7	3	10	9	2	6	9	7	8	5
9	4	1	8	2	3	10	9	4	2	4	8
10	5	7	8	4	7	5	1	1	1	9	2
平均	5.50	5.60	4.60	6.40	5.80	6.10	6.90	5.50	6.40	5.20	6.10
標準偏差	3.03	2.50	2.27	2.12	3.49	3.00	2.85	3.60	3.37	2.78	2.73
平均（全体）	5.72										
標準偏差（全体）	2.81										

　これと同じ原則をシステムのシミュレーションに適用すると、無条件サンプリングを利用して擬似データを作成することが可能となる。データを増やすことで、例えば月次収益率の平均値や標準偏差といったものに対する予想を改善することができる。まったく新しいデータを作成することで、本当の意味でのアウト・オブ・サンプル・テストが可能になり、さまざまなマーケット状況でシステムをシミュレーションすることができるようになる。

　無条件サンプリングの考え方は、ブートストラッピングと呼ばれる統計手法につながる。このブートストラッピングとは、いくつかのシミュレー

ション結果を基に無条件サンプリングを行い、求める数値の統計分布を導き出すというものである。一例として、あるトレーディング・システムをシミュレーションし、２００トレードの結果を得たとする。ここで無条件サンプリングを基に新たなトレード結果を作り出し、そのデータの平均値を計算することで将来のトレード結果の確率分布を導き出すことができる。この例では、それぞれのサンプルの平均値と標準偏差を基に、オリジナルサンプルの平均値と標準偏差の予想確率分布を導き出すのである。

全トレードの分布を見るために６５ＳＭＡ－３ＣＣシステムの検証結果について解説した個所を見直してもよいだろう。２４００に上るトレード結果を基にヒストグラム、またはトレード分布図を作成する。そこでこの２４００トレードの結果を利用して無条件サンプリングを行い、新たに将来表れるトレード分布図を作成し、将来のパフォーマンスを予測することが可能となる。

無条件サンプリングを行う上でひとつ問題となるのは、オリジナルサンプルの範囲内のデータしか使うことができないということである。このため、オリジナルサンプルで実際に起きたことしか"見る"ことができない。ここで紹介した方法は、この問題を克服するために開発されているため、新たな値動きレンジや値動きパターンを作り上げることに成功している。

ここでつなぎ足データに対してどのようにサンプリングを行い、元のマーケット情報を失わずに新たなサンプルを作成する方法について見ていこう。マーケットの擬似データを作成することができれば、データ数の限界という問題から解き放たれることになる。

データスクランブル──必要となるすべての擬似データ

つなぎ足データを寄せ集めて作ったデータを擬似データと呼ぶが、これはこのデータがマーケットで実際にトレードされた価格ではないことがその理由である。この方法を利用することでデータをランダムにアレンジし、新たなデータを作成することから"データスクランブル"という言葉を使っている。

第8章 データスクランブル

　オリジナルのマーケット情報を維持する方法から始めよう。2本の日足を隣り合わせにする。そして1本目の日足の終値を基準として、2本目の日足の始値（O）、高値（H）、安値（L）、終値（C）との関係について調べる。この関係は以下のように示される。

delta O = O － C[1],
delta H = H － C[1],
delta L = L － C[1],
delta C = C － C[1].

　ここで表れている［1］の記号は前日を意味する。これらの方程式は前日の終値に対する値動きパターンをとらえているため、マーケットのトレードパターンに関する情報を反映しているといえる。数年というスパンで見ると、それぞれのマーケットのボラティリティー、流動性、その他のトレードパターンといった要素を映した特性がこれらの方程式に表れてくるものである。これらの方程式を使って無条件サンプリングを行う場合、こういった値位置の相対関係で定義されるような、マーケット特性を維持しながら新たなパターンを作成することができる。
　次にそれぞれの日足を寄せ集めるために乱数発生機能を活用する。新たに順番が決まれば、次にスタート地点を決める。通常は前日終値を使う。最初の日足については、どの数字を使っても構わない。新たな日足は以下のように前日終値から導き出される（新たに作成した擬似データにはＳｙｎという接頭語を使っている）。

Syn - Close = Close[1] + delta C,
Syn - High = Close[1] + delta H,
Syn - Low = Close[1] + delta L,
Syn - Open = Close[1] + delta O.

　以上のように計算自体は単純で、容易にプログラムや表計算ソフトに組

み込むことができる。まず**表8．2**にあるように各日足の間の関係について計算する。ここではＳ＆Ｐ５００先物の１９９５年１２月限の実際のデータ（**図8．1**）を用いている。各日足の間の関係については右端の４列に掲示されている。１１月２９日の終値と１１月３０日の終値の差はマイナス０．８ポイントとなっている。前日終値と当日の始値、高値、安値、終値の関係については毎日表示している。これで、値位置の関係というオリジナルデータの特質を維持することができる。次に乱数発生機能を利用し、これらの日足を組み直していく。

表8.2　1995年12月限のＳ＆Ｐ500をもとに作成したスプレッドシート

日足数	日付	始値	高値	安値	終値	始値−前日終値	高値−前日終値	安値−前日終値	終値−前日終値
	11/29/95	608.6	608.85	606.3	608.05				
1	11/30/95	608.07	610	606.1	607.25	0.02	1.95	−1.95	−0.8
2	12/01/95	608	609.4	605.9	608.3	0.75	2.15	−1.35	1.05
3	12/04/95	608.87	615.5	608.05	614.8	0.57	7.2	−0.25	6.5
4	12/05/95	614.02	619.5	613.85	618.75	−0.78	4.7	−0.95	3.95
5	12/06/95	619.85	622.65	617.35	619.8	1.1	3.9	−1.4	1.05
6	12/07/95	618.95	619.8	615.7	616.65	−0.85	0	−4.1	−3.15
7	12/08/95	618.5	619.5	614.3	618.3	1.85	2.85	−2.35	1.65
8	12/11/95	618.9	621.7	617.75	619.8	0.6	3.4	−0.55	1.5
9	12/12/95	618.9	620	618.2	618.8	−0.9	0.2	−1.6	−1
10	12/13/95	619.4	622.6	618.65	621.35	0.6	3.8	−0.15	2.55

　これらのデータを並べ替えるために、ｎが最後の日足を表すように、１〜ｎという番号をつけていく。そこで乱数発生機能を使って１〜ｎの数字をひとつ選択する。その数字が新たなサンプルデータにおける順番となる。例えば、１０番目に５という数字を引いたとする。この場合オリジナルサンプルの５番が新たなサンプルデータの１０番目に位置することになるのである。この５番の日足は一度きりではなく何度も表れる可能性がある。例えば、２７番目に再びオリジナルサンプルの５番を引くかもしれない。

この方法を利用することで、望む限りのデータを作成することができる。

図8.1　1995年12月限S&P500先物の実際のデータ

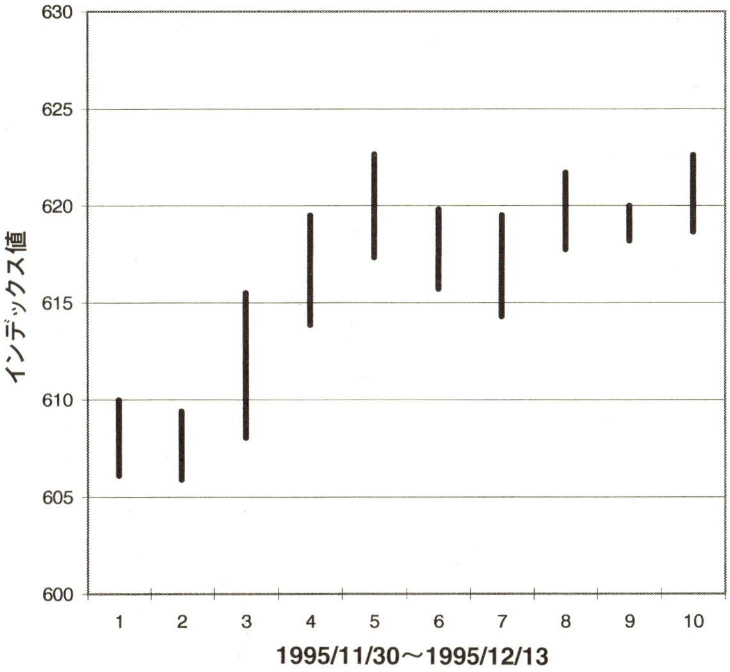
630
625
620
615
610
605
600
インデックス値
1
2
3
4
5
6
7
8
9
10
1995/11/30～1995/12/13

ここでは１９９５年１１月２９日の終値である６０８．０５を基に、マイクロソフトのエクセルのサンプル機能を利用して新たなサンプルデータを作成する。新たな順番は４、５、８、１、３、１０、１０、８、９、１となったため、前日終値の６０８．０５に続きオリジナルサンプルの４番目の日足、５番目の日足、８番目の日足というように並べ替えていく。

後に出てくる**表８．３**は、新たなサンプルデータを作成した際の表計算ソフトのシートである。１列目はサンプリングにより引いた日足番号を意味する。次の４列は**表８．２**で説明した各日足間の関係についての計算結果である。そして右端の４列には、前日終値に対して各日足の関係を反映することで得た擬似データが表れている。

表8．2では12月5日のデータが4番目の日足として利用されており、前日終値からは3．95ポイント上昇している。表8．3ではこの4番目の日足が、新たな擬似データの先頭にきている。608．05が前日終値の前提値であるため、新しいサンプルの終値はこれに3．95ポイント加えた612．00となる。新たな安値は608．05から0．95を差し引いた607．10、高値は608．05に4．7を加えた612．75となる。これらが1行目にある新たな擬似データとして使われることになる。2番目の日足の終値は612．00に1．05を加えた613．05となる。同様の方法を使って残りの計算も行うことができる。新たなサンプルデータを基に作成した擬似データをバーチャートにして図8．2に掲載している。

表8.3　表8.2で計算された関係を基に作成したS&P500のスクランブルデータ。最初の日足(#4)の前日終値は608.05

日足数	始値−前日終値	高値−前日終値	安値−前日終値	終値−前日終値	疑似始値	疑似安値	疑似高値	疑似終値
4	−0.78	4.7	−0.95	3.95	607.27	612.75	607.1	612
5	1.1	3.9	−1.4	1.05	613.1	615.9	610.06	613.05
8	0.6	3.4	−0.55	1.5	613.65	616.45	612.5	614.55
1	0.02	1.95	−1.95	−0.8	614.57	616.5	612.6	613.75
3	0.57	7.2	−0.25	6.5	614.32	620.95	613.5	620.25
10	0.6	3.8	−0.15	2.55	620.85	624.05	620.1	622.8
10	0.6	3.8	−0.15	2.55	623.4	626.6	622.65	625.35
8	0.6	3.4	−0.55	1.5	625.95	628.75	624.8	626.85
9	−0.9	0.2	−1.6	−1	625.95	627.05	625.25	625.85
1	0.02	1.95	−1.95	−0.8	625.87	627.8	623.9	625.05

　新たに作成した擬似データ（図8．2）には上昇バイアスがかかっており、630水準に向けて上昇していることがうかがえる。オリジナルデータでは、後ろ8本のデータが値固め商状に陥っていたが、この擬似データにはその状況が表れていないことに注意していただきたい。オリジナルデ

第8章　データスクランブル

ータでは最後尾に位置していた日足（**図8．1**の10番目の日足）が、**図8．2**の擬似データでは6番目と7番目の日足として表れている。流れの中で表れる前日の日足に対する高値と安値の相対的な関係は、どちらのケースでも同じようなものとなっている。ということは、オリジナルデータで10番目だった日足の値動き特性は維持しながら、新たに擬似データを作成することに成功したことを意味する。

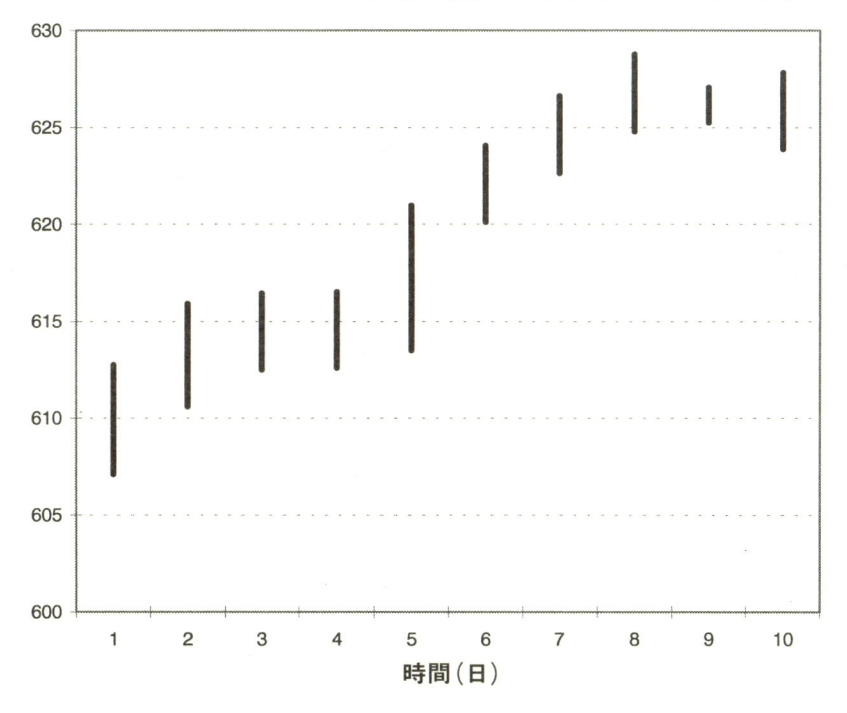

図8.2　表8.3で計算したS&P500先物の擬似データ（スクランブルデータ）

擬似データは数多く作れば作るほど、その中にいろいろなパターンが表れることは明白である。**図8．3**は、S&P500先物の1995年12月限のデータを基に作成したもうひとつの擬似データである。このデータを見ても、ひとつのオリジナルデータからさまざまなパターンが導き出

されることが理解できるだろう。このパターンはオリジナルデータよりも
狭いレンジで推移し、最後にブレイクアウトしたような形となっている。

図8.3　日足の順番を6、5、4、2、1、9、10、8、7、3としたケースのS&P500先物擬似データ（スクランブルデータ）

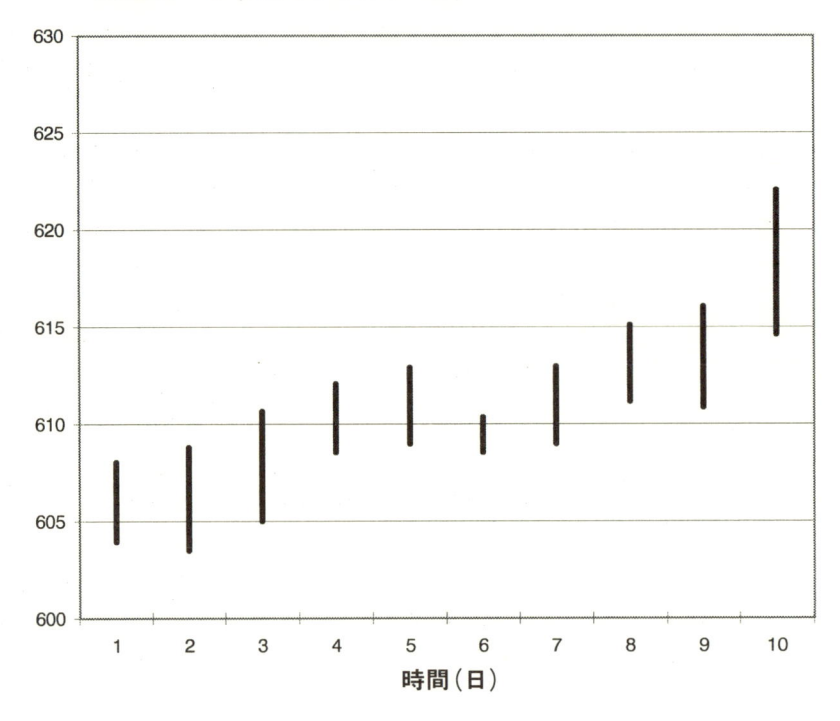

　以上のように、データスクランブルの手法を利用することで、さまざまなチャートパターンを作成することができる。長い歴史に証明されたマーケット特性を維持しているという意味で、つなぎ足は模造データを作成するのに適している。好みによって限月（一代）データを使っても構わないだろう。適当な日にロールオーバーを行うといった条件で限月データをつなぎ合わせ、シミュレーションに利用することも可能である。

　さまざまなパターンを作成できるという点で、データに含まれる日足の数が増えれば増えるほど、データスクランブルは威力を発揮する。という

第8章　データスクランブル

ことは、例えば５年とか７年分のつなぎ足データを持っていれば、１００年分のデータを作成することが可能となり、さまざまなマーケット状況に対して、トレーディング・システムをシミュレーションすることができる。こうしたパターンは将来的に実際遭遇する可能性が高いと考えられるため、可能な限りにおいてもっとも厳密なアウト・オブ・サンプル・テストであると言える。

図8.4　つなぎ足（上段）の日足データを利用して作成したスイス・フランの擬似データ（下段）

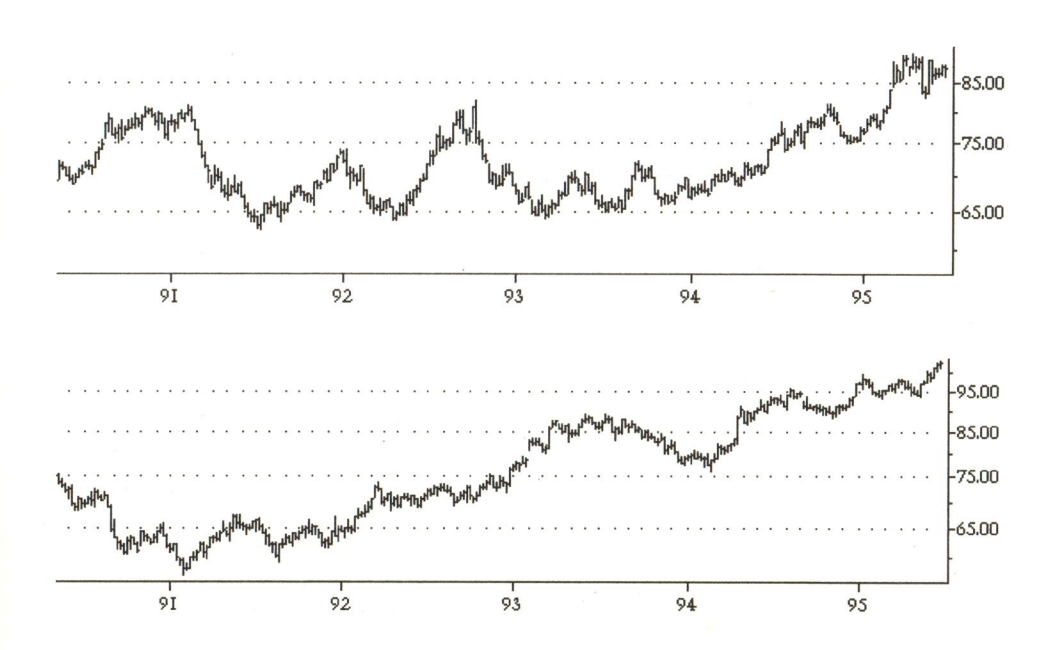

　図８．４はデータスクランブルを活用することで、どのようにデータ不足を克服しているかを示している。第一に、オリジナルデータではレンジを形成する場面がいくつか確認できるが、擬似データの方は逆にトレンドがいくつか発生しており、新たな値動きパターンを作成したことを示して

いる。第二に、擬似データのレンジはオリジナルデータのレンジを上回っている。このようにデータスクランブルを活用することでレンジを変えたり、新たな値動きパターンを作り上げることができる。これはマーケットが可能な限り大きな値動きをするという条件の基でシステムをシミュレーションするためには不可欠な要素である。

擬似データを使ってボラティリティー・システムを検証する

　ここからは擬似データを使ってボラティリティー・システムを検証し、データスクランブルの活用方法について解説していく。最近の通貨市場では急激な動きが表れていることから、ボラティリティー・システムを使用するのは正しい選択だろう。こうした急激で圧縮された値動きは、今日の先物市場に付き物だと感じられるかもしれない。しかし、過去の歴史を振り返ってみると、そうした動きは過去にも表れていたことが理解できるはずである。過度に平滑化されたデータを利用するシステムの場合、そのような動きに合わせてトレードすることは難しい。トレンドの転換点近くでそうして急激な動きが表れる傾向があるということは、多くのトレーダーによって確認されている。以上のことを考えると、ボラティリティーベースのアプローチは、天井や底を見極めるのにも適していることが分かるだろう。ボラティリティーを定義する際にはさまざまな方法が考えられるが、どのように定義しても構わないだろう。

　ボラティリティーの定義としては、直近の真の値幅（トゥルーレンジ）の倍数をとるのが一般的であり、これで値動きの上限と下限を決めることができる。ここではレンジの基準として、当日高値と安値の差を使うというシンプルなアプローチを選んだ。翌日のバイストップ（逆指値の買い注文）は、当日高値にレンジ（当日高値－安値）の2倍を加えたポイントに設定する。同様にセルストップ（逆指値の売り注文）は、当日安値からレンジ（当日高値－安値）の2倍を差し引いたポイントに設定する。同じ日にバイストップとセルストップ両方をヒットするということはほとんどない（があり得ないわけではない）。

このように仕掛けのポイントを定義する方法はかなり一般的で、どんなマーケットに対しても最適化を施していない。レンジの2倍ではなくそれ以上の倍数をかけることで仕掛け数を減らしたり、逆に仕掛け数を増やしたい場合には2倍よりも小さい倍数をかけても構わない。ボラティリティーが高まる動きは、転換点で起こる傾向があるという前提を立てているため、トレンドフォローの仕切りルールを任意に選んだ。それは、仕掛けた20日後にそのポジションを手仕舞うという方法である。まず、つなぎ足に対するシミュレーション結果を検証してみる。そしてデータスクランブルを行って得たスイス・フランの擬似データに対してシミュレーションを行う。ここでの目的は、このシンプルなトレーディング・システムがどのように機能するかということと、データスクランブルの活用方法について明確にすることである。

図8．5はスイス・フランの1995年12月限に表れた仕掛けのシグナルを示している。9月に急騰場面を迎えたことで、利益を上げることに成功した。仕掛けた20日後に仕切るというルールにより、方向性に欠ける動きが表れた時点でポジションを手仕舞う結果となった。しかし、8月の下落場面では素早く売りポジションを仕掛けることに失敗している。そのためかろうじて利益を確保するという結果に終わってしまった。その前のトレードは3000ドルのストップロスに引っかかる結果となったことに注目していただきたい。システムデザイン上、このシステムはレンジ取引の間に表れる急落場面やトレンドが表れたときに最もうまく機能する。

まず1989年6月30日から1995年6月30日までのスイス・フランの限月データを基につなぎ足を作成し、それに対してシミュレーションを行った。スリッページと手数料は合計100ドルとし、3000ドルのストップロスを設定した。次にデータスクランブルの手法を利用してオリジナルデータを並び替え、さらに8種類のつなぎ足データを作成した。そして**表8．4**に要約されているように、先程のシステムを何の手も加えずにこの擬似データに対するシミュレーションを試みた。擬似データは、はっきりと分かるように名前に"Ｓｙｎ"の頭文字を付けている。

56年分に及ぶ擬似データを基にしたシミュレーションによって、将来

的な結果はオリジナルデータのシミュレーション期間の結果を大きく上回ったり、逆に下回ったりする可能性があることが分かった。この結果自体は驚くに値しないだろう。それぞれの擬似データに対するパフォーマンスの間にはかなり開きがあった。しかし、8種類すべての擬似データに対するパフォーマンス平均（最後の行）は、オリジナルのシミュレーション期間の結果（1行目）と近い数字を残している。これは、ランダムサンプルの統計平均がオリジナルサンプルの統計値に近い数値を残すという**表8．1**の結果に似ている。

図8.5　当日高値または安値から、そのレンジの2倍の所にストップを設定すると、圧縮された動きに沿ってうまく仕掛けることができる。しかしマーケットではボラティリティーを伴わずに大きな動きが表れることもたびたびある

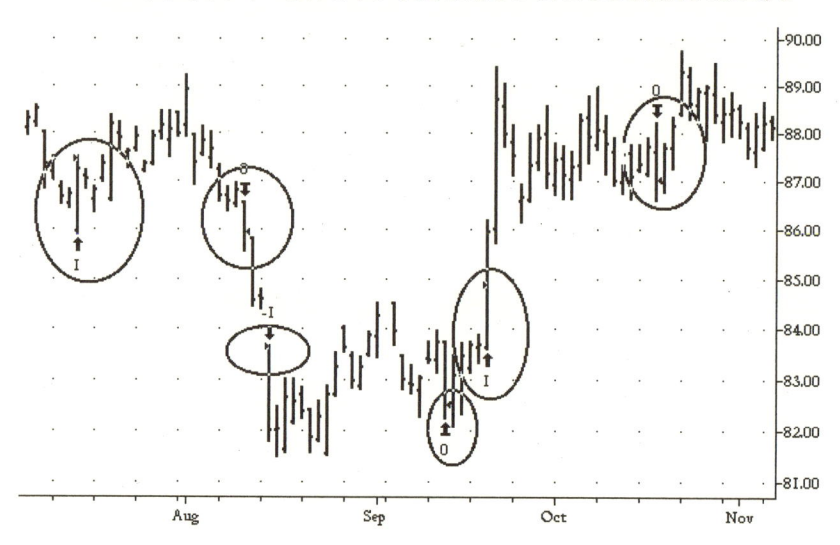

第8章 データスクランブル

表8.4 ボラティリティー・システムを実際の限月データとスクランブルデータに対してシュミレーションした結果の比較

マーケット	利益	MIDD	プロフィットファクター	トレード数	勝ちトレード数	平均利益/損失	1トレードの平均損益
スイス・フラン限月データ	5,800	−17,600	1.06	121	43	1.92	48
スイス・フラン擬似#1	33,624	−12,732	1.42	81	39	1.60	415
スイス・フラン擬似#2	35,563	−19,550	1.38	97	45	1.59	367
スイス・フラン擬似#3	−713	−21,388	0.99	99	37	1.53	−8
スイス・フラン擬似#4	14,350	−14,938	1.16	86	39	1.92	167
スイス・フラン擬似#5	8,937	−20,425	1.11	98	44	1.36	91
スイス・フラン擬似#6	-22,625	−27,050	0.79	101	40	1.21	−224
スイス・フラン擬似#7	13,550	−22,463	1.14	97	42	1.49	139
スイス・フラン擬似#8	-13,212	−30,750	0.9	97	42	1.19	−136
平均	8,684	−21,162	1.11	95	41	1.49	101

　要するに、より多くの擬似データに対する結果を平均していけば、"真の"（最も可能性の高い）パフォーマンスに対して、より正確に予測することができるのである。また、擬似データに対する結果の標準偏差を利用し、将来の起こりうるパフォーマンスのレンジを数値化することができることも分かった。例えば、**表８．４**の擬似データに対するリターンの標準偏差は２万５２３ドルである（表記なし）。このデータを基に、現代ポートフォリオ理論の考え方を利用して平均－分散分析を行い、ポートフォリオに関する決定を下すといったことも可能である。標準偏差（リスク）の期待値に対して、それに対応する期待リターンを達成することができるポートフォリオ配分を見つけることもできる。また標準偏差を利用して破産の確率を計算する際に、適当な範囲の数字を使うということも可能である。

この他にもシステムの潜在ドローダウンの範囲を予測する際にも応用することができる。以上のように、擬似データを活用することで、将来のパフォーマンスに対する予測を立てることが可能となる。

擬似データにはひとつ重要な欠点がある。データを並べ替える際に無条件サンプリングを行うため、新たに作成した擬似データは、現実のマーケット特性を表しているわけではないということである。例えば擬似データを利用して、マーケット心理や本当の需給関係を反映しないパターンを作成してしまうことも考えられる。このため、数多くデータを作成し、それらのデータに対するシステムパフォーマンスの平均値を出すことが重要である。パフォーマンスの平均値は、将来における潜在パフォーマンスを測る際に、より優れた指標となると考えられる。

要約

本章では、並べ替えられた擬似データを活用することで、さまざまなマーケット状況に対してシミュレーションを行う新たな方法を発見することができた。そうしたシミュレーションの下でモデルのパフォーマンスを観察することが可能となり、システムがどのように機能するかということに対して自信を持つことができるだけでなく、システムが機能しない状況についても把握できるようになる。そこで洞察力を発揮し、システムパフォーマンスを改善し、トレード数を減らし、ポジションを持たないニュートラルゾーンを設けるフィルターを開発することができるだろう。また資金残高曲線を作成し、期間別の標準偏差の予想値をチェックすることで、将来のドローダウンに対する予測を改善することもできるようになる。さらにどのような状況でシステムが特にうまく機能するか、または逆にまったく機能しないかということに対して、主観的な判断を下すことも可能となる。

第9章
トレーディング面でのシステム

"投機家のトレード計画は、欲に駆られて仕掛け、リスク管理を楽観し、恐るべき手仕舞いに終わることがほとんどである"

序論

　トレーディングとは実地で分析することである。トレーディング・システムなど簡単に構築できると考えている方には、困難なこともあるということをお教えしよう。トレーディングで最も難しいのは、システムを使って実際に運用することである。本章ではトレーディング・システムを実際に利用する際に考慮すべき要因について検証していく。ここまで説明してきたすべての基本原則に従うことができれば、本当に自分に適したトレーディング・システムを構築することは可能だろう。しかし、そこで必要となるのが実際にそのトレーディング・システムのシグナル通りにトレードを実行することである。そこでシステムデザインとトレード執行の間に生まれるギャップを縮めようと試みる。本章ではトレーディング面から見たシステムというものについて焦点を絞ることにする。

　驚くことに、トレーディング・システムを実際に運用するためには2つ

のステップを踏むだけでいい。①トレードプランを明確にすること、②そのトレードプランを実行すること——である。トレードの執行状況をモニターしていくことで、トレードプランを立てず、またシステムを利用せずにトレードすることがどれだけ楽なことか驚くだろう。

まず越えなければいけないハードルは、シミュレーションを行ってもすべての問題が解決するわけではないということ。2つ目は、トレードを始めた時点でのマーケットとのかかわり方について理解する必要がある。3つ目に、他にもリスク管理やマネーマネジメントといった注意すべき重要な問題点が残っているということ。そして最後に、トレーディング活動を整えるツールが必要だということである。

シミュレーションの問題点

トレーディングは感情が激しく起伏する中で行われる行為だが、シミュレーションは感情のない状況で行われる。エアロダイナミクス技術を施してスリックレース用に風洞内で開発されたレースカーが、レース当日他のレースカーの乱暴な運転に直面して実力を出し切れないといった例を想像してほしい。同様に、過去データを用いて素晴らしいシミュレーション結果を残したシステムでも、実際のトレーディングでは予想に反する結果を残すことも十分あり得るのである。

コンピューターを用いたシミュレーションは、資金を失ってしまうという恐怖感とは無縁の冷静な状況において行われる。ただ単にパフォーマンス結果のサマリーを確認し、仕掛けや仕切りのポイントを示すカラフルな矢印を目で追うだけである。シミュレーションでは損失がかさむ苦い経験を味わうこともない。仕掛けや仕切りが遅れて苦悶することもない。注文方法を決め、実際に注文を出し、約定状況を確かめ、ロールオーバーを忘れず、証拠金をモニターしながら、日々の収益率について気を配る必要もない。さらに重要なことに、ポジションのリスクを常にモニターする必要がなく、マネーマネジメントの決定を下す必要もない。

コンピューターを使用したシミュレーション段階では、資金を失ってし

第9章　トレーディング面でのシステム

まうことや、機会を逸してしまうことに対する恐怖感を味わうことはない。そのためコンピューターソフトを使ったシミュレーションは、無菌状態で行われているようなものであり、実際にシステムを運用する際に経験する心理的な要素とは無縁のものである。こう考えると、自分の創造性をフルに活用し、これまで解説してきたすべての要素を考慮したシステムを構築できれば、そのシステム通りにトレードすることだけに集中すればいいことが分かる。

トレーディングは後天的に得るスキルである。新たなスキルを手に入れ、維持する恐らく唯一の方法は、終わりなく繰り返されることに耐えることだろう。コンピューターを使ってシミュレーションをしても、システムを実際に運用するスキルは何も身につかない。このようにシミュレーションをいくら行っても、実際にシステムを運用する際に必要となる多くのスキルを獲得できるだけの経験を積むことはできない。システムデザインやシミュレーションの持つ限界を克服するツールが、さらにいくつか必要だということは当然である。

ペーパートレーディング──賛成意見と反対意見

システムデザインの限界を補う際に用いる一般的な解決策として、トライアル期間を設け、その間は"ペーパー上で"システムを運用するという方法がある。実際のトレーディングの仕組みについて身をもって理解するために、ペーパートレーディング（つもり売買）が役立つことは確かである。ポートフォリオを作成し、注文を出し、執行状況を確認し、リスクをモニターし、結果的に利益を得たり損失を被るといった、システム運用で遭遇する一連のステップを練習することができる。さらに、自分の感情を書き留めておくのもよいだろう。これは自分のトレード哲学やトレードパターンをチェックするのにとても役立つ方法である。

もうひとつペーパートレーディングの価値ある利用方法は、トレードごとの結果を分析することである。それぞれのトレードを追体験しようと努め、1日一度はチャートを確認し、チャートパターン、資金レベル、ボラ

ティリティーといった各要素に対する自分の考えを書き留めておくことが大切である。これは完璧な問題解決法とはいかないが、過去のトレードを詳細に検証し直すことで、そのシステムのパフォーマンスに対して重要な洞察を得ることができる。システムをよりよく理解することで、現実のトレーディングに付き物のアップダウンに対処することが可能となる。

しかし、ペーパートレーディングでは、実際のシステムパフォーマンスについてはそれほどよく分からない。そのためシステムパフォーマンスに対して、シミュレーション段階ですでに拾い集めた情報以外の新たな情報を得ることは難しい。シミュレーション段階で負けトレードが8回連続して表れたと仮定しよう。このシステムを使ってペーパートレーディングを行っている段階で、勝ちトレードが3回連続して表れたとしても優れたシステムだとは言えない。同様に負けトレードが10回続いたとしても、使う価値のないシステムだとは言えないのである。連続するトレードにはお互い何の相関関係も認められないため、ペーパートレーディングの結果を基にそのシステムの総合的なパフォーマンスに対して包括的な判断を下すことは不可能である。

ペーパートレーディングの持つもうひとつの欠点は、現実には多大な苦しみを伴う損失の恐怖に欠けることである。そのためペーパートレーディングは、実際のトレーディングに伴う感情の起伏とは無縁である。こうした限界にもかかわらず、ペーパートレーディングは、システムデザインと実際のシステム運用のギャップを埋めるためには優れた方法であると言える。

自分のシステムを信頼しているか？

マーケットは考えられるいかなる方法を使っても、われわれがシステムに対して抱く忠誠心に挑戦してくるものである。マーケットには著名な戦争格言が当てはまる――"欲望で誘い、混乱に乗じて征服せよ"。マーケットには、われわれの分析を混乱させるような新たなチャートパターンが絶え間なく表れる。自分が使用するシステムを完全に信頼することができ

第9章　トレーディング面でのシステム

ない限り、マーケットはわれわれにシステムをいじくりまわすように仕向けてくる。マーケットはシステムが出した売買シグナルを無視し、トレードプランを変えさせ、システムのルールをねじ曲げ、新たに例外を作るといったことを、"システム改善"の名の下に行わせようと誘うのである。システムデザインを改善させる唯一の方法は、厳密にシミュレーションを行った上でペーパートレーディングを行うことだけである。シミュレーション段階で確認されていない出来事は単に短期的な喜びに終わってしまい、長期パフォーマンスに対して深刻な悪影響を及ぼす可能性がある。

　自分の持つ創造性をフルに発揮し、心理面の要素も考慮しながら、自分に合うシステムを構築することが大切である。システムにはそれぞれ時間枠、トレード数、マーケット感応度、自分が絶対必要だと考える利益率といった、不可欠な要素をしっかりと備えている必要がある。そのシステムを過去データを使って厳密にシミュレーションし、その後データスクランブルを活用して作成した擬似データでシミュレーションすることが大切である。擬似データを基にシミュレーションを行うことで、そのシステムがどのような状況でうまく機能するか、逆にどのような状況ではうまく機能しないのかということを素早く把握することができる。また数多くの擬似データを使ってシミュレーションすることで、そのシステムの将来の有効性についても自信を深めることができる。こうしたシミュレーションに続いてペーパートレーディングを行うことで、システム運用のプロセスを明確することが可能となる。そのシステムが自分の求めていたものだと確信できれば、システムを修正を迫る意味のない誘惑に打ち勝つことができるだろう。

　マーケットには、われわれのシステムに対する忠誠心を試すような動きが表れる。日々システムに対する信頼や自信を確認することができないならば、そのシステムを使うべきではない。システムを信頼できないのであれば、マーケットの動きによりすぐに修正を迫られるような事態に陥ってしまうことだろう。一度システムを修正してしまえば、検証していないシステムを使っているのと同じことになり、以前の努力が水の泡となってしまう。なぜ検証し終えたシステムにこだわる必要があるのかという疑問が

湧くのも当然かもしれない。次項では、この疑問に対する答えについて解説する。

時間は味方である

　マーケットは与え、マーケットは奪い去るものである。これはすべてのマーケットで確認できるはずである。容易に利益を上げることができる時期もあれば、どんなモデルでも損失を被ってしまう時期がある。システムトレーダーにとってのゴールとは、利益の上がらない状況でも生き残り、状況が好転してきたときに利益を享受することである。要するに、リスク管理戦略、マネーマネジメントの実行、総合的なシステムデザインといったすべての要素が、難しいマーケット状況で生き残ることができるかどうかの能力を決める上で大きな役割を果たすのである。そのため長期の視野に立ち、今現在のトレードを今後いくつも行うトレードのひとつにすぎないと考えることができれば、それが大きな強みとなる。以上のように考えると、各トレードの結果に一喜一憂する必要はないのである。

　多くのマーケットを対象に複数システムを利用するといった、よく分散化された取引口座を運用していると仮定しよう。平均勝率は３５％という前提を立てる。連続するトレードの間には何の相関関係もないことはすでに説明した。このため負けトレードが１０回続く確率は（０．６５）[10]、つまり１．３５％、つまり１０００回に１３回という割合となる。ということは、新たに１０００口座開設して同じように運用すると、そのうちの１３口座が１０回連続で負けトレードを経験することになるということを意味する。次にトレードはすべて同時に執行されると仮定する。１トレード当たり２％のリスクを許容する場合、１０００回中１３回はトレード開始直後から２０％のドローダウンを経験することになる。リスクをトレード当たり１％に縮小すると、２０％のドローダウンを被るのは、おおよそ１万回に１８回の確率となる。

　資金の２０％を失うことは喜ばしいことではないが、取り返しのつかないことでもない。また、マーケットでは起こりそうもないことが起こると

いうことも理解しておく必要がある。そのため、個々のトレードに対して一喜一憂すべきではない。長期的な視野に立つべきである。リスク管理を厳密に実行し、マネーマネジメントのガイドラインに従い、システムの運用に集中することが大切である。

例外なし

　長期的な成功を確実にするためには、どんな例外も作らずにシステムのシグナルに従うことである。例外を作りたいのであれば自分の直感だけに頼らず、それらを書き出し、厳密に検証してみるべきである。モデルではなく自分の考えを優先したいのであれば、恐らくシステムに対して満足できていないのであり、もっと検証を行い、修正を施す必要がある。
　多くのトレーダーがボラティリティーが上昇してくると、マーケットが転換点に近づいている兆候であると考える。このためボラティリティーが"高い"ときにはポジションを減らす方法をとる。そこでこのシナリオを正確に定義づけする必要が生じてくる。例えば、終値の５０日標準偏差が１５００ドル以上であれば、ボラティリティーが"高い"とみなすといった定義を考える。こうすることで過去データを使用し、ボラティリティーがそのレベルに達したときにマーケットがどのような動きを見せたかを検証することが可能となる。
　また、条件が"整った"場合には、マーケットエクスポージャーを４％に高めるといった戦略を選択することもできる。直感に頼るのではなく、例えばＲＳＩが７０以上、または３０以下の状況で２５日間のブレイクアウトが表れるといった明確な定義づけを行い、これを達成した場合のみ条件が"整った"とみなすのである。そうすると、次に過去データをチェックし、将来起こり得る状況に対する統計を作り上げることができるようになる。
　第４章で６５ＳＭＡ－３ＣＣモデルを検証した際に、ポートフォリオのパフォーマンスを決定づけるようなホームランは、全トレードの４％程度だということを説明した。これでは日常的にシステムのシグナルを無視し

てしまうようでは、そういった"ホームラン"となり得るトレードをすべて逃さない、という保証は何らなされないことになる。例外を作らないといった方針は、他の面でも不可欠な要素となる。それは次項で解説する"追跡能力"というものである。

完全なトレード追跡能力

　ある特定のトレードやトレード動向に対して、必要なときにはいつでも振り返ることができるように備えていることが大切である。例えば、あるトレードや行動をとった理由をすぐに思い出せるようでなければならない。明確なメカニカル・システムがあり、例外を設けないという方針を厳密に貫くのであれば、このトレード追跡能力を備えていることは間違いない。
　チャート分析を基に主観的に判断する場合、自分のトレードパターンについて理解する最良の方法は、チャートのコピーを取り日記をつけておくことだろう。その判断を下したときに抱いた感情や分析内容をすべて書き記しておくのである。
　トレード追跡能力を備えていないと、自分のトレード実行状況をモニターする情報に欠けるため、結果としてトレーディングの改善に役立つ価値ある情報を失ってしまうことになる。例えば仕掛けが遅く、仕切りが早いという傾向がある場合について考えてみよう。詳細な記録を残していなければ、その種の傾向を修正することは難しい。逆にしっかりと記録が残っていれば、仕掛けが遅れ、仕切りが早いことによる影響の大きさを測ることができる。どのようなマーケット状況で、仕切りが早まってしまうかということについても明確に把握することができる。例えば急落場面が３日続いたことでトレードを仕切っていたことを発見したとする。その後、短期的に方向性の乏しい動きが表れ、再びトレンドに沿った動きを継続したと仮定しよう。過去の動きをこうして確認することで、修正局面が３日間続いたとしても、それが常にさらなる大幅な修正局面を暗示しているわけではないという信頼できる情報を手に入れたことになる。
　売買明細書に間違いを見つけ、それを修正したいという場合でも、この

トレード追跡能力は重要である。例えば、ブローカーが売買成立の連絡を忘れたり、指示とはまったく異なる価格で取引を成立させてしまったといった状況について考えてみよう。こういった場合、しっかりとトレード記録を残しておくことで、自分の望み通りに修正することも比較的容易にできる。売買成立を確認する電話を入れ、約定値段を聞かされたものの、その値段があなた自身の売買記録とは異なっていたり、もっとひどいときには約定価格自体の記録がまったくない場合でも、しっかりとトレード記録を残しておけば、そのたぐいの機械的な間違いは正すことができる。

メジャートレンドに沿って仕掛けることが"保証される"方法

　長期パフォーマンスは、全トレードに対する5％以下のトレード次第で大きく左右する。大きなトレード機会をいくつか逃してしまうだけで、パフォーマンスは大きく悪化してしまう可能性がある。そのため仕掛ける方法やトレード実行については、そうしたメジャートレンドへの仕掛けを確実にすることに集中すべきである。マーケットでポジションを持っていない場合、そうしたメジャートレンドの不意打ちにあってしまう可能性が高い。

　システムを構築する際、仕掛けを確実にする注文方法を使うように試みるべきだろう。例えば、成り行き、寄り付き・大引けでトレード、ストップオーダー（逆指値注文）などは、確実にトレードが執行される注文方法といえる。もちろん、被るスリッページの大きさはそれぞれ異なるが、ポジションサイズが大きくなければ、常にトレードは成立するだろう。指値注文を選んだ場合、ほんの数ティックの差で、大きなトレード機会を逃してしまう可能性が残る。機会を逸してしまう代償は、指値注文を使って数ティック有利に立つことよりも大きいことが多い。しかし、リアルタイムのクオート情報を使える状況で、流動性のあるマーケットをトレードする場合であれば、仕掛ける方法を微調整してみるのもいいだろう。しかし、ほとんどトレーダーにとっては、実際ブローカーがトレードを執行した価格が最高だったというケースが多い。

最大のスリッページを被ってしまうのはマーケットの影響ではなく、トレーダー自身に問題がある場合がある。注文を出し忘れたり、売り買いを間違ってしまったりと、正確に注文を出さなかった結果被るスリッページの方が、マーケットの動向で被ってしまうスリッページよりも大きいといったことが多々見られる。このため、トレードの根源からスリッページをコントロールするよう心がけるべきである。例外を設けないという方針を貫くことで、スリッページを縮小することにも役立つ。

　トレード前日に仕掛け用の注文シートを用意しておき、マーケットが寄り付く前にブローカーに注文を出してしまうというやり方も優れた方法である。マーケットが閉まっている間に注文を準備することには多くの利点がある。①感情を排した冷静な状況で仕掛け用の注文シートを作成することができる。②トレードプランから外れることなくトレードを実行することができる。③機械的なミスを避けるためにダブルチェックすることができる。④その場の状況で何の分析も行わずに急にトレードしてしまうことを避けられる。⑤自分の主観的判断に基づいてトレードする場合、仕掛けポイントや仕切りポイントやトレーディングに関する事項を詳細に書き記しておくことができる。事前に注文を準備し、寄り付き前にブローカーに出すことで、メジャートレンドに仕掛けることが保証される。

スタートアップ

　取引口座を開設し、初めて資金を運用し始める際には"スタートアップ"の問題をクリアする必要がある。ここでメカニカル・システムを利用して、２０に上るマーケットをトレードすると仮定してみよう。まず問題になるのは、自分のトレーディング・システムがすでにポジションを建てているケースの対処法である。例えば、直近に表れた売買シグナルが１５日前のドイツ・マルク市場での買いシグナルだったとする。この場合、すぐに買いの仕掛けをすべきか、新たにシグナルが出るまで待つべきか、ということが問題となる。使用しているシステムのトレード数が少ないケースでは、次にシグナルが表れるまで待つのもじれったいかもしれない。他にもすぐ

第9章　トレーディング面でのシステム

にポジションを建てたいと考える理由としては、現在マーケットに表れている動きの残り部分をとらえたいということもあるだろう。この問題の解決策はいくつか考えられる。①複数枚数ではなく、１枚ずつトレードする。通常１０枚ずつトレードしているのであれば、慎重に対処するために１～２枚だけでのポジションを作る。②徐々にポジションを作っていく。例えば、５日間にわたり徐々に１０枚までポジションを増やしていくといった方法である。③月末まで待ち、その日の大引けですべての枚数を建ててポジションを作る。月末の最終取引日まで待つことによって受けられる恩恵は、システムの月次収益率が実際の結果を正確に反映することになることである。

　また、最初のトレードに対するストップロスをどこに設定するかということも決めておく必要がある。通常通り資金の１～２％をストップ幅に設定してもいいだろう。他にも通常より若干大きめのストップ幅を設定し、そのリスクに相当する大きさのポジションを作ることなども考えられる。

リスク管理

　常にリスク管理を徹底することは必要不可欠である。リスク管理の方法としては、すべてのポジションに対して日々ストップロスを設定するという方法が考えられる。マーケット間の相関やボラティリティーを利用して、より巧妙な戦略を採用することもできる。要は常にリスクを管理するということ。リスク管理とマネーマネジメントは表裏一体である。マネーマネジメントのガイドラインがしっかりしていれば、個々のポジションをふさわしいサイズに制限し、リスクが分散されることになる。こうした対応をとることで、一度のトレードで資金全部を吹き飛ばしてしまうようなことは避けることができる。

プランは？

　プランを立てずにトレードすることは絶対に避けるべきである。トレー

ディングに関する問題点や失敗は、トレードプランの欠如が一番の原因である。トレードプランは、どのようにトレードするかを明確にしていることが必要である。トレードするマーケット、トレード枚数、注文方法、仕掛けのルール、仕切りルール、リスク管理のルールなどを明確にする必要がある。トレードプランが明確であればあるほど、そのプランを実行に移すことが容易になる。明確なルールを立て、システムを的確に構築することで、トレードプランを定義し、実行に移すことが相対的に容易になる。

すべてのフットボールチームは、試合前の段階で緻密に計画されたゲームプランを持っている。例えば、チャンピオンシップに輝いたあるチームは、毎試合最初の１５プレーに対する"台本"を用意していた。注意深くリサーチし、コーチ陣は事前にキックオフ後の１５プレーを決めていたのである。そこでプレーヤーたちはそのプレーを何度も何度も繰り返し練習し、理解を深めていったのである。そして試合当日、プレーヤーたちはそのプレーを実行に移すことだけに集中することができ、素晴らしい結果を残したのである。この例からも、事前に準備しておくで得る恩恵の大きさがうかがえる。トレードプランを作成し、実行する方法を視覚化し、そして実際どのようにそのトレードを執行したかをモニターすることができる。自動的にフィードバックを行うこの一連のプロセスを実行することが、トレーダーとしての能力を改善する一助となるのである。

逆境にも備えておくべきである。例えば、２０％のドローダウンを受け止める備えはできているだろうか。この程度のドローダウンに対処するプランを立てているだろうか。例えば、トレーディングを開始して３カ月以内に２０％のドローダウンを経験してしまうといった状況に準備ができていない場合はどうだろうか。それだけの損失を被ってしまった場合、トレーディング・システムを修正したり、マネーマネジメントや"掛け金"設定のアルゴリズムを変更したり、またはポートフォリオ構成を変えたりするのか。同様に、２０％のリターンが上がった場合、これらの要素を変えるのだろうか。

シナリオプランニングは世界中の軍隊で実践されている。トレーダーも自らの想像力を働かせ、トレーディングに対する良いシナリオと悪いシナ

リオを事前に考えておくべきである。そうすることで、常に変化し続けるマーケットに対処する手助けとなる詳細なプランを設定することが可能になる。

どのようにコンプライアンスをモニターするのか？

プランを立てることと、それを実際に実行に移すことは別物である。自分のトレード執行記録やそれをモニターする方法がなければ、正確にトレードプランを実行に移すことは不可能である。コンプライアンスの程度を測る優れた方法として、日々日記をつけることが挙げられる。電子日記はコンプライアンスやそのブレを素早く簡単に記録できる方法である。この電子日記を後に分析することで、自分がどの程度しっかりとトレードプランを実行しているか判断することができる。またどの部分が自分にとって実行しやすいか、また実行しにくいかということも発見できるだろう。その情報を自分の弱点強化に役立たせることができる。

システムのシグナルよりも自分の主観を優先させたい場合には、その理由について詳細に書き記し、厳密にシミュレーションしてみるべきだろう。これが長期パフォーマンスに一貫性を持たせる最善のアプローチである。自分のポジションを仕切るべきだと促すようなニュースや政治状況が勃発したと仮定しよう。その際、その出来事に対するマーケットの反応、窓（ギャップ）、値幅の大きさ、アウトサイドデー、キー・リバーサルデーといった明確な反応を観察すべきである。そして日々のデータを使って同種の日足を識別し、機械的に検証してみるのである。こうすることで、トレード戦略を形式化する際に役立つヒストリカルのデータベースを作成することができる。

不安を打ち消せ！

トレード日記をつけることの大きな利点は、単に書き記すだけで胸に引

っかかっている心配の種を取り除くことができることである。トータル・クオリティー・マネジメントや継続的改善のアイデアを応用して、トレーディングの改善を図りたいと仮定しよう。この場合、注文が実行された理由や実行する際に影響を及ぼした要因など、トレーディングに関する詳細な記録が必要になる。またトレーディングを実行した結果、自分の心に表れてきた感情についての記録を日記として残すこともできる。日記をつけることで、心理面でのデータを得ることができ、前述したトレード追跡能力が完全な形となるのである。

トレードに集中する

　気が散ることを避け、トレーディングだけに集中することは難しい。ここで集中するということは、注文を仕掛け、リスク管理のガイドラインに従い、システムの発するシグナルとトレード実行のブレを少なくすることを意味する。自分が本当に信頼しているプランとシステムが整っていれば、容易にトレーディングに集中することができる。分析のプロセスや注文の発注などはできる限り自動化するべきである。そうすることで結果的にシステムと実行のギャップを最小限にとどめることができる。口座資金、約定、新たな注文、ロールオーバー、トレイリングストップ、マーケットボラティリティーといった要素をチェックするための手順を決めることも大切である。

　トレーディングに集中するための最善の方法は、分析とトレーディングとを切り離すことである。日々トレードシートを作成する際、一定時間を他に割くようにすべきである。リラックスした状況でトレードシートを作成することが重要である。仕掛けの際にはミスを犯してしまう可能性が高いので、集中力を欠いてしまうような状況は避けるべきである。

頭とハートでトレードする

　トレーダーはだれもが、分析する部分（頭）と感情的な部分（ハート）

第9章　トレーディング面でのシステム

の両方を兼ね備えている。自分に合ったシステムを使用すれば、個性としてこの両面の歯車を合わせることができるだろう。トレーディング・システムを使い始めると、2つの例外に直面することになる。ひとつは統計的な期待値である。これについてはすでに詳細に説明してきた。もうひとつはそのシステムに対する自分の主観的な期待値である。この2つの期待値が一致しない場合、感情に反することを指示するシステムを使い続けることに不満が募ってしまう。

そうなると、そもそもなぜトレードするかという疑問が浮かび上がるだろう。多くの人々にとって、利益を上げることがトレードする唯一の理由である。しかし、トレーディングが本来持つ刺激に魅了されているとか、他のトレーダーたちと知的な競争を楽しみたいといった他の理由も考えられる。そこで次のことが一貫しているかをチェックしてみるべきである。利益目標額、トレードに対する限界、数学的な期待値、そして主観的な期待値である。

これらの要素に一貫性がなければ、メンタル面の優位性を備えていないことが考えられる。このメンタル面での優位性を備えているのは、恐らくトレーダーの25％にも満たないだろう。そして毎年毎年その優位性を維持していられるのは、恐らく2％程度とみられる。

数学的な期待値と主観的な期待値の間には、数多くの矛盾が存在する。数学的な期待値は2～3年のデータをカバーしているが、主観的な期待値に関してはほんの2～3カ月しかカバーしていない。さらに、主観的な期待値は複雑な場合が多く、単一の数字で表すということは不可能である。最悪の場合、システムの数学的期待値はプラスであるにもかかわらず、主観的には期待値がマイナスということも考えられる。このケースでは頭とハートが一致していないのであり、その結果避けられない緊張状態が生まれ、そのシステムをトレードすること自体が不可能になってしまう。

主観的な期待値というものは、システム結果に対する間違った認識、または不十分な理解といったことに根差していることが多い。そのためすべてのトレード動向を日々検証することが重要である。平均収益、勝率、トレードの平均日数といった数字に対して満足できることが必要である。ま

たリスク管理の一貫として設定するストップ幅に対しても納得できることが重要である。システムの"特徴"を理解できれば、ひとつひとつのトレードによってシステムに対する自分の信頼が深まることになるだろう。逆に主観的な期待値が不相応なものであれば、ひとつひとつのトレードがシステムに対する信頼を失わせていくことになるだろう。

損失が続くこともなく巨額の利益ばかり上げ続けるというように、エキサイトなトレードばかりを期待する人もいるかもしれない。しかし、そのような巨額な利益を上げることができるのは、全トレードに対してわずか5％程度であり、損失が続く局面は多々表れ、さらにほとんどのトレードが思うような結果を残せないというのが現実である。以下に示した"2のルール"を使うことで、主観的な期待値を修正することができる。

1. 連続勝ちトレード数については、シミュレーション結果の2分の1程度を期待する
2. 連続負けトレード数については、シミュレーション結果の2倍を覚悟する
3. 期待利益の2分の1程度しか得ることができない状況に備えておく

"頭とハート"の関係について続けよう。自分自身で"考える"と思っていることは、頭の中でのことである。"本当に"信じるのは心の中でのことである。ハートの中では自信があったり、逆に恐れを抱いているかもしれない。頭とハートが一致せず、掛け金が限られているような状況では頭が勝つことになる。しかし、実際に賭けている金額が高額であれば、常にハートが優先されることになる。このように、頭とハートが一致する場合にだけ、自分のトレーディングに満足できるのである。そのために時間と努力を惜しまず、システムのパフォーマンスについて理解を深めるように心がけることが重要である。結果的に数学的な期待値と主観的な期待値が一致してくる。これが長期的な成功を実現するカギとなる。

第9章 トレーディング面でのシステム

要約

　本章で説明してきた考え方をすべて統合して、トレーディング・システムを構築することが大切である。トレードプランを準備することが、システムトレーディングにおける中核をなす。トレードプランのコンプライアンスをモニターし、完全なトレード追跡能力を発揮できるように心がけるべきである。また、ルールに例外を設けないという方針を貫くことが重要である。この世界で成功するには、頭とハートを使ってトレードすることが必要なのだ。

参考文献

Babcock, Bruce: *Business One Irwin Guide to Trading Systems*, Business One Irwin, Homewood, Illinois, 1989.

Balsara, Nauzer J.: *Money Management Strategies for Futures Traders*, John Wiley & Sons, New York, 1992.

Chande, Tushar S., and Stanley Kroll: *The New Technical Trader*, John Wiley & Sons, New York, 1994.

①Connors, Larry, and Linda Bradford Raschke: *Street Smarts: High Probability Trading Strategies for the Futures and Equities Markets*, Oceanview Financial Research, Malibu, California, 1996.

De Mark, Thomas R.: *The New Science of Technical Analysis*, John Wiley & Sons, New York, 1994.

Kroll, Stanley, and M. J. Paulenoff: *The Business One Irwin Guide to the Futures Markets*, Business One Irwin, Homewood, Illinois, 1993.

Krutsinger, Joe: *The Trading Systems Toolkit*, Probus Publishing, Chicago, 1993.

Lane, George C.: "Lane's stochastics," *Technical Analysis of Stocks and Commodities*, 2(3): 87–90, Technical Analysis, Inc., Seattle, Washington, June, 1984.

②Le Beau, Charles, and David W. Lucas: *Technical Traders Guide to Computer Analysis of the Futures Markets*, Business One Irwin, Homewood, Illinois, 1992.

⑧Murphy, John J.: *Intermarket Technical Analysis*, John Wiley & Sons, New York, 1986.

⑦Pardo, Robert: *Design, Testing and Optimization of Trading Systems*, John Wiley & Sons, New York, 1992.

Rotella, Robert P.: *Elements of Successful Trading*, N.Y. Institute of Finance, New York, 1992.

③Schwager, Jack D.: *Market Wizards*, Harper & Row, New York, 1990.

④Schwager, Jack D.: *The New Market Wizards*, Harper Business, New York, 1992.

参考文献

Schwager, Jack D.: *Schwager on Futures: Technical Analysis*, John Wiley & Sons, New York, 1995.

Sweeney, John: "Where to put your stops," *Technical Analysis of Stocks and Commodities*, *10*(13): 30–32, Technical Analysis, Inc., Seattle, Washington, December, 1992.

Tewles, Richard J., C. V. Harlow, and H. L. Stone: *The Commodity Futures Game*, Mc Graw-Hill, New York, 1974.

⑤ Vince, Ralph: *Portfolio Management Formulas*, John Wiley & Sons, New York, 1990.

Vince, Ralph: *The Mathematics of Money Management*, John Wiley & Sons, New York, 1992.

⑥ Wilder Jr., J. Welles: *New Concepts in Technical Trading Systems*, Trend Research, Greensboro, North Carolina, 1978.

①ローレンス・A・コナーズ、リンダ・ブラッドフォード・ラシュキ著『魔術師リンダ・ラリーの短期売買入門――ウィザードが語る必勝テクニック 基礎から応用まで』(パンローリング)
②チャールズ・ルボー、デビッド・W・ルーカス著『マーケットのテクニカル秘録――独自システム構築のために』(パンローリング)
③ジャック・D・シュワッガー著『マーケットの魔術師――米トップレーダーが語る成功の秘密』(パンローリング)
④ジャック・D・シュワッガー著『新マーケットの魔術師――米トップトレーダーたちが語る成功の秘密』(パンローリング)
⑤ラルフ・ビンス著『投資家のためのマネーマネジメント』(パンローリング)
⑥J・ウエルズ・ワイルダー・ジュニア著『ワイルダーのテクニカル分析入門――オシレーターの売買シグナルによるトレード実践法』(パンローリング)
⑦ロバート・パルド著『トレーディングシステムの開発と検証と最適化』(パンローリング)
⑧の改定新版 ジョン・J・マーフィー著『市場間分析入門――原油や金が上がれば、株やドルや債券は下がる！』(パンローリング)

訳者あとがき

　近年国内においても"システムトレーディング"というものが認知され始めてきているように思われます。しかし、一般の方にとって"システムトレーディング"と呼ばれるものがどのようなものであるかを知る機会はあまりになかったのではないでしょうか。それゆえ多くの方々が"システムトレーディング"＝「テクニカル指標の組み合わせ」といった単純な図式を思い浮かべるにとどまってしまった感は否めません。それが結局「そのテクニカル指標は当たるの？」といったところに行き着いてしまい、従来の「当たり外れ」的な考え方から離れられなかった大きな一因となっていたように思われます。

　本書はそのような考え方から、さらに一歩踏み出していこうする読者にとってはより多くの果実を約束してくれるでしょう。少なくとも"システムトレーディング"について真剣に学ぼうとしている方には、何かしらのヒントを与えてくれることは間違いありません。そして最終的に読者ひとりひとりがマーケットに対する見方、システムに対する考え方、自分自身の性格などに合致した「独自のシステム」を開発し、そのシステムを実際にマーケットで運用できるようになることが、著者が本書に託した願いなのではないでしょうか。

　このような素晴らしい本書に出合い、翻訳する機械を与えてくれた後藤康徳氏、長澤正樹氏には心から感謝の意を表したいと思います。また、編集の阿部達郎氏には多大な迷惑をおかけしてしまいました。組版の細田聖一氏、装丁の江畑雅子氏にも大変お世話になりました。

　そして最後にこの場をお借りして、身重であり二歳の娘を育てながら愚痴ひとつ言わずに協力してくれた妻、恵子に感謝を表したいと思います。そして遊び盛りにもかからず父親に十分な時間を与えてくれた愛娘、亜里紗とは今後なるべく多くの時間を共に過ごしていきたいと考えています。

　２０００年１１月　　　　　　　　　　　　　　　　　　鶴岡　直哉

著者略歴

トゥーシャー・シャンデ博士
TUSHAR S. CHANDE

システム構築上のさまざまな問題に対する、高出力レーザーや光ファイバーを用いた独創的な解決法で9つの特許を持つ。『テクニカル・アナリシス・オブ・ストック・アンド・コモディティ』誌のチーフエディターでもある彼は、ＣＴＡの資格を持ち、共著に『ニュー・テクニカル・トレーダー』がある。

訳者略歴

鶴岡直哉
つるおか・なおや

1993年、ラトガース大学経済学部卒業。商品取引員勤務を経て、現在、情報提供会社に勤務。

```
2000年 12月20日   初版第1刷発行
2005年  4月 1日   第2刷発行
2006年  5月 1日   第3刷発行
2006年  9月 1日   第4刷発行
2008年  2月 1日   第5刷発行
2009年  8月 5日   第6刷発行
2014年  1月 5日   第7刷発行
2017年  5月 1日   第8刷発行
```

ウィザードブックシリーズ⑪

売買システム入門
相場金融工学の考え方→作り方→評価法

著　者	トゥーシャー・シャンデ
訳　者	鶴岡直哉
発行者	後藤康徳
発行所	パンローリング株式会社
	〒160-0023　東京都新宿区西新宿 7-9-18-6F
	TEL 03-5386-7391　FAX 03-5386-7393
	http://www.panrolling.com/
	E-mail　info@panrolling.com
編　集	エフ・ジー・アイ（Factory of Gnomic Three Monkey Investmant）合資会社
装　丁	Cue graphic studio　TEL 03-5300-1755
組　版	MILESTONES
印刷・製本	株式会社シナノ

ISBN978-4-939103-31-5

落丁・乱丁本はお取り替えします。
また、本書の全部、または一部を複写・複製・転訳載、および磁気・光記録媒体に入力することなどは、著作権法上の例外を除き禁じられています。

©Tsuruoka, Naoya 2000 Printed in Japan

ジョン・R・ヒル

トレーディングシステムのテストと評価を行う業界最有力ニュースレター『フューチャーズ・トゥルース（Futures Truth）』の発行会社の創業者社長。株式専門テレビCNBCのゲストとしてたびたび出演するほか、さまざまな投資セミナーの人気講師でもある。オハイオ州立大学で化学工学の修士号を修得。

システム検証人

ジョージ・プルート
ジョン・R・ヒル　共著

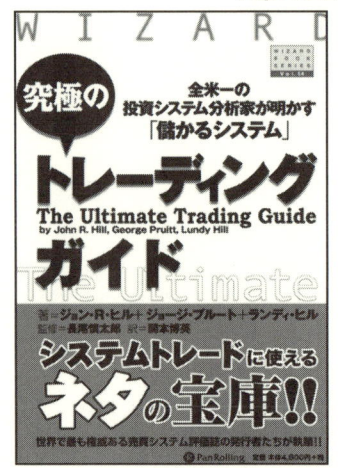

ウィザードブックシリーズ54

究極のトレーディングガイド

定価 本体4,800円+税　ISBN:9784775970157

トレード成績を向上させる秘訣がある！

この『究極のトレーディングガイド』は多くのトレーダーが望むものの、なかなか実現できないもの、すなわち適切なロジックをベースとし、安定した利益の出るトレーディングシステムの正しい開発・活用法を教えてくれる。最近のトレードの爆発的な人気を背景に、多くのトレーダーはメカニカル・トレーディングシステムを使いたいと思っている。その正しい使い方をマスターすれば、これほど便利なツールはほかにない。

ジョン・ヒルの長年のリサーチにより非常に有効だという結論が出た　システムトレードで稼ぐ方法

1. ドンチャン・チャネル・ブレイクアウト
2. 移動平均のクロスオーバー
3. 短期のオープニング・レンジ・ブレイクアウト
4. S&Pのデイトレード
5. パターン認識

これらの5つについて資金1万ドルから30万ドルに対応した5つのポートフォリオと投資対象をジョン・ヒルが提案

- 売買システムのイージーランゲージコード付（TreadStation）
- 各市場ごとのオープニング・レンジ・ブレイクアウトの成績統計付
- ヒストリカルテストの評価方法
- 有効なチャートパターンの多くを紹介
- システム売買の設計と運用には欠かせない一冊

ジョージ・プルート

フューチャーズ・トゥルースCTAの研究部長、『フューチャーズ・トゥルース』編集長。メカニカルシステムの開発、分析、実行およびトレーディング経験25年。1990年、コンピューターサイエンスの理学士の学位を取得、ノースカロライナ大学アッシュビル校卒業。数々の論文を『フューチャーズ』誌や『アクティブトレーダー』誌で発表してきた。『アクティブトレーダー』誌の2003年8月号では表紙を飾った。

ウィザードブックシリーズ211
トレードシステムはどう作ればよいのか 1・2

定価 本体各5,800円+税　ISBN:9784775971789/9784775971796

トレーダーは検証の正しい方法を知り、その省力化をどのようにすればよいのか

売買システム分析で業界随一のフューチャーズ・トゥルース誌の人気コーナーが本になった！　システムトレーダーのお悩み解消します！　検証の正しい方法と近道を伝授！
われわれトレーダーが検証に向かうとき、何を重視し、何を省略し、何に注意すればいいのか──それらを知ることによって、検証を省力化して競争相手に一歩先んじて、正しい近道を見つけることができる！

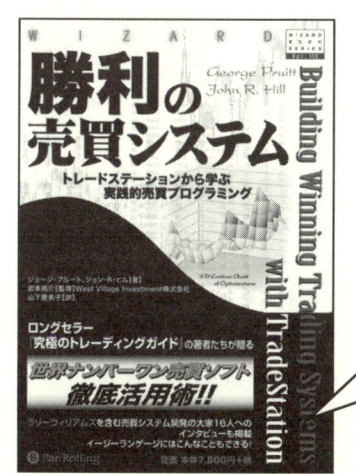

ウィザードブックシリーズ113
勝利の売買システム

ジョージ・プルート
ジョン・R・ヒル　共著

定価 本体7,800円+税　ISBN:9784775970799

『究極のトレーディングガイド』の著者たちが贈る世界ナンバーワン売買ソフト徹底活用術

本書と同じトレードステーションのコードを使って、さまざまなシステムの概念を紹介した本。イージーランゲージの文法マニュアルとしてもしようできる。

ジョン・J・マーフィー

CNBCの元テクニカルアナリスト、ストックチャーツ・ドット・コム社のチーフテクニカルアナリスト、マーフィーモリス ETF ファンド社長。30年以上にわたるマーケット経験を持つ筆者は、テクニカル分析の必読書と言われる『テクニカル・アナリシス・オブ・ザ・ファイナンシャル・マーケッツ』などをはじめ、多くのベストセラーをこの世に送り出している。

新刊発売予定！

ウィザードブックシリーズ89
市場間分析入門
定価 本体5,800円+税　ISBN:9784775970515

原油や金が上がれば、株やドルや債券は下がる！

本書P.178で市場間の相関・逆相関のシステムについて考察しているが、そのアイデアの原型になっている本。

J・ウエルズ・ワイルダー・Jr.

さまざまな新しいオシレーターを開発し、テクニカル・トレーディングシステム分野に革命を起こしたワイルダー。自分自身も活発なトレーダーであると同時に、テクニカルシステムや分析方法に関するアドバイザーとしても活躍。彼の研究は新聞、雑誌をはじめ、ラジオやテレビでも紹介され、数あるトレーディングシステムのなかでも、彼のシステムがおそらく世界中で最も多く使われている。

ウィザードブックシリーズ36
ワイルダーのテクニカル分析入門
定価 本体9,800円+税　ISBN:9784939103636

RSIやADXの本当の使い方を知っていますか？

本書で随所に触れられているADXの開発者が書いた本。ADXをはじめ多くの基本的概念が分かりやすく解説されている。

バン・K・タープ博士

コンサルタントやトレーディングコーチとして国際的に知られ、バン・タープ・インスティチュートの創始者兼社長でもある。これまでトレーディングや投資関連の数々のベストセラーを世に送り出してきた。講演者としても引っ張りだこで、トレーディング会社や個人を対象にしたワークショップを世界中で開催している。またフォーブス、バロンズ、マーケットウイーク、インベスターズ・ビジネス・デイリーなどに多くの記事を寄稿している。

新刊発売予定！

ウィザードブックシリーズ134

新版 魔術師たちの心理学
トレードで生計を立てる秘訣と心構え

定価 本体2,800円+税　ISBN:9784775971000

儲かる手法(聖杯)はあなたの中にあった!!

本書P.116でシャルデが使った、ルボーとルーカスの仕掛けのシグナル信頼性を検証する手法は『新版 魔術師たちの心理学』のP.368でも記載されている。
その他、システムの開発・運用を行う上での要点が類書にないほど詳細にまとまっている。

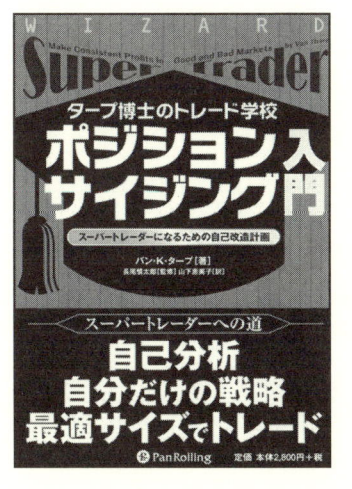

ウィザードブックシリーズ160

タープ博士のトレード学校
ポジションサイジング入門

定価 本体2,800円+税　ISBN:9784775971277

普通のトレーダーがスーパートレーダーになるための自己改造計画

『新版 魔術師たちの心理学』入門編。
「自己分析」→「自分だけの戦略」→「最適サイズでトレード」
タープが投げかけるさまざまな質問に答えることで、トレーダーになることについて、トレーダーであることについて、トレーダーとして成功することについて、あなたには真剣に考える機会が与えられるだろう。

ローレンス・A・コナーズ

TradingMarkets.com の創設者兼 CEO（最高経営責任者）。1982年、メリル・リンチからウォール街での経歴をスタートさせた。著書には、リンダ・ブラッドフォード・ラシュキとの共著『魔術師リンダ・ラリーの短期売買入門（ラリーはローレンスの愛称）』（パンローリング）などがある。

ウィザードブックシリーズ1
魔術師リンダ・ラリーの短期売買入門
リンダ・ブラッドフォード・ラシュキ／ローレンス・A・コナーズ【著】

定価 本体28,000円+税　ISBN:9784939103032

ウィザードが語る必勝テクニック基礎から応用まで

本書P.240で検証されている移動平均からのプルバックは『魔術師リンダ・ラリーの短期売買入門』P.91で公開された「聖杯」がその概念の原型になっている。

ウィザードブックシリーズ169
コナーズの短期売買入門

定価 本体4,800円+税　ISBN:9784775971369

短期売買の新バイブル降臨！
時の変化に耐えうる短期売買手法の構築法
世の中が大きく変化するなかで、昔も儲って、今も変わらず儲かっている手法を伝授。また、トレードで成功するために最も重要であると言っても過言ではないトレード心理について、決断を下す方法と自分が下した決断を完璧に実行する方法を具体的に学ぶ。

ウィザードブックシリーズ180
コナーズの短期売買実践
定価 本体7,800円+税　ISBN:9784775971475

システムトレーディングを目指すトレーダーにとって、最高の教科書。トレーディングのパターン、デイトレード、マーケットタイミングなどに分かれて解説され、現在でも十分通用するヒントが満載。

ウィザードブックシリーズ197
コナーズの短期売買戦略
定価 本体4,800円+税　ISBN:9784775971642

常識に反して、マーケットは不変だという信念に基づき、過去20数年のデータをもとにあらゆる角度から検討。株式市場から一貫して利益を上げる方法が手に取るようによく分かるだろう。

ラリー・R・ウィリアムズ

10000%の男

ウィザードブックシリーズ196
ラリー・ウィリアムズの短期売買法【第2版】
投資で生き残るための普遍の真理

定価 本体7,800円+税　ISBN:9784775971611

短期システムトレーディングのバイブル！
読者からの要望の多かった改訂「第2版」が10数年の時を経て、全面新訳。直近10年のマーケットの変化をすべて織り込んだ増補版。日本のトレーディング業界に革命をもたらし、多くの日本人ウィザードを生み出した教科書！

ウィザードブックシリーズ97　ラリー・ウィリアムズの「インサイダー情報」で儲ける方法
定価 本体5,800円+税　ISBN:9784775970614

"常勝大手投資家"コマーシャルズについて行け！ラリー・ウィリアムズが、「インサイダー」である「コマーシャルズ」と呼ばれる人たちの秘密を、初めて明かした画期的なものである。

ウィザードブックシリーズ65　ラリー・ウィリアムズの株式必勝法
定価 本体7,800円+税　ISBN:9784775970287

正しい時期に正しい株を買う。話題沸騰！
ラリー・ウィリアムズが初めて株投資の奥義を披露！
弱気禁物！上昇トレンドを逃すな！

ラルフ・ビンス

オプティマルfの生みの親

ウィザードブックシリーズ151
ラルフ・ビンスの資金管理大全

定価 本体12,800円+税　ISBN:9784775971185

最適なポジションサイズとリスクでリターンを最大化する方法

本書の第7章で解説されているマネーマネジメントの概念・資金管理の金字塔ともいえる書物。

Python3ではじめる<ruby>システムトレード</ruby>
環境構築と売買戦略

定価 本体3,800円+税　ISBN:9784775991473

高頻度取引HFTへの入り口
無料プラットフォームと豊富なソースコードを使え！

ネットワーク上にあるデータベースから金融経済関連のデータをダウンロードし、そのデータの特徴を理解する。そして投資・取引戦略を構築するための知恵を身に着ける。その際にPythonプログラム言語を学び、統計的手法を用いデータ分析の客観性を向上し、安定した収益を実現する取引戦略の構築を試みてみよう。また、学習に用いたプログラムコードを公開することで、だれでも卓上で分析結果を再現できるようにする。これらが本書の特徴であり、目的である。本書から開発の楽しさを知り、トレーディングへ活かしていただけることを願っている。

現代の錬金術師シリーズ121
Rubyではじめるシステムトレード
「使える」プログラミングで検証ソフトを作る

定価 本体2,800円+税　ISBN:9784775991282

プログラミングのできるシステムトレーダーになる!! 絶対金持ちになってやる!!

本書は、「どうにかして株で儲けたい」という人のために書かれた。そのトレードで勝つためには、極力感情を排除することが重要だ。そのために、明確なルールに従って機械的に売買する「システムトレード」がどうも有効らしい。しかし、プログラミングが壁になって二の足を踏んでしまう。そういう人たちのために、自分の手を動かし、トレードアイデアをプログラムで表現する喜びを味わってもらおうとして書いたのが本書の一番の目的だ。さあ、あなたも、株で金持ちになってみませんか。

ウィザードブックシリーズ 237

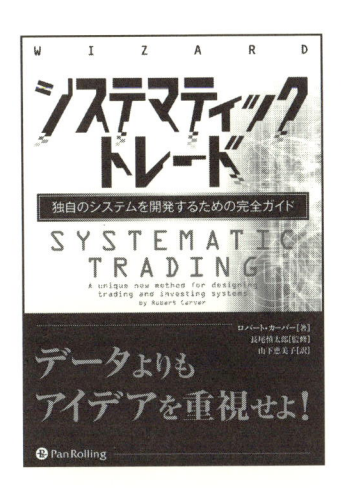

システマティックトレード
独自のシステムを開発するための完全ガイド
ロバート・カーバー【著】

定価 本体7,800円+税　ISBN:9784775972069

これからのシステム設計の予言書！ ロケット工学者が相場を席巻する時代は終わった！

本書はあなた独自のシステムを開発するための完全なガイドであり、トレードや投資の意思決定をスムーズに行ううえで役立つものだ。金融の意思決定を部分的にあるいは全面的にシステム化したい人にとっては必読の書である。本書では、金融理論を駆使し、システマティックなヘッジファンド戦略の豊富な運用経験を生かし、また掘り下げたリサーチを使って、なぜシステマティックなトレードでなければならないのかを説明する。そしてシステマティックなトレードを安全かつ利益が出るように行うにはどうすればよいのかを示していく。

ウィザードブックシリーズ 244

世界一簡単な
アルゴリズムトレードの構築方法
あなたに合った戦略を見つけるために
ペリー・J・カウフマン【著】

定価 本体5,800円+税　ISBN:9784775972137

**世界一やさしいアルゴリズムトレードの本
本書でアルゴリズムトレードのデビュー**

1970年代、ペリー・カウフマンが自動化システムでトレードを始めたとき、プロのトレーダーたちは「バカバカしい」と一笑に付した。しかし、今や高頻度トレードは「一般投資家からお金を盗んでいる」として、その不公平なまでの優位性を非難されるまでになった。本書で公開されたアルゴリズムトレードのテクニックを習得すれば、ホームトレーダーのあなたにもパワーを取り戻すことができるだろう！ トレーダーとして洞察力を磨き、その洞察力を利益の出る戦略に変えることから、トレードを生計手段とするうえで直面する現実的な問題に至るまで、第一線で戦ってきた40年以上に及ぶ経験を惜しげもなく披歴し、エキスパートと戦えるまでの近道を教えてくれるのが、アルゴリズムトレードの最高傑作ともいえる本書である。

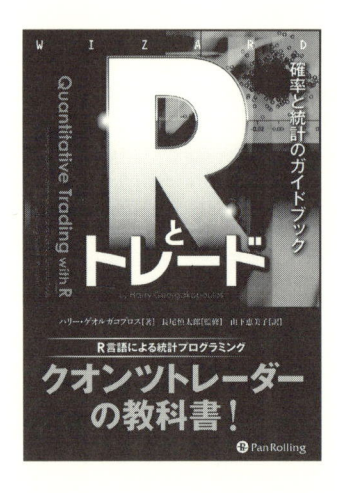

ウィザードブックシリーズ 231
Rとトレード
確率と統計のガイドブック

定価 本体7,800円+税　ISBN:9784775972007

クオンツトレード分野の最高の基本書！

金融データ分析を行ったり、モデル駆動のトレード戦略を構築するクオンツやトレーダーたちは、毎日どういったことをやっているのだろうか。本書では、クオンツ、講演家、高頻度トレーダーとしての著者の経験に基づき、プロのクオンツやトレーダーたちが日々遭遇するさまざまな問題を明らかにし、それを解決するための分かりやすいRコードを紹介する。プログラミング、数学、金融概念を使って簡単なトレード戦略の構築と分析を行うことに興味のある学生、研究者、実践家たちにとって、本書は素晴らしい入門書になるはずだ。分かりやすく包括的に書かれた本書は、データの調査や戦略の開発を行うにあたり、人気のR言語を使えるようにすることを主眼としたものだ。

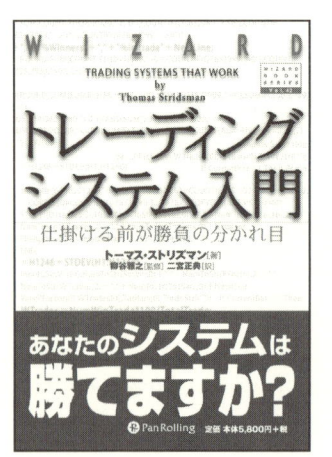

ウィザードブックシリーズ 42
トレーディングシステム入門
仕掛ける前が勝負の分かれ目

定価 本体5,800円+税　ISBN:9784775970038

あなたは勝つシステムを作れますか？
あなたのシステムは勝てますか？
あなたは自分のシステムを評価できますか？
――仕掛ける前に勝負はすでに決着がついているのです！

巨額のマネーを動かす機関投資家であろうと、ポケットマネーの身銭を切って戦う個人投資家であろうと、成功と失敗の分かれ目は、結局、あなたが構築したトレーディングシステムにかかっている。あなたのトレーディングの運命を任せるに足るシステムと考え抜かれた戦略的トレーディングシステムの設計方法について、すべてを網羅した画期的書籍！

ウィザードブックシリーズ 248

システムトレード 検証と実践
自動売買の再現性と許容リスク

ケビン・J・ダービー【著】

定価 本体7,800円+税　ISBN:9784775972199

プロを目指す個人トレーダーの宝物！

本書は、ワールドカップ・チャンピオンシップ・オブ・フューチャーズ・トレーディングで3年にわたって1位と2位に輝いたケビン・ダービーが3桁のリターンをたたき出すトレードシステム開発の秘訣を伝授したものである。データマイニング、モンテカルロシミュレーション、リアルタイムトレードと、トピックは多岐にわたる。詳細な説明と例証によって、彼はアイデアの考案・立証、仕掛けポイントと手仕舞いポイントの設定、システムの検証、これらをライブトレードで実行する方法の全プロセスをステップバイステップで指導してくれる。システムへの資産配分を増やしたり減らしたりする具体的なルールや、システムをあきらめるべきときも分かってくる。

統計学の7原則
人びとが築いた知恵の支柱

スティーブン・M・スティグラー【著】

定価 本体2,800円+税　ISBN:9784775941683

「Stock Trader's Almanac 2017」年間最優秀投資本の一冊に本書が選ばれました

本書は統計学の普遍の原理を明らかにしようとしている。原著の題目はアラビアのロレンスの『知恵の7柱』から取られた。その原理とは「集計、情報、尤度、相互比較、回帰、計画、残差」のことだ。

それぞれの原理はどれもが長い歴史を持ち、統計学のみならずそれ以外の分野にも影響を与えている。それは、本書で紹介している、古代メソポタミア文明から、ダーウィン、ヒューム、ナイチンゲールに至るまで数多くの具体例が表している。さらにそれは、ビッグデータ・ディープラーニングへとつながっている。

これからデータサイエンティストを目指す若者や、データ分析で30年以上のベテランなどを区別することなく、また、統計学に限らず、科学について考える全ての人、客観的にものごとを捉えようとする全ての人に読んで欲しい内容となっている。

キース・フィッチェン

先物市場向けのテクニカルなトレードシステムの開発に25年以上にわたって携わり、その間、自らもこれらのシステムで活発にトレードしてきた。1986年、最高のメカニカルシステムの1つと言われるアベレイションを開発。アベレイションは1993年に市販され、それ以来『フューチャーズ・トゥルース』誌の「史上最高のトレードシステムトップ10」に4回仲間入りを果たした。

ウィザードブックシリーズ217
トレードシステムの法則

定価 本体7,800円+税　ISBN:9784775971864

利益の出るトレードシステムの開発・検証・実行とは

トレーダブルな戦略とは自分のリスク・リワード目標に一致し、リアルタイムでもバックテストと同様のパフォーマンスが得られる戦略のことを言う。カーブフィッティングから貪欲まで、さまざまな落とし穴が待ち受けているため、トレーダブルな戦略を開発するのは容易なことではない。しかし、正しい方法で行えば、トレーダブルな戦略を開発することは可能である。

目次

- 第1章 トレーダブルな戦略とは何か
- 第2章 バックテストと同様のパフォーマンスを示す戦略を開発する
- 第3章 トレードしたい市場で最も抵抗の少ない道を見つける
- 第4章 トレードシステムの要素──仕掛け
- 第5章 トレードシステムの要素──手仕舞い
- 第6章 トレードシステムの要素──フィルター
- 第7章 システム開発ではなぜマネーマネジメントが重要なのか
- 第8章 バースコアリング──新たなトレードアプローチ
- 第9章 「厳選したサンプル」のワナに陥るな
- 第10章 トレードの通説
- 第11章 マネーマネジメント入門
- 第12章 小口口座のための従来のマネーマネジメントテクニック──商品
- 第13章 小口口座のための従来のマネーマネジメントテクニック──株式
- 第14章 大口口座のための従来のマネーマネジメントテクニック──商品
- 第15章 大口口座のための従来のマネーマネジメントテクニック──株式
- 第16章 株式戦略と商品戦略を一緒にトレードする

ブレント・ペンフォールド

フルタイムのトレーダーであり、教育者、公認アドバイザーでもある。1983年にバンク・オブ・アメリカのディーラーから仕事を始めた。今日では通貨と世界の株価指数のトレーディングを専門としている。ベストセラーになった『トレーディング・ザ・SPI』の著者であり、J・アトキンソンの電子ブックではオーストラリアの株式市場の魔術師と紹介されている。

ウィザードブックシリーズ183

システムトレード 基本と原則
トレーディングで勝者と敗者を分けるもの

定価 本体4,800円+税　ISBN:9784775971505

大成功しているトレーダーには「ある共通項」があった!!

本書は勝者と敗者を分かつトレーディング原則を明確に述べる。トレーディングは異なるマーケット、異なる時間枠、異なるテクニックに基づく異なる銘柄で行われることがある。だが、成功しているすべてのトレーダーをつなぐ共通項がある。トレーディングで成功するための普遍的な原則だ。

目次

- 第1章 現実と向き合う
- 第2章 トレーディングの手順
- 第3章 原則1──準備
- 第4章 原則2──自己啓発
- 第5章 原則3──トレーディングスタイルを作る
- 第6章 原則4──トレードを行う市場を選ぶ
- 第7章 原則5──3本の柱
- 第8章 資金管理
- 第9章 売買ルール
- 第10章 心理
- 第11章 原則6──トレーディングを始める
- 第12章 一言アドバイス
- 第13章 最後に

- ●レイ・バロス
- ●マーク・D・クック
- ●マイケル・クック
- ●ケビン・デイビー
- ●トム・デマーク
- ●リー・ゲッテス
- ●ダリル・ガッピー
- ●リチャード・メルキ
- ●ジェフ・モーガン
- ●グレゴリー・L・モリス
- ●ニック・ラッジ
- ●ブライアン・シャート
- ●アンドレア・アンガー
- ●ラリー・ウィリアムズ
- ●ダール・ウォン

ジャック・D・シュワッガー

現在、マサチューセッツ州にあるマーケット・ウィザーズ・ファンドとLLCの代表を務める。著書にはベストセラーとなった『マーケットの魔術師』『新マーケットの魔術師』『マーケットの魔術師[株式編]』（パンローリング）がある。
また、セミナーでの講演も精力的にこなしている。

ウィザードブックシリーズ 19

マーケットの魔術師
米トップトレーダーが語る成功の秘訣

定価 本体2,800円+税　ISBN:9784939103407

トレード界の「ドリームチーム」が勢ぞろい

世界中から絶賛されたあの名著が新装版で復刻！
投資を極めたウィザードたちの珠玉のインタビュー集！
今や伝説となった、リチャード・デニス、トム・ボールドウィン、マイケル・マーカス、ブルース・コフナー、ウィリアム・オニール、ポール・チューダー・ジョーンズ、エド・スィコータ、ジム・ロジャーズ、マーティン・シュワルツなど。

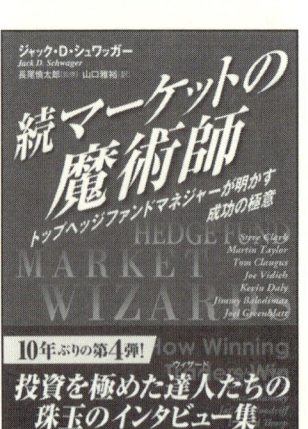

ウィザードブックシリーズ 201

続マーケットの魔術師
トップヘッジファンドマネジャーが明かす成功の極意

定価 本体2,800円+税　ISBN:9784775971680

『マーケットの魔術師』シリーズ
10年ぶりの第4弾！

先端トレーディング技術と箴言が満載。「驚異の一貫性を誇る」これから伝説になる人、伝説になっている人のインタビュー集。マーケットの先達から学ぶべき重要な教訓を40にまとめ上げた。

ウィザードブックシリーズ 13
新マーケットの魔術師

定価 本体2,800円+税　ISBN:9784939103346

**知られざる"ソロス級トレーダー"たちが、
率直に公開する成功へのノウハウとその秘訣**

投資で成功するにはどうすればいいのかを中心に構成されている世界のトップ・トレーダーたちのインタビュー集。17人のスーパー・トレーダーたちが洞察に富んだ示唆で、あなたの投資の手助けをしてくれることであろう。

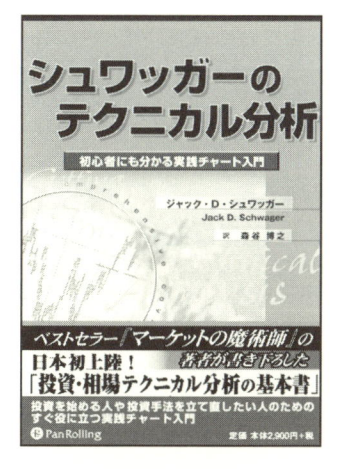

ウィザードブックシリーズ 66
シュワッガーのテクニカル分析
初心者にも分かる実践チャート入門

定価 本体2,900円+税　ISBN:9784775970270

シュワッガーが、これから投資を始める人や投資手法を立て直したい人のために書き下ろした実践チャート入門。
チャート・パターンの見方、テクニカル指数の計算法から読み方、自分だけのトレーディング・システムの構築方法、ソフトウェアの購入基準、さらに投資家の心理まで、投資に必要なすべてを網羅した1冊。

ウィザードブックシリーズ 208
シュワッガーのマーケット教室
なぜ人はダーツを投げるサルに投資の成績で勝てないのか

定価 本体2,800円+税　ISBN:9784775971758

**一般投資家は「マーケットの常識」を信じて
多くの間違いを犯す**

シュワッガーは単に幻想を打ち砕くだけでなく、非常に多くの仕事をしている。伝統的投資から代替投資まで、現実の投資における洞察や手引きについて、彼は再考を迫る。本書はあらゆるレベルの投資家やトレーダーにとって、現実の市場で欠かせない知恵や投資手法の貴重な情報源となるであろう。

マーセル・リンク

http://www.marcellink.com/

1988年からトレードに従事。始めたばかりのころS&P株価指数オプションで当時の彼としては巨額の600ドルを失った。それ以後、成績は向上した。過去20年間ニューヨーク金融取引所やニューヨーク綿花取引所のフロアで先物をトレードし、商品先物ブローカー会社（リンク・フューチャーズ）を創始者であり、コモディティ・プール・オペレーターを務め、大手デイトレード会社数社で株式のデイトレードを担当した。現在は独立のトレーダーとして大半の株価指数先物を手掛けている。コンサルティングにも応じ、2008年からセミナーにも力を入れている。

ウィザードブックシリーズ108
高勝率トレード学のススメ
小さく張って着実に儲ける

定価 本体5,800円+税　ISBN:9784775970744

**あなたも利益を上げ続ける
少数のベストトレーダーになれる！**

高確率な押し・戻り売買と正しくオシレーターを使って、運やツキでなく、将来も勝てるトレーダーになる！　夢と希望を胸にトレーディングの世界に入ってくるトレーダーのほとんどは、6カ月もしないうちに無一文になり、そのキャリアを終わらせる。この世でこれほど高い「授業料」を払う場があるだろうか。過酷なトレーディングの世界で勝つためのプログラムを詳しく解説。

ウィザードブックシリーズ205
続高勝率トレード学のススメ
自分に合ったプランを作り上げることこそが
成功への第一歩

定価 本体5,800円+税　ISBN:9784775971727

**トレードはギャンブルではない！
万人向けの出来合いのトレードプランなどあり得ない**

自分流のスタイルを見つけよう！　トレーダーは成功のチャンスをものにしたいと思ったら、十分に練り上げられ、自分にあったプランが必要になる。そこには、仕掛けや手仕舞いの時期、資金管理の原則、プレッシャーを受けても一貫して決めたとおりに実行する規律が必要である。